我必須獨自赴約

I Was Told to Come Alone: My Journey Behind the Lines of Jihad

第一線聖戰報導紀實

蘇雅德・梅科涅特（Souad Mekhennet）著

溫澤元 譯

各方好評

・阿潑（文字工作者）、陳玉慧（作家）、楊智強（獨立記者）誠摯推薦

「這世間沒有真相，只有多靠近真相；而她致力於貼近真相。」

——陳玉慧

「蘇雅德・梅科涅特的傑出回憶錄具有兩種層次。其一，身為德國穆斯林移民第二代的她，努力替兩個文化找出和諧共處的解方。其二，她身為記者，大膽無懼，調查過許多近幾年的重大危險事件，並得以親自採訪聖戰組織高層領導人，令其他記者望塵莫及。這兩個屬於梅科涅特的特質，匯聚成這部令人懾服的傑作。」

——彼得・卑爾根（Peter Bergen），《聖戰美國：這些土生土長的美籍恐怖份子是誰？如何阻止他們？》（*United States of Jihad: Who Are America's Homegrown Terrorists and How Do We Stop Them?*）作者

「作者在這本書中，用迷人的敘述，引人入勝地融合歷史、回憶錄及報導文學的形式，敘說由於她兼具記者及穆斯林的身分，得以在歐洲、中東及北非各地執行任務，及過程中所遭遇到的親身經歷。」

——《出版者周刊》（*Publishers Weekly*）

「這本關於中東與北非地區聖戰網絡的報導文學／回憶錄，令人入迷，也時而讓人震驚。梅科涅特以獨到的觀點，帶出恐怖組織暴力行徑在當前所造成的危機，並不時提出深入質疑。」

——《紐約時報》（*The New York Times*）

「這絕對是一本重要之作……再也沒有比梅科涅特更適合處理此議題的記者。勇敢、機智、聰敏、堅韌不懈，用這些詞來形容她，絕不為過。」

——《華盛頓郵報》（*The Washington Post*）

「這本書跳脫報導文學，具有許多令人激賞之處。作者身為穆斯林女性，致力撥開極端份子的神秘面紗，試圖看清這些扼殺信仰原意的人究竟是什麼模樣，並將報導呈現給自己所屬的西方世界，讓對聖戰組織百思不解的人了解其動機與思維。……梅科涅特是用智慧在觀察這個世界。」

——《經濟學人》（*The Economist*）

「扣人心弦、令人不忍釋卷。……此書居中斡旋，試圖替長年來誤解彼此的文化、族群，解開心結。」

——《芝加哥書評》（*Chicago Review of Books*）

「這本書不僅敘事流暢，更是一本探討我們這個時代的重要著作。具有聰穎天資的作者帶著勇氣，直探極端伊斯蘭主義的根源核心。蘇雅德·梅科涅特甘冒風險，勇於挑戰敏感議題，更將自身背景帶入敘事，造就這部令人難以忘懷、無可自拔的作品。若真想理解二十一世紀西方世界面臨的危機，請從本書開始。」

——喬比·渥瑞克（Joby Warrick），普立茲獎得獎作品《黑色旗幟：伊斯蘭國的崛起》（*Black Flags: The Rise of ISIS*）作者

「這部作品如同一部探險小說，帶我們進入穆斯林世界的核心。梅科涅特是來自西方世界的女性穆斯林記者，但她所能掌握的訊息與情報卻是多數記者所不能及。藉由她的雙眼，我們看到恐怖主義的發展過程，更了解到這是一場兩敗俱傷的戰爭。她的洞見犀利，也同時帶有深刻的智慧，正是現今社會迫切需要的聲音。」

——潔西卡．斯特恩（Jessica Stern），《伊斯蘭國：恐懼之地》
（*ISIS: The State of Terror*）合著作者

獻給我的祖母、父母與手足

目次 CONTENTS

前言

與ISIS領袖面對面——

二〇一四年，土耳其

我必須獨自赴約。證件、手機、錄音機、手錶還有錢包等個人物品，都得留在土耳其安塔基亞（Antakya）的飯店裡，唯一能帶的是紙和筆。

交換條件是跟我會面的人必須握有組織領導權，他要能向我解釋伊拉克和沙姆地區[1]伊斯蘭國（Islamic State in Iraq and al-Sham，簡稱ISIS）的長期策略為何。二〇一四年

1 沙姆地區（al-Sham）：指地中海東岸的大敘利亞地區，包括敘利亞、約旦、黎巴嫩等國。（校注）

夏天，ISIS釋出一支美籍記者詹姆斯・佛雷（James Foley）遭斬首的影片，名號便傳遍大街小巷。我與其組織領袖就在該影片釋出的三週前進行訪談。即便是當時，我仍不覺得ISIS會在全球聖戰中占有舉足輕重的地位。我曾在《紐約時報》（*New York Times*）和知名德國新聞媒體擔任記者，撰寫歐洲和中東地區的伊斯蘭戰事，現任職於《華盛頓郵報》（*Washington Post*）。經歷九一一恐怖攻擊、兩次由美國主導的中東戰爭及阿拉伯之春革命後，在這些事件的形塑影響之下，我看著ISIS逐漸成形。過去與我碰面的受訪者中，有些後來都成為ISIS成員。

我告訴幫忙聯絡ISIS的中間人，表示我要有自由提問的權利，報導刊出前，文稿無需事先讓他們審核，也不用告知報導節錄的訪問內容為何。另外，我還要ISIS保證不會綁架我。既然他們不准讓《華盛頓郵報》的人陪同，我就堅持那位獲得ISIS信任、安排這場訪談的聯絡人必須一起行動。

「我未婚，」我告訴ISIS領導人：「所以不能跟你們獨處。」

身為摩洛哥與土耳其人後代、在德國出生長大，又是一名穆斯林女性，我在報導全球聖戰的記者中是個異數。撰寫九一一事件劫機者報導時，我還在讀大學，特殊的身分背景讓我有機會接觸軍事組織地下領導人，比如二〇一四年七月在土耳其接受訪談的這名男子，就是一例。

我知道ISIS會把記者抓來當人質。但我不曉得的是，那位接受我訪問的男子負責整個組織的人質挾持計畫，而且還是「聖戰士約翰」（Jihadi John）的督導人。聖戰士約翰是一位操著英國口音的殺手，曾出現在多部記者被斬首的影片中。後來我才得知那年夏天接受訪問、被稱為阿布．尤瑟夫（Abu Yusaf）的男子，在組織中負責折磨人質，對他們施以水刑等刑求。

當時我要求必須在白天、公開場所中訪問阿布．尤瑟夫，但他們斷然否決。訪談必須在夜裡私下進行。訪談前幾小時，聯絡人將訪談時間又往後移到晚上十一點半。這番調動令人不安。一年前，德國反恐警察組織成員到我家敲門。他們接到消息表示，有伊斯蘭主義[2]組織打算以獨家訪問為陷阱，誘我進入中東，接著再綁架我、逼我嫁給組織戰士。當下我真覺得自己是瘋了，才會願意在半夜進行訪問，想到這裡，往日的恐嚇又浮現腦海。雖然緊張焦躁，但我還是同意將訪談往後延。倘若順利進行，我將是首位訪問資深ISIS指揮官，而且活著述說訪談內容的西方記者。

齋戒月來到尾聲，天氣燠熱，我穿著牛仔褲和短袖上衣，在安塔基亞的旅館裡準備訪談內容。出門前，我套上黑色阿巴雅（abaya），這是一種只露出臉、手和腳的長罩袍。多

2 伊斯蘭主義（Islamism）：伊斯蘭主義是一種主張應在公共和政治層面落實伊斯蘭教義的意識型態，但實踐的方式和內容因人而異，從溫和的社會運動到激進的武裝起義皆有。（校注）

年前，我到約旦拜訪前蓋達組織領導人的故鄉扎卡（Zarqa）時，某位曾在阿布．穆薩布．札卡維（Abu Musab al-Zarqawi）組織內服務的男子，替我選了這件阿巴雅。那人當時還誇口，這件綴有粉色刺繡的阿巴雅是店裡最精緻的款式，而且薄透的布料，就算在炎炎夏日也不悶熱。後來這件阿巴雅成了某種幸運物，執行艱難採訪任務時我都穿著它。

與阿布．尤瑟夫會面的地點在土耳其與敘利亞邊界，距離雷伊漢勒（Reyhanli）的過境關口不遠。我母親的故鄉就在附近，孩提時我常造訪此地，對這一帶相當熟悉。

《華盛頓郵報》的同事安東尼．法約拉（Anthony Faiola）留在飯店待命，道別時我還留了幾支電話號碼，假如出了意外，他就能跟我的家人聯絡。晚上十點十五分，負責安排訪談的聯絡人到旅館接我，我都稱他為奧克拉姆（Akram）。經過四十分鐘車程，車子停在國界附近某間旅館的停車場，我們在那裡等著。黑暗中出現兩台車，領頭的是一輛白色本田。駕駛開門下車，我和奧克拉姆接著上車。奧克拉姆坐上駕駛座，我則坐在副駕駛座。

轉頭望向後座，我看了一眼等會要接受訪問的男子。阿布．尤瑟夫貌似二十七、八歲，頭戴白色棒球帽，雙眼被有色鏡片眼鏡遮住。他身材高挑、體格健壯，留著短而鬈曲的鬍子，頭髮長度及肩。他身著POLO衫和卡其色工作褲的打扮，隨便一條歐洲大街上都比比皆是。

他身旁擺了三支老舊的Nokia及Samsung手機。阿布．尤瑟夫說像他這種身分的人，出於安全考量，絕對不會用iPhone，以免被暗中監控追蹤。他手上的電子手錶跟我在伊拉克與阿富汗美軍手腕上見到的錶款相去無幾，從他鼓脹的長褲右側口袋來看，裡頭大概裝了一把槍。我不曉得待會如果被土耳其警察攔下，會發生什麼事。

奧克拉姆轉動鑰匙、發動引擎，車子在漆黑中朝土耳其邊境駛去，沿路經過不少小村莊。窗外的風聲清晰入耳，我試著記下車子行進路線，但注意力還是在與阿布．尤瑟夫談話過程中漸漸分散。

阿布．尤瑟夫語調輕柔冷靜。他努力掩蓋口音，不想透露自己的摩洛哥血統以及曾在哪些歐洲國家待過，不過我還是察覺出他的北非口音。我從傳統阿拉伯語切換到摩洛哥地區的阿拉伯語時，他也理解無礙，並能用相對應的腔調和方言回話。後來我才確定他是生於摩洛哥，十幾歲時搬到荷蘭。「如果妳想聽我講法語也可以。」阿布．尤瑟夫笑著說。他表示自己也能用荷蘭文溝通，並透露自己念書時主修工程。

車子行進過程中，他向我闡述自己的理念：ＩＳＩＳ要將穆斯林從巴勒斯坦解放到摩洛哥與西班牙，接著再遍佈世界各地，讓伊斯蘭文化遍地生根。只要不服從就會被當成敵人。「如果美國好好對我們，我們也會以禮相待。」阿布．尤瑟夫說：「但如果他們對我們開火，我們也會還以顏色，讓美國國土不得安寧。這個原則也適用於其他西方國家。」[3]

他說ＩＳＩＳ組織內有許多資源和人才。其實早在浮出檯面前，ＩＳＩＳ就已默默發展成形。組織成員有來自西方國家的高知識份子，也有薩達姆・海珊（Saddam Hussein）掌政時期的軍官和前蓋達組織成員。他問：「妳以為只有頭腦不正常的人才會加入ＩＳＩＳ嗎？那就錯了。組織內有各國籍的人。我們有很多來自英國、具有大學學歷，並帶有不同血緣背景的兄弟，像是巴基斯坦、索馬利亞、葉門甚至科威特。」我後來才發現阿布・尤瑟夫指的成員還包含被人質稱為「披頭四」、操著英國口音的聖戰士約翰，和其他三名戰士。

我問是什麼推力讓他加入ＩＳＩＳ，阿布・尤瑟夫表示，他受夠西方政府的虛偽。他認為這些國家表面上強調人權和信仰自由，實際上卻將穆斯林歸類為次等公民。「看看穆斯林在歐洲遭到什麼對待，妳就懂我意思了。」他說：「我當然想在歐洲、這個我成長的環境下生活，但他們總讓我覺得：『你只是個穆斯林，只是摩洛哥人，你永遠不會被接納。』」

他說美國在二〇〇三年攻打伊拉克的舉動很不正當。他表示：「伊拉克當地沒有大規模毀滅性武器，但美軍卻在巴格達中央監獄虐囚，而且還沒被批判譴責。他們還有臉指責我們是野蠻人。」

「你說你認為殺害無辜百姓是錯的，」我問：「那為什麼又要綁架、殺害無辜的民眾呢？」

阿布．尤瑟夫沉默片刻。「每個國家都有解放自己人民的機會。如果不把握機會，那就是他們不對。就算我們不出手，別人還是會主動攻擊。」

「那你挾持人質的目的是什麼？」我問。

他接著談到來自摩洛哥的爺爺。他的爺爺過去為了自由，曾與法國殖民者奮戰，阿布．尤瑟夫將爺爺的作為跟現今的聖戰混為一談。「這一切都是美國入侵伊拉克造成的，」他指出：「現在我們要打這場聖戰，解救穆斯林世界。」

我爺爺也曾在摩洛哥為自由而戰。在我還是個小女孩時，他曾和我談起那場「聖戰」。他描述當時穆斯林和「猶太弟兄」是如何並肩作戰，驅趕占領祖先領土的法國人。他告訴我：「我們沒有殺害女人與小孩，也沒有傷害一般市民。在聖戰中，這種迫害平民百姓的舉動也不被允許。」顯然爺爺那一代的反抗運動，跟ISIS的恐怖行動截然不同。

「而且你爺爺當時是在自己的國家，」我說：「這裡又不是你的祖國。」

「這裡是穆斯林國，這個國度屬於全體穆斯林。」

---

3 原文出處：Anthony Faiola and Souad Mekhennet, "In Turkey, a Late Crackdown on Islamic Fighters," *Washington Post*, August 14, 2014.

我對他說：「我跟你一樣在歐洲長大，也在歐洲念書。」

他問：「妳怎麼還相信歐洲的體制是公平正義的呢？」

「不然要怎麼辦？」

「答案是建立哈里發政權（caliphate）。」

我們的談話越來越激烈，也牽扯出更多個人情感。他的背景與我有諸多相似之處，我們卻選擇截然不同的道路。對他來說，身為穆斯林女性的我並沒有走在「正道」上，也違反了伊斯蘭精神。

「妳幹嘛選擇過這種生活？」他問：「妳真的覺得西方國家有尊重我們嗎？穆斯林有受到平等對待嗎？以我們的方式生活才是唯一正道。」他口中的方式即所謂伊斯蘭國。

「我讀過妳寫的報導，」他對我說：「妳在伊斯蘭馬格里布（Islamic Maghreb）[4]訪問過蓋達組織的領袖，怎麼現在還是小記者？妳怎麼不在德國開自己的節目？妳已經得過獎，怎麼沒在德國闖出一番名堂？」

其實阿布．尤瑟夫說的，我都心裡有數。身為穆斯林，我在歐洲成長、求職的過程並非一帆風順。我不戴頭巾，大家都知道我主張自由，也是一位女性主義者。之前我曾與人合作寫書，內容談及我們在開羅找到最後一位在世的納粹份子的過程，也藉此在美國獲得學術研究獎學金。不過阿布．尤瑟夫說得沒錯，我在德國還沒有自己的電視節目。以穆斯林移民的身分在德國生活，甚至身為移民第二代，你必須遵守社會規範，還要讚嘆歐洲有多麼進步。如果厲聲批評政府，或是對外交政策與社會上的伊斯蘭恐懼現象提出質疑，就有可能遭到強烈反彈。

我當然不贊同阿布．尤瑟夫的說法，不認為建立哈里發政權是唯一解決之道。但我也不禁反思，西方社會和政治人物在政策改革上根本沒有實質作為，來避免讓阿布．尤瑟夫這樣的人更加激進。情資單位對民眾施以更多限制，這並非解決辦法；架設全球監控網絡來追蹤罪犯的情報，卻因此犧牲無辜百姓的隱私，這也不是好策略。阿布．尤瑟夫這一代的年輕穆斯林，是因為美軍入侵伊拉克而走上極端之路，跟一九七九年因蘇聯入侵阿富汗被激怒的穆斯林相似。看著阿布．尤瑟夫，我不禁想起自己的弟弟，心中也升起一股姐姐想保護小弟的責任感，但我知道現在想這些都已太遲。

「你說的或許有理，穆斯林確實遭到歧視，世界也不是那麼公平。」我說：「但你們的行動並不是聖戰。待在歐洲、在職場闖出一片天，這才是所謂的聖戰。當然，後者的難度比較高，所以你們才會選比較輕鬆的那條路。」

車內沉默了幾秒。

4 伊斯蘭馬格里布（Islamic Maghreb）：「馬格里布」在阿拉伯文中意為「西方」，指的是伊斯蘭世界的西部，也就是今日埃及以西的北非地區，包括利比亞、突尼西亞、阿爾及利亞、摩洛哥等國。（校注）

阿布．尤瑟夫不願把車開回碰面地點，堅持送我回安塔基亞。這時我們已離飯店不遠，我向他道謝、開門下車。咖啡廳裡高朋滿座，大家都趕在黎明前用餐。這種狀況在齋戒月很稀鬆平常，因為太陽升起後就不能進食。我雖然很開心這次的訪談進行順利，但也甚感憂心。阿布．尤瑟夫的語調如此堅定、憤怒，他說：「誰對我們發動攻擊，我們就會直接入侵他們的國土中心。不管是美國、法國、英國還是其他阿拉伯國家都一樣。」

一個接一個離開了，我們不斷失去這些年輕人。我心想，他本來可以是另一個樣子，可以有另一種人生。

第一章

在異鄉的陌生人——一九七八～一九九三年，德國與摩洛哥

嬰兒時期，我頂著一頭粗黑的鬈髮還有一對棕色大眼。在從小成長的法蘭克福社區中，除了爸媽之外幾乎沒有其他外來移民，所以鄰居總對我特別好奇。小小年紀的我表情就特別生動，加上長相跟德國人不同，更容易引起關注。在公園裡，其他父母會把孩子丟在一旁，特地跑來觀察我。不少美軍和他們的家眷也駐紮在法蘭克福，大多集中在克雷騰堡街（Klettenbergstrasse）一帶。每回看到也住在附近的我們，他們總會友善地打招呼。

「妳長得跟其他小孩很不一樣。」後來我的德國籍教母安塔耶．厄特（Antje Ehrt）對我說：「某件事惹得妳不開心時，妳就會一臉不爽。大家一看就知道這個小女孩生氣了。

妳長得漂亮，個性又逗趣，大家都很喜愛妳。」

我出生那年是一九七八年，穆斯林世界正發生一連串劇變。出生後幾個月，發生在伊朗、沙烏地阿拉伯、還有阿富汗的幾起事件讓穆斯林世界陷入騷動，後來更演變成延續數十年的政變、入侵行動和戰爭。

一九七九年一月，伊朗國王正式退位並跟家人一同逃亡。二月一號，阿亞圖拉・何梅尼（Ayatollah Khomeini）[1]結束多年流亡海外的生活回到伊朗，宣布成立伊斯蘭共和國。他與過去身為盟友的知識份子和自由主義者為敵，將信仰與社會觀回推到更保守的狀態，消滅婦女權利、實施伊斯蘭服裝規定。十一月四日，四名本業為學生的革命份子占領德黑蘭的美國大使館，挾持六十六名美籍人質，其中有五十二人更被扣留長達一年。

十六天後，也就是伊斯蘭曆一千四百年的首日，一群武裝宗教極端份子[2]占領了在伊斯蘭信仰中最神聖的麥加大清真寺（Grand Mosque），連廣場上的卡巴天房（Kaaba）也不放過。狙擊手爬上宣禮塔，對朝聖者、參拜者及警察開槍，目的是動搖沙烏地君主政體，建立一個奠基於伊斯蘭原教旨主義的政權。[3]

麥加總共被占領十四天，沙烏地武裝部隊和外國特派武裝團隊成功鎮壓極端份子時，已有數千人死亡，聖殿也被嚴重毀損。這次事件的影響遍及全球，餘波也持續蕩漾。賓拉登每次提到這起聖殿被沙烏地武裝部隊玷污的事件時，總是一邊批評沙烏地王室，一邊歌頌那些在聖地造成大混亂的「真穆斯林」。占領事件落幕後過了幾週，蘇聯入侵阿富汗，讓當地陷入為期九年的游擊戰，賓拉登與其他穆斯林戰士也湧入阿富汗，造成全球聖戰的局面。

我的爸媽過著相對平淡的生活。媽媽愛伊達努（Aydanur）來自土耳其，爸爸布傑瑪（Boujema）則是摩洛哥人。他們在一九七〇年代初抵達西德，兩人前後相距僅短短幾個月。當時有許多來自南歐、土耳其以及北非的移民，希望到異地尋求待遇更高的工作、過更好的生活，我爸媽也像這群人一樣身為外籍勞工。當時西德仍處於二次世界大戰後的恢復期，希望轉型成繁榮的工業大國。德國需要大量勞工，這些勞工必須年輕健壯，而且願意做德國人不想做的苦工。德國企業從希臘、義大利、土耳其、南斯拉夫和摩洛哥募集人力，爸媽就是這樣來到德國的。[4]

1 阿亞圖拉（Ayatollah）：阿拉伯文意思是「真主的跡象」，指什葉派的高階宗教學者及領袖。（校注）

2 「雖然（沙國內政部的）聲明並未指出攻擊者之國籍與傷亡規模，根據未經證實的其他阿拉伯資料來源，入侵者為伊朗的何梅尼追隨者，在占領行動中與沙國官方起衝突時造成人員傷亡。」原文引自：Edward Cody, "Armed Men Seize Mecca's Great Mosque," *Washington Post*, November 21, 1979.

3 此段落資訊多引自Yaroslav Trofimov之鉅作：*The Siege of Mecca: The 1979 Uprising at Islam's Holiest Shrine* (New York: Anchor Books, 2008)。

4 前西德（FRG）在不同年份與多國達成勞工招募協議：義大利（1955）、西班牙（1960）、希臘（1960）、土耳其（1961）、摩洛哥（1963）、南韓（1963）、葡萄牙（1964）、突尼西亞（1965）最後是南斯拉夫（1968）。一九六六至一九六七年間經濟不景氣，德國招募之勞工數量也隨之遞減，並在一九七三年因石油危機而停止吸收外來勞工。前東德（GDR）則從匈牙利、越南、古巴、莫三比克、波蘭與安哥拉招募所謂的契約勞工。

十九歲時，我的母親隻身搭著載滿土耳其人的火車來到德國。她的工作地點在希爾德斯海姆（Hildesheim），距離東西德邊界不遠。媽媽的工作是包裝、整理準備出貨的收音機與電視，跟另外三名女子共同住在移工宿舍的一間房內。後來她搬到法蘭克福，就近跟在當地生活、工作的兄弟居住。留著一頭長髮的媽媽不戴頭罩，她喜歡穿裙裝、露出小腿。

一九七二年，爸爸和媽媽初次相遇。有位摩洛哥老先生在法蘭克福的賣場咖啡廳裡看到媽媽當服務生的模樣，決定撮合他們倆。爸爸那時在一間叫笛培庫克（Dippegucker）的餐廳上班，那裡最知名的除了各國料理，還有法蘭克福特色美食，例如當地人獨有、用草本植物和酸奶調製而成的綠醬，再佐以水煮蛋與馬鈴薯。法式料理在摩洛哥相當受歡迎，爸爸在家鄉也是受到法式料理訓練，所以新餐廳的菜色對他來說相當陌生。不過一直憧憬到歐洲生活的他，一九七一年來到德國後就努力學習，成為廚房裡不可或缺的成員。

當時雖然媽媽對他一見鍾情，但心裡還是不甚篤定。她的女性友人總說要小心來自摩洛哥的男人，他們雖然長得俊俏，但也善變無常。她們認為全世界最卑鄙的男人來自阿爾及利亞，再來就是摩洛哥了。媽媽本來懷疑爸爸只是洗碗工，親自到餐廳拜訪後才發現他是貨真價實的廚師。爸爸高大健壯，留著一頭粗黑的鬈髮，穿著白色廚師袍、戴頭巾的他看起來更是亮眼。他不僅對媽媽親切友善，跟其他人交談時臉上也掛著微笑、彬彬有禮。他們一起喝了咖啡，爸爸也問起什麼時候能再見到她。隔天媽媽下班回家時，發現他拿著花跟巧克力在門口等她。

「不要以為我會邀你上樓。」媽媽說。後來媽媽卻帶爸爸回家了，兩人也共飲了幾杯咖啡。

他們戀情發展迅速，幾週後兩人就在法蘭克福市政廳公證結婚。爸爸的餐廳老闆為他們擔任伴郎，媽媽的伴娘則是她的日本室友。

婚後媽媽馬上就懷孕了，不過生活在西德的穆斯林和阿拉伯人卻也面臨生活劇變。在一九七二年的慕尼黑奧林匹克運動會中，八名巴勒斯坦恐怖份子來到以色列隊營區，殺了一名教練跟一位舉重選手，挾持另外九名運動員當人質[5]。這支部隊隸屬黑色九月（Black September）[6]。他們宣稱除非以色列釋放兩百名阿拉伯囚犯，而且讓人質挾持者平安離開西德，才會讓九名運動員重獲自由。以色列堅守原則拒絕與該組織協商，德國政府則同意讓人質與挾持者搭機飛往突尼西亞。德國狙擊手在機場朝巴勒斯坦恐怖份子開槍，但他們也是訓練有素的戰士。人質全數被恐怖份子殺害。這場突襲結局慘烈，所有人質身亡，五名人質挾持者喪命，一位警察殉職。

幾年後，黑色九月才被認定為法塔赫（Fatah）的支派，法塔赫即是由亞西爾．阿拉法

5 原文引自：David Binder, "Munich Police Ordered 5 to Ambush 8 Terrorists," *New York Times*, September 8, 1972.

6 黑色九月（Black September）：巴勒斯坦激進組織。（校注）

特（Yasser Arafat）率領的巴勒斯坦解放組織（Palestine Liberation Organization）分隊。但是該恐怖事件發生後，穆斯林和阿拉伯人立刻遭到嚴厲檢視。我的父母都明確察覺那次事件帶來的改變，對爸爸的影響更是顯著，他常被警察攔下來檢查身分證件。警察懷疑阿拉伯學生窩藏或暗中協助這些恐怖份子，紛紛搜查他們的住家。爸爸告訴我：「有些人甚至表態：『阿拉伯人應該離開德國。』」但恐怖攻擊既成事實，德國人努力想揪出幕後主使，爸爸只能坦然接受生活上的改變，他明白其他人心中的懷疑與不安。

這股低氣壓持續蔓延至一九七〇年代，當時恐怖主義已正式滲透西德民眾的日常生活。黑色九月和紅軍派（Baader-Meinhof Gang，組織自稱為Red Army Faction）主張反抗以色列和他們所謂的西方帝國主義，但他們的意識形態其實相當左傾而且與宗教無關。紅軍派中有不少德國知識份子第二代，他們認為某些西德領導人是法西斯主義者，並用納粹來描述這些人[7]。他們的看法有其道理，當時西德的某些重要領袖人物確實與納粹有所來往。紅軍派不僅搶銀行、發動炸彈攻擊、劫機、搶劫甚至進行暗殺，這個組織與中東密不可分。一九六〇年代，紅軍派成員到位於黎巴嫩的巴勒斯坦訓練營，學習製作炸彈以及打游擊戰。有些紅軍派份子也參與解放巴勒斯坦人民陣線（The Popular Front for the Liberation of Palestine）與其他團體的行動。紅軍派挾持西德的政治人物和企業家，包含影響力十足商人的漢斯・馬汀・史萊爾（Hanns-Martin Schleyer），曾任納粹親衛隊成員的他最後被紅軍派射殺。

一九七三年，我的大姐法特瑪（Fatma）來到這世界，一年後二姐哈南（Hannan）也接著誕生。一九七七年，媽媽發現自己又懷孕了，但醫生建議她墮胎。他們判斷胎中的我有先天缺陷，可能會缺手臂或手掌。媽媽聽了心痛不已。

「一切都在神的掌握之中，」爸爸對她說：「把孩子生下來吧，不管怎麼樣我們都要勇敢面對。」

在那個年代，土耳其移民只要在醫院產下女嬰通常會情緒失控、當眾出醜。他們只想生兒子。

我出生時，醫生臉上掛著抱歉的表情。「很遺憾，」他表示：「是女孩。」

「她還好嗎？」媽媽問：「她有手有腳嗎？」

「她好得很，」醫生答道：「剛才還尿在我身上！」

因為我健健康康地出生，爸媽便將我命名為「蘇雅德」（Souad），在阿拉伯文中意指「快樂幸運之人」，這點跌破所有醫師的眼鏡。不管怎麼說，我確實是個幸運的孩子。我們落腳的克雷騰堡街是法蘭克福最優質的社區，爸爸老闆的租屋處就在那條街的八號，他

7 原文引自：Stefan Aust and Anthea Bell, *Baader-Meinhof: The Inside Story of the RAF* (New York: Oxford University Press, 2009).

在同一棟建築幫我們找到另一戶公寓。我們家在整棟建築的頂部，說起來其實就是頂樓。該建築相當老舊，總共有六層樓，附近居民皆為銀行家、企業家或公司經理。對面公寓頂樓住了漢莎航空（Lufthansa）的空姐，我們是當地唯一的移工家庭。

雖然附近環境優美，但我們家卻不是如此。因為屋頂漏水嚴重，媽媽每回都要拿水桶接雨水。爸媽不只要賺錢養小孩，他們還認為自己有義務扶持遠在家鄉的父母，所以每個月會寄錢回摩洛哥跟土耳其。爸媽白天出門時，有位德國女子會來把我的兩個姐姐帶回家照顧。媽媽的小妹到德國拜訪兄弟姐妹時也會幫忙照顧我。

我出生八週後，爸媽接到外公生病的消息。消息來得突然，他們買不起機票；雖然巴士價格平易近人，但至少要四天才能抵達目的地。他們擔心我禁不起漫長的車程。

住同一棟大樓的安塔耶・厄特（Antje Ehrt）跟她先生羅伯（Robert）願意在爸媽離家的四週間照顧我。爸媽接受他們的好意，但堅持支付所需開銷。外公病情惡化，爸媽必須延長探親的計畫，在當地多留一陣子。他們沒有電話能跟遠在德國的我們聯繫，厄特夫妻開始擔心到時要怎麼跟當地政府解釋我的身世。

爸媽回到德國後，厄特夫婦也在我生命中扮演教父母的角色。育有兩子的他們，比社區中其他住戶的心胸更開放、更包容外來移民。羅伯・厄特在某間德國大企業當經理。後來他們告訴我說，我還是嬰兒時，羅伯下班後回家就會逗我玩、餵我喝奶。

他們平常都在廚房裡用餐，並把那時還是嬰孩的我留在臥室。但我不愛獨自一人，總想跟大夥聚在一塊，我總會放聲哭喊，直到他們到搖籃邊把我這個「小姐」抱起來，把搖籃擺在廚房檯面上，讓我就近陪大家用餐。

住在一樓的另一對夫妻對我也有深刻影響。露絲．懷斯（Ruth Weiss）和艾弗雷．懷斯（Alfred Weiss）是猶太人大屠殺的倖存者。爸爸有時會從烘焙坊買麵包給他們，媽媽偶爾也會烤餅乾或拿自己做的料理分給他們。

「我的老師大多都是猶太人，」爸爸對我說：「我很感激他們的教導。」

先前媽媽的妹妹來德國探親，順便當褓母以照顧我。在我幾個月大時，她決定要回土耳其照顧外公。爸媽也討論要把我送到摩洛哥跟奶奶住。那裡不僅有人能照顧我，也能學習阿拉伯文、提早接受伊斯蘭教育。

這似乎是個正確的決定。當時我還得喝母奶，但媽媽沒辦法時時刻刻陪在我身邊，所以到摩洛哥後，奶奶找了一位柏柏民族的婦女來哺育我。不過這讓留在德國的媽媽非常難過，因為她將在我生命的第一段記憶中缺席。

摩洛哥奶奶的名字魯卡雅（Ruqqaya），是取自先知穆罕默德的其中一個女兒，奶奶一家人的姓氏則為薩迪奇（Sadiqqi），以身為姆雷．阿里．謝里夫（Moulay Ali Al-Cherif）的後代而聞名。姆雷．阿里．謝里夫的祖先來自今日的沙烏地阿拉伯地區，身為貴族的他曾在十七世紀協助統一摩洛哥，建立如今仍職掌政權的阿拉維派（Alaouites）王朝。這個王朝的頭銜「謝里夫」（sharifs）[8]，只有穆罕默德長孫哈桑（Hasan）的後代才有資格獲得。

二十世紀初，奶奶出生在拉希迪耶（Er-Rachidia）塔菲拉勒特地區（Tafilalt）的富裕之家。那個年代，民眾不會仔細記錄嬰兒的出生日期，不過奶奶清楚記得自己生於一九一二年、法國殖民者進入摩洛哥前。奶奶的家族在當地握有土地，她也向我提過自家栽種的椰棗，還有放養的牛群、綿羊、山羊，以及馬匹。因為跟先知穆罕默德有血緣關係，她的親戚被當地人視為貴族，民眾也常以敬語稱呼他們。男性貴族通常被稱為穆雷（moulay）或謝里夫（sharif），女性則為謝里夫與拉拉（lalla）。不過奶奶稱呼自己時，從沒用過這些正式頭銜。

奶奶很早就嫁人，結婚時年僅十三或十四。奶奶的丈夫同樣出身名門、年紀大她不多，他們的父母本就關係良好。奶奶在婚後一年產下一子。在接下來的幾年婚姻中，他們又生了一子一女，但丈夫開始暴力相向，對她和孩子拳打腳踢。她對家裡人表示自己想離婚。雖然親戚討論過離婚的可能性，但他們兩家之間有密切的生意往來，所以家人都說：「再忍一忍吧，這種事總有一天會過去的。」奶奶斷然拒絕，離婚後她帶著三個孩子離家。

此舉在當時相當激進，也讓奶奶被逐出大家族。身為年輕女子，她既不識字也沒有工作能力，畢竟她以前根本不用賺錢養家。帶著三個孩子的奶奶逃到梅克內斯（Meknes），這是摩洛哥四個皇室之城之一，她也在當地再婚。除了透露第二段婚姻相當短暫外，奶奶從未談論其他細節。第二任丈夫離家時，她正懷有身孕，後來她將這個女兒命名為扎赫拉

（Zahra）。帶著與第一任和第二任丈夫所生的孩子，她又回到單身狀態。奶奶發誓自己再也不嫁，要獨立工作把孩子養大。那幾年間，奶奶靠擔任護士和助產士的收入養家，也會自己調製、販售護理油。

雖然奶奶選擇的人生挑戰十足，但她沒有拋下自己的信念，也從未忘本。她告訴我先知穆罕默德的幾個老婆是她效法學習的楷模。穆罕默德的第一任妻子海迪徹（Khadija）年紀比他長，經商成功的她不僅提供穆罕默德金錢扶持，在同族人與穆罕默德為敵時，海迪徹也給予極大的精神鼓勵。遜尼派和什葉派都將她譽為首位伊斯蘭教信徒，也是穆罕默德最摯愛、最虔誠的女伴。穆罕默德的另一任妻子阿伊莎（Aisha）則以智慧和對先知傳統（Sunnah）深入的瞭解而聞名，先知傳統即穆罕默德的言行和習性、傳統。對許多穆斯林而言，除了《古蘭經》之外，先知傳統也是神學和律法研究的重要依據。雖然遜尼派對她推崇備至，認為穆罕默德從她身上獲得不少啟發，但什葉派卻質疑她曾對穆罕默德不忠[9]，更指出她對穆罕默德女婿阿里的敵視是不可原諒的罪過。「不要以為伊斯蘭女子都

8 「謝里夫」（Sharif）一詞定義：*The Oxford Dictionary of Islam*, edited by John L. Esposito, Oxford Islamic Studies Online, http://www.oxfordislamic studies.com/article/opr/t125/e2173.

9 原文引自：Nabia Abbott, "Women and the State in Early Islam," *Journal of Near Eastern Studies 1*, no. 1 (1942): 106–26.

是脆弱的。」奶奶對我說。

後來她在梅克內斯認識了我爺爺。爺爺叫阿卜杜勒卡德爾（Abdelkader），也同樣出身富裕之家。不過他們相識時，牢獄之災和獄中的折磨已將他的體魄和財富消耗殆盡。爺爺來自豪斯（al-Haouz）這個省份的郊區，距離馬拉喀什（Marrakech）不遠，據傳是當年反抗法國殖民最強勁的地區。在豪斯和其他摩洛哥地區，穆斯林和猶太人並肩為獨立而戰。在反殖民運動中，爺爺身為當地領袖和部落首長，負責策劃戰略，並從外運進武器和物資幫助戰士抵抗法國人。他們將這波運動稱為聖戰，而爺爺跟同袍弟兄也立下嚴格的規定。他們只攻擊法軍以及虐待、拷打摩洛哥士兵的人，絕不對婦女和老百姓出手。

一九四〇年代末，法軍將爺爺逮捕，要求他供出反抗勢力成員的身分。「如果乖乖配合，我們會給你更多土地跟權力，」法軍審問者說：「假如不跟我們合作，就把你關進監獄，把土地全部沒收。」

爺爺對反抗運動信心十足。他認為就算法軍把土地占為己有，祖國有一天還是會重獲自由，他也能收復失去的土地。法國殖民者把他丟進監獄，以暴力相向。法國人逼迫爺爺跟其他囚犯光著身子以扭曲的姿勢站立，甚至尿在他們身上，用冰冷或滾燙的水潑灑他們，還用玻璃瓶強姦某些囚犯。殖民者不只奪走爺爺的橄欖、杏仁及橘子樹，連馬匹也不放過，他們把這些財產分送給願意配合的反抗軍。

爺爺在獄中待了幾個月。出獄時，法軍不願歸還他的土地，使爺爺一無所有，但他的信念與自尊未受動搖。他到梅克內斯當建築工人。雖然他對蓋房子一無所知，但為了生存也別無選擇。梅克內斯當時正蓬勃發展，民眾需要更多棲身之所。

爺爺曾坐擁馬匹跟數公頃土地，後來決定落腳西迪馬蘇德（Sidi Masoud）這個破敗的貧民窟。來自摩洛哥各地、基於各種理由離家的摩洛哥人在西迪馬蘇德聚集，用木板或鐵板等成本低廉、方便取得的素材，迅速簡便地搭建住家。

某日，一位出身望族的女子帶著孩子來到西迪馬蘇德，有個知道阿卜杜勒卡德爾曾是部落首長的友人就開玩笑，說他的地位現在被另一位真正的謝里夫比下去了。

阿卜杜勒卡德爾知道這名女子有小孩，就帶甜食去歡迎她來到此地。奶奶心生戒備，表示自己不需要任何禮物或糖果。爺爺對此印象深刻。不出幾個禮拜，他就跟奶奶求婚。爺爺當時才二十幾歲，年紀比奶奶小，雖然他仍堅信摩洛哥有一天能獨立，但被折磨和關進監獄的經歷已讓他身心脆弱、傷痕累累。小時候我曾問爺爺他手掌和手臂上的疤痕是怎麼來的，爺爺表示那是法軍用菸蒂燙出來的。不僅如此，爺爺背上也有遭馬鞭抽打的疤痕。我想爺爺之所以會被奶奶吸引，部分原因是她堅韌的個性及照顧病患的專長。爺爺不僅扛下照顧奶奶和她的孩子的責任，更領養她的小女兒，因為當時她的出生證明上只有母親的姓名，父親欄始終空著。

一九五〇年，就在他倆結婚一年後，奶奶生下我爸。他不僅排行最小，也最得奶奶疼愛。他們一家住在以鐵板和木頭搭建的簡陋小屋中，牆壁黏合的接縫處相當粗糙，有時空隙大到能從屋內看到外頭的天空。屋內只有兩個小房間，沒有廚房和自來水，浴室僅是個特別隔出來的角落，地上就是上廁所用的小洞，旁邊擺了一桶洗澡水。

「鎮上有一口飲用水井，」爸爸告訴我：「不過那口井離我們家兩公里遠，回程桶子裡還裝滿水。」

法國殖民軍有時仍會傳喚爺爺或到家裡逮捕他。他們說如果爺爺願意配合，就會歸還他原有的土地，但爺爺從未答應。他非常擔心家人，尤其害怕法國人把奶奶抓走，這可能會讓他痛不欲生。當時民眾都說法國士兵會跟投降的反抗軍聯手強暴婦女。爸爸記得爺爺那時在家藏了一把手槍。爸爸四、五歲時，爺爺跟奶奶起了爭執，奶奶揚言要通報法軍爺爺在家裡藏槍。「他們會把你抓起來，我也不會再見到你了。」奶奶半開玩笑地說。當然，爺爺不想再進監獄。他把槍帶到清真寺丟進公廁裡。

爺爺跟奶奶在反抗運動中始終相當活躍，他們尤其鼓勵鄰居上街抗議法國殖民者的規定。一九五六年摩洛哥終於獨立，但爺爺卻沒能討回自己的土地，市長只給他兩公斤的糖作為補償。爺爺奶奶拒收那些糖，他們相當失望，爺爺甚至陷入憂鬱。

爺爺奶奶後來在爸爸七歲時離異，爺爺搬到梅克內斯另一區，奶奶則跟孩子留在原本的住家。

「我媽一大早起床做禮拜、幫我們做早餐，她會把大姐叫醒，要她好好照顧我們，之後就出門，天黑才回家。」爸爸說。他們通常會用原始的瓦斯爐煮飯，或用煤炭來烘烤食物。家中那台小收音機只有在爺爺有錢買電池時才能用，到了傍晚就得靠蠟燭或油燈來照明。

我在嬰兒時期到摩洛哥跟奶奶一起住時，她已經搬離貧民窟。在法蘭克福工作的爸爸不僅有錢養家，還能寄錢給奶奶，讓她在梅克內斯市中心買新家。新家有三間房間跟廚房、浴室，傳統蹲式廁所的牆面上還有水龍頭。

爺爺有時會來拜訪，順便告訴我當年對抗法國殖民者的經過。他說影響力最強大的是能讀書識字的人，因為他們能書寫歷史、告訴世界真相。他怕外人只會聽到法國殖民者的片面說法，把摩洛哥反抗戰士的故事給遺忘。

奶奶家隔壁第三戶住著猶太家庭。那戶人家的媽媽每週五都會帶特地烘焙的麵包到奶奶家。我後來才知道那是為猶太安息日所做的哈拉麵包（challah）。奶奶則會準備一盤盤的餅乾或古斯米（couscous）[10]讓她帶回家。他們的女兒米麗安（Miriam）法語流利，年紀只大我兩歲，我們很快就變成好友。在摩洛哥，她的名字則念作梅麗安（Meriem），大家也都這麼稱呼她。我三歲多時，他們一家就搬到法國去了。

奶奶有一對深邃的深色雙眼，她有時會用散沫花染劑將灰白的頭髮染紅。她身高約一

10 古斯米（couscous）：粗麵粉製成的小米狀麵食，是北非阿拉伯國家常見的主食。（校注）

六八公分，臂力與手勁十足，而且身上佈滿肌肉，這都是長年勞動的結果。因皮膚長時間與護理油接觸，膚色更光澤深沉。她的笑聲爽朗、感染力十足。

雖然住在都市，但奶奶的家看起來就像座農場。儘管屋旁沒有廣闊的土地，但她在臥室和廚房間的一小塊開放式空地養了兔子、雞隻以及鴿子。她不怎麼信任當地的屠夫，所以家裡除了有源源不絕的新鮮雞蛋，雞肉也是自己宰殺處理而來。另外，她也會餵食、照顧住家附近的野貓。她說先知穆罕默德對貓呵護備至，所以我們也得效法。如果有乞丐來到門前，奶奶一定會拿食物給他們，我則會跑出去坐在階梯上跟乞丐聊天，問他們為什麼會這麼窮或是其他很沒禮貌的問題。奶奶聽了非常尷尬，告訴我：「讓他們安靜吃飯，不要吵他們。」但我就是好奇。奶奶不是只會拿食物打發他們，她還會說些正面的話，給予希望和鼓勵。她總說：「你現在過得很苦，但真主是偉大的，苦日子總有一天會過去。」這些乞丐對奶奶相當敬重，都稱她為「朝聖者」（hajja）。這個稱號通常只有參加過一年一度麥加朝覲（hajj）的穆斯林才配擁有，而奶奶卻從未到過麥加。

雖然奶奶含著金湯匙出生，卻對理財很有一套，就算手頭拮据，我們也不怕挨餓，因為家裡有養雞。她會用雞蛋下廚或烘焙，也會把蛋當禮物送給鄰居。家裡的鴿子也被奶奶訓練到能送信，這也成為我們的收入來源之一。她偶爾會到農場裡擠牛奶打工（每次我陪在旁邊時，都會扯牛的尾巴）。不僅如此，奶奶也從未放下護士、助產士及調製護理油的工作。

奶奶都把零錢稱為小錢，並把這些銅板用手帕包起來藏在傳統摩洛哥長裙裡；而被她稱為「大錢」的鈔票則被收在胸罩裡。她說：「不要把錢放在同一個地方。把錢藏好，這樣『罪人』就不知道你有多少錢。」「罪人」是奶奶的特殊用語，指的是行為不正當的壞人，從社區中的惡棍到重刑犯都是她口中的罪人。當時我覺得把錢放進內衣很好笑，但後來我也採用這個辦法。在比較棘手的採訪情況下，女性胸罩是個藏錢跟記憶卡的好地方，尤其在穆斯林國家，很少人敢檢查這個私密部位。

奶奶的個性雖然固執，卻仍相當討人喜歡。爺爺到家裡拜訪時都說：「乾脆再結一次婚吧？」但奶奶可不是能亂開玩笑的人，這是她與眾不同之處，她勇於冒險的性格也帶給我諸多啟發。

奶奶說不管別人的身分地位有多高，如果他或她做錯事，旁人都不能沉默以待。有一次我們在梅克內斯搭上一班很擁擠的公車，車上許多年輕男子坐著，我們祖孫倆只好站著。奶奶開口問：「誰願意站起來讓老婦人跟小孩坐？」遭到漠視的奶奶忍不住大吼：「你們這些罪人！你們太丟臉了，德國年輕人都會讓座給老太太跟小孩子。」公車司機只是笑了笑，叫奶奶不要激動。後來終於有一名男子禁不住尷尬，起身讓座。

在那個年代，摩洛哥人對政治很敏感。只要批評警察或政府，麻煩就有可能找上門，但奶奶對此不屑一顧。某天有個警察看到奶奶走出銀行，要奶奶掏錢「捐款」，她問起收受款項的到底是哪個慈善單位。警察後來表示這些錢是給他自己的，奶奶就放聲斥責那名警察不僅貪污，還敢向需要養孫女的老太太要錢，實在是恥上加恥。奶奶反問：「你怎麼不去跟那些坐在辦公室裡、打著領帶的人要錢？你沒那個膽，只敢跟弱小的市民要錢。」警察要奶奶閉嘴，奶奶卻喊得更大聲，讓周圍路人聽得一清二楚。這個辦法順利奏效，警察沒拿到賄款，摸摸鼻子走掉。

同樣令我印象深刻的，是奶奶替我挺身而出的模樣。雖然奶奶不識字，卻已將《古蘭經》的大半內容讀得滾瓜爛熟。我四歲時，她決定讓我接觸這部聖典，把我送到《古蘭經》學校，每週選幾個早上到校上課。我跟其他小孩一起坐在地上，學習、背誦各章節的內容。每週五，我會在奶奶面前背誦那週學到的段落。我的老師，也就是所謂的教法學家（fqih），會念出《古蘭經》裡的句子讓我們複誦。老師是一位脾氣暴躁的年輕男子，只要學生做了什麼讓他不滿意的事，他就會用鐵尺打手處罰。

奶奶非常保護我，她認為父母把寶貝女兒託付給她，就得認真扛起養育的責任。我到可蘭學校上課時，她跟教法學家阿布杜拉先生（Si Abdullah）說：「絕對不可以碰我孫女、不能打她。」某天下午，阿布杜拉先生發現我在跟其他小孩聊天，就把鐵尺掏出來。他叫我伸出手、手掌朝上，用鐵尺打我的手掌。他還要我把手翻過來，用鐵尺敲我的指關節。我痛得大叫，哭著衝出教室，跑回奶奶家。

我邊哭邊跟奶奶說自己如何被阿布杜拉先生打，她看到我手上的紅印時整個人勃然大怒，就抓著我衝回學校。我們快步走進教室，奶奶把腳上的皮涼鞋脫下來，當著眾人的面痛打阿布杜拉先生，她大喊，任何人都不准碰我一根寒毛。「你幹嘛打她？」奶奶大聲質問阿布杜拉先生。阿布杜拉先生畏畏縮縮地屈身閃避奶奶的攻擊，其他孩子都看得大笑不止，我仍哭個不停。

奶奶強悍的個性令人難忘，連我也被她影響，開始跟她頂嘴吵架。某天爸爸的朋友馬哈穆德（Mahmoud）到家裡拜訪時，奶奶剛好在準備我的正餐，內容不外乎是我常吃的那幾樣食物：放了兩到三天的麵包跟加了蜂蜜和肉桂的溫牛奶。「每兩天就要吃一次這些東西，」我告訴奶奶：「我不想再吃了。」

「我準備什麼妳就吃什麼。」奶奶回答。

「那妳為什麼一直弄麵包配牛奶？爸媽寄給妳的錢夠買其他食物啊。」

「妳這個小惡魔，有東西吃妳就該說『阿爾罕杜利拉哈』（Alhamdulillah）了。」這個常見的阿拉伯詞指的是「萬讚歸主」。奶奶接著說：「很多窮人只要有東西吃就很開心了。」

奶奶跟馬哈穆德都被我當時強硬的態度和堅定的發言嚇到，畢竟當時我才四歲。馬哈茂德聽到我回嘴的話時，甚至笑出聲，我說：「好啊奶奶，如果妳這麼擔心窮人沒飯吃，乾脆把他們全部邀來家裡請他們吃飯啊？」

奶奶非常注重衛生清潔，雖然我們每天會用浴室裡的水龍頭洗澡，但她每兩週就會把我拖去洗土耳其浴（hammam）。我非常抗拒土耳其浴場，裡頭又濕熱又陰暗，橄欖油皂的氣味不討喜；浴場中光著身子的女人講話時都會扯開嗓子，聽起來像是在互相吼叫。那些赤裸的婦女會用熱水跟肥皂搓洗我的肌膚，奶奶叫我閉眼、安靜，我每次都覺得像是在受難。

梅克內斯的夏天相當燠熱，空氣中飄著土壤的氣味。這裡難得下雨，每回天降甘霖，民眾都會打開大門接受洗禮。小時候我會在雨中手舞足蹈，奶奶則會把我吼進門，以免我著涼感冒。不過我總說：「如果可以讓雨水把我洗乾淨，這個禮拜我們就不用去土耳其浴場了。」

爸媽都知道奶奶希望把我留在摩洛哥，但過了三年之後，他們想把我帶回德國。奶奶得知這個決定時相當震驚，她始終盼望我能陪在身邊。

奶奶跟爸媽討論這件事時，我第一次看她落淚。不過她也知道該讓我回家跟爸媽、兩個姐姐團圓了。

三個月後，爸爸來摩洛哥接我回德國。在離別時，我抱著爺爺奶奶，大家都哭了。他們要我別忘記自己是從哪裡來的。「我先到德國上學，然後再回來找你們。」我對他們說：「我絕對不會忘記我們的身分，絕對不會。」

回到法蘭克福，我跟大姐和二姐重逢。記得回德國時是十二月，我也見到生平的第一場雪。那時我才知道，九歲的大姐法特瑪因為出生過程不順利，大腦不幸受到損傷。她的日常起居需要別人協助，爸媽每天會把她送到特殊托兒中心。二姐哈南只比大姐小一歲，我們倆很快就玩在一起。

我每天都好想念在摩洛哥的爺爺奶奶，也花了不少時間才適應跟爸媽一起住的生活。媽媽說的是阿拉伯話，我也只有在她使用答理雅（darija）這種摩洛哥方言時，才能與她溝通，不過媽媽是後來才學會答理雅話的，因此她講話的腔調相當有趣。此外，我身旁的人都會說著一種古怪的語言，那就是我完全聽不懂的德文。

某天晚上，我看見法特瑪跟哈南在洗靴子，洗完後她們把靴子擺在臥室門口。她們要我也照做，因為「尼可拉斯」（Nikolaus）會來。我不曉得她們到底在講什麼，還問尼可拉斯是不是爸媽的朋友。我不知道原來德國人會在十二月初，聖誕節來臨的前幾週先慶祝聖尼可拉日。姐姐告訴我尼可拉斯會帶巧克力來，靴子洗得越乾淨就能獲得更多糖果。

所以我開始洗靴子，還以為把兩隻靴子都洗乾淨的話，尼可拉斯就會在兩隻靴子裡裝滿巧克力。爸媽趕我們上床，但我腦中一直想著靴子會出現巧克力這件事。我聽到外頭傳來聲響，這時爸媽把燈關掉。

我溜下床，小心翼翼地把門打開檢查靴子。其中一隻靴子是空的，但另一隻裡頭裝滿巧克力和糖果。我不敢相信會有陌生人在晚上帶這麼多巧克力來，我待在摩洛哥那三年吃的糖果加起來也沒這麼多。我開始在黑暗中吃糖，吃到靴子幾乎要見底，這時我擔心起兩個姐姐。我怕她們看到自己的靴子裡有糖果，而我的靴子卻空空如也時會不好意思，我覺得這樣不太公平。所以我就從她們的靴中抓了一些糖果放進自己的靴子裡。

隔天一早，我們起床檢查尼可拉斯在靴子裡放了些什麼時，兩個姐姐都不解為什麼靴子裡的糖果不是滿的。

「他有來就很棒了，」我告訴姐姐：「以前我在摩洛哥的時候，他都忘記送糖果來。」

爸媽聽見後笑個不停，媽媽對我說：「妳最好把嘴巴旁的巧克力擦乾淨。」

每年觀察尼可拉斯在靴子裡放糖果的習慣，其實是爸媽讓我們更融入德國文化的方式。媽媽平時在教會裡工作，我則到天主教幼稚園上學，下課後再到幼稚園附設的托兒所。爸媽說世界上有三大的一神論宗教，有許多相似之處。被逐出天堂的亞當與夏娃不僅存在於猶太教和天主教中，古蘭經與伊斯蘭文化裡也看得到他們的蹤影。身為「信眾之父」的亞伯拉罕（Abraham）不僅出現在《古蘭經》、《妥拉》裡，《聖經》也提及此人。在伊斯蘭教被視為先知的耶穌，對天主教徒來說地位更高，因為他們相信耶穌是上帝之子。而摩西對猶太教徒、天主教徒和穆斯林而言也都是先知。這三個宗教都有禁食的傳統，也都秉持一神論，以及有各自的經典。爸媽向我們解釋，穆斯林崇敬每一位先知，但我們堅信穆罕默德是真主派來的最後一位先知，這是伊斯蘭教跟其他宗教的主要差別。

除了穆斯林的傳統節日，我們家也會過聖誕節。爸媽怕在家裡放置真的樹跟點蠟燭會導致火災，所以只用塑膠聖誕樹和聖誕燈來裝飾，家裡也會擺放包裝好的禮物。他們會帶我跟姐姐到聖誕市集坐旋轉木馬，吃傳統心形餅乾、撒了鹽跟糖的爆米花還有媽媽最愛的烤栗子，最後再到麥當勞、漢堡王或吃炸魚跟薯條的北海速食店（North Sea）吃晚餐。

媽媽在教會社區替修女洗衣服，其中有位修女剛好是幼稚園的經營者，園裡有個老師，她常念童話故事給我們聽，但心地不好。「你們看，故事裡每個善良的公主都是金頭髮，壞人都是黑頭髮。」她曾這樣對我說。因為我是班上唯一黑頭髮的女學生，這對我打擊不小。「白雪公主難道不可能是黑頭髮嗎？」我反問，但那位老師不理不睬。有時她還會趁沒人注意時甩我巴掌，後來哈南見狀才請她停止。

在教會的洗衣與乾洗間裡，媽媽跟海爾瑪修女（Sister Helma）與另外兩位來自南斯拉夫的婦女共事，大家都叫她們左拉阿姨（Zora）跟舒卡阿姨（Dschuka）。她們負責清洗、熨燙修女的長袍和白色頭罩，我們都說他們上班的地方叫「洗衣廚房」。那裡擺了幾台洗衣機，有專門洗床單、頭罩的洗衣機，還有台大型的烘乾機。每個洗衣女工都有專屬燙衣台。每天舉著沉重的熨斗導致媽媽背部肌肉緊繃，即便過了幾十年，背痛問題仍持續困擾她。休息時間，洗衣女工會喝咖啡配麵包或「波雷克」（borek），這是其中一位南斯拉夫婦女帶來，裡頭塞了羊奶酪的酥皮點心。修女的頭罩讓我想起奶奶跟其他老婦人在摩洛哥披戴的頭巾。

媽媽從燙衣台旁的窗戶往外看，就能直接俯視幼稚園的遊樂場。我跟同學玩耍時會往上看，對媽媽眨眼揮手，她有時也會帶食物或飲料來給我。左拉阿姨的丈夫是幼稚園的園丁，雖然他總是醉醺醺的，卻是個心腸很好的男子。每次我跟姐姐看到他在對街攤子喝啤酒時，他都會請我們吃冰淇淋，叫我們不要跟他老婆告狀。

在餐廳上班的爸爸，同事除了有德國人之外，也有叫巴吉（Baggi）叔叔的印度人、拉提夫（Latif）叔叔是巴基斯坦人，還有身為男同志的蘇格蘭人湯姆（Tom），我們都叫他湯米叔叔。湯米叔叔的男朋友有時會來接他下班。他們的上班服裝是緊身長褲配上襯衫，工作時會放搖滾樂來聽，大家後來都成了爸爸的好友。他們到家裡吃午餐或晚餐時，拉提夫或湯米叔叔會帶幾瓶啤酒來，喝醉後他們就更幽默風趣。我記得如果下班時間太晚趕不上火車，湯米叔叔就會到我們家的客房借住。

拉提夫對修理水電也很有一套，除了替餐廳跟老闆威利．伯格（Willy Berger）的住家修水電，他有時也會到我們家幫忙。一九八〇年代中期，拉提夫回巴基斯坦探親，之後回到德國，他就變了個人。

拉提夫回德國不久後，爸爸請他到家裡幫忙修理電燈。我打開家門，發現以前都穿緊身牛仔褲、襯衫敞開至胸口的拉提夫，卻改穿著白褲和傳統白袍站在門口，他的頭髮跟鬍子比上次見面時還長許多。

以前他跟媽媽打招呼時會握手，現在卻不願觸碰或正眼看她。他進門後就逕自檢查電燈出了什麼問題，爸爸從雜貨店返家時，對他的轉變也明顯露出驚訝的神色。

媽媽準備咖啡跟蛋糕，不過她告訴爸爸，拉提夫跟她坐在客廳時似乎很不自在。姐姐跟我也加入爸媽與老友的聚會，爸爸跟拉提夫聊天時，拉提夫專注地盯著爸爸。雖然那時我才七歲，還是有印象他說了一些與聖戰相關的事，他也建議讓媽媽跟我們女孩戴頭巾，還要爸爸多關切「穆斯林在阿富汗展開的聖戰」。他更表示，爸爸該跟湯米叔叔斷絕關係，因為他是男同志。

後來我們才得知，拉提夫在巴基斯坦接觸某個參與反蘇聯戰爭的團體，後來也成為聖戰鬥士，只不過中間的細節我們不是很清楚。在阿拉伯文中，「聖戰者」（mujahid）顧名思義是指從事聖戰的鬥士，不過「聖戰」這個詞也用來形容阿富汗地區對抗蘇聯的零散伊斯蘭主義運動。後來我問爸爸，拉提夫究竟是加入了哪個組織，爸爸說他不清楚，也不想知道。

爸爸被拉提夫放肆的發言激怒，他不准拉提夫再踏進我們家，說拉提夫沒資格詮釋何謂伊斯蘭精神，無權決定他老婆跟女兒該怎麼打扮，也無權干涉他的交友。

聽到爸爸提高音量後，媽媽走進客廳查看情況。

「湯姆是我們的朋友，如果你覺得這有什麼不妥，以後就不要來我家了。」我聽見爸爸這麼說。拉提夫收拾完他的東西就立刻離開。

幾週後，爸爸回家時說，他在市中心看見拉提夫跟其他蓄鬍男子在一起。他們在街上架了帳篷，擺了幾張桌椅，在那裡發放書冊，試圖說服民眾接受他們所理解的伊斯蘭精神，並宣傳阿富汗的聖戰。除了跟外來移民對話之外，他們也試圖拉攏德國人。那時有不少德國人仍對德國被分裂的事實相當不滿，對「邪惡」的蘇聯懷恨在心。

爸爸說：「那群人來自阿爾及利亞、摩洛哥，還有巴基斯坦，他們都在聲援阿富汗的

「聖戰」。」他告訴媽媽不能再讓拉提夫進我們家，他說：「我不想要讓妳還有女兒跟這種人往來。」

與此同時，歐洲大陸上也有其他運動正在發酵醞釀。在英國、法國和德國，來自阿富汗聖戰的參與者開始說服其他穆斯林移民，試圖告訴他們，保護世界各地受壓迫的穆斯林，是共同的義務。當時散播這種思想的人還沒被當成危險份子，當年西歐主張思想與言論自由，也對此相當自豪，這些曾參與聖戰的鬥士被當成對抗蘇聯的盟友。政治人物卻都沒想到，有一天這些反抗蘇聯的組織也會轉過頭來對抗自己與中東地區的盟友。他們不知道在世俗主義、個人主義與極端宗教思想的摩擦之下，加上移民想反抗不公不義的意志，讓戰事在無形之中默默醞釀[11]。

爸媽希望我們能融入德國社會，也不要忘記自身的文化傳統。每週有兩天下午，我們會到阿拉伯學校上一位摩洛哥老師的課，那間學校是由摩洛哥領事館興辦並提供營運資金，多數時間我們會在放學後跟班上的同學玩在一起。如今在歐洲的穆斯林少女已經不上體育課或游泳課，但我們不同，我們什麼運動都做。我打曲棍球打了六、七年，爸媽對此非常鼓勵，有段時間我姐甚至加入教會的青年團體。

不過社區中有些家庭還是禁止小孩跟我們來往。有人看不起我的父母出身為藍領階級，也有人嘲笑身為殘障者的大姐，還有人會說我們來自落後國家。

有鄰居家長曾跟二姐哈南的小學老師表示，希望能將她踢出班上，因為她「無法融入群體」。這還不只發生一次。移民的小孩常被要求留級，除了德文學得不夠好之外，種族歧視也是原因之一。通常在小學四年級結束後，這些移民第二代會被送到促進班級（Förderstufe）或職業中學（Hauptschule）等不以念大學為前提的學校。雖然我跟姐姐的德文非常流利，哈南的老師跟部分家長卻認為應該把我姐送到促進班級。幸好哈南表現優異，老師一年後就把她轉回常規中學，也就是我們所謂的「文理中學」（Gymnasium）。我也很幸運碰到舒曼太太（Mrs. Schumann）這個好老師，有了她的支持與協助，我才能在十一歲時達成自己的期許，直接進入文理高中。

我的德文之所以能像現在這麼流利，都多虧有鄰居厄特夫婦。安塔耶總是從旁監督我的課業，她也非常仔細糾正、檢查我的德文寫作能力，她希望我學習最正確的德文。童年時，她會念童話故事或播米老鼠的錄音帶給我跟姐姐聽，那些卡帶都是她孩子小時候留下來的。由於爸媽的經濟能力不足以負擔這些書本與錄音帶，所以每次我跟姐姐到鄰居家聽故事時都很興奮。

11 「有了後見之明的我們，如今能沉痛地看清這一切脈絡：在那個溫暖的十一月天，發生在卡巴天房底下的占領事件，就是九一一恐攻、倫敦與馬德里恐怖炸彈攻擊，以及侵占阿富汗和伊拉克之伊斯蘭主義暴力行動的起源。」原文引自：Trofimov, *Siege of Mecca*, p. 7.

一九八九年進入文理中學時，我注意到跟媽媽一起在教會工作的南斯拉夫婦女態度跟以往不同，像是左拉跟舒卡阿姨。她們的孩子跟我一樣放學後會到托兒中心，我們幾乎天天玩在一起。德國學生的父母通常都上過大學，但我們的母親是低階勞工，所以我們跟德國孩子接觸甚少。南斯拉夫婦女的小孩通常都叫萊卡（Leika）、索蘭（Zoran）、艾維卡（Ivica）或伊凡（Ivan），他們以前都很自豪地說自己來自南斯拉夫。但一夕之間這群孩子卻不互相往來，分別說自己是克羅西亞人、是塞爾維亞人，也有人說自己來自波士尼亞，甚至有人自稱穆斯林。突然間，大家都否認彼此共享的南斯拉夫根源。她們的母親不再有說有笑，也不像以前那樣一起在休息室裡喝咖啡、吃波雷克。

雖然連小孩都明顯察覺南斯拉夫人之間的分裂，但爸媽提醒我們不要將情況一概而論。左拉和舒卡阿姨是塞爾維亞人，她們帶著家人到我們家拜訪、一起用餐。看新聞時，她們都感到非常驚恐，也認為國家的分裂並非來自內部。「以前大家不分你我，」左拉阿姨這麼說：「我們從來不問對方是否來自塞爾維亞、斯洛維尼亞、克羅埃西亞或是不是穆斯林。」她認為這一切都是西方國家想瓦解社會主義南斯拉夫的陰謀。

我們多少會從新聞或在學校聽聞大屠殺的歷史，像是某個人的舅舅在前南斯拉夫作戰時喪命等事蹟。不過這段歷史對我還有家人來說相當遙遠。一直以局外人的角度生活在德國的我們，直到一九九一年九月才感到社會衝突對我們帶來的威脅。柏林圍牆倒塌後兩年，薩克森州（Saxony）東北部的霍耶斯韋達（Hoyerswerda）爆發排外衝突[12]。左派團體對來自越南和莫三比克的勞工發動攻擊，更朝難民收容所投擲汽油彈跟石頭。

我跟爸媽在家中看新聞，大樓起火時，有德國人在街上拍手叫好，有些人甚至學納粹將手臂伸直，擺出惡名昭彰的希特勒敬禮手勢，口中喊著：「把德國還給德國人！外國人滾出去！」

爸媽對此都說不用擔心，因這些人是來自前東德，西德人絕對不會做這種事。「西德人都知道如果沒有外籍勞工，德國的經濟也不會像今天這麼強健。」爸爸說。

那一陣子我對爸媽非常不滿，爸爸更是令我憤怒。相較於住在摩洛哥的奶奶擁有鋼鐵般的意志，絕不容許任何人對她不敬，我總覺得，不管其他德國人或餐廳老闆說什麼，爸爸總是太百依百順。身為廚師的他工時很長，我們能跟他相處的時間已經不多，但碰到休假日，爸爸的上司還是常把他叫回去工作，爸爸通常都會答應。再者，餐廳老闆就住樓下，爸爸在不在家，他也一清二楚，要拒絕也是件很不容易的事。此外，他到政府機關更新居留文件時，我發現即使公務人員態度輕蔑不禮貌，爸爸也從不回嘴或抵抗。

住同一棟大樓的懷斯太太跟他老公是猶太大屠殺的倖存者。暴動新聞鬧得沸沸揚揚那一週，他們邀我到家裡喝可可。他們夫妻倆跟我聊起集中營的一切，還有在集中營裡喪命

---

12 原文引自：Stephen Kinzer, "A Wave of Attacks on Foreigners Stirs Shock in Germany," *New York Times*, October 1, 1991.

的家人。那時懷斯太太的神色哀戚，面色蒼白。霍耶斯韋達的場景對她衝擊不小，她有好幾天都無法入眠。「孩子啊，妳一定要照顧自己跟家人。我很擔心你們。」她說：「這些人跟他們的思想實在太可怕、太危險。」

我要她別擔心，這一切只會發生在東德，絕對不會蔓延到法蘭克福來的。不過懷斯太太卻搖頭說：「沒有，妳不懂。如果德國人真的有從歷史學到教訓，霍耶斯韋達今天也不會發生這種事。」

一年後，一九九二年十一月，爸媽一貫的說法被推翻。有個左派組織在西德的莫恩（Mölln）地區，朝兩戶土耳其人居住的民宅放火，那群土耳其人總共有七人受傷，一名祖母和兩名小女孩喪命。攻擊者主動聯絡消防隊，掛電話前他們喊出：「希特勒萬歲！」[13]對這起攻擊事件發出最嚴厲譴責的是猶太人，多半德國政治人物則默不做聲。德國猶太團體領袖伊納茲．布比斯（Ignatz Bubis）跟副手米歇爾．弗里曼（Michel Friedman）甚至親自與受難者家屬碰面致意。一九九三年五月二十九號，另一名土耳其移工杜馬思．詹克（Durmus Genc）的住家也遭放火，其住宅位於前西德的索林根（Solingen）[14]。他的兩個女兒跟兩個孫女，年紀從四歲至二十七歲，全都葬身火海。另一位來自土耳其的十二歲訪客也不幸罹難[15]。這次也不例外，批評攻擊事件最猛烈的仍然是猶太人。

那年夏天，爸媽帶我們到摩洛哥過暑假。弟弟希沙姆（Hicham）早在一九八六年出生，所以那趟旅程總共有四個小孩。我們先搭機到卡薩布蘭卡（Casablanca），接著開車到梅克內斯，在那裡待了三到四個禮拜，除了拜訪奶奶也跟其他親友聚一聚。

爸爸同母異父的姐姐扎赫拉也住梅克內斯，跟奶奶家只距離十分鐘車程。已婚的她有七個孩子，有天我跟姐姐哈南到他們家拜訪。那天，扎赫拉的某個約莫九歲大的兒子，正好約朋友到家裡看電視。

電視畫面背景群山環繞，主角是幾名配槍的蓄鬍男子，他們身後停了幾輛車。他們說：「阿拉胡阿克巴（Allah hu-Akbar）。」意即「真主至大」。電視畫面突然出現幾名不斷哭泣嘶吼的婦女，背景配音說這幾名女子被塞爾維亞人強暴，家人也遭殺害。我堂弟跟他朋友很憤怒，這時電視畫面出現兩名留著長鬍子的男子，他們前方有兩男雙膝跪地。其中一名蓄鬍男子說的語言我完全聽不懂。影片突然出現另一人的聲音，顯然是掌鏡人在說話，他又說了一次「阿拉胡阿克巴」。接著，我看到蓄鬍男子手上拎著前方男子的頭顱。堂弟跟朋友在電視機前鼓掌。

「你們在看什麼電影？」我姐問。

---

13 原文引自：Marc Fisher, "2 Neo-Nazis Confess in Death of 3 Turks," *Washington Post*, December 2, 1992.

14 原文引自：梅呂德・詹克（Mevlüde Genc）與杜馬思・詹克（Durmus Genc）在一九七〇年代從土耳其移民到德國。資料來自德國聯邦公民教育局：Bundeszentrale für politische Bildung, "Hintergrund aktuell: 20 Jahre Brandanschlag in Solingen," August 25, 2013, http://www.bpb.de/politik/hintergrund-aktuell/161980/brandanschlag-in-solingen-28-05-2013.

15 原文引自：Terrence Petty, "Five Turks Killed in Arson Attack," *Associated Press*, May 29, 1993.

堂弟跟朋友看著我們，說這不是電影。

「這是波士尼亞實況錄影。」堂弟的朋友說：「這些聖戰者在波士尼亞對抗屠殺穆斯林的塞爾維亞人。」他還說：「所有塞爾維亞人都該死。他們不僅強暴我們的姐妹，還殺死我們的兄弟。」

哈南跟我告訴他們，並不是所有塞爾維亞人都這麼壞，比如媽媽的塞爾維亞同事就很善良。

「絕對不能跟他們當朋友，」堂弟朋友表示：「妳很快就會發現他們的真面目，他們會把歐洲的穆斯林殺光。如果沒有聖戰士，妳們都會被殺掉。」

姐姐用德文叫我不要相信他們，說我們該早點回家了。

「妳怎麼會不知道？」堂弟又問：「這些影片是從德國來的啊。拍片的人是個有埃及血統的德國人。」

那名男子叫瑞達．賽耶姆（Reda Seyam）。如今聖戰組織招募新成員所使用的暴力宣傳手段，就是來自這幾支他在波士尼亞拍攝的影片。很多跟我同輩的聖戰士後來都說，波士尼亞跟斯雷布雷尼察（Srebrenica）的大屠殺是他們的「覺醒之戰」，斯雷布雷尼察之戰尤其關鍵。在斯雷布雷尼察衝突現場，荷蘭籍聯合國士兵在一旁看著穆斯林男子跟少年被俘虜、殺害，他們對穆斯林說西方國家什麼忙也幫不上，只能看著穆斯林遭屠殺。

德國內部的衝突情況也越演越烈。那年夏末，希沙姆跟我一起到法蘭克福的木屋公園附近買冰淇淋，那間店離我家不遠。

返家途中，一台載了四個德國男子的車突然停下來。「吉普賽人！我們要殺你，你們這些吉普賽人！」他們大吼。那四人頂著大光頭，身上帶有刺青，看起來就像反移民的光頭黨成員。這種人在我家附近很少見。我環顧四周，想知道他們是不是在對別人說話，但整條大街空蕩蕩的。「就是你們這兩個吉普賽人！」其中一人大喊：「我們要殺死你們，把你們抓去毒氣室！」

弟弟哭了出來，我把手上的冰淇淋扔掉，抓著他的手叫他趕快跑。那輛車緊跟在後，我已經盡力，弟弟的速度又比我慢，所以我把他抱起來，彎進一條單向道路。那四人本來打算轉彎跟上來，但對向車輛朝他們按喇叭。其中一台車的駕駛大吼要報警取締，那四名光頭族才把車開走。我跟弟弟哭著跑回家。

我告訴爸媽不能繼續住在德國了，我求他們：「以前他們燒猶太人，現在要燒我們。」我想起堂弟的朋友在梅克內斯說的那一席話，他說歐洲內部的穆斯林遭到屠殺，難道他真的說對了嗎？

那天起，我都會夢到開著車的光頭族對我們咆哮，並從睡夢中驚醒、哭喊。我也開始大量閱讀納粹德國、猶太大屠殺起源的相關資料。那是我人生恐懼感最深的一段時光，我不只擔心自己的安危，更害怕家人會遭遇不測。讀到納粹對待殘障人士的手段時，姐姐法特瑪的影像也在我腦海中揮之不去。我總覺得德國對自己跟家人來說很不安全，這裡已容不下我們。好一陣子，我不斷哀求爸媽收拾行李帶我們離開德國。我說：「這些人不想要我們留在這裡。」

當週，我在廣播中聽到猶太人團體領袖米歇爾．弗里曼的訪談，每次出現穆斯林移民遭到攻擊的事件，他總會站出來譴責。他在節目中提到猶太大屠殺，也聊起身為倖存者後代的自己對於在德國生活有何感受。弗里曼表示他不想離開這片他成長的環境，他對主持人說：「最簡單的解決辦法不外乎是搬離德國，到外地生活。但無論是猶太人、穆斯林還是基督徒，只要你心中還存有一點人性，都不能只拍拍屁股走人，對那些右派組織的舉動視而不見，讓他們得逞。」

那一刻起，我不再拜託爸媽搬離德國。我不屈服於心中的恐懼和與德國社會之間的疏離感，反而將這些感受視為挑戰，直至今日仍是如此。我鼓起勇氣、正面迎擊，希望擊垮那些讓我驚恐受怕的外力。所以多年後，我在土耳其敘利亞邊境跟那位ＩＳＩＳ領袖對話時，才會說他選擇的路是最輕鬆的。我相信我做的決定比他艱難許多。

我之所以沒有步上極端之路，多少也要感謝爸媽的陪伴和他們正確的態度。因為鄰居中還是有不少鼓勵、照顧我們的德國人，我才沒有偏激到認為德國人都是壞蛋。現在講這些話聽起來很明理，但當時我可是個內心極為憤怒的青少年。

有時我會想，假如在那段思想黑暗的時期碰到ＩＳＩＳ成員邀我加入組織，我根本不知道自己會怎麼回應，甚至不曉得自己會不會軟弱到被成功說服。

第二章

漢堡支部——一九九四～二〇〇三年，德國

在我還是個少女時，就對時事和政治特別感興趣。我會請德籍教父母把家裡的雜誌，還有在德國發行量相當大的日報《法蘭克福匯報》（*Frankfurter Allgemeine Zeitung*）留起來，讓我閱讀。某日，我讀到一篇談論老電影的文章，那部電影是描述美國前總統理查．尼克森（Richard Nixon）因兩名記者撰寫的報導而下台。影評指出該電影是「根據真實事件改編」，還附了一大張黑白照片，照片中是演員勞勃．瑞福（Robert Redford）和達斯汀．霍夫曼（Dustin Hoffman）站在新聞編輯室裡。

我跟其他孩子一樣會思考長大後要做什麼工作。我考慮過當演員或政治人物，不過

《大陰謀》（*All the President's Men*）這部電影讓我對新聞業產生濃厚興趣。鮑勃・伍德沃德（Bob Woodward）和卡爾・伯恩斯坦（Carl Bernstein）兩位記者以掌握高權的大人物為題材，堅持挖掘真相，寫出足以動搖總統職位的文章，想到這點我就覺得振奮不已。我心想：妳看，新聞有改變世界的力量。我也想起多年前，爺爺在摩洛哥曾對我說：能書寫歷史的人，才握有真正的力量。我那時發現，新聞記者不僅能記錄事情經過，其文字更能改變生命。

爸媽對我的職涯規劃並不看好。媽媽說土耳其監獄裡都是記者，爸爸則轉述某個同事的看法，那個人說有很多「真正的德國人」想當記者卻找不到工作。「她說這份工作比較適合真正的德國人，妳還是找別的事做好了。」爸爸還轉述說：「當護士也不錯。」

媽媽的說法我可以理解，她擔心的是我的安危，不過爸爸的說詞卻令我失望。他怎麼會讓別人來評論我的選擇是對是錯？而且「很多『真正的德國人』也想當記者」，這話又是什麼意思？我不也是在德國出生的嗎？

不過瑞福跟霍夫曼的號召力遠大過爸媽的阻力。看過電影後，我把兩名演員在新聞編輯室裡的照片剪下來貼在臥室牆上。我下定決心要當新聞記者，也知道要自己打工存錢，因為爸媽負擔不起我的學費。

十四歲的我兼了兩份差，每週六我會到麵包店上班，週間再撥兩天時間幫忙顧小孩。十六歲時我又多找兩份工作，白天教小孩德文跟數學，晚上則到養老院掃地、洗碗、餵老太太吃飯，照顧那些老人。

另外，我還在高中辦了一份叫《幽靈》（*Phantom*）的雜誌。創刊號的投稿人跟編輯都是我的摯友。我們一起採訪過政治人物和其他公眾人物，例如米歇爾．弗里曼及格哈特．施若德（Gerhard Schröder）。擔任猶太人團體領袖的米歇爾．弗里曼曾多次出面譴責德國人攻擊土耳其移民，他也是德國基督教民主聯盟（Christian Democratic Union）的政治人物。施若德當時擔任下薩克森（Lower Saxony）的州總理，在他代表社會民主黨（Social Democratic Party）參選德國總理前，我曾在法蘭克福的某個政治活動中遇到他。我無視圍繞在他身邊的媒體和保鑣，直接拍他肩膀並向他自我介紹，希望能邀他接受校刊採訪。我表示政治人物若能跟年輕世代對談會別具意義，他就轉身對助理說：「西格里德，你可以給這位小姐一張名片嗎？」

收到名片時，我也自豪地遞出我的手做名片。我在上面用藍筆寫了名字，更用銀色的色筆做裝飾，想給別人留下深刻的印象。

施若德面帶微笑，對助理說：「如果我們接到《幽靈》的採訪信，再把信轉寄給我。」我跟他談了幾分鐘，他還問我讀幾年級。

我沒察覺其他記者也圍在旁邊，有些甚至拍起照來。隔天，媽媽接到某個朋友的電話，那人說：「你女兒跟格哈特．施若德一起上報！」我買了一份報紙，竟看到標題寫著「格哈特．施若德向年輕法蘭克福黨員解釋何謂政治」。我氣炸了，立刻打電話給報社要求他們更正。我說：「你們不能這樣隨便說我是社會民主黨的黨員，我根本不是。」不過報社裡的人只是笑了笑，跟我說那是張好照片。

那時我也投書到報章雜誌，針對封面新聞或當日報導提出見解，其中有一篇關於伊斯蘭文化和女性權益的文章，甚至被刊載到《法蘭克福匯報》上。文章刊出後，有鄰居告訴我媽：「叫你女兒不要碰政治。」不過我堅信，身為年輕女子和移工第二代，我也有發聲的權利。

那陣子我不覺得自己是穆斯林，認為自己和姐姐跟那些父母來自希臘、義大利、西班牙的孩子比較像，跟穆斯林孩童反而毫無相似之處。但最重要的，是我們屬於外來移民而非「真正的德國人」。我們只是外地人。

在德國，高中生進入有興趣的產業短期實習是稀鬆平常的事。十六歲那年，我開始打電話到報社詢問是否開放實習，就算沒薪水我也願意。後來我在《法蘭克福評論報》（*Frankfurter Rundschau*）獲得實習機會，這份日報的觀點比《法蘭克福匯報》更開放。我負責撰寫當地新聞，例如小學生在學校花園裡種花、社區垃圾回收或因小狗尿尿而起糾紛等事件。除了應付課業跟兼差，我還得花時間撰寫各式各樣題材的報導。

不久後我就受邀到《德國見！》（*Rendezvous in Germany*）這個替移民所設的廣播節目當來賓。我抓緊機會要求電台編輯讓我實習兩週，我的廣播職涯便由此展開。該節目邀請各種語言的母語人士當來賓，例如希臘文、土耳其文、西班牙文或其他語言。節目通常會有兩名主持人，一位是外來移民，另一位則是像我這樣的移民第二代。我的土耳其語還沒好到能主持節目，頂多只能上餐廳點菜，可惜當時他們也沒有開設阿拉伯語節目。諷刺的是，雖然多數德國人把我當外國人看，該節目反而需要能講流利德文的我。

那個節目與政治息息相關。除了族群融合、女性的社會地位之外，也會探討移民社群中的種族歧視。有的土耳其後代不願意讓孩子跟摩洛哥人結婚，有些移民則會歧視黑人，他們在盼望尊重的同時卻不願尊重他人。另外，足球世界裡的種族歧視、同志權益還有偽善等議題也常在節目中被提及。

在那個電台打工近一年後，有個流行音樂電台的負責人邀我主持名叫《希望之島》（*The Wish Island*）的直播節目，但我有時連那些英文歌曲的名字都念不好。雖然學校裡有英文課，但英文老師不怎麼愛上課，反而常用德文跟學生閒聊。儘管如此，電台負責人還是很喜歡我的聲音，他甚至還想讓我主持其他節目。當然，主持流行音樂節目非常有趣，也是我兼的差中薪水最高的。在那個節目替我帶來的收入是移民節目的兩倍之多。不過《大陰謀》的電影劇照還掛在房間牆上，兩個月後我就辭掉音樂節目的工作。

替《法蘭克福評論報》寫文章的工作仍然持續，我依舊繼續報導社區中的大小事。有天下午，某位非常好心的編輯助理跟我說，漢堡有一間新聞學院可以嘗試看看。「亨利南恩學院（Henri-Nannen School）在歐洲數一數二，」她說：「妳高中畢業後可以認真考慮。」雖然我還要一年半才能畢業，但她在我心中埋下了種子。我心想：就去試一試吧。

我發現多數到亨利南恩學院就讀的學生通常已在新聞產業服務。他們拿到大學文憑後都想進入《明鏡》（*Der Spiegel*）、《明星》（*Stern*）、《時代週報》（*Die Zeit*）等媒體龍頭工作，因為這些公司正好也是學校的資金來源，可見要進入這間學校，競爭想必非常激烈。申請者必須找出研究主題，撰寫一篇記敘文以及社論；我們還得從學校指定的五個題目中選出一題，進行相關報導並撰寫專題。我申請那年，記敘文的題目包含：記錄一位年輕運動員的生活、在加油站睡一晚，或是在養老院待一天。我先是選擇在加油站過夜，但不怎麼喜歡這個題目，後來我又花了幾天時間，到養老院裡陪某位媽媽認識的婦人。至於社論，我則探討新聞媒體是否有權報導政治人物的私生活，當時陸文斯基醜聞（Bill Clinton–Monica Lewinsky）正鬧得沸沸揚揚。我已想不起那篇社論的細節，但還記得自己曾說如果柯林頓總統跟陸文斯基是在橢圓形辦公室以外的空間發生性關係，那這就不是一則有報導價值的新聞。不過當時這件醜聞是發生在公家單位的地盤，已經涉及公權力的濫用，因此媒體的報導相當合情合理。對年僅十九歲的我來說，這個題目算是非常有挑戰性，也引起校方的注意。

遞交申請資料後過了幾個月，亨利南恩學院的人打電話通知我被錄取。我實在是喜出望外，但這時又出現另一個問題。由於資助校方的新聞媒體有時會優先讓有醫師或律師執業背景的人入學，所以他們請只有高中學歷的我，明年再試。我心想：「不可能，我不要再來一次。」

所以畢業後我就到法蘭克福歌德大學就讀，因為我住在家裡，有多餘時間就會到電台上班。我繼續培養新聞寫作技巧，也持續跟報章媒體接觸。在漢堡的某份週報實習時，我到荷蘭採訪庫德斯坦工人黨（PKK）的歐洲地區領導人，這個庫德族的獨立武裝團體被美國和歐盟視為恐怖組織。為這次採訪，我首次對爸媽撒謊，騙他們說自己要去採訪一位庫德族畫家。

隔年冬天，課業繁忙之際，我接到另一通亨利南恩學院打來的電話，提到班上多出一個名額，顯然是有學生已進入業界了。「我們歡迎妳來就讀，」那名女子說：「妳能在十天內報到嗎？」

我暫停大學課業，開始到漢堡的亨利南恩學院上課，那裡距離法蘭克福要搭整整四個小時的火車。還好我對漢堡不算陌生，剛好也有個好友住在那裡。那位友人跟我同樣在漢堡的週報實習，他負責藝術和時尚單元。在封閉保守的小鎮成長的他，出櫃後就被迫離家搬到漢堡，我們都有無法融入德國社會的感覺。

在新聞寫作班上，我更覺得自己是局外人。爸媽沒念過大學，但同學的父母都受過高等教育。他們會在我面前討論穆斯林婦女受壓迫的現況，有些人甚至拋出很荒謬的問題，像是「妳爸媽會幫妳選老公嗎？」或是「妳會嫁給堂表兄弟嗎？」我總覺得如果爸媽是醫生或是有錢的阿拉伯人，他們就不會有這些疑惑。校方說我是他們錄取的學生中年紀最輕的，也是首位進入該校的穆斯林移工第二代。

同學的父母都是德國人，也就是我爸爸的同事口中「真正的德國人」。他們年紀比我大，有些人曾在英國、美國、法國念書，有的甚至已經當過記者。我不愛參加派對，這已讓我跟同學的關係有些疏離。而我常當面質疑來班上演講的知名記者，這更讓我陷入艱難的處境。某位被譽為國內最頂尖的偵查記者來班上演講，分享他在伊朗進行的研究時，我就有許多疑惑。

「你去過伊朗嗎？」我問。

「沒有，」他答：「我用電話進行訪談。」

我開始質疑他的訪談。「你難道不擔心受訪者嗎？你沒有想過用電話訪談會被情資單位竊聽？這搞不好會給受訪者帶來麻煩。」

那名記者神情閃爍，他說大家都想太多、太擔心了。但我記得在電影中，伍德沃德和伯恩斯坦會跟受訪者約在隱密偏僻的地方，以免被竊聽監視。我告訴那位記者，當初我會親自訪問跟庫德斯坦工人黨的領袖就是基於這個原因。後來，有同學批評我不該這麼跟他們的偶像說話。但是跟伍德沃德和伯恩斯坦相比，同學的批判能力實在低落得令人沮喪。

二〇〇一年初，同學在畢業前籌劃了紐約五日遊。我一直很仰慕美國的電影和偵查報導產業，因此對這趟旅程期待不已。此外我也希望能在道地美式餐廳吃一份真正的漢堡。雖然學校有給我們補助，但基本上只夠付機票錢跟某幾天的住宿費，所以我將以前週末打工存下來的錢拿來當旅費。

來到紐約，我獨自在城市裡漫無目的地閒逛。這裡的路人跟德國好不一樣，他們雖然行色匆匆，但臉上仍掛著微笑。我走到世貿中心，在雙子星大樓前駐足。全班一起到《紐約時報》參訪時，我們瀏覽牆面上的普立茲獎，參觀新聞編輯室，那裡就跟我在電影《大陰謀》裡看到的一模一樣。這根本是美夢成真。我不禁幻想，如果爸媽當年不是搬到德國而是移民美國，或是他們有錢讓我到美國或英國學一年英文，我的人生會有多大的不同。我會不會有機會到《紐約時報》或《華盛頓郵報》上班？

我在五月從新聞學院畢業，回到法蘭克福繼續完成大學學業，修習政治學和國際關係相關課程。後來我成為某德國廣播電台的外派記者，也替總部設於中東與北非的雜誌社寫文章。

這確實是我的人生規劃，但夢想看起來還是離我好遠。我把時間全分給念書還有替當地報社和電台寫文章。為了避免付房租，我始終跟爸媽住在一起，但一直以來都沒存到什麼錢。由於在通風不良的廚房裡勞動多年，爸爸的哮喘非常嚴重，背疾也讓他好一陣子站不起來。我從漢堡搬回法蘭克福時，他已經減少工時，而且不久後就要退休了。媽媽在教會洗衣室裡長年舉著沉重的熨斗燙衣，背部跟肩膀的疼痛困擾她許久，雖然後來她也退休很長一段時間了。另外，雖然他們從未提及，但我知道他們患有憂鬱症。他們那一代移工當了大半輩子的清潔工跟廚師，每天低頭苦幹，從來不曾挑戰「真正的德國人」的權威。多年來，我媽都會去找一位醫師看診，治療耳邊從不停歇的嗡嗡聲。醫生每次都會給她打針，雖然痛得不得了，但她總是溫順地接受醫生的治療。有一天我陪她到醫院詢問為何病情未見好轉，醫生顯得相當驚訝，他說：「通常像妳媽媽這種患者，都不會問我問題。」

「我們不知道自己也有權問問題。」媽媽後來對我說：「我們哪敢問。」

爸媽離鄉背井努力工作，只為了讓孩子獲得更好的生活，但我們一家還是過得很苦。多年前，爸爸的餐廳老闆過世後，其他屋主決定把這棟大樓賣掉，我們也被迫搬離這個從小長大的美麗富裕社區。我們搬到法蘭克福的另一個區塊，住進前美軍駐紮營區，那裡每棟大樓的外觀都一模一樣。有建商將原本的軍營買下來，把這些建築改建成平價房屋，買家基本上都是外來移民。新公寓的大門一打開，直接就會看到客廳，這種美式的房間配置在德國相當少見。德國的公寓大門打開通常會是玄關或門廊，走進屋內才會看到私人生活空間。大樓負責經理不斷稱讚屋內早就裝潢好的櫥櫃跟架子，但我們後來發現建商用來清洗櫥櫃的消毒劑有毒。

姐姐法特瑪已經開始上班，但她的薪水不高，也因為殘障的關係需要有人在身邊照顧。弟弟還在念高中，爸媽也已減少工作量，養家的責任就落在我跟姐姐哈南身上。我房內還是掛著瑞福跟霍夫曼的照片，但我很清楚自己的本分：光鮮亮麗的美國新聞產業夢不是我該追求的，我得撫養家庭。

回法蘭克福不久，我得知先前待過的移民與流行音樂電台正在尋找後援的外派記者，到摩洛哥首都拉巴特（Rabat）駐紮。在漢堡讀新聞學院時，我曾跟該電台的前任拉巴特外派記者克勞蒂亞．沙烏特（Claudia Sautter）一起實習，相處六個禮拜後我們變成好友。現在她要離職，電台雖然已找到接替人選，但還是得有人在記者休假時報導北非跟西非的新聞。我曾在該電台做過不少節目，包含政治性談話節目，加上多次到摩洛哥的實習、拜訪奶奶，那裡就像我的第二個家。此外我也會講摩洛哥地區的阿拉伯語，所以克勞蒂亞就鼓勵我申請看看。

編輯找我去面試，但情況跟我想的不太一樣。編輯說他不會派來自特定國家的人回到那裡當外派記者。我說我不懂這個邏輯，但這不要緊，反正我是在法蘭克福出生的。

他顯然很不自在，他說我的身分背景屬於摩洛哥，所以無法推薦我當外派記者。我心裡好難過，眼淚幾乎就要奪眶。我告訴自己不准哭。

我一再重複自己生於德國，父母分別來自摩洛哥和土耳其這兩個國家。我還說如果照他的邏輯，他應該把所有報導德國新聞的「德國記者」換掉，讓外國人來接替這些職位。他臉色發白，表示不想再跟我多說。我起身衝出辦公室，眼淚也在這時從雙頰滑下。我心想：「妳永遠不會被當成真正的德國人，妳永遠也沒機會進入新聞產業。」

三個月後，九月的某個星期二，我坐在課堂裡聽著喜歡的教授洛塔爾．布羅克（Lothar Brock）講課。教授到底說了什麼我其實不記得，因為我根本沒專心在上課。課堂一開始我就把手機鈴聲關掉，但手機在後揹包裡震動長達半小時。一定是出事了。有人會不斷打電話給我，一定是家人出了什麼問題。

布羅克教授宣布中堂下課時，我衝出教室。「蘇雅德，妳在哪？」、「蘇雅德，快點回家。」、「蘇雅德，快回來！」，這幾封簡訊印證了我心中的恐懼。

錯不了，家裡一定出了什麼事。我衝回教室告訴布羅克教授家裡有急事。他說：「回家吧，希望不是什麼嚴重的大事。有什麼困難再告訴我好嗎？」

我急忙跑去坐公車，搭了二十分鐘的車之後回到公寓。打開大門時，除了還在餐廳上班的爸爸，我看見其他人圍坐在電視旁。

我不發一語地坐下，盯著電視螢幕中紐約慘絕人寰的景象。思緒突然回溯到六個月前，我想起自己特地到曼哈頓下城就是為了一睹世貿大樓的風采，想親眼看看這座昂然聳立、象徵美國龐大財富與權力的建築。

突然間，這兩棟大樓竟倒塌了，造成許多人喪生。

「可能是俄羅斯人幹的吧。」媽媽語帶盼望，但聽起來卻沒什麼說服力。

我轉頭看著哈南，她同時也盯著我看。她說：「希望這件事跟阿拉伯人沒關係，不然阿拉伯族群會受到極大反彈的聲音。」

不過她跟我都心裡有數，德國的穆斯林大概沒好日子過了。我們盯著電視螢幕，看著紐約、華盛頓哥倫比亞特區還有賓州某個小鎮中的恐攻畫面，眼神裡除了恐懼還有滿滿的困惑。怎麼會發生這種事？是什麼原因讓這些人心中充滿仇恨、暴力，催化出這麼極端的行徑？

不久後就出現德國方面的報導。大家後來發現這整起恐攻事件的首腦穆罕默德・阿塔（Mohamed Atta）、另外兩名劫機客，還有其他關鍵人物全都住在漢堡，並在當地策劃整起陰謀。他們的根據地後來被稱為漢堡支部。

我告訴大學教授自己得去挖掘新聞。我打給之前在漢堡的女房東，她說我住過的房間目前是空的。我立刻趕搭火車從法蘭克福搬回漢堡。

未曾受雇於任何一間報社的我，開始當起獨立記者。德國報紙都在報導穆罕默德・阿塔的組織和漢堡聖城清真寺（al-Quds mosgue）之間的關係。有位認識阿塔的摩洛哥學生告訴我，阿塔雖然很聰明，但聊到伊斯蘭教時就變得非常激進。那個學生還說：「如果妳想知道更多，就去一趟施坦達姆（Steindamm）吧。」那是一條非常熱鬧的紅燈區大街，那學生說阿塔跟朋友常在那裡的烤雞店吃飯，他也把地址寫給我。

我穿上牛仔褲跟毛衣，跟平常上學的打扮一模一樣，還擦了唇膏跟化妝墨（Kohl）這種受摩洛哥婦女歡迎的粗黑眼線，直接來到施坦達姆。我之前在漢堡實習時從沒來過這一帶，這邊情趣用品店、色情電影院林立，街邊站了不少性工作者，還可見土耳其、阿拉伯跟波斯人開的雜貨店與非正規的清真寺。我沒料到這一區會是這個樣子，感覺自己跟當地格格不入，街邊的人也盯著我看。

我走進那個學生告訴我的餐廳，在窗邊的位子坐了下來，看著街上來往活動的人車。我點了蜂蜜麵包，聽著鄰座客人用阿拉伯語交談。他們說自己很擔心生意或事業會被影響，還警告彼此絕對不要跟記者往來。

「兄弟，最近過得怎麼樣？」我聽見其中一名男子發問，還以為他跟同桌的客人是親戚。後來我才發現原來無論身在何處，穆斯林之間都有著情同手足的關係。

另一名男子說他認識失事飛機上的幾名男子。「天啊，那些記者一直問問題，他們以為我們都是恐怖份子。」

我在那喝著茶，坐了好一陣子。那間餐廳有專門讓家庭和小孩使用的包廂，不過我選擇坐在那群男人所在的主要用餐空間。鄰座客人肯定覺得獨自一人的我很可疑。

隔壁桌坐了一群男子，其中一人顯然特別德高望重，他說話時大家都專心聆聽、點頭贊同。他用摩洛哥地區的阿拉伯語說：「他們人這麼好，誰想得到會做出這種事？」

我發現如果自己安靜坐在這裡側耳聽，一定能獲得有用的資訊。這群男子似乎跟聖城清真寺有些關聯。他們提到一位名叫哈吉（al Hajj）的男子，他似乎是清真寺理事會的領導人。記者偶爾也得靠運氣，才能選到對的餐廳。

我回到住處查詢清真寺的電話號碼。清真寺沒有登記在電話簿中，我的住處也沒有網路，所以就到網咖查出號碼並立刻撥電話。

「真主保佑您平安（As’salam alaikum）。」電話那頭的男子一開口就對我這麼說。

因為心情過於激動，我忘記按照傳統的習俗回覆「也願真主保佑您（wa’alaikum as’salam）」。剛才在咖啡廳聽到民眾對記者的抱怨後，我刻意並未在電話中暴露身分與意圖，直接說要找哈吉先生。

「我的名字是蘇雅德，請幫忙轉達。」我說。

那名男子在電話另一頭大喊：「有個叫蘇雅德的人要找你。」

哈吉先生接起電話，我說：「我叫蘇雅德，是摩洛哥人。我想查清楚這次恐怖事件的真相。」

哈吉先生是個聰明人，他立刻說：「我不接受記者採訪。記者都不遵守、不尊重清真寺的規矩。妳替哪一家媒體工作？」

「我是穆斯林，絕對會尊重清真寺裡的規範。能找你出來喝杯茶嗎？」

哈吉表示如果我保證不錄音，就願意在隔天下午跟我到清真寺附近的咖啡廳喝茶。忐忑地跨出第一步後，我就一頭栽進調查恐攻事件、訪問相關重要人物的世界裡，再也沒離開過。

我心中有好多疑惑，更不曉得該怎麼跟哈吉說話。赴約時我還是以標準德國大學生的打扮出現：牛仔褲、球鞋、短袖上衣跟夾克。哈吉則是穿著阿拉伯式長褲跟束腰外衣現身，留著長鬍子的他看起來格外莊嚴。

「妳就是蘇雅德嗎？」坐下前哈吉先開口問，又說：「我們什麼都沒做，我們跟這起恐怖事件一點關係也沒有。我們沒辦法制止民眾進入清真寺，他們有時候會進來做禮拜或在裡頭用餐。」

我把恐攻參與者的照片攤開給哈吉看，他仔細地研究一番，指著阿塔的照片說：「這是艾米爾。」艾米爾的全名即為穆罕默德・艾米爾・阿塔。哈吉說他已有心理準備，外界一定認為恐攻事件是伊斯蘭教所致。

我們愉快地聊了一陣子，他也慢慢信任我，向我透露清真寺附近有家書店，是阿塔跟同夥碰頭的地點。

調查過程終於有些進展，我也鬆了一口氣，發現搜集資料的過程沒有想像中艱難迂迴，反而很直截了當。不過我也擔心自己是否拿到錯誤的情報。哈吉離開後又過了十分鐘，我來到那家位在清真寺街區轉角的書店。

走進書店，裡頭空間相當寬敞，地板和書架都是木製的。主要空間底端有個門簾，簾子後方是專放婦女和兒童書籍的小空間。書店裡有阿拉伯文書、德文書以及英文書籍。兩名男店員走過來招呼我，我跟其中一位較年輕的男子自我介紹，他看起來年約三十出頭。我說自己是獨立記者，希望能調查恐攻事件的真相。那人跟我都會講摩洛哥阿拉伯語，這招果然很管用。

他說：「我很好奇妳怎麼找到這裡來的？從來沒有記者來訪問我們。」

我問他認不認識阿塔跟其他同夥。

「他們偶爾會到書店來，就是一群很正常的人。」

「他們為什麼會策劃這次攻擊？」

「他們後來很投入政治，質疑為什麼美軍在伊拉克和巴勒斯坦殺了這麼多人。」

那男子說他來自卡薩布蘭卡，以前沒有任何宗教信仰。「我哥是調酒師。」他透露這些細節，彷彿想證明自己真的和宗教扯不上關係。某次他跟德國籍太太度假時，強烈感到自己的人生並沒有往正確的方向前進。後來他跟哥哥皈依伊斯蘭教，用所有積蓄開了這家書店。過一段時間後他們兄弟倆跟其他同輩年輕人都成了阿塔的追隨者，一起做禮拜、讀書，並從事相同活動。

我造訪書店那天，店內有一群學生坐著討論政治、批評以色列。他們表示自己不會批判美國人，因為他們知道「美國人很善良」，但是美國在中東所進行的政治軍事行動，就不可饒恕。

「如果你們對以色列不滿，為什麼要把矛頭指向美國？」我問。

「因為美國人支持以色列啊。」其中一名男子說。

只要這世界出了什麼問題，他們似乎都不假思索地把責任推到美國身上。而談話中有個詞不斷出現，那就是聖戰。

「你們說的聖戰到底是什麼意思？」最後我問。

「聖戰代表你有保護自己的權利。」有位來自摩洛哥的學生說。

「有誰真的侵犯到你嗎？」我問：「你剛剛那句話是什麼意思？」

「他們攻擊我們啊。」

「他們沒有攻擊摩洛哥人。」

「我不是用摩洛哥人的角度來看這件事，」他說：「我們都是以穆斯林的角度來思考。」

這時我才理解自己踏進了一個父母不斷避免我涉入的世界。身為記者的我必須報導這些男子的思想，並跟社會大眾解釋他們的邏輯。這還只是開端而已。

另一名來自埃及的男子對我的提問很好奇。「妳為什麼對這些事情感興趣？」他問：「真的有人想知道事實嗎？這麼多年來事實就擺在眼前，但他們還是無動於衷。阿塔這群人根據事實，果斷採取行動。」

跟這些男子聊完後，我更想查出事件真相，但仍未有收穫。又過了幾天，我繼續挖掘情報，跟不同民眾交談。我在追查過程中碰到很多令我出乎意料的情況，施坦達姆社區只是個起點。那年秋天在漢堡，我跟穆尼爾．穆特薩迪格（Mounir el-Motassadeq）的父親進行初次訪談，穆尼爾．穆特薩迪格是參與策劃九一一恐攻事件的嫌疑人。那場訪談令我印象深刻。我穿著套裝赴約，心想自己看起來肯定很專業。但跟安排這次訪談的男子碰面時，他卻輕蔑地看著我。

「妳沒有罩在身上的袍子嗎？」他問：「從背後就能把妳看得一清二楚，妳的頭巾在哪？」

我立刻到一家巴基斯坦商店買了長罩衫跟頭巾。

在另一間阿塔跟同夥做禮拜的清真寺中，我聽到關於波士尼亞和阿拉伯波斯灣戰爭的另一種說法。我以前都認為美國在這些戰爭中保護穆斯林，但這次與厭惡美國的群眾接觸後，才發現他們對西方國家的介入，抱持截然不同的觀點。他們認為美國跟歐洲同盟國只在乎是否能從中獲取經濟益處，並強行將自己的「系統」和「生活方式」施加在他人身上。有些人還提到美國在南美洲採取的行動，並強調「他們殺了切．格瓦拉（Che Guevara）跟其他人，因為這些人不贊同美國的帝國主義」。他們更指控美國數十年來一直支持各種「消滅巴勒斯坦人」的手段。對這些人來說，美國就是「大惡魔」。

另外，我也開始接觸另一種詮釋、解讀伊斯蘭教精神的方法，那跟我小時接收到的資訊截然不同。我跟爸媽一樣，認為不該將宗教跟政治混為一談。但突然間，我碰到不少相信宗教與政治緊密連結的人，他們的信念堅定到無可撼動。起初，我很困惑為什麼漢堡會跟九一一事件扯上關係，不過待在當地調查之後，我才確信阿塔跟他的同黨是在德國變得如此激進，進而被恐怖組織吸收。

施坦達姆當地人認為阿塔是個謹守伊斯蘭教義的男子，他的思維舉止嚴謹，能很快指出他人在信仰方面的偏差與對伊斯蘭教的誤解。他總是強力譴責那些喜歡聽音樂或有抽菸習慣的穆斯林。他跟其他組織成員並非潛伏間諜，當地居民或多或少都認識阿塔還有他的同黨。但在這個平行世界中，他的一舉一動並未引起德國政府注意。情資單位跟國安機構沒有發現這麼極端的一群人實在令我意外。

雖然我知道的不多，但還是握有一些優勢。阿塔跟同夥參拜的漢堡聖城清真寺是由摩洛哥人經營。雖然我家人不像他們留著長鬍子，但我會講摩洛哥話，也能跟來自中東各國的人溝通，這替我帶來不少好處。

那年秋天在漢堡，我在外頭散步時碰巧遇到《明鏡》雜誌[1]的偵查部門主管，他去年曾至新聞學院演講。他問我現在幫哪一家報社工作。

「我現在是獨立記者。」我說。

「不過你會講阿拉伯話。」他回道。

《明鏡》以正直、大膽的報導風格聞名，是德國最知名的週刊，也是我最尊敬的媒體集團。一九六二年，幾位《明鏡》的編輯出版一篇批評德國軍事單位結構鬆散的報導，被控犯下叛國罪。週刊創辦人與幾名資深編輯還有記者都被送進監獄。後來事實證明當時的國防部長在澄清職責時並不誠實，他也被迫辭職下台。

該週刊底下有一群頂尖的記者，不過他們還是需要能觸及德國的阿拉伯社群的記者。那名編輯把我的名字傳到總部，我順利成為週刊特約記者。雖然我還不是正式雇員，但已經開始替週刊寫文章。對我而言這是一大突破，如此幸運、偶然的巧遇，也替年輕時的記者職涯奠定穩健的根基。

不過我當時還不曉得，週刊內部已經有人打電話聯絡德國的國安單位，查詢我的身家背景是否「清白」。我們家是否跟恐怖組織有關聯？爸媽對宗教信仰有多投入？我是否會到清真寺參拜，或是否曾跟嫌疑人士往來？我會不會是蓄勢待發的潛伏間諜，等著變成第二位阿塔？身為穆斯林和外來移民的女兒，就連在我出生的德國，大家仍不自覺懷疑我的背景與動機。

就這樣，我積極投入《明鏡》偵查團隊的採訪工作。我很快就找到一名皈依伊斯蘭教的十九歲德國青年，並對他的故事很感興趣。名叫丹尼斯・賈斯汀（Dennis Justen）的他是一位平凡的青少年，家住法蘭克福郊區。他似乎在一夜之間變成虔誠的穆斯林，開始進行齋戒，甚至跟女朋友分手。起初，他的父母對兒子的轉變並沒有想太多，但有一天賈斯汀卻突然消失。二〇〇一年九月，他因為非法從阿富汗跨越邊境來到巴基斯坦而被捕，並接受聯邦調查局的質詢。我打給週刊編輯，表示自己想採訪他的父母。其實雜誌已經多次與賈斯汀的雙親聯繫，但每次都被打回票。我也不確定自己是否能說服他爸媽接受訪問，但我覺得必須試一試。

雖然編輯也很想採訪賈斯汀的父母，但他並不是很願意讓我涉入。「我覺得妳最好不要處理這個案子，」他說：「如果這份報導是關於清真寺或伊斯蘭書店妳就可以去採訪，

---

1 《明鏡》（*Der Spiegel*）為德國知名的週刊。參考資料：Christoph Gun-kel, "50th Anniversary of the 'SPIEGEL Affair': A Watershed Moment for West German Democracy," *Spiegel Online*, September 21, 2012.

但這次受訪者是道地的德國人。」

「我不是很清楚你的意思。」我回答。

「假設我今天是賈斯汀的父母，打開門看到妳，心裡一定會覺得妳是塔利班的間諜。」他說。

我再次覺得自己的心被刺傷，體內湧起一股強烈的作嘔之感。我的同事跟編輯似乎不怎麼信任我。我知道這名編輯絕對不會建議週刊跟我續約，離開《明鏡》是遲早的事。既然如此，我想證明他的觀點是錯的。那天晚上我獨自駕車到丹尼斯・賈斯汀父母的住處。我先碰到他的祖父，他幫我跟賈斯汀的父母溝通。那天晚上我就與他父母見了面，隔天他們也答應受訪。我跟駐紮法蘭克福的週刊同事共同寫了一篇報導。

我再次打電話給編輯：「你看，他們不覺得我是塔利班的間諜。」

我希望他能理解那番話傷我多深，也盼望如果接下來有跟我同樣身為穆斯林後代的記者進入《明鏡》，不會再遭受這般歧視與對待。

早年的記者工作經驗讓我相當喪氣，我完全能感受穆斯林在歐洲遭到的排擠，還有不斷吃閉門羹的窘境。不過我沒讓低落的情緒阻擋追查真相的渴望。我還是很好奇為何許多跟我同樣生在德國的年輕阿拉伯人會被恐怖組織洗腦，變成極端份子。那年秋天，我又打了一通電話給哈吉。

「我想看一看清真寺。」我說。

「不要讓別人知道妳是記者，」他建議我：「妳有頭巾嗎？蘇雅德姐妹，妳應該曉得要圍頭巾吧。」

我要哈吉不用擔心。走進清真寺時，我發現自己正踩在阿塔走過的地板上，這感覺實在古怪，心跳也漸漸加速。我看不清楚在清真寺裡做禮拜的穆斯林長什麼樣子，但他們大概猜得出來我是記者。

對我而言，清真寺就是帶有宣禮塔的宏偉建築。這座漢堡的清真寺跟情趣用品店座落在同一條街，街邊還有性工作者站著招攬生意。外觀平凡的聖城清真寺位於龍蛇雜處的區域，附近就是漢堡火車站，正面則是警察局。男性禮拜室是彩色的書房，裡頭有繽紛的地毯跟藍綠色牆面，空間大到足以容納百人。相較之下女性禮拜室就較簡樸狹窄。

禮拜完後，我迅速低身走進清真寺內的圖書館，裡頭擺了好幾卷伊瑪目穆罕默德・費札奇（Mohamad Fizazi）的錄影帶。穆罕默德・費札奇是來自丹吉爾（Tangier）[2]的宣教者，宣教時總是情緒激動的他對阿塔影響深遠。在某支影片中，這位伊瑪目在聖城經清真寺裡宣道，他說：「猶太人跟十字軍戰士都應該被割喉。」在清真寺中，我也跟一位埃及

2 位在摩洛哥。（校注）

人和一位摩洛哥人談話，他們都認識阿塔跟他的同黨。我問他們為什麼這些人變得如此激進，甚至策劃恐攻殺害其他人。那埃及人說：「妳被西方世界的媒體洗腦了，但這也不意外，畢竟妳現在替他們工作。妳仔細想想，多年來有成千上萬名穆斯林被殺害，但媒體連提都不提。」根據他的說法，阿塔跟其他劫機客「只是把美國跟猶太人對穆斯林的傷害還給他們而已。」

雖然當下很驚訝，但我知道自己的理解還不夠深入。我一定要花更多時間跟這些人相處，才能真正理解他們怎麼會有這種思維。

我很快就搬回法蘭克福，一邊當獨立記者一邊兼顧學業。另外，我也出席法蘭克福當地一場大宗恐怖事件的審理案。該案被告是五名阿爾及利亞人[3]，他們被控計畫在兩千年十二月，也就是九一一事件的九個月前，意圖炸掉巴黎聖母院以及法國史特拉斯堡（Strasbourg）的聖誕市集。多數被告都曾在阿富汗訓練營中待過一陣子，我想查出他們到底是誰，以及為什麼決定策劃恐攻。有時候我也會替法蘭克福當地的報紙或電台寫文章、做採訪，但真正驅動我不斷追查真相的力量其實是好奇心。

在訴訟會休息時間，我在附近的咖啡廳碰到一群美國記者。其中一位叫夏儂・斯麥莉（Shannon Smiley）的美國人在《華盛頓郵報》柏林分部擔任特派記者與特約記者的助理。會講德文的她稍早已在法庭跟我說過話。那群人中，有位來自美聯社（Associated Press）的男記者、來自《芝加哥論壇報》（*Chicago Tribune*）的記者與路透社（Reuters）的女記者。

在場還有另一位我已碰過面的記者，那就是彼得・芬恩（Peter Finn）。他是《華盛頓郵報》柏林分部的主管，也是該報全球恐怖主義報導的重要撰稿人。

「是那個揭發水門案的《華盛頓郵報》嗎？」他們介紹彼得給我認識時，我便開口問。彼得笑了笑。我不敢相信自己能跟該報社的資深記者坐在一起。我還問他伍德沃德跟伯恩斯坦是否跟電影裡的演員一樣帥，彼得跟夏儂聽到後笑出聲。

當時我的英語還很破，不過有了夏儂的協助，我們一群人聊到漢堡，我也提到自己在當地認識、接觸過的人。

過了一週，夏儂打電話給我，說彼得有個提議想跟我討論。二〇〇二年五月，走進史待根伯格機場飯店（Steigenberger airport hotel）的早餐餐廳時，我的心跳快到不行。彼得站起來招呼我，他說自己正在替《華盛頓郵報》構思與漢堡支部相關專題報導，這份報導將會是九一一事件一週年時的重點專題。

「妳想跟我一起做這份專題嗎？」他問。

3 此案共有五名阿爾及利亞人涉入，其中四人於二〇〇三年三月被宣判有罪，一人則因證據不足而在二〇〇二年八月獲無罪釋放。參考資料："Four Convicted of Strasbourg Bomb Plot," *Guardian*, March 10, 2003, https://www.theguardian.com/world/2003/mar/10/germany.france; Peter Finn and Erik Schelzig, "Algerian Accused in Bombing Plot Ejected by Judge; Defendant Disrupts Trial in Germany," *Washington Post*, April 17, 2002.

我的淚水幾乎要奪眶。在德國新聞媒體產業闖蕩了好一陣子，終於出現《華盛頓郵報》的記者邀我合寫專題。不過在漢堡調查真相那段期間，我碰過很多令人憤怒的現象。有些記者為了強迫阿拉伯學生受訪，會找出這些學生以前跟恐攻事件劫機客合影的照片。若學生不接受訪問，記者就威脅要把照片刊登在報紙上。所以彼得邀約時，我還是有所戒備。「你們會威脅阿拉伯學生嗎？」我問。

他說：「我們不做這種事，作為我們的記者就要遵守報社的道德原則。」彼得說他們在採訪前會告知受訪者自己是來自哪家報社，也不會脅迫提供情報的民眾。新聞產業終於有人意識到這個問題，這正是我夢寐以求的。

接到新的採訪任務後，我必須回到聖城清真寺。我要查清楚走進那裡做禮拜的人會不會被洗腦成恐怖份子；我要找出那裡宣的到底是什麼道。在我信仰的伊斯蘭教中，到底是哪一條教義說穆斯林可以殺害無辜百姓？

我回到漢堡，跟認識恐攻事件主腦的年輕人對談，去他們曾待過的地方，也研讀那些緊貼字義以詮釋《古蘭經》的書籍，還有那些教導穆斯林在西方世界該如何生活的讀物。這次回到施坦達姆，我已不像上次那麼緊張、茫然。

我更了解阿塔跟同黨的運作模式，還有他們是如何被與蓋達組織相關、曾參與波士尼亞與阿富汗戰爭的士兵所影響。此外，我也更清楚他們是如何一步步策劃整起攻擊事件。

二〇〇二年九月十一號，我正式跨足美國新聞產業。當天《華盛頓郵報》頭版有篇名為〈醞釀恐怖主義的漢堡〉（Hamburg's Cauldron of Terror）[4]的長文，特約記者欄位寫的正是我的名字。歷經漫長曲折的旅程，我終於感覺自己來到某個端點，但前方的路還長。

某個秋季的陰天，我跟一群來自世界各國的新聞記者排在漢堡的法庭外。我們都接到指令要在四小時前抵達現場，才有機會搶到通行證進入法庭採訪報導。這次開庭是為了審理首位被控直接涉入九一一事件的慕尼爾・摩塔薩德（Mounir el-Motassadeq）。摩塔薩德當時二十四歲，是住在漢堡的摩洛哥籍學生，他除了是阿塔的好友也是其遺囑的簽署人。檢察官表示摩塔薩德是漢堡支部的金主，他幫其中一位劫機客馬爾萬・薛希（Marwan al-Shehhi）繳房租和水電費，也寄錢到美國給他。摩塔薩德被起訴的罪狀超過三千多起，當中包含謀殺罪共犯還有身為恐怖組織成員。他表示自己事前完全不曉得這些人在策劃恐怖攻擊。如果被判有罪，他至少會被判十五年以上的徒刑。

參與九一一事件週年專題報導後，《華盛頓郵報》就和我簽約。我也開始上密集英文課程，希望除了參與調查之外，也能撰寫主筆文章。彼得委派我報導摩塔薩德審理案，也

4 原文出處："Hamburg's Cauldron of Terror": Peter Finn, "Hamburg's Cauldron of Terror," *Washington Post*, September 11, 2002.

是我第一次正式替報社出勤。跟一群來自亞洲、阿拉伯國家還有美國媒體龍頭的外派記者、攝影師，還有製作人等一起站在法庭外冷得發抖時，我完全沒想到這次審理案會改變我的一生。這次機緣將我推進戰地，接著再深入聖戰士的網絡核心以及伊斯蘭國。

摩塔薩德案的審理期間長達數月，彼得跟我一起出席前幾次開庭後，就接著調查其他新聞。幾週後，九一一事件的受害者家屬到漢堡出庭，我跟彼得也回到漢堡。最令我印象深刻的證人是瑪琳・芬寧（Maureen Fanning），他的丈夫是在世貿大樓倒塌時殉職的消防人員。剛毅、堅決，這是芬寧給我的第一印象。她育有兩個罹患自閉症的兒子，丈夫去世後不得不把十四歲的大兒子留在教養院中，獨自照顧六歲大、還無法讀書寫字與說話的二兒子。她跟其他罹難者家屬一樣，都在等著看美國政府會提供何種支持與協助。這是芬寧第一次到漢堡，聽過她的證詞後，有些記者邀她共進晚餐。

才剛入冬，當晚又陰又冷。我們選了一間位於市中心的牛排館，也離下榻的旅館不遠。彼得坐在我身旁，芬寧坐在我對面，其他記者喝著啤酒，我則一如往常點了杯混了氣泡水的蘋果汁。大伙兒邊用餐邊討論審理案的過程。用完餐後有人點了義式濃縮咖啡，芬寧也開始暢所欲言。她說自己在責怪恐怖攻擊奪走丈夫性命的同時，也想罵美國政府跟新聞媒體。她說：「沒人告訴我們原來有一群人這麼恨美國。我們怎麼完全不知道？政治人物什麼話也沒說，你們這些新聞記者也從沒報導過。」

芬寧看著我，剛才跟她聊天時我提到自己有阿拉伯血統。「他們為什麼這麼恨我們？」

她問。我支支吾吾地說了些阿拉伯人不太能接受西方政策之類的理由。這個答案很模稜兩可，我猜她也看出我尷尬的神情，不過那一刻對我來說意義重大。她質疑記者沒有把份內工作做好，我認為這批評很有道理。我心想：我們為什麼沒有做更全面的報導，讓瑪琳．芬寧這些民眾知道聖戰士對他們的看法？餐後回到旅館，我問彼得在九一一事件發生前，恐怖主義在美國的媒體平台上占了多少版面。他說在一九八〇年代蘇聯攻打阿富汗時，美國新聞媒體確實有對該衝突進行報導。雖然有些記者甚至在塔利班掌權時期即駐紮阿富汗進行報導，但他們幾乎沒有親自採訪蓋達組織或其他恐怖組織成員，或者進一步了解他們的觀點。

「你不覺得這很有趣嗎？」我問：「而且這也是我們的工作，不是嗎？」

「那當然。但誰有辦法聯絡那些人？要請他們受訪很不容易。」

雖然我當下沒說話，心裡卻想：或許我們可以試試看。

接下來那幾天、甚至連續幾個月，芬寧的疑問不斷在我腦中回放。即便我的身分背景跟阿塔他們一群人類似，但我的觀點卻和他們截然不同，我無法體會他們是怎麼建構出這種思維模式。在我成長過程中，從來沒有一刻厭惡、痛恨過美國，因此他們發動的攻擊令我驚訝不已。我不得不查清到底是什麼力量，讓阿塔一群人和其他極端份子走上這條路。

大家都已聽說美國可能對伊拉克發動戰爭的消息，二〇〇二年秋季至二〇〇三年初，我密切關注與聯合國調查專員相關的報導。美國政府表示薩達姆．海珊掌握大規模毀滅性武器，會對世界各國造成威脅，因此聯合國派出調查團對進行搜索。那時我還沒大學畢業，不過因為我有阿拉伯血統，同時又替《華盛頓郵報》工作，某家法蘭克福電台就邀我參加關於美伊戰爭的辯論節目。節目中的其他來賓都支持美軍入侵伊拉克，我卻持不同看法。我表示應該先讓聯合國偵查團隊完成調查，假如美軍入侵伊拉克後，發現當地什麼也沒有，反而會助長恐怖主義的醞釀。我姐姐跟朋友坐在觀眾區，他們聽到我的發言都鼓掌表示贊同，但這個論調跟德國知識份子和外交人員的觀點背道而馳。節目結束後，有些來賓甚至拒絕和我握手。

在報紙專欄或電視節目中，大家都認為就算薩達姆．海珊並不具有大規模毀滅性武器，仍是個邪惡的壞蛋，既是殘害自己人民的暴君，也是個用毒氣對付庫德族人的惡魔。關於這些指控我無話可說，畢竟這是多年來攤在陽光底下的事實。不過說他握有大規模毀滅性武器，甚至計畫使用這些武器，證據到底在哪裡？一九九九年從伊拉克來到德國尋求庇護的拉菲德．艾哈邁德．阿爾萬．賈納比（Rafid Ahmed Alwan al-Janabi），就是美國非常看重的情報來源。他告訴德國情資單位，他曾在伊拉克某個農業機構中上班，指出該機構其實是為了掩護製造生化武器的計畫而存在。賈納比驚人的言論從德國政府傳到美國國防情報局[5]，雖然後來德國提醒美國這項情報未必可靠（美國情報單位替賈納比取了曲線球〔Curveball〕這個代號，暗示他難以預料），但布希政府卻無視德國的警告，將這項情報視為事實[6]。

美國國務卿柯林・鮑爾（Colin Powell）在聯合國指出，薩達姆・海珊在伊拉克培養一支蓋達組織的分支，並透過這個組織參與策劃九一一事件。鮑爾還提到「伊拉克與蓋達組織建構出的恐怖主義網絡，不僅具有傳統的恐怖組織架構，更發展出新型態屠殺手段，其威脅不可輕忽。」[7]他還說在海珊的統治下，伊拉克已「成為以阿布・穆薩布・札卡維為首的致命恐怖網絡根據地」。阿布・穆薩布・札卡維生於約旦，曾在十年多前參與阿富汗戰爭，也曾與賓拉登密切合作。根據鮑爾的說法，札卡維已在兩千年回到阿富汗，並督導當地的恐怖份子訓練營，專門教導戰士使用有毒化學武器。

---

5 參考資料：Vice Admiral L. E. Jacoby, Director, Defense Intelligence Agency, Info Memo, Subject: CURVEBALL Background, January 14, 2005. National Security Archive, http://nsarchive.gwu.edu/NSAEBB /NSAEBB534-DIA-Declassified-Sourcebook/documents/DIA-36.pdf.

6 弗里德博・弗呂格（Friedbert Pflüger）教授在二〇一〇年，接受北德廣播公司的公共廣播紀錄片採訪。採訪紀錄："Die Lügen vom Dienst: Der BND und der Irakkrieg" (The Lies of the Service: The BND and the Iraq War), http://www.daserste.de/information/reportage-dokumentation/dokus/videos/die-luegen-vom-dienst-der-bnd-und-der-irakkrieg-100.html.

7 鮑爾演講後幾週，聯合國武器偵查團隊調查了伊拉克於傑夫・納達夫（Djerf al-Nadaf）的某間工廠。調查員在場內發現一面混凝土牆，代號曲線球的賈納比聲稱，這面牆的所在位置，即為機動武器的拖車進出工廠的出入口。調查員認為此牆已存在許久，拖車不可能從由此處通行。中情局只有在二〇〇四年三月直接與「曲線球」聯絡，這也是他首度直接被質詢，因為衛星圖片呈現的畫面，與大型武器推車進出這座傑夫・納達夫工廠的說法相牴觸。中情局與美國國防情報局正式宣告「曲線球」杜撰情報。喬治・泰內特隨後也辭去中情局局長一職。

鮑爾的聲明與其言外之意相當聳動。如今我們都曉得海珊跟美國人一樣痛恨蓋達組織，而且伊拉克境內也沒有大規模毀滅性武器的存在。不過當時社會大眾的看法相當分歧。學校裡有幾位教授說，美軍入侵伊拉克的行為違反國際法，但有些人似乎非常看好這場戰爭。「海珊是個危險人物，」有位教授甚至說：「如果他持有這些武器，世界就危險了。」

「在做出這樣的推斷之前，都不用找出可靠的證據，或調查那個人到底有沒有罪嗎？」我問。

那位教授根本不想理我，他一心認為沒有海珊的伊拉克會更好。這些推論令我憤怒不已。我覺得自己必須到伊拉克一趟，親眼見證那裡的狀況。我不想跟那些外交「專家」一樣，只是舒舒服服地住在德國，成天上電視對那些他們根本不敢踏足的國度高談闊論。我想起那名曾到新聞學院演講的知名記者，他當初就只靠電話訪談寫出伊朗報導。

我問彼得，自己是否有機會代替《華盛頓郵報》到伊拉克採訪。「妳確定嗎？如果現在過去，戰爭打起來妳也沒關係？」他問：「妳爸媽呢？他們怎麼說？」

「我還沒跟他們說。」

幾個小時後，彼得打給我。他說：「好吧，如果妳能拿到簽證就去吧，那邊有個需要盡快報導的事件。我們要找出據傳曾在布拉格跟阿塔會面的外交人員，他的名字叫阿尼（al-Ani）。」

艾哈邁德．卡里．易卜拉欣．薩米爾．阿尼（Ahmad Khalil Ibrahim Samir al-Ani）是伊拉克情報單位官員，二〇〇一年他以外交人員身分駐紮布拉格，被控在當年四月與阿塔碰面，時間就在紐約與華盛頓恐攻發生的五個月前。二〇〇一年十月，某位捷克的資深官員就在一場記者會中提及此事，讓此事件成為蓋達組織和海珊有所關聯的重要證據。

我跟柏林的伊拉克大使館預約申請簽證。到現場時，領事人員盯著我：「妳想在這個時間點去伊拉克？」

「對。」我答。

「現在大家都在想辦法離開伊拉克，妳反而要去？」他問：「妳是要去看戰爭的嗎？」

「不是。我想去當地親眼看看，確認可能導致戰爭的原因是否屬實。」

他繼續看著我，深褐色雙眼睜得更大。「誰管那些理由到底是真是假？」他問：「妳覺得有人在乎嗎？妳也太天真了吧。美國人真的有在管伊拉克人的死活嗎？雖然伊拉克人跟九一一事件還有毀滅性武器一點關係都沒有，但他們哪管這些？」

「我還是想去調查真相。」我告訴那位領事人員：「我跟同事真的對這件事的真相很感興趣。」

他大笑出聲。「好吧，我們看看巴格達那邊怎麼想，看看他們會不會給妳簽證。」他起身，伸手要跟我握手。

「我要怎麼知道自己有沒有拿到簽證？」

「妳會接到電話通知。」

我準備離開時，他叫住我。「等一下，」他在紙上潦草地寫了些什麼，「這是我在伊拉克的電話。我敢保證德國政府一定很快會把我們趕回家。如果妳真的到伊拉克可以打給我。」

我收下他的聯絡方式後就離開。

雖然我還住在家中，父母仍被我蒙在鼓裡。我的臥室同時也是我的辦公室，房內有台我專用的電話，每次我在電話中談到伊拉克相關計畫時都得放低音量。真正拿到簽證之前，沒必要跟父母提及此事。

我果然沒錯，領事局從來沒撥電話給我。而且事情如那位領事人員預料，他跟其他外交人員都被請出德國，戰爭真的要打起來了。

不過我還沒放棄。即使沒拿到官方簽證，我仍然不斷拜託彼得，請他幫忙取得《華盛頓郵報》的許可，讓我報導阿尼的新聞。如果伊拉克被入侵，美方或其他單位取得控制權，搞不好我就有辦法通行。

果不其然，情況正如我預料。巴格達被攻占後過一週，彼得傳簡訊要我透過柏林的《華盛頓郵報》分部訂機票到約旦。我會先在約旦的四季酒店過一晚，再搭車到巴格達。

「到約旦後打給瑞亞（Ranya），」彼得說：「她會幫忙安排一切。」

我依指示打電話給瑞亞，她是《華盛頓郵報》和《紐約時報》的約旦特約記者。瑞亞外型亮麗，肌膚閃耀古銅光澤，她來自富裕的約旦家庭，家人都曾受良好教育。瑞亞也是我認識的阿拉伯女子中唯一敢穿著高跟鞋與緊身牛仔褲訪問伊斯蘭主義者的。認識幾年後我們結為好友，但在二〇〇三年我初次撥電話給她的那天，我還是個第一次踏進戰區、緊張不安的二十五歲菜鳥記者。「在他們把妳送進地獄之前，」瑞亞笑著說：「可以先在五星級飯店裡享受幾個小時的甜蜜時光。」

當晚，我在吃晚餐時告知父母這次的採訪計畫，但我對關於當地混亂動盪的局勢則絕口不提。

「世界上這麼多地方，妳就非去伊拉克不可？」我爸問：「那邊這麼危險，我們要怎麼知道妳人在哪？」

媽媽哭了出來。「妳要睡哪？誰要負責照顧、保護妳？」接著她搖搖頭說：「早知道就叫妳去當演員。」

我解釋自己是去當地進行一項專題報導，而且會跟其他《華盛頓郵報》的記者住在同一棟房子裡。雖然我跟爸媽保證自己絕不會踏入美伊交戰區域，但誰曉得戰火蔓延速度之迅速，後來連市中心的大街小巷也淪陷。

最後我爸問我出發前需要準備什麼。根據過往採訪經驗，我知道一定得穿長罩衫跟長版服飾，盡量不要展露身體曲線。他到常去的法蘭克福市區一間巴基斯坦與阿富汗進口貨品店，幫我選購最醜、最大件的罩衫，他選衣服的目的就是把我的女性特質全遮起來，所以我請他再多幫我帶幾件罩衫回來。

我打電話給彼得，他人已經抵達巴格達。彼得叫我不要帶太多現金，而且盡量打扮得像約旦當地居民。

「安曼（Amman）跟巴格達發生很多搶案。」他說。

當然，我沒有把彼得的警告讓爸媽知道，並在隔天搭機飛往約旦。

第三章

靈魂分裂的國家——

二〇〇三～二〇〇四年，伊拉克

當晚飛機降落後我就打給瑞亞，她幫忙叫了一台車將我從機場送往飯店。隔天一早我們就得出發。她說：「妳凌晨三點就要出門，那個時候出發比較安全。」瑞亞跟我講電話時她的語調，僵硬地像是在念電視操作手冊一樣，一聽就知道也緊張不已。瑞亞還說計劃稍有變動，本來我是獨自前往巴格達，但現在我得跟《紐約時報》的記者共乘。我一聽就慌了。身邊坐一個金髮碧眼的美國人，我要怎麼隱形於約旦街頭不被注目？而且那名記者不僅是美國人，還是個男人。「親愛的，沒這麼嚴重。」瑞亞告訴我：「妳只是跟他一起搭車，又不是要睡同一張床。」掛電話後我立刻打給人在巴格達的彼得。「沒事的，」他說：「妳就坐前座，讓他坐後座。」

我從飯店打電話回家，告訴爸媽自己安全抵達。「一切都很棒。」我硬是用輕鬆的語氣擠出這句話。我試著睡了幾小時便起身淋浴更衣。服務生送可頌跟咖啡到我房間來時，我掏錢給他小費，看見他忍不住笑意我才發現自己搞錯匯率，給他比早餐費用多出一倍的小費。

另一位記者現身時，我才發現他跟我一樣年輕、緊張。之前與他在飯店大廳碰面，我就說我會坐在前座，瑞亞也建議我讓那位男記者坐後座，這樣能降低被搶的機率。「當然，」男記者說：「聽瑞亞的準沒錯。」

我們搭上黑色休旅車，車子並不怎麼起眼，從外觀來看就像伊拉克人往返約旦國界時駕駛的那種粗獷休旅車。駕駛蒙特（Munther）是來自巴勒斯坦的約旦人，個性非常好相處。他特地幫我們準備剛出爐的小披薩、飲料還有餅乾，怕我們在路途中會餓肚子。不過我跟《紐約時報》的記者一點胃口也沒有。

從安曼到國界，約莫四小時車程。如果中途一切順利，大概要再開六小時才會抵達巴格達。蒙特跟我用阿拉伯語聊天，後座的男記者則戴著耳機聽音樂。開著開著，蒙特突然說可以把音樂連接到車上音響，這時喇叭傳出震耳欲聾的重金屬搖滾樂。「如果我們一整路都聽這種音樂，我等下可能要吃頭痛藥了。」蒙特用阿拉伯語對我說。「跟他說，如果有人聽到這種音樂，會知道這裡有外國人。」

我把音樂播放器還給身後的男記者，說：「這是為了安全著想。」他則笑著說：「好啦，好啦。我知道妳的品味跟我不一樣。」我只回應說八〇年代的流行樂比較合我胃口。

來到國界，那裡站了一排約旦士兵而非伊拉克士兵。我是在場唯一的女性，但我不曉得那些士兵之所以盯著我看，是因為我是女生還是因為我爸幫我買的長版罩衫實在太醜。通過邊境後，車子駛在平坦空曠的道路上，兩旁則為沙漠。伊拉克的基礎建設比我想得更先進，這裡絕對不是第三世界國家。當地看起來不僅相當文明，甚至可說非常繁榮。當地人走路的姿態、彼此相視的眼神都充滿自信，但臉上卻也帶著憤怒與失望的神色。

過了一陣子，蒙特停下車。「現在要特別小心，我們等一下經過的路段常發生搶案。」他說：「如果你們身上有錢可以交給我，我幫你們藏起來。」

我告訴蒙特自己帶了三百美金，不過我已經把錢藏在安全的地方了。我學習摩洛哥奶奶長年來藏錢的方式，把現金放在內衣中。當時奶奶告訴我：「孩子啊，世界上到處是罪人。如果他們把手伸進我裙子口袋，只會撈到硬幣不會搜到大鈔。」我在皮夾裡放了二十美金，這樣搶匪把我們攔下來時才不會起疑。

不過那位《紐約時報》的記者身上可帶了不少錢，甚至可說是一筆鉅款。他沒想到蒙特會說要把錢拿過去保管，所以他掏錢時很遲疑。「被政府知道的話他們一定會嚇死。」

「所以你到底帶多少？」我問：「一萬美金嗎？」

他帶了不只一萬美金，而且所有的錢全都是現鈔。他告訴我那些鈔票都塞在藏錢的腰帶中。

蒙特看到一大把美金時臉色發白。「這實在太危險了，」他說：「他們會以為我們是別國的間諜或特務。」他把錢藏在車子底盤的特殊夾層中。

車子重新上路，我們很快就穿過一個不知名的荒涼小鎮，這也是第一個治安不好的區段。過了一個半小時，蒙特又對我們說：「最後一個棘手的地區是費盧傑（Fallujah），那邊的人最近會對美國人開槍。」接著他用阿拉伯語問我：「妳可以轉告妳同事，請他離窗戶遠一點嗎？這樣對我們大家都安全。請他在我們經過費盧傑的時候稍微躲一下。」

那位記者了解我的意思，馬上趴在後座下方，我則坐在座位上直視前方。披著黑色頭巾的我看起來就像伊拉克人。車子行經費盧傑時，蒙特告訴我：「這裡的烤肉串是最好吃的。不過當地人覺得自己的國家被美國人還有伊朗人搶走，所以他們攻擊性很強。來到這裡，最好繃緊神經，禱告一路平安無事。」

我本來只告訴爸媽自己會在伊拉克待兩週，後來卻在當地停留好幾個月。伊拉克發生好多事，我覺得自己絕對要留下記錄一切。我之所以不願離開，另一方面也是出於個人因素。待在伊拉克越久，就越常有人問我是遜尼派還是什葉派。不僅受訪者會這樣問我，在巴格達《華盛頓郵報》分部、與我們共事的伊拉克人，也對此感到好奇。我通常會看情況回答，不過真正的答案是：我都是。

我媽是什葉派，我爸則是遜尼派，他們倆都是先知的後代。爸媽在家裡從不強調兩宗派之間的區別。不過二〇〇三年底，我在伊拉克感受到遜尼與什葉派間的對立關係越來越緊繃。

從歷史觀點來看，遜尼派與什葉派之間的信仰衝突，是在於他們對先知穆罕默德的合法繼承人看法有異[1]。穆罕默德的信眾分為兩派，一派認為女婿兼表親阿里才是接替他帶領伊斯蘭烏瑪（ummah，即伊斯蘭社群）的領導人，另一派則認為此職位應由其岳父阿布・巴克爾（Abu Bakr）接任。後來阿布・巴克爾獲得較多支持，成為首任哈里發，但什葉派則堅信唯有阿里能代替穆罕默德領導伊斯蘭信眾。身為穆斯林世界中的少數族群，什葉派發展出另一套宗教儀式和信仰依據[2]。雖然兩宗派間的摩擦不僅限於暴力衝突，但什葉派一直以來不斷遭到打壓。有些伊拉克的什葉派學者逃到伊朗或巴林，不受拘束地實行自己的信仰儀式。不過在伊拉克，任何反對阿拉伯復興社會黨（Ba'ath Party）的人都會被當成仇敵。

1 參考資料：Heinz Halm, *Der Schiitische Islam: Von der Religion zur Revolution* (Munich: C. H. Beck, 1994), p. 16.

2 什葉派又分為多個小支派，俗稱「十二伊瑪目派」（Ithna Ashariyya）的支派規模最大。若我在此書中提到什葉派，指涉的基本上都是十二伊瑪目派。參考資料：*Oxford Islamic Studies*, "Shii Islam," accessed November 25, 2016, http://www.oxfordislamicstudies.com/article/opr/t125/e2189.

在伊斯蘭律法中，子女歸屬父系宗派。所以我到費盧傑或其他保守的遜尼派社區時，會告訴民眾我爸是摩洛哥人。摩洛哥沒有什葉派，所以他們能明確推斷我是遜尼派。不過我總會玩文字遊戲。在什葉派社區中，我會表明我媽是先知後裔（Ahl al-Bayt），代表她來自先知的家庭。大家聽我這麼一說，通常會心領神會地點頭。在什葉派的伊斯蘭傳統中，先知後裔一詞可直譯為「先知家族之人」，而先知家族傳統上只包含穆罕默德、其女法蒂瑪（Fatima）、女婿阿里、兩名孫子，還有身為直系親屬的伊瑪目等人。在遜尼派居住的區域，民眾也喜歡聽我講述自己的家庭背景。有些遜尼派對於先知後代的解讀，與什葉派相同，也有人認為穆罕默德的幾位妻子算是家族成員。不管怎麼樣，兩宗派的信眾都同意先知後裔是值得尊崇的。

父母身為先知後代的事實，替我排除不少障礙，但我也碰到一些令人害怕的現象：有些人拒絕跟不同宗派的民眾交談或扯上關係。在伊拉克，我初次體會到伊斯蘭世界中的分裂。這點我爸媽早就經歷過，我媽在生我之前更是對此有深刻體會。我當時就已察覺這次伊拉克採訪任務會是我生命中的轉捩點，但我從沒想到原來這場戰爭能讓我更了解自己的家族歷史。

在伊拉克的頭幾個月，我跟彼得還有其他《華盛頓郵報》的同事一起住在查迪亞（Jadriya）地區的某棟房子裡。其中有位黎巴嫩裔美籍記者安東尼・夏迪德（Anthony Shadid），他既聰明又謙虛，我們很快就成了朋友。我們聊到遜尼派與什葉派之間的衝突，我說兩宗派間的對立關讓我非常震驚。「這種現象已經持續好幾百年了。」夏迪德這麼說，他還預測情況會越來越糟。

我的任務不變，就是找出據傳跟阿塔在布拉格會面的外交人員阿尼。我手上現在有兩名在巴格達的伊拉克外交人員電話，其中一人是某位在德國的聯絡人介紹給我的，另一人就是我在柏林大使館碰到的領事人員。《華盛頓郵報》在哈姆拉飯店（Hamra Hotel）訂了一間房間來接洽受訪者，我也各別約了這兩位外交人員在飯店碰面。基於安全考量，我們不會在未經報社分部的社長的同意下，把受訪者帶到記者居住的屋子裡。

那位在大使館上班、曾笑我很天真的伊拉克外交人員，幫我找到阿尼。「這是他的電話，」他告訴我：「我去過他家了，也跟他說可以放心信任妳。但妳不用花太多時間在他身上，要找他的人絕對不只妳一個。」

我撥打那串電話號碼，某個女子接起電話問：「妳是誰？」

我知道電話可能會被竊聽，所以格外小心。

「我是蘇雅德，」我說：「我想妳家人應該聽過我的名字。」

「妳等一下。」她用阿拉伯語說。接著我聽到她低聲說：「蘇雅德？」

「對，對，把電話給我。」我聽見另一名男子的聲音。「對，我就是阿尼。妳要找的外交人員就是我。」

我想阻止他，不要讓他在電話中暴露過多訊息，但他一直說下去。「我知道他們希望我消失，但妳要相信我，這一切都是謊言。他們對我的指控都是假的。我從沒跟這些恐怖份子見過面，也跟恐攻毫無瓜葛。」

「請你不要在電話裡說這些，」我插嘴：「別人很有可能在竊聽。」

「希望妳能明白，那都是他們的謊言。他們一定會找上門來，這我心裡有數。不過至少妳知道了，全世界都要知道這是場騙局。」

他同意明天跟我會面，也告訴我：「給妳我的電話的人會帶妳來我家。」

我打給那位領事人員，我告訴他說，他的朋友邀我們明天去喝茶：「你可以來哈姆拉飯店跟我會合，我們再一起出發嗎？」他立刻答應。

隔天，一名伊拉克駕駛開著《華盛頓郵報》的車載我們到阿尼的住處，但他家前門已經毀損。有名男子從屋內走出，他斑駁的白髮中仍留有幾縷烏絲，膚色看起來相當慘白。他穿了一條深藍色長褲和薄荷綠上衣。我的領事人員朋友下車自我介紹，表示我們想跟阿尼見面。

「我弟嗎？」那名男子說：「他不見了，有人昨天把他綁走了。」

「誰把他綁走？」

那男子看著我：「妳就是記者蘇雅德嗎？我弟有跟我講到妳。」

他說昨天晚上有七名持槍戴面罩的男子突然闖進屋內，大喊阿尼的名字。「他們用塑膠繩把我弟的手綁起來、把他眼睛矇住，然後就把他帶走。我們都不知道他現在在哪。」

「那些人是誰？」我問。

「我也不確定，但可能是美國人。妳也知道他們想把責任都推到他身上，捏造合理攻打伊拉克的理由。」

現在阿尼失蹤，報導肯定很難寫。我問是否能訪問他太太，阿尼的哥哥告訴我昨晚阿尼的太太跟她妹妹也在場，她們受了不少驚嚇，現在暫時待在父母家。

「我能體會她的感受，不過我真的很需要跟她談一談。」我說：「不知道明天或後天有機會跟她聊一聊嗎？」

他搖搖頭。

「大概沒辦法。那些男子把我弟綁走，不准他太太跟媒體聯絡。」

我無言以對。為什麼阿尼跟他的家人會被消音？他們難道無權跟其他人一樣自由發聲嗎？雖然他在電話裡已向我否認曾與阿塔會面，但這還不足以證明事實。通話前我從沒見過阿尼本人，不知道他的聲音聽起來是什麼樣子，無法斷言跟我通話的是不是阿尼本人。如果跟他碰面，我一定會要求他證明自己的身分。

我們試著跟軍方發言人聯絡，調查阿尼的下落，其他記者同事也試著從其他組織機構那邊追蹤消息，但沒有任何一個單位願意正面回應。最後，我們確認阿尼被美國人綁走。[3]

阿尼消失後，我人還在伊拉克。我認識幾位在《華盛頓郵報》伊拉克分部工作的伊拉克人。分部裡有兩位年長的婦人替我們煮飯，其中一人曾在海珊的豪宅裡上班，她誇口說自己做的白腰豆和米飯料理，很受海珊喜愛。另一位伊拉克特約記者納薩爾（Naseer）則開她玩笑說：「他會這麼愛，搞不好是因為妳只會煮這兩樣啊。」

我的同事有遜尼派、什葉派以及庫德族人，我從他們身上學到不少。他們告訴我這些宗派與族群的差異不是很重要，以前也沒什麼人在乎。多數當地特約記者都受過良好的教育，有些人以前經商或當過工程師，而納薩爾以前曾是伊拉克航空的機師。我們都叫納薩爾為阿布・賽伊夫（Abu Sayf），他現在的主業是譯者和特約記者，他兒子則是《華盛頓郵報》的司機。

分部的作業進度刻不容緩，我一邊報導伊拉克人民的生活，在海珊統治後有無出現什麼改變，也繼續調查大規模毀滅性武器是否存在。此時伊拉克暫時由聯盟駐伊拉克臨時管理當局（Coalition Provisional Authority）接管，此機構的主管保羅・布雷默（Paul Bremer）宣布伊拉克軍隊和警力將被遣散。在一場記者會中，領導伊拉克國會、說服美軍入侵伊拉克的什葉派政治人物艾哈邁德・查拉比（Ahmad Chalabi）表示，他的政黨夥伴能擔起維護國安的工作，但那些曾為阿拉伯復興社會黨成員的人，必須為他們的罪行付出代價，伊拉克才有可能脫胎換骨。不過瓦解阿拉伯復興社會黨會導致嚴重後果，解散軍方和警力會讓一群受過保安訓練的遜尼派男子失業，讓備有武器的他們怒氣難平。蓋達組織便藉機從伊拉克招募這些被遣散的前軍方、警察人員。

就我所知，查拉比不是值得信賴的政治人物，布雷默怎麼會跟他合開記者會？查拉比在海外待這麼久，跟那些在伊拉克生活大半輩子的人相比，根本沒有資格左右這個國家的未來。這些政治人物真的想替伊拉克開創更好的未來，還是單純想找個容易受美國操控的人主掌大權呢？

「美國難道不覺得像查拉比這麼不能信任的人，不僅幫不上忙反而會造成更多困擾嗎？」某天在住處花園裡喝茶時，我問安東尼·夏迪德。

「蘇雅德，多數美國人不會想這麼遠。」他說：「查拉比會說英文，也在美國念過書，對於美式幽默以及和美國人溝通的方式瞭若指掌。他知道該怎麼跟華盛頓那邊的官員打交道。雖然聽起來很荒謬，但交際手腕對那些高官來說比較重要。」

每天晚上，在同事打電話給另一半時，我則跟遠在德國的爸媽通電話。在電話中，我

3 參考資料：Vernon Loeb and John Mintz, "Iraqi Who Might Have Met with 9/11 Hijacker Is Captured; New Focus Is Put on Iraq's Alleged Links to al-Qaeda," *Washington Post*, July 9, 2003.

會跟他們分享自己在當地的所見所聞，藉此更了解爸媽剛結婚那幾年的生活，還有在伊拉克不斷深化的遜尼與什葉衝突，對他們造成的困擾。

宗派之間的分裂對媽媽的家族造成比較大的問題。我媽生在安塔基亞，這是一座靠近敘利亞邊境的土耳其城市。在一次世界大戰期間，外公會在家中收容亞美尼亞人，讓他們躲進馬車，穿越國界到敘利亞。家人鮮少提起這段往事，就算事隔多年，想起他們當時遭受的後果還是令人不寒而慄。有些家族成員因為協助亞美尼亞人而遭到多年的監禁。雖然外祖父跟亞美尼亞人懷抱不同的信仰，但卻有一個共同點：他們都是鄂圖曼帝國與土耳其中的弱勢族群。

雖然媽媽的家人都是土耳其公民，但他們都是來自敘利亞的阿拉伯後代。在媽媽的成長過程中，阿拉伯裔土耳其人常被派到衝突抗爭四起的庫德族區域，服義務兵役。經營輪胎買賣事、業相當成功的外公，還有媽媽的哥哥，常提到在一九五〇和六〇年代，土耳其士兵會找上門說：「我們要強暴你家的女人，把你們殺光，你們根本不是真正的穆斯林。」所以住在阿拉伯與土耳其國界附近的民眾開始反抗土耳其人。他們成立屬於自己的保安部隊監控整個社區，只讓基督徒和阿拉伯後裔住在當地。

媽媽說自己還是少女時，愛上一位土耳其警察，兩人甚至想結婚。但媽媽的哥哥表示如果她嫁給土耳其人就要把她殺死。外祖母的態度比較柔軟，但媽媽的兄長堅決反對：她怎麼樣都不准嫁給土耳其人或遜尼派。

媽媽拒絕土耳其警察的求婚，心碎之餘也對家人相當憤怒。「我請真主把我帶到遙遠的地方，希望我們之間隔著七座海，再也不用見面。」媽媽對家人說。她之所以到德國工作這也是部分原因。媽媽從開始跟爸爸約會到後來決定結婚，完全沒通知家人，她怕家人會出言威脅或阻止，所以婚禮結束才跟他們聯絡。

媽媽果然是對的，舊時的創傷沒有隨著時間而痊癒，她的哥哥全都氣瘋了。他們禁止妹妹跟土耳其人結婚，她卻逃到遙遠的德國跟一個身分背景截然不同的男人結婚，那人甚至是遜尼派。有幾個哥哥甚至揚言要殺她。大姐法特瑪出生時大腦受損，媽媽的哥哥還落井下石，其中一人說：「妳等著看吧，生了一個不健康的小孩，妳老公一定會拋棄妳。」我爸當然沒有拋妻棄女，但二姐哈南出生滿周歲時，幾個舅舅還是拒絕跟爸爸說話。

因此，我在摩洛哥的奶奶才會找一位「書信代筆人」，以口述的方式寫信寄給土耳其的親家。這封以阿拉伯文寫成的信裡說：「我們也是有頭有臉的人，你們說自己是先知穆罕默德的後代，我們也是。我們不該互相歧視。我們愛你的女兒，也會努力讓她成為我家的一份子。」

或許這封信奏效，雖然舅舅的態度仍然強硬，但外公慢慢卸下偏見。在爸媽跟兩個姐姐初次到土耳其拜訪我外公一家人時，有些舅舅還是拒絕跟我爸握手，爸爸走進房內時，他們就轉身離開。他們表示自己永遠也不會接受媽媽的婚姻。

外公最後站出來替爸爸說話，他對兒子說：「夠了，他也是我們的家人，大家都要接受這個事實。」外公歡迎爸爸來訪，也要求其他兒子照辦。「我還是一家之主，」外公說：「如果你們不歡迎他，那就不是我兒子。」

接下來幾年，爸媽將外公、外婆照顧得無微不至，也逐漸贏得他們的喜愛與敬重。他們每個月也會寄錢回土耳其，某個舅舅不想服兵役時，爸媽還付錢讓他脫離軍營。這位舅舅後來參與學生發起的政治運動，不得不逃離土耳其。我的父母幫他取得德國簽證，他也跟我們一起住了幾個月。這一切都證明我父親完全接納媽媽那邊的家人。

我在伊拉克時，媽媽透過電話訴說這些早年經歷。我說伊拉克境內的什葉派與遜尼派的仇恨逐漸深化時，媽媽回話的方式令我感到陌生。

「那段經歷實在很痛苦，他們一直屠殺我們。」有天晚上媽媽對我說。

「他們是誰？」

「遜尼派。」

「媽，妳的小孩也都是遜尼派啊！」

話筒另一端隱約傳來爸爸的聲音，他問媽媽在跟我聊什麼，還說：「妳不要忘記，我們早就把這些事拋在腦後了。」

「那是因為妳是阿拉伯人，不是因為妳屬於什葉派。」我說：「就算妳是遜尼派，他們對你們的態度大概也不會變。」

「也對，」她說：「妳說的沒錯。」

我告訴媽媽那些效忠伊拉克什葉派領袖穆克塔達・薩德爾（Muqtada al-Sadr）的戰士，現在都闖進不同宗派的社區，強迫遜尼派穆斯林離開當地，否則就要殺人滅口。薩德爾想把這些地區變成純粹的什葉派領地。我問媽媽：「為什麼這些什葉派穆斯林要這麼做呢？」

「他們以前也遭到打壓，」她說：「妳應該了解一下他們早年經歷過什麼。」

我告訴媽媽其實遜尼派和什葉派穆斯林曾在巴格達某地共住了好幾十年，現在有些原教旨主義者堅稱當地社區屬於自己的宗派。「妳絕對想不到，」我說：「這些人根本是罪犯。」

伊拉克什葉派之所以逐漸崛起，都是借助回到伊拉克的流亡人士、政治人物或宗教領袖的力量。這些重量級人物多少都與伊朗有關，絕大多數也在伊朗待過幾年，後來成為伊拉克總理的努里・馬里奇（Nouri al-Maliki）就是其中一例。反對海珊政權的他，在二〇〇三年回伊拉克前，分別住在伊朗和敘利亞[4]。另外一位則是阿亞圖拉[5]穆罕默德・巴克・哈金（Ayatollah Mohammad Baqr al-Hakim），對美國政府來說，他也是打造新伊拉克政權

4 參考資料："Maliki Gives Up Fight to Remain Iraqi Prime Minister," *Radio Free Europe*, August 14, 2014.

5 阿亞圖拉指什葉派的高階宗教學者及領袖。（校注）

的要角。曾流亡伊朗二十多年的他，回到伊拉克後，成為什葉派主要政黨的領導人，該組織現在稱為伊拉克伊斯蘭最高委員會（Islamic Supreme Council of Iraq）。該政黨的民兵部隊名為巴德爾組織（Badr Brigades），曾由伊朗革命衛隊（Revolutionary Guard）負責招募士兵、進行訓練和配給武器。海珊政權垮台後，伊朗繼續提供最高委員會和巴德爾組織政治、軍事以及金錢上的協助[6]。

傍晚記者同事參加飯店泳池派對時，我則讀著大學課堂用的政治相關書籍，撰寫要交給教授的報告。我跟其中三名教授達成協議，只要每週繳交報告就不必到學校上課。白天親眼見證一個國家的崩解，晚上閱讀馬克思主義或試著理解複合式互賴模型等國際關係理論，這種生活實在太超現實。

我不明白，美國和英國怎麼會讓伊拉克陷入這種圈套。宗派分裂越演越烈，宗教領袖的影響力與日俱增，這些記者全都看在眼裡，但幾乎所有高官或組織領袖都不在乎，保羅．布雷默正是如此。有好多我無法參透的現象。不少伊拉克工程師和建築師是阿拉伯世界中數一數二的人才，美國政府卻不直接讓他們重建伊拉克，反而將工作簽給約旦、黎巴嫩、英國或美國的營造公司，這些公司再把工程轉包給伊拉克人。這麼迂迴的做法我實在不懂。

童年時期在法蘭克福，我非常喜歡當地的美國士兵。現在我身處伊拉克，也用另一種視角觀察美國軍隊和美國本身。我舊家附近就有座美國軍營，我第一批接觸的美國人就是那些美軍。媽媽說我還在讀幼稚園時，很喜歡跟美軍嬉鬧。他們走在街上都會對我微笑，給我口香糖或棒棒糖，而且那些美軍也將很多時間奉獻在法特瑪念的特教學校。每年他們都會舉辦特別的運動會，會場就在草地上，有不少提供熱狗、飲料還有冰淇淋的攤位。每位士兵都會自願照顧一名殘障孩童，而每個參加的小孩都能獲得獎牌。

不過我在伊拉克碰到的美軍不怎麼友善。我慢慢發現其實多數美軍根本不了解伊拉克或阿拉伯文化。有一次到綠區[7]參加記者會，我刻意排在伊拉克人的隊伍中而非外國人隊伍。等著等著，有位美軍從旁邊走過，他手上拿著槍、表情輕蔑，還當眾吐痰。排隊的伊拉克人都嚇壞了。

我用英文對他說：「不好意思，請不要這樣做。這樣非常不禮貌，看起來像在唾棄他們的國家。」

我在伊拉克跟美軍接觸的經驗不多，不過二〇〇三年七月，某位伊拉克情報提供人士打電話給我，要我儘快趕到摩蘇爾。「這裡有一場槍戰，」他說：「美軍也在場。我不能

---

6 參考資料：Kenneth Katzman, "Iran's Activities and Influence in Iraq," Congressional Research Service (CRS) Report for Congress, June 4, 2009.

7 此為伊拉克巴格達中部卡爾卡區的一個地區，是美國在二〇〇三年入侵以來，聯盟駐伊拉克臨時管理當局的政府中心。

多說了，電話有可能被竊聽。」

經過確認後，摩蘇爾當地確實正在發生槍戰，是因為美軍的軍事任務而起。但他們攻擊的對象到底是誰？我回電給那位提供情報的伊拉克人，還請一位顧問將那人從會議中拉出來。

「你知道到底發生什麼事嗎？」

「當然，」他回答：「美國士兵跟躲在屋裡的人發生激烈槍戰。」

「到底是誰在屋內？」

「現在沒辦法告訴妳細節，但妳一定要快點來，這是大新聞。」

我告訴他在不知道誰涉入這場衝突之前就出動風險太大。通往摩蘇爾的路途不怎麼安全，而且分部社長也要知道我們出動採訪的原因為何。

「他們都是被美軍通緝的大人物，這真的是很重要的大新聞。我現在沒辦法跟妳多說。」

一開始我本來打算自己單獨出動，但因為距離太遠加上有宵禁，勢必得在摩蘇爾過一晚，而另一位《華盛頓郵報》的記者凱文．蘇利文（Kevin Sullivan）決定跟我一起出動，同行還有一名伊拉克特約記者和司機[8]。

槍戰發生地點位於摩蘇爾某個生活環境富裕的地區，抵達現場時我們發現美軍早將該區封鎖。某棟大別墅遭到摧毀，地上滿是碎玻璃，牆面上卡了許多子彈，直升機則在上空盤旋。經過的路人告訴我，剛才美軍從屋內抬出幾具屍體。

「你有看到是誰的屍體嗎？」我問。

他們點點頭。「是總統的兒子烏代（Uday）跟庫賽（Qusay）的屍體。」某位蓄鬍的伊拉克退役軍官跟我說，他身穿白色及踝長衫，這種服飾也稱為迪希達沙（dishdasha）。他說：「願真主保佑他們的靈魂。」

在鄰近的街邊，有三名看似年僅十九、二十歲的美軍站在坦克車前，避免民眾靠近已滿目瘡痍的別墅。我想多跟在場的人交談，所以凱文在車內打電話時，我就往坦克車走去。士兵聽到我是來自《華盛頓郵報》時都不是很開心。

「我們很討厭《華盛頓郵報》，《紐約時報》也是他媽的爛。」其中一名美軍說：「你們這些記者都把美軍寫得很爛。」

我拿出衛星電話撥話。有位士兵仔細盯著我看。

「那支電話可以打回美國嗎？」掛電話時他問。

我說不管打到哪裡都沒問題。

---

8 參考資料：Kevin Sullivan and Rajiv Chandrasekaran, "The Doorbell Rang and 'There They Were'; Hussein Sons Came to House to Hide," *Washington Post*, July 24, 2003.

「所以也可以打回德州囉？」他已經跟懷孕的太太失聯數月。「我只想告訴她，我沒事。」

「拿去吧。」我對他說。

他看了一眼坐在坦克車上的中士。「我可以打電話嗎？」中士點點頭。那名士兵撥電話給老婆，另外幾位士兵則打給爸媽。

「這位女士，很對不起，我們剛才有點沒禮貌。」後來有名士兵說：「我們壓力好大，這裡的情況跟我們預期的差好多。」

「你本來是怎麼想的？」

「我們以為伊拉克人會很喜歡我們。我們以為他們會請我們喝茶，以為他們看到美軍會很開心。但他們卻對我們發動攻擊，同袍都被殺了。這裡人都很氣美軍。」

中士不願向我透露死在別墅裡的人是誰，但我側耳聽見另一位士兵說：「烏代在屋裡，然後就傳出爆炸聲，轟隆轟隆的。」我們打給《華盛頓郵報》的巴格達分部社長，他已從軍方那邊接獲正式消息：海珊的兒子烏代與庫賽，這兩位伊拉克頭號通緝犯已被殺。

這時天色暗了，我們得找個地方過夜。不幸的是城裡唯一一家品質尚可的旅館已無空房，我們只好在另一家不具名、環境髒亂的汽車旅館休息，那裡的主要房客幾乎都是伊拉克卡車司機。這裡絕不是正派的女子會下榻的旅店，我也沒在旅館內看到其他女人，不過這是唯一選擇。

接待櫃檯的男子要我們等他同事，那人負責分配房間。

接待區的四張椅子上坐了身穿長袍的男子，其中一位正在抽菸的男人盯著我。他轉頭對身旁的男子竊竊私語，下一秒那人就起身離開大廳。

那名盯著我的男子掏出一包萬寶路香菸要分我抽，他膚色黝黑、蓄鬍，有對深色的瞳孔。

「謝謝，但我不抽菸。」我用阿拉伯語回答。

「妳從哪來的？」他問。

「摩洛哥，你呢？」

「代爾祖爾（Deir Azzhor），我在那裡的某個大部落當首長。」他又抽出一根菸，問：「所以妳也住這？」

我告訴他我們還不確定。凱文跟伊拉克特約記者也坐在大廳中，但司機還在停車場。他怎麼停車停這麼久？我心想。我離開大廳到外頭查看司機的情況，果然剛剛坐在部落首長隔壁的男子在跟司機交談。他一看到我就立刻回旅館。

「他找你說話幹嘛？」我問司機。

「他說他是代爾祖爾某個部落首長的手下，問我一些關於妳的事，例如妳是不是穆斯林、有沒有結婚等等。」

「那你跟他說什麼？」

「我說妳是穆斯林，目前未婚。」

「你幹嘛跟他說我的私事？」

司機聳肩說：「這很正常啊。」

「這一點都不正常。」我說。

回到旅館大廳時那幾名男子仍坐在椅子上。部落首長抽著煙、緊盯著我不放，有一兩次他甚至猥褻地對我笑。

接待人員終於來了，我給他二十美金，要他絕對不能告訴任何人我的房間號碼。他把錢收進口袋後笑了笑：「我絕對不會，妳放心。」

這一切都被特約記者納薩爾看在眼裡，他說我不能相信接待人員。

「妳沒看到那個部落首長的手錶嗎？他們看起來很窮酸，實際上肯定非常有錢。妳只給接待人員二十美金，搞不好那個首長會用兩百美金換到妳的房號跟備用鑰匙。」

我們一夥人住在鄰近的四間房間內。皺巴巴的床單上都是污漬，馬桶也只是個地上的洞，這讓我想到童年時梅克內斯奶奶家的廁所，唯一不同的是這裡又髒又臭，蓮蓬頭還不斷流出褐色的水滴。

我的房間跟其他人在同一層樓，其他三名男同事的房間緊緊相鄰，我的房間則在走廊末端。

我請納薩爾跟我換房間，而且不能告訴任何人，還要他明天一早來房間找我，同時給他跟凱文通關密語：「蘋果派。」如果我沒聽到「蘋果派」是絕對不會開門的。

雖然我還是有點擔心那位部落首長跟他的手下會採取行動，但我實在是累壞了。我把風衣墊在枕頭上，穿著衣服上床睡覺。半夜，房外傳來一陣騷動，好像有一群人在走廊上奔跑。不過聲音聽起來像是在樓面的另一端，我就放心繼續睡。

隔天一早我等著納薩爾來敲門陪我下樓。「妳知道嗎？幸好妳昨天有跟我換房間。」他笑著說：「他們一群人半夜闖進來，看起來像是打算把妳綁走。」他們打開門看見納薩爾時，只喊了幾聲就跑走了。

「他們已經離開旅館了，我覺得那個混帳接待人員一定是把妳的房號跟鑰匙給他們。」

穿過大廳走到停車場時我們經過接待櫃檯，那名接待人員的雙頰跟眼睛都浮腫瘀青，完全笑不出來。納薩爾咯咯地笑說：「沒有幫那個首長弄到新娘，他搞不好沒拿到兩百美金，反而被揍了兩百拳，被摑了兩百巴掌吧。」

我們駕車回到海珊兒子喪命現場。凱文跟我站在車旁用衛星電話聯絡事情，這時有人拍拍我肩膀。

「妳是記者嗎？」他用阿拉伯語問我：「如果你們是記者，怎麼不報導昨天被美軍殺掉的那個少年安納斯？」

我一開始大概是聽錯了。「你在說什麼？什麼少年安納斯？昨天被殺的不就烏代跟庫賽嗎？你怎麼知道會知道這件事？」

「安納斯是我弟。」

凱文與我跟著那人回家，他的家人正在服喪。那家人的父親相當和藹，大哥則情緒激動，看到凱文時他們還說：「你是美國人！」他大喊：「你為什麼要殺我弟？他還只是個少年。」

「我很抱歉，但我沒有殺你弟。」凱文措手不及地說：「我們想報導這起事件。」

這家人告訴我們美軍在突襲烏代與庫賽的別墅時封鎖附近的幾條街。那天下午，還是學生、二十一歲的安納斯在班上表現得很不錯，他想到清真寺感謝真主。不過通往清真寺的路被美軍封鎖，群眾開始在圍欄後方抗議。有些伊拉克人開始丟石頭，美軍也警戒心大起，朝示威群眾開了幾槍，安納斯不幸頭部中彈。

我們知道事件的來龍去脈，但真相卻難以查證。美軍否認有任何老百姓遭射殺。我們採訪幾位醫生，他們表示自己治療好幾位患者，他們的傷口顯然是被機關槍射傷。我們還找到幾名受害者，多次訪問他們事件經過。「難道妳覺得這是我們自導自演嗎？」一位腿部中彈的男子懷疑地問：「妳覺得我們對自己開槍嗎？」我們也說服醫生拿出他從患者身上取出的子彈，再把這些子彈跟別墅彈孔中的子彈比對，看是否出自同一種槍枝。凱文還把子彈拿到美軍那裡確認，但面對數十位目擊證人的指控，美軍全盤否認。

那幾天，有一幕令我永生難忘。我們跟安納斯的家人溝通時，那位曾指控凱文殺了他弟的大哥把我拉到旁邊，對我說：「如果妳是巴勒斯坦人，趕快起身去對抗美國人跟猶太人。」

「我是摩洛哥人。」

「妳一定要反抗。」他直盯著我的雙眼。

他父親聽見這話，趕緊跑過來跟我道歉：「我大兒子跟他弟感情很好。」

我表示自己能理解：「你失去心愛的兒子，但他不是我們殺的。不是每個美國人都是壞蛋。」

但我永遠忘不了瑪琳．芬寧的疑問：為什麼他們這麼恨美國人？

在伊拉克待了三個多月後，我在八月飛回德國，不過腦中一直想著巴格達。或許是因為我會講阿拉伯語，總覺得自己比其他人更了解這個地區。我跟很多記者一樣，覺得自己必須對伊拉克人負責，彷彿離開當地就會辜負他們的期望。

我回到大學校園，但想到伊拉克正在戰火之中，就覺得坐在課堂裡是件很蠢的事。同學都用西方人傲慢的角度來討論其他國家的現況，他們從沒親身體驗戰爭是多麼複雜，會給人類帶來多少痛苦。以前我還能接受這種情況，現在卻已無法容忍。有些無辜的百姓，他們的家人因為其他國家的政治決策而喪生，如果曾跟他們一起為逝世的至親落淚，就再也無法用抽離的角度來看待國際關係。每次回家，我會發狂似地追蹤伊拉克新聞，不斷盯著CNN有線電視新聞網的畫面，深怕漏掉任何資訊。爸媽說我看起來緊張兮兮的，但我沒察覺。

三個禮拜後，在父母的擔心惶恐之下，我又回到伊拉克。因為從約旦以陸路的方式到伊拉克太過危險，所以我跟彼得還有NPR全國公共廣播電台的記者蓋伊．拉茲（Guy Raz），改搭機飛到土耳其，再搭車穿過伊拉克北部邊境。這次我的工作模式有所異動，蓋伊邀我當他的助手，彼得則說只要我能繼續替《華盛頓郵報》撰寫即時重大新聞，一切就沒問題。另外，我也獲得許可替德國報紙撰寫小篇幅報導，如果有重大事件發生，也能跟德國電台一起做採訪。

NPR的特約記者住在巴格達中心的小旅館，那裡的環境比《華盛頓郵報》的記者宿舍還安靜。我跟蓋伊的工作步調比較從容，也有機會探索那些通常不是新聞發生地點的小社區。我們的口譯阿布．阿拉（Abu Aara）是亞美尼亞基督徒，這個族群已經自由自在地在伊拉克住了好幾十年。他邀請我們到他的家裡坐坐，也參加了他親戚小孩的受洗儀式。儀式賓客口中提到的伊拉克，又是另一個樣貌。

九十年前，這一家亞美尼亞人逃出鄂圖曼土耳其帝國的大屠殺，他們說在海珊的政權底下，他們可以活得自由自在，宗教信仰也沒受到壓迫。「努力想讓政教分離的推力，其實是來自阿拉伯復興社會黨，這點很多西方國家的人都不明白。」阿布．阿拉的牧師對我說：「海珊一直在跟伊朗的多位什葉派領袖抗戰，這些被稱為阿亞圖拉的什葉派領袖，想將伊拉克的什葉派洗腦，積極讓政治與宗教合而為一。有人說什葉派的權利被剝奪，我覺得這麼說不完全正確。」身為少數族群，並不代表他們是被歧視的對象，牧師這麼說。這時我想到身為基督徒的塔里克．阿齊茲（Tariq Aziz），他曾擔任海珊的外交部長長達九年。

牧師的話在我腦中迴盪。西方世界的政治人物跟外交顧問沒有善盡職責。他們以為西方人習以為常的民主體制也適用於其他國家，沒仔細考慮把這種新體制強加於其他國家會造成何種後果。我納悶西方國家會不會也在無意間深化了宗教對中東政權與社會的影響，這已不是我第一次這麼想。

抵達伊拉克後，我不斷見證當地社區的變化。在某些社區中，什葉派民兵部隊要求遜尼派家庭遷出，什葉派婦女也說，她們出門時一定得罩上全長的阿巴雅（或稱為「查多」chador）。「以前不是這樣，」一名曾在伊拉克軍隊中服務的婦女哈南（Hannan）告訴我：「我只要穿制服就好，不用戴面罩。」海珊政權垮台後，情況有一百八十度轉變。「穆斯林神學家跟民兵組織開始掌握權力，」她說：「現在沒披罩衫或媽媽沒陪在身邊，我都不能出門。」

同時蓋達組織也增加火力，攻擊美軍還有那些跟美國與什葉派領袖合作的政治人物。八月底，伊拉克伊斯蘭最高委員會領導人阿亞圖拉穆罕默德．巴克．哈金跟其他一百二十五人，在離開納傑夫（Najaf）的伊瑪目阿里清真寺（Imam Ali mosque）時被汽車炸彈炸死，此攻擊事件將宗派衝突推上頂點。伊拉克伊斯蘭最高委員會隸屬於美國指派的伊拉克臨時政府，藉由穆罕默德·巴克·哈金崇高的宗教領袖地位，占領伊拉克的美國政府單位就能獲得更多公信力[9]。隨後，阿布·穆薩布·札卡維（Abu Musab al-Zarqawi）與其恐怖組織同黨出面表態，聲稱此攻擊事件是由他們所發動[10]。

我發現如果要釐清伊拉克的宗派分裂，就必須造訪納傑夫這個對什葉派而言無比神聖的城市[11]。什葉派的阿里下葬於此；一九一八年什葉派宗教領袖在此反抗英國殖民軍；一九七〇年代，阿亞圖拉何梅尼也在此籌備他流亡伊朗時發動的伊朗伊斯蘭革命。何梅尼當時在納傑夫寫下反殖民論著《伊斯蘭政府》（*Islamic Government*），他在書中譴責伊拉克政體對真主的不敬，並呼籲成立伊斯蘭政府的必要性。一九七八年，海珊被伊朗國王施壓，將何梅尼逐出納傑夫，但他的支持者仍留在當地。納傑夫象徵什葉派反抗軍事組織的意志，很多真主黨（Hezbollah）創始人也曾在當地念書，如今這座城市中的恐怖攻擊事件頻傳。哈金遭到謀殺後，維安制度變得滴水不漏。什葉派民兵組織表態說他們要保護自己的聖城。以前這裡由伊拉克軍隊和警力看管，現在由什葉派民兵組織掌控，美國和英國的士兵則從旁協助。

蓋伊跟美國和伊拉克官員聯繫，他們說造訪納傑夫之前，最好先跟主要什葉派組織溝通過，確保我們在當地不會被民兵找麻煩。特約記者阿布·阿拉說宣道黨（Hizb ul'Dawaa）是當地頗具影響力的什葉派政黨，我應該跟他們聯繫，他們的辦公室就位在巴格達。

辦公室入口有金屬探測器，不過婦女完全不用接受檢查，就能輕鬆通過。我心想：真不妙。

宣道黨是宗教政黨，其中多數成員都在伊朗待過好幾年，認為宗教和政治不可分割。其中一位黨主席正在辦公室裡等我們，辦公室裡仍有其他訪客，但我們還是受邀入內。他看起來介於五十至六十歲之間，鬍子梳得相當整齊體面，淺棕色瞳孔特別引人注意。他頭上纏著伊朗式的黑色頭巾，而且從他的稱號薩義德（sayyid）就能推估他是穆罕默德後代。

我先介紹特約記者阿布．阿拉跟什葉派駕駛阿布．阿里給他認識，再表明我想到納傑夫報導什葉和遜尼派的關係變化，調查兩個宗派之間是否真的會掀起衝突戰爭。我也想搞

9 參考資料：Anthony Shadid, "Cleric Mourned by Huge Crowds," *Washington Post*, September 1, 2003.

10 參考資料：Laura Smith, "Timeline: Abu Musab al-Zarqawi," *Guardian*, June 8, 2006, https: //www.theguardian.com/world/2006/jun/08/iraq.alqaida1.

11 參考資料：Halm, *Der Schiitische Islam*; Hussain Abdul-Hussain, "Hezbollah: "A State within a State," Hudson Institute, May 21, 2009, http://www.hudson.org/content/researchattachments/ attachment/1312/abdul_hussain_vol8.pdf; August R. Norton, *Hezbollah: A Short History* (Princeton, NJ: Princeton University Press, 2009); Ian Rutledge, *Enemies of the Euphrat: The Battle for Iraq, 1914–1921* (London: Saqi Books, 2015).

清楚伊朗對該地區的影響力到底有多大，但我沒把最後一個意圖告訴薩義德。

他聽了之後面帶微笑，問：「妳從哪裡來的？」

我告訴他，我父親是摩洛哥人，但我是在德國出生。

「那妳到底是誰？」

我心想自己剛剛不是介紹過嗎？他怎麼又問一遍？「我是蘇雅德．梅科涅特，是新聞記者。」

「我不是這個意思，我知道妳叫什麼名字跟妳的報社。」他說：「我是在問妳是哪個民族的後代。」

「為什麼會這樣問？」

「我覺得我們的血統可能有某部份重疊。」

「你怎麼知道，怎麼看得出來？」

他說他感覺得出來，他從我的眼中察覺出什麼。他不僅是宗教學者，精神與心靈層面的修養也很高。「我想妳應該是薩義達（sayyida）[12]吧？摩洛哥話是叫謝里夫嗎？」他微笑說。

我感到非常不安，但又對他非常好奇，突然想跟他討論所有發生在伊拉克以及伊斯蘭教身上的種種現象。我沒辦法改變自己的身分，也沒必要加以隱藏。我告訴他父母的背景，談到他們的婚姻跨越兩個宗族，以及外公外婆當時有多憤怒。我問他遜尼與什葉派的分化是否會在伊拉克造成更多血腥衝突。

他表示未來確實有困難需要解決。年輕時他曾積極參與宗派的政治運動，他說某個大哥出面反對海珊政權時，全家就遭到政府攻擊打壓。

「我別無選擇，只好逃到伊朗在那裡流亡、研究宗教。」

我拋出腦中第一個疑惑。「為什麼現在遜尼跟什葉還在為數百年前發生的事爭執呢？」

「政治。」他面帶笑意，輕聲對我說：「不過妳要知道，不能隨便跟別人討論這種事。有人會誤解妳的意思，以為妳在做人身攻擊。」他問我計劃何時造訪納傑夫，我說大概兩天後。

他拿出一張紙，在上頭寫了些什麼。「妳應該是早上抵達，同一天晚上離開吧？」他問。我點點頭。他把紙摺起來遞給我，說：「只要經過檢查站，就把這張紙拿給衛兵看。」接著他轉頭對坐在辦公室另一頭的某位男子說：「哈山（Hassan），打電話到納傑夫。告訴他們會有一位叫蘇雅德．梅科涅特的記者拜訪。如果他們碰到什麼困難，請務必協助。」

12 指女性的薩義德之意。（校注）

事情這麼簡單就辦好了，我實在有些驚訝，也不忘向他道謝。

「妳知道這很危險吧？」他問：「納傑夫不安全，那裡可能有炸彈。妳怎麼會想去採訪？」

「這是我的工作。」

「這理由不成立。妳大可寫藝術專欄就好，也可以找其他工作。但卻選擇到伊斯蘭世界最危險的區域，賭上自己的生命。」說到這裡他停了下來。我發現他眼眶濕潤，似乎頗為感動。「妳選的這條路不好走。妳有顆寬容的心跟尋求真相的意志，願阿拉賜妳一位配得上妳的男子。這是我的祝福。」

我覺得很難過，有種被人看穿的脆弱感。他的問題我根本答不出來。不少記者同事已結婚或有穩定交往的伴侶，雖然我還有爸媽，但這畢竟跟另一半不同。很多人會在巴格達約會，但我對這種不穩定的男女關係沒什麼興趣。我知道自己可能想嫁給同樣有阿拉伯血統的人，所以名聲非常重要。如果被伊拉克籍譯者或司機認為我也是那種會偷偷摸摸、在哈姆拉飯店跟男人約會的女子，他們對我的尊重就會立刻瓦解。雖然我是德國記者，但在他們眼裡，我完全就是一名阿拉伯女子。

回到車上，我跟阿布・阿拉、阿布・阿里打開薩義德寫的那張紙：「蘇雅德・梅科涅特是新聞記者，也是穆罕默德家族後代成員。基於此，她與同行工作團隊應接受最完善的保護與最高規格的禮遇。」他還在紙上簽名、押日期，並蓋上黨章。

這張紙的效用之高令我們又驚又喜。其他記者需要把車停在離伊瑪目阿里清真寺遠處，我們卻能把車停在清真寺前，而且每位讀過那張紙的民兵或清真寺人員，都會放下手邊工作提供協助。

我完全沒有預期會在納傑夫經歷些什麼。整座城市散發強烈的能量，離清真寺聖殿越近，我就碰到越多人在替我的這位祖先哭泣。大家似乎都為阿里的死感到悲痛。目睹哀悼者投入的神色，我才明白他們真的願意為彼此付出，幫助以伊瑪目阿里或其子伊瑪目胡笙之名宣道或尋求協助的信眾。

我跟聖殿外的幾名年輕男子交談，想知道伊瑪目阿里和伊瑪目胡笙對他們來說具有什麼意義。「誰敢侮辱他們，我會奪他們性命，」其中一人說：「我願意奉獻自己的鮮血。」

這些信眾的情緒如此真實、如此激昂，很容易就會被穆斯林領導人利用，拿去滿足自己的政治意圖。他們會用阿里或胡笙之名來批判一切。這時我也體悟到，穆罕默德家族的後代成員必須扛起這沉重的責任，阻止信仰被當作政治手段濫用。

挖掘什葉派與遜尼派的衝突起源過程中，艾奇拉．哈希米（Aquila al-Hashimi）是我最想訪問的幾名人士之一。伊拉克臨時政府中只有三名女性官員[13]，艾奇拉．哈希米就是其中一人，她也是重要的什葉派政治人物。海珊掌政期間，她曾代表伊拉克政府與聯合國協調石油換糧食計畫。曾在法國索邦（Sorbonne）大學主修法國文學的她，也曾擔任塔里克．阿齊茲的法語口譯。來到伊拉克前我讀了很多新聞報導，文章中提到海珊政府將什葉派當次等公民對待，我對這些報導滿腹疑惑。如果新聞為真，那像哈希米這樣的女子是如何在政府中謀得高職？艾哈邁德．查拉比跟其他人都說，海珊政黨中不允許異議份子或其他宗派的人存在，但如果在這種體制下哈希米還能擔任高官，那事實跟我們耳聞的現象一定有所出入。我想問哈希米，身為什葉派的她在海珊政府中過著何種生活，對瓦解阿拉伯復興社會黨的計劃又有何看法。

「請妳親自來一趟，」我聯絡哈希米時，她這麼對我說：「很多事情都走樣了。」她的聲音聽來相當友善，我也從她的英文口音確定她的教育程度相當高。「我怕會發生更多血腥衝突，擔心國家會逐漸崩解。」

她邀我隔天共進午餐。隔天一早我打電話確認會面時間時，某位男子接起電話，他哭個不停，聲音支離破碎。我還聽到他身後有好幾名女子在哭喊。

「妳是誰？」他問。

我說自己是新聞記者，跟艾奇拉．哈希米約下午碰面。

他的呼吸聲急促。「她中槍了。」有一整車持槍歹徒開槍攻擊哈希米的座車，她傷勢相當嚴重。掛電話時我整個人驚訝無語。後來我才得知哈希米的腿部和腹部中彈[14]，被送到美軍醫院的她，昏迷了好幾天。等待哈希米復原的同時，我開始跑其他新聞，也替NPR全國公共廣播電台，報導伊拉克愈發激烈的衝突場面。我們想知道年輕的伊拉克人是否對國家的未來感到迷惘徬徨，所以到飯店附近街角，訪問幾名正在聽伊拉克流行樂的年輕人。在交談時，有位男子走近，他的髮色帶有淺棕色，就站在我們旁邊。他說自己叫「穆斯塔法」（Mustafa），來自巴勒斯坦。

我們本來在聊音樂，後來開始談政治。穆斯塔法對伊拉克現況非常憤怒。「這個國家對我跟家人這麼好，」他說：「西方國家現在正盤算怎麼把中東大卸八塊，再把我們交給伊朗處置。」

穆斯塔法說他以前在海珊政府的國安單位裡工作，自從維安部隊被解散後，他跟其他同事就失去生活重心，只能偶爾聚會，宣洩對美國、伊朗和英國的怨恨。「當時我們替九一一事件罹難者感到難過，現在卻覺得那是美國人的陰謀。他們策劃這起事件，好讓軍隊

13 參考資料：Vivienne Walt, "Iraqi Official Dies; Bomb Hits NBC Hotel," *Boston Globe*, September 26, 2003.

14 參考資料：E. A. Torriero and Bill Glauber, "Wounded Official Dies; 8 Soldiers Injured As 2 Bombs Hit Military Convoy," *Chicago Tribune*, September 26, 2003.

有理由入侵伊拉克。」他說。

他問我住哪，但基於安全考量還有摩蘇爾部族首長事件的經驗，我沒有告訴他們自己住哪家飯店。我跟穆斯塔法道歉，說是爸媽叫我不要向陌生人透露個人資訊。

「沒關係，不用擔心，妳只要跟我說妳是不是住這間飯店就好。」他指向附近那家NBC國家廣播公司記者下榻的飯店。

我當場否認。

結束談話後回到車上，我叫阿布．阿里在附近多繞幾圈避免被跟蹤。

隔天一早，我被猛烈的爆炸震醒。我的房間在一樓，床鋪離窗戶不遠。爆炸衝擊力把窗戶震開，不知是本能反應還是爆炸的威力所致，我整個人滾下床。

我趴在地上，猜想等一下會不會有人衝進房內把我拖走。這種綁架手法在伊拉克頗為常見，攻擊者會用爆炸物把大門或窗戶震開再衝進房內抓人。我清楚聽見砰砰的心跳和深沉的呼吸聲，顫抖不止的我起身穿好衣服，抓了衛星電話和筆記本。我不斷大叫蓋伊的名字，聽見他也在呼喊我。我們看見房外走廊上的飯店工作人員都驚魂未定、臉色慘白。

「你們還好嗎？」我問：「沒事吧？」

飯店人員說NBC國家廣播公司記者下榻的飯店遭炸彈攻擊[15]，我們衝到街口轉角只見滿地碎玻璃和濃煙。民眾都湧到街上，記者則忙著撥打電話。我驚訝地盯著燃燒中的飯店，轉身時看到昨晚與我交談的穆斯塔法就站在一旁。他盯著爆炸現場，目光與我相接時只點頭微笑。我突然想起他問我住在哪裡，還用手指著這間被炸的飯店。我往他走去，他卻收起微笑對我搖頭，彷彿是說：不要過來。

一台白色轎車開到他面前，穆斯塔法上車後車子便駛離。

我向NBC國家廣播公司團隊詢問情況，發現至少有位來自索馬利亞的保全喪命。我把消息傳給NPR全國公共廣播電台後，就跟德國電台一起做了簡短的訪問。人在德國的教授洛塔爾·布羅克聽到我的播報後，寫信來表示很擔心我的安全。他在信中說我的聲音顫抖不已，似乎驚魂未定。當時我根本不曉得自己受到多大衝擊。

當天下午我又接到壞消息：艾奇拉·哈希米過世了。雖然錯過葬禮，但我還是想拜訪、慰問她家人，抵達她家時某位少年指向一間房間。

我看到一群女子不斷哭泣、毆打自己，她們全是哈希米的堂表姐妹、阿姨跟其他親戚，大家都穿著阿巴雅。有位留著灰白長髮的老婦人坐在房間中央，看起來相當恍惚、精神狀況不穩定，她不斷哭喊、扯著頭髮，拍打自己的胸脯。她的襯衣已經滑落，皮膚也被打得紅腫，似乎想將內心的痛苦打出體外。我知道這種哀悼儀式屬於什葉派傳統，但我從未近距離見識。某位年輕女子說：「她是艾奇拉的媽媽。」詢問我的身分後，她說：「這

15 參考資料："Bomb Explodes at Baghdad Hotel Housing NBC Offices," Associated Press, September 25, 2003.

個儀式只有家屬能參加，請妳離開。」道歉後我快步離開。

茫然地爬上車，我發現這已是我在伊拉克錯過的第二場訪問。他們把前外交人員阿尼綁走時，我就確定有人想阻止記者查出真相。我認為自己無法卸責，一定有人在背後監聽我們對話才會把他綁走。不管怎麼樣，沒有證據的我沒辦法將阿尼的話寫進報導，想讓他消音的人得逞了。

哈希米中槍喪命，他們又贏了，但這次我更難受。車子駛回飯店途中我開始顫抖。雖然伊拉克本就不是民主國家，但至少這裡還允許哈希米這樣的什葉派婦女求學、進入政壇，我突然發現西方國家彷彿正破壞這個國家的未來，這種感覺糟透了。或許西方國家不認同伊拉克的體制，但我們這些決策者一步步摧毀伊拉克人民的生活，把像她這麼聰明、背景多元，可能帶領伊拉克走向美好未來的人才一一消滅。哈希米的死彷彿讓伊拉克離毀滅更近一步。

我無法擺脫腦中哈希米母親的影像，她讓我想起摩洛哥的奶奶。她毆打身體、拳頭落在胸脯上的撞擊聲在我腦中迴盪。雖然我無法體會她肉體的疼痛，但能感受她的怒火。想必她對於放任悲劇發生的我們，感到憤恨不已。坐在車內的我，腦中充斥毆打肉體的聲響，憤怒使情緒無法平復。我把頭靠在車窗上，開始哭泣。

第四章

哈立德・馬斯里的來電——二〇〇四～二〇〇六年，德國與阿爾及利亞

伊拉克改變了我。二〇〇三年底，爆炸聲、民眾尋找親友的哭喊聲與人肉燒焦味伴我回法蘭克福。新年前夕，我拒絕跟親友到陽台上欣賞煙火，煙火聲讓我想起伊拉克的爆炸場面。

想到過去一年發生的事件還有眼前面對的困境，我實在沒心情慶祝。遜尼派和什葉派的仇恨不斷深化，戰爭和美軍占領的情形下，讓蓋達組織有機會深入伊拉克，什葉派民兵部隊在伊拉克採取的血腥攻擊行動也使我心情低落。不出幾個月，美軍在巴格達中央監

獄[1]和其他地區折磨、凌辱囚犯的行徑就會被揭穿。美軍隨意拍下的照片意外曝光，照片中的他們以為自己來到異國度假，把道德和他人尊嚴視為無物。這些醜聞讓我更確定西方國家已經背棄過去他們引以為傲的道德高標，現在更以完全不用負責的姿態，在他們的領導人稱為「陰影處」[2]的伊拉克採取軍事行動。以上這段描述，套用在美國身上，再適合不過。

「民眾一定要了解伊拉克戰爭只會造成激發仇恨，對美國和歐洲構成更大威脅。」與國際關係教授洛塔爾．布羅克在學校餐廳共進午餐時，我這麼說。

「妳一定要休息一陣子。」他擔心地看著我：「不要再去戰區了，我相信除了伊拉克，其他地區也有值得報導的新聞。」他希望我將重心擺在課業上。

二〇〇四年，我離開《華盛頓郵報》進入《紐約時報》的偵查新聞部服務。除了跟《紐約時報》簽約之外，我也獲得許可，替德國電視二台（ZDF）報導、採訪，這家德國公家媒體是歐洲規模數一數二的電視台。同時，我的大學課業也來到相當吃重的階段，每位教授都非常看重作業和期末報告。我差不多也要開始撰寫畢業論文，完成這一步才能畢業。

擔任論文指導教授的布羅克堅持要我避談恐怖主義相關主題，希望我能探討中東地區的缺水現象，還建議我將焦點擺在約旦。已故約旦國王胡笙的弟弟約旦王子哈桑．賓．塔拉勒（Hassan bin Talal）就曾積極嘗試解決國內水資源危機[3]。

我試著將注意力擺在課業和研究上，不過還是密切追蹤伊拉克的新聞，也對伊拉克蓋達組織領袖阿布・穆薩布・札卡維與其網絡越來越好奇。翻閱學術書籍時，我會一邊看著各家新聞台的報導，像是半島電視台、CNN或是BBC。

某天下午我接到一通不明來電。我接起電話，對方語調低沉，用阿拉伯語顫抖著說：

「妳是記者蘇雅德・梅科涅特嗎？」

「你是誰？」我問。

「我叫哈立德・馬斯里（Khaled el-Masri）[4]，我被中央情報局綁架了。」

我把手機移到面前，再仔細地看了一次那組號碼，心想八成是騷擾或惡作劇電話。

「不好意思，我不懂你的意思？是誰給你我電話的？」

他報出我某位德籍情報提供者的姓名，那人年紀比我大，而且也在追查與恐怖組織相關人士。報出姓名後他立刻向我描述自己的遭遇，起初聽來還有點沒頭沒尾：「那個時候

---

1 參考資料："Chronology of Abu Ghraib," *Washington Post*, February 17, 2006.

2 參考資料：Tim Russert, "Vice President Cheney on NBC's *Meet the Press*," *Washington Post*, September 16, 2001.（此為採訪副總統之逐字稿）

3 聯合國秘書長一度指派他為水源與衛生諮詢委員會（UNSGAB）主席：https://sustainabledevelopment.un.org/topics/water/unsgab /board.

4 參考資料："Khaled el-Masri," *The Rendition Project*, https://www.therenditionproject.org.uk/prisoners/khaled-elmasri.html. 可點選網址連結查閱額外來源資料。

我要去馬其頓共和國，他們把我抓起來，把我抓上前往阿富汗的飛機，還用酷刑折磨我。」

「不要在電話上講這些事。」我告訴他：「馬斯里先生，先不要急，你現在人在哪？我有辦法回電嗎？我覺得當面談比較好。」

我叫他去買一支新手機跟預付電話卡，再打給我約見面時間地點。當時在德國買預付卡還不用登記姓名。馬斯里說雖然「他們」把他擁有的物品都拿走，但他還是有辦法弄到新手機跟預付卡，之後會打給我跟我約時間。講著講著，他開始啜泣，還哽咽地說：「我家人都不見了，他們會對我的老婆小孩怎麼樣嗎？」

雖然我不確定是否真的有馬斯里這個人，還是想親自跟他碰面。我打給紐約的編輯馬修・博迪（Matthew Purdy），他半信半疑地說：「這個指控非同小可。」

我理解他的考量，不過還是說服他派我到馬斯里住的烏姆（Ulm），這座約莫有十二萬居民的城市位於南德。或許是因為我年紀尚輕，在紐時的資歷較淺，馬修派了另一位記者與我同行。我們在火車站咖啡店跟馬斯里碰面，他及肩的黑髮中摻了幾縷斑駁白髮，但褐色的瞳孔旁佈滿血絲，眼眶還掛著黑眼圈。坐定後我們點了咖啡。

他問我們介不介意他抽菸。「我有點緊張。」他說。

他說自己四十一歲，爸媽來自黎巴嫩。已婚、育有四子的他，擔任二手汽車銷售專員。二〇〇三年十二月跟妻子吵了一架後，他搭上駛往馬其頓共和國首都史高比耶

（Skopje）的巴士，打算在那裡度一個禮拜的假。巴士經過塞爾維亞與馬其頓共和國邊境時，關口人員扣留他的護照不准他上巴士。他說自己被帶到陰暗的小房間，被指控是恐怖份子。

「他們問我一堆問題[5]，問我跟蓋達組織、哈拉曼基金會[6]還有穆斯林兄弟會有沒有關係。」馬斯里斷斷續續描述著：「我一直否認，但他們就是不信。」哈拉曼基金會（al-Haramain）是一個穆斯林慈善組織，外界質疑他們私下金援恐怖組織的行動，並與蓋達、賓拉登和塔利班有所牽扯。

二十三天後，馬其頓共和國當局把他轉交給他別國官員[7]，馬斯里認為那些人來自美

---

5 參考資料：Don Van Natta Jr. and Souad Mekhennet, "German's Claim of Kidnapping Brings Investigation of U.S. Link," *New York Times*, January 9, 2005.

6 二〇〇八年六月，哈拉曼伊斯蘭基金會（AHIF）被美國財政部認定「提供蓋達組織與各恐怖組織和恐怖份子財務及物資協助」：https://www .treasury.gov/press-center/press-releases/Pages/hp1043.aspx。早在二〇〇四年，財政部就指出ＡＨＩＦ之美國分部與恐怖份子有所往來：https://www.treasury.gov/press-center/press-releases/Pages /js1895.aspx。ＡＨＩＦ而後控訴美國政府侵害基金會之符合憲法的權利，法院以部份簡易判決處理此案，宣告ＡＨＩＦ勝訴。美國政府上訴後法院撤銷此裁決，此案最後遭駁回。

7 「後來武裝便衣警力將他送往史高比耶的斯科普里飯店（Skopski Merak hotel），將他拘留二十三天，並由馬其頓共和國警力全天候輪班看守。」參考資料："El-Masri v. Macedonia," Open Society Foundations, last updated January 23, 2013, https://www.opensocietyfoundations.org /litigation/el-masri-v-macedonia.

國政府。這些人把他拉上飛往阿富汗首都喀布爾（Kabul）的班機，一下機他就被鐵鍊綑綁，不斷遭到毆打，馬斯里的衣物被扒個精光還被拍裸照。審訊官替他塗上麻醉藥後，就不斷質詢他是否跟蓋達組織有所往來。經過一個月絕食抗議，被蒙上雙眼的馬斯里搭上飛往阿爾巴尼亞北部的飛機。下機後他就能徒步穿越國境到馬其頓共和國，取回護照跟個人物品後飛回德國。他說自己總共被拘留五個月，但沒有被判任何罪。

這段描述令人不可置信，馬斯里在說話的過程中不斷顫抖。有些伊拉克民眾因為目睹炸彈爆炸或曾遭監禁，看起來總是恍惚緊繃，馬斯里的言行舉止讓我聯想到這些人。雖然我不確定這段故事的真實性，但我相信他肯定經歷過某些事。但陪我進行訪談的另一位美籍紐時記者似乎不買帳。

馬斯里當天晚上又打了一通電話給我，說：「我覺得妳同事根本不相信我。」我告訴他我們只是在盡記者的本分。他的指控非同小可，我們還需要其他證據。我說自己需要時間來調查這件事，也問他日後有何打算。他說自己會聯絡律師：「我要讓那些監禁、虐待我的人接受法律審判。我要他們坦承自己對我跟其他人做了什麼事。」

我腦中還是充滿問號。中情局到底有什麼理由綁架馬斯里？他說自己曾到新烏姆（Neu-Ulm）的多元文化之家（Multikulturhaus）參拜。多元文化之家是穆斯林的活動中心，常有極端份子來來去去，德國情資單位也密切監控這個機構。另外，他跟拍攝聖戰者處決塞爾維亞人那支影片的瑞達．賽耶姆也是好友。小時候我在摩洛哥堂弟家就親眼看過那段影片。

在釐清中情局逮捕他的原因時，我首先想到的是他跟多元文化之家與賽耶姆的關聯。賽耶姆是德籍埃及人，年輕時住在新烏姆，被極端思想所洗腦與影響。後來他在印尼待了一段時間，美國情報單位認定，他跟二〇〇二年發生在峇里島的炸彈攻擊事件有關。現在大家都把他視為伊斯蘭國裡的領袖級人物。

雖然聽來荒謬，但我越仔細想，越相信馬斯里說的是事實。他描述整段經歷時的神色、深受創傷的樣貌，種種因素都令我印象深刻。我又撥了一通電話給馬修，說服他多給我一些時間調查這起事件的來龍去脈。「好吧，有什麼進度隨時跟我聯絡。」他說：「不過妳要知道這則指控不是鬧著玩的，要掌握足夠證據才能報導。」

我了解如果《紐約時報》刊載這則新聞，就會變成對中情局和反恐戰爭的指控。不過對中情局私下將嫌疑恐怖份子從某國引渡到另一國，這種「逃避正當法律途徑」[8]的獨特作風，記者都時有耳聞，早就不是新鮮事。九一一事件發生後，這種偷偷摸摸逮捕嫌疑犯的舉動更頻繁，有一百多位疑似為恐怖份子的民眾被押到美國以外的監獄，或是被轉交到

8 參考資料：Jane Mayer, *The Dark Side: The Inside Story of How the War on Terror Turned into a War on American Ideals* (New York: Anchor Books, 2009), p. 102.

阿富汗、波蘭、泰國、關塔那摩灣海軍基地、羅馬尼亞或立陶宛的美國情資單位受審。其中一位被綁架的受害者是在敘利亞出生的加拿大籍馬赫・阿拉爾（Maher Arar）[9]，當年他被控為蓋達組織情報人員。阿拉爾說他在二〇〇二年被拘留在紐約後，美軍把他送往敘利亞，他被困在那裡十個月，不斷遭到酷刑折磨。另一位被拘留的則是澳洲籍的馬姆杜・哈比卜（Mamdouh Habib）[10]，他在聯邦訴訟案中指出自己先是被囚禁在埃及監獄折磨六個月，再由船運被送往關塔那摩灣海軍基地和古巴。經人權團體統計，數十名「重量級」囚犯被困在散落世界各地的秘密機構中，這些地方就是所謂的黑牢。

我重新閱讀訪談筆記，隔天開始聯絡在德國情資單位服務的情報提供者。他們的官方說法是沒有接獲相關消息，其中一人還問我：「這種像童話的虛構故事妳也信？」到底該花多少時間查證這起事件，我一點頭緒也沒有。

接著我把希望放在我所謂的「電話亭」聯絡人身上，因為我只會到舊式電話亭聯絡他們，以免電話遭竊聽。我後來到德國火車站附近的商店買了一支舊諾基亞手機，目的也是怕被監聽。那間店的老闆知道怎麼弄到無需登記註冊的ＳＩＭ卡，我就用這支手機打給那些可能被政府監控的聯絡人。這些聯絡人中有許多政府官員，有些是我在伊拉克期間或離開伊拉克後認識的，其他則是來自德國、美國或各個中東與北非國家的情資人員，他們通常都有辦法獲得政府內部的機密資訊。

我到住家附近電話亭打給一位資深德國情資單位人員。他給我一組平常沒在使用的

「緊急號碼」。

「現在方便講電話嗎？」我問。

「我正在等妳電話，但沒辦法講太久。」

我說需要他的建議，接著把馬斯里的經歷描述給他聽，但沒有向他透露其中細節和馬斯里的名字。「我必須查清這件事到底是不是真的，我不想浪費時間在假事件上。希望你能多少給我一點方向。另外，你剛才說在等我電話，發生什麼事了嗎？」

「妳絕對不是在浪費時間，」他冷靜地說：「妳的方向是正確的，這是件大事。」

我把話筒貼緊耳朵，深怕漏掉一字一句。

「我給妳的答案是，那名男子打電話給妳的時候，德國政府單位就接到消息，也知道他跟妳聯絡。」

---

9 參考資料：“Maher Arar,” *The Rendition Project*, https://www.therenditionproject.org.uk/prisoners/arar.html；調查委員會針對加拿大當局對馬赫．阿拉所採取之行動：“Report of the Events Relating to Maher Arar,” September 2006, http://publications.gc.ca/site/eng/9.68875/publication.html；“Rendition to Torture: The Case of Maher Arar”，外交事務與司法委員會聯合審訊：https://fas.org/irp/congress/2007_hr/arar.pdf.

10 參考資料：“Mamdouh Ahned Habib,” *The Rendition Project*, https://www.therenditionproject.org.uk/prisoners /mamdouh-habib.html；美國國防部：“JTF-GTMO Detainee Assessment: Mamdouh Habib,” http://projects.nytimes.com/guantanamo/detainees/661-mamdouh-ibrahim-ahmed-habib/documents/11.

「哪個單位？他們怎麼會知道他打電話給我？」

「這代表你們其中一個人或兩個人都被監控。妳可以跟內政部聯絡，不過應該還有其他單位也接到這份通知。我得掛電話了。」

掛上電話後我腦袋一片混亂。雖然還沒查出中情局逮補馬斯里的動機，但我至少確定自己挖到大新聞。接著我打給內政部發言人，「不予置評」是我得到的唯一回應。

我又在電話亭打給《紐時》編輯馬修，畢竟家裡的電話或手機可能已被竊聽。我如實轉達剛才那位聯絡人提供的訊息。

聊完之後調查計畫有了極大改變。編輯說我現在要開始跟另一位住在倫敦的同事唐・范・納塔（Don Van Natta）調查這件事。我撥電話給馬斯里，跟他要律師曼福里・吉狄克（Manfred Gnjidic）的電話。吉狄克是德籍克羅埃西亞裔人，專長是移民法，常替被控與恐怖組織相關的民眾打官司，他手上還有其他跟新烏姆清真寺相關的案件。吉狄克告訴我他已經寫信給內政部、法務部、總理辦公室主管，還有總理格哈特・施若德本人。他還代替馬斯里向「不知名被告」提出申訴。我也把自己收到的消息提供給唐。

唐跟先前那我陪我一起採訪馬斯里的記者截然不同，身形高大如熊的他是經驗豐富的偵查新聞記者。他一消化完我的訊息後立刻察覺此事的重要性，也從他自己對美國反恐策略的了解來分析這起事件。唐不僅好相處也非常熱情善良，他很渴望獲得確切證據，並如實報導這起事件。與他共事讓我收穫滿滿。

「我們跟馬斯里見個面，再跟調查這起事件的政府單位約時間碰面。」他說：「如果這件事是真的，那就非同小可。對了，蘇雅德，如果妳覺得手機可能被監聽或者有人在監視妳，請立刻讓我知道。妳是《紐時》的記者，他們沒辦法亂來。」

我開始留意周遭人事物，有時會有車子停在我家外頭，裡面的人會探頭探腦看屋內有沒有人。每天出門時我也會瞄一下斜後方看是否有人跟蹤。九一一事件後，德國政府對政治和極端份子舉辦的大學校園活動更為警戒，我知道他們私下派調查人員進入校園。雖然我依舊到學校上課，但絕不跟同學或教授分享自己的工作細節。唐提醒我不要把筆記留在公共場合，我也開始把筆記本藏在住家以外的地方。

幾天後，唐搭機從倫敦來到德國，我們坐火車到烏姆，跟馬斯里和他的律師會面。馬斯里重新把整段經歷描述一遍，唐則詢問他被綁架和折磨的過程與細節。

「我相信他。」當晚回旅館時，唐對我說：「他描述被折磨的細節還有整段被監禁審問的過程，都跟其他個案類似。」

在慕尼黑的飯店中，我們跟檢察官還有調查此案的警察會面。他們表示根據目前為止蒐集到的證據判斷，馬斯里說的是實話。

「我們用馬斯里先生的頭髮樣本做實驗，」某位烏姆的資深警官告訴我們：「結果顯示有段時間他確實處於龐大的壓力下。」他們根據馬斯里的進食習慣、曾斷食抗議的經歷，還有曾待過氣候與阿富汗類似的地區等實驗結果，推論出他的生活曾經歷驟變。

隔天我到馬斯里家拜訪，他的妻子艾莎（Aischa）跟孩子已回到德國跟他團圓，我也想跟他家人碰面。艾莎二十九歲，語調輕柔，穿著一件黑色洋裝，頭罩淺藍色頭巾。他們的兒子則穿著同樣的服裝，衣服上印了大象圖樣。馬斯里當時離家且一去不復返時，艾莎非常擔心。幾個禮拜過去完全沒有他的消息，她就回黎巴嫩投靠親戚，心想馬斯里可能拋家棄子跟其他女人跑了。她兒子那時常問：「媽媽，我們為什麼在這裡，爸爸呢？」她邊說邊哭：「我一直打電話回德國給他的朋友，問他們有沒有馬斯里的消息，但大家都不曉得他在哪。」

她還說丈夫回國後整個人變了。「他緊張兮兮的，有時候會在半夜驚醒大叫。」

我在情資單位中服務的聯絡人證實馬斯里確實跟瑞達．賽耶姆等被監控的人有來往，不過他從未參與任何宣傳聖戰的計畫與活動，也從未被當成是聖戰組織成員。

回家後我找出《九一一調查報告》（*9/11 Commission Report*）細讀。研究了一陣子，我發現有個段落指出拉姆齊．賓．席比（Ramzi bin al-Shibh）跟劫機客馬爾萬．薛希（Marwan al-Shehhi）[11]，曾在德國火車上跟一位名叫哈立德．馬斯里（Khalid al-Masri）的男子碰面，這位馬斯里當時告訴他們，自己決定加入車臣共和國的聖戰。馬斯里後來幫忙這兩名男子聯絡德國蓋達組織成員，而蓋達組織成員再通知他們到阿富汗。最後馬爾萬．薛希、齊亞德．賈拉（Ziad Jarrah）跟其他漢堡支部的核心成員與參與劫機計畫的人員，就在當地與賓拉登碰面、策劃九一一攻擊事件[12]。

馬斯里表示其中一位在阿富汗質詢他的官員，指控他是蓋達組織資深成員，而且曾在阿富汗的賈拉拉巴德（Jalalabad）受訓，並和阿塔與席比聯手策劃行動。「我否認所有指控，」馬斯里說：「我一直說『不是我』、『不是我』、『不是我』。」

這兩位哈立德．馬斯里的姓名拼法不同，一位是「Khalid」另一位則是「Khaled」，他們是同一人嗎？還是美國人搞錯了？馬斯里的律師吉狄克認為是美國人把兩個人搞混，我們也漸漸採信這個說法。因為姓名相近，再加上馬斯里剛好跟那座清真寺和其他極端份子有來往，很容易被誤以為是恐怖份子。如果真是如此，那這起混淆身分的案件可是釀成了

11 《九一一調查報告》指出，哈立德．馬斯里主動聯絡的並非席比與阿塔，而是席比和薛希。該段落表示：「現有證據顯示，阿塔、席比與薛希和賈拉在一九九九年決定到車臣對抗俄羅斯人。根據席比的說法，他們在因緣際會下，在德國搭火車時碰到馬斯里，就改變心意到阿富汗。這位名叫哈立德．馬斯里的男子與席比和薛斯攀談（席比認為可能是因為他們倆是蓄鬍的阿拉伯男子），聊起車臣共和國的聖戰。後來他們打電話聯絡馬斯里表示想到車臣共和國時，馬斯里請他們聯絡德國杜伊斯堡（Duisburg）的阿布．穆薩布。這位阿布．穆薩布原來就是蓋達組織的重量級成員穆哈麥鐸．歐德．斯拉希（Mohamedou Ould Slahi）。雖然當時美國與德國情報單位都知曉這號人物，卻不知道他在一九九九年底於德國境內活動。據說席比和薛斯聯絡斯拉希時，他就邀請這幾位大有可為的新成員到杜伊斯堡碰面。」原書：Thomas H. Kean and Lee Hamilton, *The 9/11 Commission Report: Final Report of the National Commission on Terrorist Attacks Upon the United States* (Washington, DC: National Commission on Terrorist Attacks upon the United States, 2004), p. 165.

12 參考資料：Kean and Hamilton, *9/11 Commission Report*, pp. 165–66.

嚴重的後果。

我們的編輯清楚表明這起報導的風險非常高。「如果文章裡有任何一點錯誤，你不只會丟掉工作，搞不好還會永遠無法在新聞圈生存。」同事對我說。唐跟我花了兩個禮拜，反覆檢查所有資料和擬好的稿件。

報導預定出刊的前一天，我花好幾小時檢查筆記及文件。我問自己：會不會哪裡出錯呢？有沒有漏掉甚麼細節？我一點胃口也沒有，只靠咖啡撐下去。

唐看出我焦躁的情緒。「蘇雅德，我們已經花好幾個月的時間在這篇報導上，不要多想。你有跟馬斯里說明天出刊嗎？」

我還沒告訴他。我想到外頭散步，順便到電話亭打電話給馬斯里。快步前進的我用iPod聽著最愛的八〇年代流行樂，心思還是擺在那則報導上。馬斯里接起電話時，我說：「我只是想告訴你那篇報導明天就要刊出，可能會造成不小的反應，想先提醒你。」

「明天？」

「對，是明天。」電話那頭沒有回應。「哈立德？」

「我還在，」聲音聽起來好沉，原來他在哭。

我沒說話。

「謝謝妳，蘇雅德，還有妳的同事唐。謝謝你們相信我。」

「這是我們記者的工作。」一陣疲憊感朝我襲來。

回家路上我發現雖然馬斯里經歷了這一切，仍然沒對美國人抱持偏見。在我跟他談話的過程中，他從沒說過自己怨恨或仇視美國人，最後還開口表達對唐的感謝。

報導登上網路平台後，我一字一句細讀[13]。後來還寫了幾篇延伸報導，例如德國政府是什麼時候接到消息，並對此案了解多少。有位《紐時》同事認識住在馬其頓共和國的情報提供者，他說德國聯邦情報局（BND）中至少有一人在馬斯里被捕時就接到通知。這位中級情報人員說二〇〇四年一月，在馬其頓共和國政府部門咖啡廳中，有位陌生人主動找他談話，說有名德國公民在史高比耶被捕並被轉交給美國政府。所以在我們報導此案的一年前，德國政府就得知此事。

我跟唐拿調查結果質問德國政府時，外交部發言人約瑟夫・菲舍爾（Joschka Fischer）甚至警告我們，如果刊載這篇報導就要有心理準備承擔後果。不過我們終究是刊出這份新聞，直到二〇〇六年六月，德國政府才承認未妥善處理此案，並為此道歉[14]。

我跟唐合作撰寫的報導刊出一年半後，馬斯里跟律師吉狄克打電話給我，說有事想見

13 參考資料：Van Natta and Mekhennet, "German's Claim of Kidnapping."
14 參考資料：Souad Mekhennet and Craig S. Smith, "German Spy Agency Admits Mishandling Abduction Case," *New York Times*, June 2, 2006.

面商談。我搭火車到烏姆，跟他們在律師事務所附近的餐廳碰面。馬斯里的心情出乎我意料的好，他笑著說：「我根本沒想到這個世界願意聽我說話，也沒想過原來美國竟然會對我的故事感興趣。」他還說自己收到很多美國人發來的訊息，表示很同情他的遭遇，但美國或德國政府仍未正式向他道歉，對此他無法釋懷。「我不懂，他們綁架、折磨我跟其他無辜受害者，怎麼還有臉自稱是依法行事和尊重人權的國家？」

我告訴馬斯里，其實很多記者都在調查他的案件，像有支《紐時》的記者團隊就有發現在二〇〇四年一月二十四日，有架中情局設立的空殼公司噴射機，就從史高比耶飛往巴格達再到喀布爾[15]，時間正好是馬斯里的護照被蓋上馬其頓共和國出境章的隔天。我告訴馬斯里或許這類報導會督促政府正面回應，讓他得到期盼已久的道歉。

吉狄克說：「他有件事想跟妳討論。有另一位當時跟哈立德一起被監禁的囚犯，最近重獲自由，他們連絡上了。」那位名叫萊伊德·薩伊迪（Laid Saidi）[16]的男子目前回到故鄉阿爾及利亞。

「他怎麼有你的聯絡方式？」我問馬斯里。

「我們透過監獄的牆壁溝通，」他說：「我們記得彼此的名字跟電話，如果有人先出獄就會打給對方的家人。」

我心想，多採訪一位像馬斯里這樣的受害者，或許就能揭發非法引渡這種反恐手段。雖然我不知道薩伊迪是否與恐怖組織來往，至少他能向我描述在非法引渡手段中使用的監獄是長什麼樣子。我還想到，如果法庭真的願意審理馬斯里的案子，或許薩伊迪會被傳為證人。

我起身到餐廳外打電話給《紐時》編輯，他們說如果薩伊迪願意接受採訪，我可以到阿爾及利亞跟他碰面。走回餐廳內，我問馬斯里跟吉狄克：「他會願意接受我訪問嗎？」「當然，所以我們才會打給妳。他有說自己願意跟妳聊一聊。」吉狄克回道。

我把手機遞給馬斯里，說：「麻煩你現在打給他，告訴他我會去阿爾及利亞，希望下週三之前能拿到簽證。」

馬斯里拿出皮夾，裡頭塞滿證件跟紙條。他拿出一張藍色紙條攤在桌上，一邊撥打電話號碼。「薩拉姆[17]，是我，哈立德。」他問薩伊迪要不要跟我講話，接著就把手機遞給

---

15 「沒有任何公開紀錄顯示馬斯里先生是如何被送往阿富汗的。但飛行資料顯示，一架波音商務噴射機從史高比耶起飛，經過馬其頓共和國與巴格達，最後在二〇〇四年一月二十四日抵達喀布爾，時間恰好是馬斯里護照被蓋上馬其頓共和國出境章的隔日。此噴射機由航空承包商（Aero Contractors）營運，所有人則為頂級頭頂交通服務（Premier Executive Transport Services），此公司即是與中情局相關之空殼公司。」參考資料：Scott Shane, Stephen Grey, and Margot Williams, "C.I.A. Expanding Terror Battle Under Guise of Charter Flights," *New York Times,* May 31, 2005.

16 參考資料：Craig S. Smith and Souad Mekhennet, "Algerian Tells of Dark Term in US Hands," *New York Times,* July 7, 2006; "Laid Saidi," *The Rendition Project,* https://www.therenditionproject.org.uk/prisoners/saidi .html.

17 薩拉姆：問候語，指祝你平安。（校注）

我。

薩伊迪的語調雖然帶點猶豫，還是同意跟我見面。他說：「不過我的律師也要在場。」

我告訴他，如果簽證一核發下來，就會跟他聯絡。

「如果阿爾及利亞政府不發簽證給妳，那就不要過來了。」他畏畏縮縮地說：「我不想再惹麻煩，我跟家人經歷太多事了，希望妳能配合。」

我向他保證自己不會在沒有合法記者簽證的情況下前往阿爾及利亞，也會跟他律師聯絡，確保一切安排不會對他跟家人造成傷害。

「真的不好意思，請妳不要介意。」他說：「我過去幾年生不如死，不想再經歷那種生活。」

掛上電話，我問馬斯里，他怎麼確定剛才跟我講電話的男子是他在獄中認識的人。

「我認得他的聲音，」他說：「他出獄後我們第一次講電話我就從聲音認出是他。」

不久之後我飛到阿爾及爾（Algiers）跟薩伊迪的律師摩斯特法・布卡其（Mostefa Bouchachi）碰面喝咖啡。他說薩伊迪神經緊繃，精神受到極大創傷。「他遭到折磨凌辱，每次談到這個話題都像在做心理治療。」

來自巴黎分部的紐時同事克雷格・史密斯（Craig Smith）跟我在阿爾及爾碰面，我們一起到布卡其的事務所採訪薩伊迪。抵達事務所時，被關過的薩伊迪坐在角落，穿著全長白袍以及白色無邊便帽。他的右手疊在左手上，怯生生地看著我們。我們表示自己對他的遭遇很好奇，並說當初是透過馬斯里連絡上他，薩伊迪不時將目光拋到律師身上。我把話說完時，他問律師自己該說些什麼。

布卡其說：「你就誠實把細節告訴他們，把真相說出來他們才能幫你。」

薩伊迪深吸一口氣。他說自己在一九九〇年代離開陷入內戰的阿爾及利亞，到葉門讀書，再搬到肯亞，並在一九九七年初到坦尚尼亞，開始在哈拉曼基金會這個被質疑金援蓋達組織的機構上班。後來薩伊迪升任為塔葛區（Tanga）的基金會部長。

我曾對美國和歐洲的情資單位進行研究，發現他們一直緊盯此基金會成員的財務狀況及其與恐怖事件之間的可能連結。有單位指出，一九九八年坦尚尼亞和肯亞美國大事館的炸彈攻擊，就曾獲得哈拉曼基金會的金援。九一一事件更讓美國和阿拉伯情資單位認為基金會被恐怖組織相關人士滲透，再把基金會資金轉給恐怖組織。

「你跟任何恐怖組織成員有來往嗎？」我問薩伊迪：「像是蓋達組織、塔利班或其他類似的組織。」我特別提出這些組織的名稱，是因為像薩伊迪這種出身背景的人，有時不會將蓋達或塔利班視為恐怖組織，而是把他們當成「自由戰士」。

「沒有，我跟他們一點關係也沒有。」

「你在坦尚尼亞有做過什麼違法的事嗎？」

薩伊迪看了看律師。

「說吧，告訴他們。」布卡其說。

薩伊迪說他的阿爾及利亞護照某天不見了，就用偽造的突尼西亞身分證件代替。他拿了一份身分資料給我們看，上頭的名字是拉姆齊．班．彌察尼．班．法拉（Ramzi ben Mizauni ben Fraj）。

「為什麼要用假護照？」克雷格問。

他說當時阿爾及利亞正與伊斯蘭主義者混戰，他不敢到阿爾及利亞大使館去。他堅持自己跟任何阿爾及利亞政府認定的恐怖組織毫無關聯，但他對宗教的虔誠與投入就足以讓大使館官員起疑。他表示這就是採用假身分證件的原因。

二〇〇三年五月十日，他剛離開位在塔葛區的住處，坦尚尼亞警察就圍住他的車，把他帶到三蘭港（Dar es Salaam）的監獄。起初他以為自己是因為假證件被捕，但三天過後他被帶到馬拉威共和國邊境，被轉交給一群馬拉威便衣刑警，其中有兩名中年白人。薩伊迪用阿拉伯語說：「跟妳同事滿像的，他們也穿牛仔褲配短袖上衣。」

我聽出他語調中的焦躁。「不要擔心，」我告訴他：「儘管把真相說出來，馬斯里當時也很信任我們。」

「那兩個白人用英語跟馬拉威人交談，」他說：「然後我就被交到他們手上，我發現情況不妙。」

薩伊迪告訴我們，馬拉威人把他扣留一週後，把他交給五男一女。他的遭遇跟馬斯里頗為相似：雙眼被蓋上棉布、捆上膠帶，手腳被戴上鐐銬。他的衣服被剪破，還聽見類似照相的快門聲。後來他們開車把他帶到機場，把他送上飛機。

經過長途航程後，他們又將薩伊迪關進伸手不見五指的監獄。「他們幾乎不開燈，而且還一直播放吵雜的西方音樂，音量大到我都快聾了。」其中一位質詢官透過口譯告訴他：「這裡是與世隔絕的小角落，沒人知道你在哪，也沒人能保護你。」他說自己的一隻手被鐵鍊銬在牆上。

一週後他又被帶到另一座監獄。「他們把我丟進某個房間，綁住手腕把我吊起來，把我的腳固定在地板上。」薩伊迪語調低沈：「然後就迅速把我的衣服跟眼罩剪掉。」某位留著及肩金髮的年輕女子跟另一名中年男子，走進房內審問他長達兩小時，一旁則有摩洛哥口譯協助。這時薩伊迪才搞清楚自己到底身在何方。

薩伊迪先前曾跟住在肯亞的老婆家人通電話，質詢官針對電話內容提問。「質詢官說我在電話裡提到飛機，但我一直否認，我根本沒聊過飛機。」他依舊被鐵鍊懸吊著，赤裸上身、餓著肚子，就這樣過了五天。他說：「他們一直打我，用冷水潑我、吐口水在我身上，有時候還讓我喝髒水。那些美國人說我會死在這裡。」

他說自己被迫長時間站立，加上手腕被固定在天花板，雙腿跟腳掌都嚴重水腫。回到「黑牢」後，有位醫生用針筒將某種液體注進他的腿部。他在黑牢過了一晚，隔天又被送到另一個拘留所，那裡的阿富汗警衛告訴他，這裡是喀布爾郊外。此拘留所的地下室總共有兩排牢房，每排各隔成六間。囚犯能透過牢房門上的小開口，看到外頭是誰被帶出或帶進監獄。

囚犯有時候能在夜裡交談，薩伊迪就是這樣認識馬斯里的。接著他被轉交給阿爾及利亞政府並獲無罪釋放。後來薩伊迪才搞懂原來他會因為那通電話被抓，是因為在電話中提到汽車輪胎。他用英文聊輪胎（tire），這個字聽起來跟北非地區阿拉伯語的飛機發音相近，所以竊聽電話的人才會以為他在談飛機或與航班相關的話題。

薩伊迪跟馬斯里相同，都想讓那些凌虐他們的人接受法律制裁。「我知道自己沒做錯，」他對我說：「他們對我跟馬斯里做的事根本不合法，我們大概一輩子都要活在陰影和創傷之中。」

我們向美國情資單位求證薩伊迪是否曾被捕，但他們拒絕回應。

我心想，現在馬斯里出庭指控刑求者時，又多了一位重要目擊者能證明他確實被囚禁在阿富汗監獄中。經過紐時報導還有其他媒體的關注，我相信法官會願意採納馬斯里跟薩伊迪的說法，調查是否真有非法引渡或刑求等令人深受創傷的反恐手段。

不過我錯了。在後來解密的文件中，我們發現中情局在二〇〇七年通知參議院情報委員會，指出「證據不足，無須扣留馬斯里」，但他們在文件中還是拼錯姓名，導致馬斯里被逮補審問。在委員會公布的解密報告中，中情局局長在執行摘要裡決定不處分扣留馬斯里的官員，表示：「局長認為在充滿不確定因素的任務中應容忍誤判。若官員之手段符合標準程序，中情局領導人該全力支持。」[18]

二〇〇七年，中情局監察長發出一份關於馬斯里案件的報告，對此持反面看法：「此報告認為中情局未有扣留、逮捕馬斯里的正當理由，其延長扣留馬斯里的決定也不具正當性。馬斯里遭逮捕、扣留的事實，顯示中情局情報技術、執行手法、管理策略不彰，需加強督察。」[19]

中情局監察長將馬斯里案上訴至美國司法部，不過二〇〇七年五月西維吉尼亞州美國檢察官辦公室駁回此案。美國公民自由聯盟（ACLU）後來指出除了有三名中情局官員遭到「口頭警告」之外，沒人因馬斯里的遭遇受制裁。

薩伊迪和馬斯里的經歷，讓我對西方世界的人權觀念與執法態度有全新見解。我們這些來自西方的公民，尤其是政治領袖，怎麼好意思在美國政府做出這些非法制裁的同時，指責中東國家的錯誤？難道他們審理自己國民的法律是一套，適用在他人身上的法律又是另一套嗎？

18 參考資料：U.S. Senate Select Committee on Intelligence, *The Senate Intelligence Committee Report on Torture: Committee Study of the Central Intelligence Agency's Detention and Interrogation Program* (New York: Melville House, 2014), pp. 118–19.

19 參考資料：CIA Office of Inspector General, "Report of Investigation: The Rendition and Detention of German Citizen Khalid al-Masri," July 16, 2007, https://www.thetorturedata base.org/document/report-investigation-rendition-and-detention-german-citizen-khalid-al-masri, p. 5.

沒人能出面給一個交代，這令我們沮喪[20]，但對薩伊迪和馬斯里兩位當事人而言可是極大的打擊。他們需要正面答覆和美國政府的道歉，才有力氣繼續面對接下來的人生。他們還在等待。

馬斯里重獲自由後，又以縱火和騷擾等罪名被捕。「他被中情局放出來以後，我就好幾次替他申請心理治療，但都沒有單位出面回應。」馬斯里在住家附近放火燒了公寓，之後他的律師吉狄克告訴我：「這太諷刺了。以前他被非法折磨凌虐，政府不願提供心理諮商；現在他真的因為精神不穩定犯了罪，才獲得心理治療。」

馬斯里試著找工作但一直碰壁，他的老婆和小孩則搬回黎巴嫩。二〇一二年，歐洲人權法院（European Court of Human Rights）認定他是被情資官員誤認而受非法引渡和刑求的受害者。馬斯里獲六萬歐元賠償金，但這筆錢過好幾年才到他手上。拿到賠償金時他已搬到維也納，仍找不到工作的他在遊民收容所住了一陣子，中間也曾借住朋友或熟人家。

二〇一五年九月，我在維也納的某間飯店和他碰面。他將灰白的頭髮剪短，眼下掛了大大的眼袋。有些德國報紙指出馬斯里企圖加入ＩＳＩＳ（伊斯蘭國），我問他是否真有此事，他則諷刺地笑著。

「這我就不透露了。」他說：「現在我不想討論這些，時候到了我自然會告訴妳。我絕對不讓別人告訴我什麼事該做、什麼不該做。他們這樣對待我，根本沒資格指揮我。」

他的另一番言論也令我震驚：「西方人最沒資格談人權。他們殘暴地對待我跟其他人，卻不用為罪行付出代價。他們很會指責別人，談論他人的過錯，但不願意反省自己，不願替違反人權的行徑負責。」[21]

馬斯里事件揭露美國非法引渡及反恐策略的手段，直到此刻我們才曉得原來西方政府以打擊恐怖主義之名，隨意綁架、折磨無辜的民眾。這些受害者的遭遇，動搖我們以往堅信的人權與法治價值。政治領袖必須出面認錯，需要有人為此負責，否則西方世界的體制會逐漸失去公信力。

認識馬斯里後的那幾年，我有時會想，西方國家該如何贏回馬斯里等受害者的信任。他們的下一代長大後，得知父親曾受過的遭遇，會怎看待美國或德國？這些疑惑困擾著我，我深怕這些受害者的故事會有更不堪設想的後續發展。

---

20 馬斯里Khalid 'Abd al Razzaq al-Masri（#98）與薩伊迪Laid Ben Dohman Saidi（#57）兩人都名列美國參議院虐囚報告中，一一九位被中情局拘留的人犯名單裡。哈立德·馬斯里（Khaled el-Masri）的姓名在報告中仍被誤植為Khalid al-Masri。報告以粗體標示薩伊迪的姓名，代表他是「中情局高端質詢手法的受害者」，馬斯里的姓名則未以粗體標註。參考資料：U.S. Senate Select Committee on Intelligence, *The Senate Intelligence Committee Report on Torture: Committee Study of the Central Intelligence Agency's Detention and Interrogation Program*, Appendix 2: CIA Detainees from 2002 to 2006, Errata, February 6, 2015, http://www.feinstein.senate.gov/public/_cache/files/5/8/5871bb22-f4fb-4ec4-b419-99babb2eca3d/2CE49560261479702BE070249CACE775.errata.pdf.

21 參考資料：Souad Mekhennet, "A German Man Held Captive in the CIA's Secret Prisons Gives First Interview in 8 Years," *Washington Post*, September 16, 2015.

第五章

即使我今日或明日就死去——

二〇〇七年，黎巴嫩

雖然我再也沒回伊拉克，但戰爭未曾離我遠去。巴格達在我心中深深刻下烙印，恐懼感伴我回德國，戰爭的一切跟伊拉克面臨的危機盤據我心。我似乎無法擺脫這一切。

美軍入侵伊拉克以及在中央監獄與各地虐囚的行徑，還有聖戰士開始以網路大量散播資訊的手段，讓蓋達組織終於逮到機會，在伊拉克拓展版圖。二〇〇四年三月，一群北非伊斯蘭主義者和罪犯在馬德里進行炸彈攻擊，奪走兩百人性命，更有八百人因此受傷[1]。二〇〇五年七月，倫敦的三班地鐵和一輛巴士分別發生爆炸事件。主使者都來自里茲（Leeds）的工業小鎮，除了其中一人生於牙買加，其他皆為道地的英國人[2]。

越來越多遜尼派改變極端思考方式，有些人開始接納蓋達組織，有些人則默默支持其組織理念。這些遜尼派被喬治·W·布希（George W. Bush）和東尼·布萊爾（Tony Blair）虛偽的藉口激怒。美國和英國主張出兵攻打伊拉克是為了摧毀海珊的大規模毀滅性武器，事實上這些武器根本不存在。他們不僅沒有正當入侵伊拉克的理由，還在當地折磨、凌虐伊拉克人。伊拉克什葉派民兵組織的崛起，還有伊朗在中東地區漸增的影響力也是關鍵因素。無論在歐洲、中東還是北非，只要訪問穆斯林，他們都告訴我西方國家正與伊斯蘭教為敵。

報導過馬斯里事件後，我親自造訪《紐約時報》總部，首度跟許多駐紮美國的同事和編輯碰面。邁克爾·莫斯（Michael Moss）是我在紐約結識的記者，頭髮灰白的他相當友善。邁克爾生於加州，現居布魯克林，近三十歲的我和五十出頭的他結為好友。他就像大哥一樣，除了教導我如何用不同角度來敘事，也告訴我該去哪裡挖掘資訊。邁克爾的幽默感和自嘲功力令我欽佩，他也是個樸實、腳踏實地的人，他說這是從小在美國西岸成長的

1 參考資料：Victoria Burnett, "Conviction and Key Acquittals End Madrid Bomb Trial," *New York Times*, November 1, 2007.

2 參考資料："Report of the Official Account of the Bombings in London on 7th July 2005," May 11, 2006, p.13, https://www.gov.uk/government/publications/report-of-the-official-account-of-the-bombings-in-london-on-7th-july-2005.

緣故。

邁克爾在偵查新聞單位服務，我也隸屬此部門。那時他負責報導兩則遜尼派在伊拉克被什葉派囚禁凌虐的新聞，因什葉派民兵部隊有時會與美軍合作。邁克爾跟我一起採訪寫稿，我們也到敘利亞訪問逃離伊拉克的被拘留者。

那群逃到敘利亞的男人皆曾受殘暴的對待，我們認為這些殘暴的行徑只會加深當地人對西方國家的仇恨，讓遜尼和什葉派的隔閡越來越大。此趨勢不僅會發生在伊拉克，整個中東地區皆如此。什葉派民兵部隊發動的攻擊，以及伊拉克遜尼派在當地與美軍監獄中受辱的事實，只會激發出新一代的聖戰士。另一個讓遜尼派起身行動的因素則是巴勒斯坦遭受的壓迫，部分新崛起的聖戰士組織沿用蓋達組織的策略與資源，替巴勒斯坦而戰。

我們在敘利亞就認識一位懷抱此理念的民兵組織領導人，他名叫沙克・阿布希（Shaker al-Abssi）。身為巴勒斯坦人的他，在一九五五年生於約旦河西岸的傑里科（Jericho）[3]。他原就讀醫學院，後來放下課業，投身亞西爾・阿拉法特（Yasser Arafat）的法塔赫組織（Fatah）擔任戰鬥機師[4]。後來他在自己於敘利亞建立的巴勒斯坦軍營基地，朝以色列發動攻擊[5]。二〇〇二至二〇〇五年，敘利亞政府以恐怖主義為罪名，將他關進監獄[6]。出獄後他穿越黎巴嫩，在約旦當地策劃對抗美國的行動。阿布希並不虔誠，但他認為伊斯蘭主義民兵組織有其重要性。將目標擺在替巴勒斯坦而戰的他，利用美軍入侵伊拉克激起的民怨與不滿，在當地招募戰士來實踐理念。

我們對阿布希感興趣的另一個原因，是因為他長年與伊拉克蓋達組織領袖阿布・穆薩布・札卡維合作，他在聖戰世界中可是重量級大人物。札卡維在一九六六年生於約旦的扎卡，本名為艾哈邁德・法迪爾・納札爾・哈拉雷（Ahmad Fadhil Nazzal al-Khalayleh）。他高中時輟學，青少年時期開始犯罪，是個在街頭遊蕩的混混。札卡維到阿富汗參與對抗蘇聯的戰爭時變得非常極端，後來在一九九三年回到約旦。札卡維的信仰導師是受一九七九年占領麥加行動[7]啟發的謝赫[8]，即阿布・穆罕默德・馬克迪斯（Sheikh Abu Muhammad al-

---

3 參考資料：Justin Salhani, "Forgotten but Not Gone: Fatah al-Islam Still a Factor in Lebanon," *Daily Star* (Lebanon), December 6, 2014.

4 參考資料：Andrew Wander, "Fatah al-Islam Says Leader Was Killed or Captured in Syria," *Daily Star* (Lebanon), December 11, 2008.

5 「敘利亞內政部長巴薩曼・阿卜杜・馬吉德（Bassam Abdey Majid）指出，巴勒斯坦軍事組織成員曾因與蓋達組織往來，以及策劃恐怖攻擊而被監禁於敘利亞，但阿布希否認這番指控。『我確實曾在敘利亞被關，但罪名並非如他所言。』阿布希表示：『而是因為我被控在敘利亞的戈蘭高地（以色列占領地區）發動軍事行動，以及走私武器進入巴勒斯坦（以色列）。』」參考資料："Fatah al-Islam Chief Denies Al-Qaeda Link," Agence France-Presse, March 16, 2007.

6 許多關於阿布希之描述都是參考作者與邁克爾・莫斯合寫的以下文章：Souad Mekhennet and Michael Moss, "In Lebanon Camp, a New Face of Jihad Vows Attacks on U.S.," *New York Times*, March 16, 2007；Michael Moss and Souad Mekhennet, "Jihad Leader in Lebanon May Be Alive," *New York Times*, September 11, 2007.

7 參考資料：Trofimov, *Siege of Mecca*, pp. 248–50.

8 謝赫：阿拉伯語，為對群體中德高望重之男性的尊稱，可指首領、教長、長老等。（校注）

Maqdisi），他倆共創名為拜亞伊瑪目（Bayat al-Imam：意即效忠伊瑪目）的薩拉菲教派。薩拉菲主義（Salafism）一詞源自「as-salaf as-salih」這句阿拉伯文，可直譯為「正統繼承者」[9]。這裡的正統繼承者指的是前三代穆斯林，信眾普遍認為他們的言行舉止才符合「純粹」的伊斯蘭精神。從傳統觀點來看，薩拉菲教派只遵從古蘭經、先知傳統的指示及前三代穆斯林採用的宗教儀式，他們認為這才是伊斯蘭教的正道。一九九四年，札卡維跟其他組織成員因計畫在約旦發動攻擊而被捕入獄[10]，但他們將自己在獄中寫下的文字偷渡到外界，並藉由薩拉菲教派媒體，宣傳招募更多追隨者。

札卡維在一九九九年獲得特赦，出獄後參與策劃所謂的千禧年陰謀（Millennium Plots），這個由蓋達組織主導的攻擊行動，預計在兩千年一月一號執行。不過原訂於約旦發動的攻擊失敗，札卡維逃到阿富汗，並在當地結識賓拉登。蓋達組織領導人提供援助，讓札卡維在阿富汗成立訓練外國戰士的軍營，專注對抗約旦和以色列這兩個「近距離敵人」。札卡維也對什葉派深惡痛絕，將他們視為仇敵[11]。

二〇〇一年美軍入侵阿富汗後，札卡維在坎達哈（Kandahar）被美軍炸傷，便將總部移至伊拉克北部。某次美國國務卿柯林．鮑爾在聯合國演講時提到札卡維，讓更多西方世界的民眾知道這號人物。鮑爾在演講中提到出兵對抗海珊政權的理由，並指出札卡維與海珊這名伊拉克獨裁者密切合作[12]。實際上，札卡維並沒有跟海珊合作，而美軍入侵伊拉克的理由後來也被證實根本不成立。美軍入侵伊拉克後，札卡維的「統一和聖戰組織」（Jama at al-Tawhid wa al-Jihad；此組織後來更名）帶頭發起暴動，執行多起炸彈自殺和暗殺攻擊，不僅屠殺老百姓，更煽動宗派衝突。二〇〇三年八月，發生在約旦大使館與巴格達聯合國辦公室的爆炸事件，皆與他相關，納傑夫什葉派清真寺的爆炸攻擊，也是由他主導。

二〇〇四年一月，札卡維正式寫信邀請賓拉登結盟。兩位領導人在當年十月正式宣布

---

9 薩拉菲主義的這個定義對許多穆斯林來說相當討好，尤其受保守派穆斯林的喜愛，在世俗國家或社會中也不一定顯得格格不入。不過以當代解讀來看，薩拉菲派別的理念與古蘭經的近代詮釋，和以政府型態存在的民主概念相抵觸。但並非所有近代薩拉菲教派的理念都與政治相關，有些教派盡可能將伊斯蘭教當成「純粹」的信仰看待。其他教派的理念雖然泛政治化，但拒絕以暴力來達成目標，或是僅在特定情況下允許暴力。除了這些派別還有「恐怖主義薩拉菲派」或「聖戰薩拉菲派」，他們主張以暴力和革命來對抗異教徒，並建立神權統治的伊斯蘭國家。參考資料：Rashid Dar and Shadi Hamid, "Islamism, Salafism and Jihadism: A Primer," *Brookings*, July 15, 2016, https://www.brookings.edu/blog/markaz/2016/07/15/islamism-salafism-and-jihadism-a-primer/；Guido Steinberg, "Wer sind die Salafisten?" Deutsches Institut für Internationale Politik und Sicherheit, May 2012, https://www.swp-berlin.org/fileadmin/contents/products/aktuell /2012A28_sbg.pdf；Quintan Wiktoriowicz, "Anatomy of the Salafi Movement," *Studies in Conflict & Terrorism* 29 (2006): 207–39, http://www.clagsborough.uk/anatomy_of_the_salafi_movement.pdf.

10 參考資料：Joby Warrick, *Black Flags: The Rise of ISIS* (New York: Doubleday, 2015), pp. 55–56；"The Islamic State," Mapping Militant Organizations, Stanford University, May 15, 2015, http:// web.stanford.edu/group/mappingmilitants/cgi-bin/groups/view/1?highlight =zarqawi.

11 同前註。

12 參考資料："U.S. Secretary of State Colin Powell Addresses the U.N. Security Council," February 5, 2003, http://georgewbush-whitehouse.archives.gov/news/releases/2003/02/20030205-1.html.

結為同盟，札卡維的組織宣誓效忠蓋達組織，也成為伊拉克地區的蓋達組織代表。

札卡維採用阿布・巴克・納吉（Abu Bakr Naji）在《管理暴行》（*The Management of Savagery*）書中描述的殘忍行刑手段。在一支影片中，札卡維親手將美國商人尼克・貝爾格（Nick Berg）斬首，讓他獲得「殺手首領」的名號。

札卡維擴大在伊拉克的攻擊行動規模時，其組織成員則繼續在約旦發動攻勢。二〇〇五年十一月，來自伊拉克的蓋達組織成員在三間安曼的飯店內發動自殺炸彈攻擊，奪走五十多條人命，當時某間飯店正在舉行婚禮[13]。雖然札卡維宣稱攻擊目標為美國情資單位官員，不過死者多為無辜的老百姓，其中包含遜尼派婦女和小孩。此事件激怒國王阿布杜拉，下令在札卡維的故鄉發動遊行抗爭。不只札卡維的親人出面譴責，賓拉登的指揮官阿提亞・阿布杜・拉赫曼（Atiyah Abd al-Rahman）也發文表示，未來札卡維在發動任何行動前都要經過組織許可[14]。

但短短三個月後，在二〇〇六年二月二十二日，聽命於札卡維的槍手在薩邁拉（Samarra）的阿斯卡里清真寺（Askari mosque）引爆炸彈[15]，此清真寺對什葉派穆斯林而言無比重要。雖然無人傷亡，但此事件已引發遜尼和什葉派之間抗爭，導致一千三百多人喪命。札卡維在某段影片中現身慶祝，這也是他首次未戴面罩，露出真面目[16]。

美國和約旦情資單位都想取札卡維性命，他們靠人力和無人飛機偵察系統，查出札卡維位在伊拉克的巴古拜（Baqubah）一帶。二〇〇六年六月七日，美國三角洲部隊和F-16

戰鬥機出動準備當場圍捕、襲擊札卡維。突擊隊員抵達現場時，兩枚美軍投擲的炸彈正好炸毀建築物，他們目擊札卡維當場死亡[17]。有些政治人物和分析師認為領導人喪命，其組織和恐怖網絡也會隨之瓦解。但他們錯了。

沙克．阿布希就是承接札卡維衣缽的其中一人。二〇〇二年，札卡維和阿布希謀殺擔任美國國際開發署（U.S. Agency for International Development）資深行政官的美籍外交官羅倫斯．佛利（Laurence Foley）[18]，法院在當事人缺席的情況下，判他們兩人死刑。那天，佛利出門時，被躲在車庫中的槍手近距離射殺。約旦政府指出那名槍手曾受阿布希的金援

---

13 參考資料：Jonathan Finer and Naseer Mehdawi, "Bombings Kill over 50 at 3 Hotels in Jordan; Coordinated Attack in Amman Linked to Zarqawi's Network," *Washington Post*, November 10, 2005.

14 參考資料：Warrick, *Black Flags*, p. 201. 也可參考阿提亞．阿布杜．拉赫曼於二〇〇五年寫給札卡維的信，由西點軍校反恐中心翻譯：https://www.ctc.usma.edu/posts/atiyahs-letter-to-zarqawi-english-translation-2.

15 此地為第十與十一任什葉派伊瑪目下葬處，根據什葉派信徒指出，這也是第十二位伊瑪目的藏身地。參考資料：Imranali Panjwani, "The Compartmentalisation of Holy Figures: A Case Study of the Heritage of the Samarran Shi'i Imams," *World Journal of Islamic History and Civilization* 1, no. 1 (2011): 15–26, http://idosi.org/wjihc /wjihc1(1)11/2.pdf.

16 參考資料：Warrick, *Black Flags*, pp. 201–5.

17 參考資料：Warrick, *Black Flags*, pp. 217.

18 參考資料：Neil Mac Farquhar, "Threats and Responses: Attack on US Diplomat; American Envoy Killed in Jordan," *New York Times*, October 29, 2002.

與後勤協助，以及武器及爆炸物訓練；札卡維則在那次暗殺行動中投注了一萬美金，更另外撥出三萬兩千美金，執行其他攻擊任務。

二〇〇六至二〇〇七年冬季，消息指出阿布希住在黎巴嫩的納爾巴里德（Nahr al-Bared）巴勒斯坦難民營，並在當地訓練一支名為「伊斯蘭—法塔赫」（Fatah al-Islam）的組織。自稱為巴勒斯坦信仰復興者的阿布希，掌控三支非宗教的巴勒斯坦民兵組織分隊，並以伊斯蘭—法塔赫的黑色旗幟作為分隊象徵。邁克爾跟我想調查伊斯蘭—法塔赫與蓋達組織的關係如何。

二月份，我們撥電話給在貝魯特替《紐時》和其他單位擔任特約記者的里娜・薩伊迪（Leena Saidi）。里娜本身有黎巴嫩和英國血統，她的兩個兒子說英文時帶著俐落的英國腔。我們告訴里娜說想找人送我們進巴勒斯坦難民營。

「沒問題，我知道有人能幫忙。」里娜說：「我看看他能不能在你們抵達那天跟你們碰面。」

一週後，邁克爾跟我就訂機票飛往貝魯特。這座城市對我而言極具吸引力，總能勾起我的鄉愁。孩提時期，爸媽會在家放知名黎巴嫩歌手菲魯茲（Fairuz）等人的歌曲，我跟同輩親戚在家看錄影帶時，貝魯特也是經典阿拉伯電影中的重要元素。電影中，美麗的貝魯特陽光普照，街上行人的容貌也都俊俏姣好。黎巴嫩女人時髦又有活力，男人則會吟詩向她們求愛示好。

雖然這些電影的套路都大同小異，但還是充滿浪漫氛圍。美豔動人、穿著短裙，畫了黑色眼線和藍色眼影的女主角，與男主角墜入愛河，但家族仇恨等阻礙讓兩人無法順利成婚。對於阿拉伯人而言，這些電影中不僅蘊含當地文化傳統，同時又歌頌西方自由的生活態度。電影中古怪傲嬌的黎巴嫩婦女不戴頭巾，想要什麼都一定能到手。我雖不愛迷你裙，卻很嚮往瑪琳·黛德麗（Marlene Dietrich）的經典長褲造型。在我八歲時，我曾偷溜進父母臥室，爬到椅子上並對著鏡子試用媽媽的口紅跟眼影。媽媽發現了我偷用化妝品，我說自己想跟電影裡的黎巴嫩婦女一樣。

而電影沒有透露的，則是黎巴嫩各宗教和政治團體間的衝突。遜尼派、什葉派、天主教徒和德魯茲教派（Druze）都有各自的政黨，黎巴嫩有些地區也以信仰來劃分區域，這都是長達十五年的內戰所致[19]。內戰在一九七五年爆發，奪走十五萬人性命。真主黨和巴勒斯坦解放組織已在黎巴嫩駐紮多年且不受管制，這個國家已變成各國恐怖組織的避風港。九一一事件其中一位劫機客就來自黎巴嫩[20]，二〇〇六年在德國火車上安置炸彈的六

19 參考資料：BBC News, Lebanon profile timeline, August 10, 2016, http://www.bbc.com/news/world-middle-east-14649284.

20 參考資料："Born on May 11, 1975, in Mazraa, Lebanon, Ziad Jarrah came from an affluent family and attended private, Christian schools." Kean and Hamilton, *9/11 Commission Report*, p. 163.

名嫌犯也是黎巴嫩人[21]。另外在二〇〇六年，也有位黎巴嫩男子被控計畫炸毀紐約和紐澤西之間的鐵路隧道[22]。

邁克爾跟我抵達貝魯特時，里娜在飯店大廳等候，也介紹法赫爾．艾尤比（Fakhr al-Ayoubi）這位纖瘦、膚色蒼白，並且留著小鬍子的男子給我們認識。他來自黎巴嫩北部城鎮的黎波里（Tripoli）郊區，距離阿布希組織基地不遠。法赫爾的態度很親切，舉止卻非常傳統。跟多數保守穆斯林男子一樣，他認為碰觸沒有親屬關係的女人是罪過，所以拒絕跟我握手。

「他能幫忙妳聯絡妳想採訪的組織。」里娜表示。

我們告訴法赫爾，我們想跟阿布希碰面，並想訪問他跟組織成員，希望進一步了解伊斯蘭法塔赫組織的理念與營隊運作模式。法赫爾耐心聽著，我們說完後他啜了一口茶，先看了里娜一眼，才把目光轉回我們身上。「你們真的想進那個營隊？想跟阿布希本人碰面？辦不到！不可能！」

「為什麼？」我問。

「他不可能同意。就算他答應，對你們來說也很危險。那些人是聖戰士，他們不相信西方人，也不信任西方新聞媒體。」

這種論調我以前就聽過，不過近年來我報導過發生在卡薩布蘭卡和西班牙的恐攻事件，也結識北非與歐洲民兵組織成員，若我需要任何資訊他們都樂意協助，像是幾名曾在阿富汗作戰、與蓋達組織相關的摩洛哥人。我告訴法赫爾，自己有本事可以讓不願跟記者打交道的聖戰士受訪。

「我讀過妳的新聞。」法赫爾回應：「這是我願意跟妳合作的、唯一理由。但是到軍營裡實在太危險，那邊是治外法權領域，假如他們綁架妳甚至是想殺妳，都沒人能幫忙。」

「不管怎麼樣還是試試看吧。」我爽朗地說：「我們要試著聽聽他的說法。」

隔天法赫爾回到飯店，告訴我們：「好消息。阿布希讀過妳的新聞，基本上他沒拒絕見妳。不過壞消息是他認為現在不是採訪的好時機，他的副手跟顧問也建議最好不要這時跟妳碰面。」

邁克爾跟我對此不感到意外，反而決定要試著當面跟阿布希解釋我們的計劃，至少我能稍微探查軍營中的情況。

「我要跟阿布希溝通，」我對法赫爾說：「請告訴他們我很堅持。」

法赫爾笑了。「所以妳不接受他們拒絕受訪？」他問：「妳是變成黎巴嫩女人了嗎？」

21 參考資料："Lebanese Jailed for 12 Years for Germany Attack Plot," Agence France-Presse, December 18, 2007.

22 參考資料："Lebanon: 2-Year Sentence in Plot to Blow Up Hudson River Tunnels," Associated Press, February 17, 2012.

想到電影中黎巴嫩女子執著的樣貌，我也不禁莞爾。

他拿出手機撥電話，我聽見他在跟該組織媒體聯絡人商談。「上次跟你說的那個摩洛哥姐妹在我旁邊，」他說：「她想當面和首領溝通。」對方表示，過幾分鐘會有人打過來。

等電話的同時，我也在盤算該跟阿布希說些什麼。在他深知自己被多國情資單位通緝的情況下，該怎麼說服他跟我見面？

幾分鐘後法赫爾的手機響了。阿布希親自打來，法赫爾將電話遞給我。

「首領，真主保佑您平安！」

「也願真主保佑您。」阿布希答。

我告訴阿布希說自己知道他不願受訪，接著表示：「不過如果只是喝杯茶，不進行採訪呢？我可以跟你保證！我大老遠跑來這裡只是想聽聽你的說法，至少讓我見你一面。我知道我們阿拉伯人的傳統，客人回家之前主人一定要請他喝杯茶。」我也不確定自己是怎麼想到拿喝茶當藉口，不過當時我腦海中浮現奶奶的畫面，想到她一定會請到家裡拜訪的客人喝茶。

我聽見阿布希在電話那頭大笑，法赫爾也搖搖頭、臉上掛著微笑。

「所以妳想來喝杯茶？」阿布希最後問我。

「對，喝茶就好，不採訪。」

「好吧，如果沒什麼意外的話妳明天就跟法赫爾一起來喝茶吧，但不能訪問我！」

「首領，我跟你保證！絕對不是採訪。」

我把電話還給法赫爾，讓他跟阿布希約時間。「他以前從不答應見任何記者，尤其是來自西方國家的媒體。」法赫爾掛電話後說：「妳很幸運，妳家人一定從小就常幫妳祈禱！」

「妳要跟那個惡魔喝茶？」我告訴邁克爾時他說：「太讚了！」

隔天我披上頭巾，穿著里娜借我的全長黑色阿巴雅。出發前我遞給邁克爾一張紙，上頭有伊斯蘭－法塔赫組織發言人的電話，我跟阿布希碰面時這位發言人也會在場。紙上還有其他蓋達組織成員還有他們位於中東、北非與歐洲的聯絡人電話，如果有什麼突發狀況這些人都能替我說話。我曉得黎巴嫩政府沒有權限進入軍營[23]，阿布希跟組織成員也不會遵從政府指令，我需要聖戰世界中有頭有臉的重量級人物，好替我撐腰。

法赫爾親自到飯店接我。軍營距離貝魯特約九十分鐘車程，我跟邁克爾約好會在抵達軍營時打給他，過兩小時後他會再撥電話給我，確定一切安全。如果我沒接第一通電話，

23　根據http://www.unrwa.org/where-we-work/lebanon：「納爾巴里德營（Nabr al-Bared）是在一九四九年由紅十字會設立，目的是照顧來自巴勒斯坦北部的難民。近東救濟和工程處（UNRWA）自一九五〇年起開始照顧此營與其居民。根據長達三十八年的協定，黎巴嫩難民營中的巴勒斯坦人有權掌管自身事務，黎巴嫩軍隊不得進入營隊。」參考資料：“Background: Palestinian Refugee Camp Nahr al-Bared,” Deutsche Presse-Agentur, May 21, 2007.

一小時後他會再打給我。「如果進入軍營後四小時內都聯絡不到我，就打給法赫爾。」我說：「要是法赫爾也沒接電話，就聯絡法塔赫的發言人。」

邁克爾點頭答應。「蘇雅德，如果妳覺得忐忑的話就不要去了。」他說：「我開始擔心了。」

「沒事，沒事，不要擔心。我只是去跟他喝杯茶，不會有事的。」

我既緊張又興奮。法赫爾跟我駕車行經的黎波里（Tripoli），這座靠海的城市算是黎巴嫩相當保守的區域，當地特產是一種內餡塞有堅果、奶油，外頭裹著糖漿的甜點。吃一顆這種糕點後，可得齋戒兩週。那天我們一路駛往軍營，中途未做停留。軍營位於城鎮北邊，法赫爾說：「入口有個黎巴嫩軍隊的檢查站，通常他們不會檢查妳的資料，只會要我出示身分證明，因為妳看起來就像軍營裡的女子。」

法赫爾說得沒錯。黎巴嫩士兵瞄了一眼車內，以為我是法赫爾的妻子。通過第一個入口後，裡頭有第二座由巴勒斯坦士兵看守的檢查站。他們一樣只檢查了法赫爾的資料。

納爾巴里德難民營就像一座小城，沿路我們經過雜貨店、學校還有修車行。有些住宅建得相當穩固完善，有些看起來則如貧民窟，街道上可見裸露的排水管。年輕人拖著貨車或在路邊擺攤兜售甜點、蔬菜與水果。我們經過一家賣盜版CD和DVD的店，雖然櫥窗上播放的是宗教影片，但法赫爾告訴我，如果跟老闆交情不錯，就能買到來自世界各地最新的熱門電影。這一區跟貝魯特附近光鮮亮麗的城鎮大相逕庭，婦女穿著全長阿巴雅、頭戴頭巾，有些人甚至圍著遮住整張臉的面紗（niqab），只出現一條能露出雙眼的縫隙。

車子往難民營核心前進，我逐漸失去方向感。法赫爾說：「這裡幾乎每個男人都有槍。」我們離阿布希的所在地越來越近。如果我想打電話給邁克爾，現在是最佳時機，所以我拿出手機。

「還好嗎？」他問。

「我很好，沒事。我們已經在難民營裡，快抵達碰面的地點了。」

雖然阿布希因為在黎巴嫩、約旦和敘利亞發動恐怖攻擊而遭通緝，但在這裡他似乎能不受干擾地整頓組織。這個軍營就像黎巴嫩境內自給自足的小國一樣[24]，在此地享有豐富軍備資源的阿布希組織，過去努力對抗以色列軍隊，現在則致力反抗伊拉克境內的美軍。

黎巴嫩情資官員擔心越來越多曾在伊拉克作戰的阿拉伯人加入此組織，會促使阿布希變成札卡維一般極端的領導人。阿布希已吸引不少對時局灰心喪志的巴勒斯坦青年，利用

---

24 「一九六九年，開羅協議將此難民營交由巴勒斯坦解放組織（PLO）掌管，禁止黎巴嫩政府警力進入。雖然黎巴嫩政府於一九八〇年代退出開羅協議，理論上重獲此難民營之管理權，但政府並未發揮此權限。從政治面來看，此難民營由人民委員會管理，並由國安委員會擔任內部維安警力。二〇〇六年，伊斯蘭—法塔赫組織逐漸滲透進入此難民營，但此營的人民委員會勢力薄弱，當時也無國安委員會運作。巴勒斯坦黨派已分化，無法將武裝齊全的伊斯蘭主義軍事組織趕出營外，讓他們奪得掌控權。」參考資料：https://electronicintifada.net/content/lebanon-tightens-control-over-palestinian-refugee-camps/8632.

他們的憤怒來對抗以色列，進而達成伊斯蘭主義的理想。

法赫爾將車停在高聳的金屬大門前，幾名背著自動步槍的男子在門外站成一列。他們要求我們將手機和其他電子產品留在車內，再帶我們進入一個類似等候區的空間。房內的桌子旁圍了幾張椅子，裡頭的擺設有些古怪。房間某個角落擺了一把AK-47突擊步槍，一面牆上掛了黑色清真言旗幟，上頭以白色阿拉伯文寫著「萬物非主，唯有真主，穆罕默德，是其使者」（There is no God but God, and Muhammad is his prophet）。

醫生將剛出生的我抱給爸媽時，他們就在我耳邊說著這句話。清真言即是伊斯蘭教五功之一，其他四樣為做禮拜、齋戒、捐獻以及到麥加朝聖。

那群配有武器的男子請我在面對旗子的椅子上坐下。法赫爾跟擔任阿布希發言人的年輕男子阿布．哈珊（Abu al-Hassan）則倚著牆坐在我右側。有一位男子坐在我正對面幾碼處把玩手上的手槍，槍口時不時瞄準著我。我看著法赫爾，他臉色慘白，場面大概跟他所想像的差異頗大。

我很好奇接下來會發生什麼事。兩名男子走進房內，其中一人坐在我左側的椅子上，拿出筆記本和紙。另一人則站在牆角，手上握著AK-47步槍和刀。

背後傳來開門聲，有人用柔和的嗓音說：「真主保佑您平安。」房內所有男子都站起身，我跟法赫爾也不例外。一名身高中等、膚色黝黑、頭髮黑中摻白，鼻子兩側帶痣的男子走進房內。這就是阿布希，他說自己五十一歲。先前我完全不曉得他的樣貌，因為他一律禁止別人拍照。阿布希穿著短袖上衣、深綠色長褲，在我旁邊的椅子上坐下，轉過身面對我：「妳堅持要跟我見面，歡迎。」他說。

「非常謝謝，首領。」我回答。我的眼神飄到阿布希身後的那名男子，始終保持幾碼距離遠的他手上的槍還是對著我。「我今天是抱著平和跟崇敬的心來跟你喝茶的。」

他微笑。「當然，等一下就會有人把茶送來。不過我跟副手也有一些問題想問妳。」一名男子端著托盤進房，托盤上擺了玻璃杯、茶，還有幾包蜜棗。他直接走向阿布希，但阿布希卻說：「先讓客人用茶。」

我們談話的主題圍繞在西方國家是否真想助長伊朗在中東的勢力，對話方式有時像在討論，有時則像在互相質詢。阿布希問：「不然他們怎麼會安排伊斯蘭教神學家來控管伊拉克。」他指的就是新入主伊拉克政府的什葉派政治人物和宗教領袖。「我們都很清楚這是他們佈下的長期計畫，打算瓦解阿拉伯和遜尼派勢力。」

阿布希和副手都告訴我，什葉派民兵組織在伊拉克折磨、羞辱當地人民。「那些人權組織跑哪去了？」他用質問的口吻問：「拉菲達（Rafidah）殘殺無辜婦女跟孩童的時候，美國跟英國又有什麼作為？」拉菲達是聖戰士稱呼什葉派穆斯林的用詞，帶有輕蔑意味，意指「被拒、被棄之人」。自從七世紀穆罕默德死後，伊斯蘭教派分裂以來此用語就存在。阿布希語氣充滿憤怒：「唯一能保護我們、解決問題的辦法就是建立哈里發政權，在這個黎凡特地區（Levant）建立我們的國度。」

「哈里發政權？什麼哈里發？」我問：「你是說像鄂圖曼帝國那樣嗎？」

「沒錯，我們要將所有穆斯林統一。」他啜了一口茶：「巴勒斯坦已經被奪走，西方國家又把伊拉克交給什葉派和伊朗。穆斯林都曉得只有強大領導人帶領的哈里發政權能保護他們。」

我們一來一往談話時，組織發言人跟其他男子把我說的話記錄下來。我問他們為什麼要這樣做，阿布希向我保證：「這只是組織內部紀錄，不會對外公開。」

阿布希跟副手讀過不少我寫的報導，例如九一一事件專題，還有伊拉克、摩洛哥與倫敦大眾運輸系統爆炸事件。副手比阿布希高大壯碩，他頂了個光頭，黝黑的雙眼看起來相當嚴肅。阿布希曾說軍營裡的所有戰士皆來自巴勒斯坦，不過從臉部特徵來看，剛才站在大門外的某幾名士兵肯定來自北非或波斯灣。我試著用摩洛哥阿拉伯語跟副手交談，但他拒絕回話，表示房內所有人都是巴勒斯坦人，聽不懂摩洛哥阿拉伯語。那位副手確實是巴勒斯坦人，但在場有些人肯定不是。

「妳報導馬斯里事件的時候，難道沒有人企圖阻止嗎？」副手問。

「其實沒有，」我答：「而且如你所見，我們也順利刊出報導。」

「那些綁架、折磨他的情報人員，有遭到任何處分嗎？」

「這點我們還不確定，不過至少馬斯里有機會訴說自己的遭遇。」

「蘇雅德姐妹，妳相信媒體自由嗎？」阿布希問：「我覺得媒體永遠不可能是自由的。」他注視著我，像是想從我這裡尋求贊同。

我想他開始以姐妹來稱呼我，代表已卸下對我的心房。我喝了一口茶，想著該如何回答。「首領，我不知道你對自由媒體的定義是什麼，不過我在替《紐約時報》或《華盛頓郵報》寫文章時，從來沒有人阻止、干涉過我報導事件真相。這也是為什麼我想來見你，讓你有機會用自己的角度說故事，還有解釋外界對你的指控。」

他微笑。「想用這點說服我接受訪問，算妳聰明。」他從袋子中取出一顆蜜棗。

我看著那一袋蜜棗，說：「你痛恨什葉派跟伊朗，但卻吃他們出產的蜜棗，這不是很妙嗎？」

「什麼？」阿布希看著他的副手問道，副手看來相當惱怒。我突然發現自己似乎說了不該說的話。法赫爾訝異地盯著我。

阿布希拿起那袋蜜棗，讀著上頭印的小字：「伊朗製造」。他把端茶進來的男子叫過來，說：「不准拿這種蜜棗給我了。」

一名年約五歲大的小男孩進房、跑向副手。「爸爸，我可以跟其他小孩玩嗎？」他問。「沒問題，小寶貝，去吧。爸爸還要留在這裡開會。」副手說。男孩離開後，他轉過來問我：「蘇雅德姐妹，請問妳結婚了嗎？」

我心想，又來了。到過伊拉克後，幾乎每次採訪極端份子或聖戰組織成員，都會被問是否已婚。

「為什麼這麼問？你想娶二老婆嗎？」我問。

在場除了他以外，所有人都爆出笑聲，連從訪談開始就怒目相對、舉槍瞄準我的男子也不例外。

我看著法赫爾，他把臉埋進雙手中。難道我又說錯話了？

阿布希轉頭對副手說：「我不確定我女兒會不會同意你再娶。」阿布希竟然笑到含淚。現在我懂他們為何而笑了。「原來！他是你女婿，剛剛那個男孩就是你孫子囉？如真主所願（Masha'Allah）！」我試圖掩飾自己的尷尬。

副手說他沒有問題了，其他人仍笑個不停。

「剛剛在喝茶質詢時間，我已經回答你的問題。」我看著阿布希說：「現在我想問你願意接受訪問嗎？」

「我會跟顧問討論一下再回覆妳。」阿布希說：「不過我可以跟妳保證，剛剛那句話一定會讓我們笑很久。」

阿布希、副手跟那名用槍指著我的男子，從我身後的門離開，發言人跟其他做筆記的男子則伴隨我們步出剛才那道門。

一穿過難民營大門外的檢查站，法赫爾告訴我他剛才一看到那個陣仗跟黑旗就嚇傻了，心裡非常擔心。他說：「那個時候我覺得他們一定想對妳做什麼事，場面看起來就很危險。」不過接著他搖搖頭，笑著說：「妳跟妳同事根本是瘋子，妳跟那些人說話的方式還真有一套。我要叫你們瘋狂二人組。」

我打電話給邁克爾，告訴他我們正在回飯店路上，抵達大廳時，他看起來緊張不已。「一切都沒事吧？你們一走我就覺得很不安，我應該一起去的，但妳那個時候叫我留下來。」邁克爾一看到我們，就這麼說。

我告訴邁克爾，那個組織一定跟其他規模更大的單位有所連結。寫筆記的男子、發言人、新式槍枝還有守衛的紀律等，都顯示該組織管理架構完善，握有龐大資金。我猜他們一定跟蓋達組織脫不了關係。

阿布希的發言人後來打電話告訴我們，他們還在思考是否要接受訪談，並要我們耐心等待回覆。另外，他也表明，如果剛才談話內容見報出刊的話，他們會非常不悅。

「我們一直有在追蹤《紐約時報》的新聞。」發言人說：「選擇在妳。如果妳遵守諾言，在我們同意之前不發布任何消息，就有可能獲得採訪許可。如果妳食言，就再也不要想聯絡我們，也別想跟其他組織往來。」

我很清楚這是他們的考驗。我們沒辦法確定該組織是否願意受訪，其他記者也有可能搶先報導我從那場茶會中聽到的訊息。不過邁克爾跟我都相信，如果打破承諾，就會永遠被拒於全球聖戰組織網絡之外，再也無法調查我們試圖理解的真相。最後我們決定守約，不想承擔風險或被列為拒絕往來戶。

我搭機回法蘭克福，邁克爾則回到紐約。我們決定從其他面向來進行報導，向住在西方國家的聯絡人搜集阿布希生平的相關細節。每隔幾天我就會跟阿布希的發言人阿布・哈珊聯絡，詢問是否獲准可進行採訪。

他告訴我：「其實阿布希很願意受訪，不過妳未來的老公，就是他的副手，強烈反對他接受媒體採訪！」電話那頭的他大笑。

我表示自己已經從各項文件跟西方政府那邊，獲得阿布希相關資訊。「我們一定會遵守承諾，不會把上次的談話內容登在報上。」我說：「請你轉達首領，我們未來還是有可能針對他寫個專題，如果沒有他現身說法，就會只有單方面的報導，這實在很可惜。」

三天後我的電話響了，來電者是阿布・哈珊。

「真主保佑您平安。」我說。

「也願真主保佑您，蘇雅德姐妹。」說話的竟然是阿布希本人。

「是首領嗎？」

「是我沒錯。我決定讓妳進行採訪。妳也不用擔心自己的人身安全，我跟妳保證不會做出任何傷害妳的事。」

「那我的同事邁克爾呢？他也能一起拜訪嗎？」

「那個美國人嗎？他想來就來。」

「你可以保證他的人身安全嗎？」

一陣靜默。我不喜歡這種不發一語的感覺。

「Insha'Allah khair。」他說。這句話的意思是：「如果真主允許的話，一切都會沒事的。」雖然聽起來很樂觀，但這不是承諾或擔保，光是這句話還不夠。

我打電話給邁克爾和編輯。他們聽到我要獨自回到阿布希的陣營，態度卻很保留。

「我知道這些人很難預料，不過他承諾，一定會讓我全身而退。」我對他們說：「我是阿拉伯女子，他們一定要有正當理由才能綁架我或傷害我。」

「我不相信他們會遵守承諾。」編輯馬修．博迪說：「邁克爾呢？他能一起去嗎？」

「他們不敢跟我保證不會對邁克爾做出任何事。」

「所以這次一樣是只有妳跟那個聯絡人過去？」

「是這樣沒錯。」

「我覺得不妥，」馬修說：「還是讓比爾決定吧。」

馬修是偵查新聞部門的編輯，他把決定權丟給職位更高的總編輯比爾．凱勒（Bill Keller）。凱勒是新聞編輯室的主管，曾在國外擔任多年特派記者，他對記者在戰區面臨的風險和處境瞭若指掌。

不久之後凱勒打電話過來。我跟凱勒只在二〇〇五年碰過一次面，那時馬斯里的報導剛出刊，我整個人非常緊張。凱勒問我，如果採訪出了差錯，我有什麼解決方案，我一樣採用上次的模式，就是請邁克爾拿出我上次給他的那張紙條，打電話聯絡他們來救我、替我說話。

「那個男人主導很多攻擊事件，還跟札卡維與蓋達組織來往。」凱勒說：「妳要知道，我們不希望丹尼爾・珀爾（Daniel Pearl）事件[25]重演。」

我告訴凱勒，如果他們要對我這名穆斯林婦女出手或砍我的頭，一定要有充分理由。「他對我發誓，也擔保我的人身安全，如果他食言的話會顏面盡失。」

凱勒說他得再考慮。我非常欣賞他的處事原則。凱勒對於此報導的興趣，還有對我人身安全的顧慮，都讓我感到更安心、踏實。尤其在這種時候，我都格外感激《紐時》給我機會當他們的記者。他們不只沒有把我當成揮之即來、呼之即去的獨立記者，反而相當看重我的人身安危。

兩小時後，馬修打電話告訴我：「好吧，妳去採訪吧。邁克爾會從美國飛過去會合，但他不會跟妳一起進軍營，只是留在當地後援。」

「謝謝你。」

「這是我們唯一能做的。蘇雅德妳要知道，如果妳跟邁克爾覺得情況變得危險複雜，就趕快回來。報社沒有非要妳進行這場訪問，安全最重要。」

接著我立刻撥電話給阿布希的發言人。「請告訴首領，我會過去進行採訪。」我說。

初次拜訪軍營後過了一個月，邁克爾跟我在三月份回到貝魯特。黎巴嫩已入春，天氣溫暖和煦。採訪當天，我套上自己在伊拉克常穿的卡其色長褲，還有一件短袖上衣。黎巴嫩特派記者里娜又把她的阿巴雅長袍借給我。

上次造訪難民營後，黎巴嫩政府修改進出難民營的法規。政府擔心發生綁架事件，禁止外國人進入營區。為了讓自己看起來像是住在納爾巴里德當地的女子，我不噴香水，也採用巴勒斯坦當地的傳統頭巾綁法。

跟比爾．凱勒通過電話後，我安心不少，但也清楚意識到此行的風險，擔心自己是否漏掉什麼重要環節。跟上回一樣，我聯絡好幾位聖戰士，請他們在我陷入險境時出手相助。我也把這些聖戰士的姓名和電話號碼抄給邁克爾和里娜，但心裡還是很緊張害怕。這次不單是喝茶聊天，我得提出比上次更尖銳直接的問題，不曉得阿布希會怎麼回應。

這次邁克爾、里娜、法赫爾、我跟貝魯特司機胡賽因（Hussein），分別開兩台車駛向的黎波里北部。途中我再次演練訪問大綱，也跟邁克爾確認發生意外時的應對辦法。訪問預計下午三點開始，邁克爾會在五點打給我。不管發生什麼事，我跟法赫爾都要在天黑前離開軍營。

越靠近的黎波里邁克爾，就感到越焦躁。法赫爾跟我進入營區前，還得等阿布希的團隊打電話過來確認，所以我們就在市中心一家知名甜品店消磨時間。胡賽因點了茶跟甜滋

25　丹尼爾．珀爾為《華爾街日報》（The Wall Street Journal）記者，在巴基斯坦被綁架，並遭反抗組織成員斬首。

滋的糕點。

「情況不太一樣了，」法赫爾說：「有傳言說，伊斯蘭—法塔赫組織成員進出營區時，遭政府軍嚴格控管，所以大家都很緊張。」

邁克爾轉過來，愁容滿面地看著我。他說他沒辦法讓我獨自進入營區，自己卻坐在這裡吃甜點。

「但你也不能跟我一起進去。」我說：「凱勒跟其他編輯都說，我絕對不能讓你也進入營區。」

「我不管，」他說：「我不能讓你自己面對那些人。」

法赫爾看著我，用阿拉伯語說：「絕對不能讓邁克爾陪，守衛軍一眼就會看出他是外國人。」

法赫爾的手機響起，他接起電話後說：「沒錯，要出發了。一切托靠真主旨意。」我們該動身了。

我撥電話給紐約的編輯，告訴他們阿布希組織已打電話過來確認。法赫爾跟我駕車進入營區。

入口處的安檢陣仗比上次還大，但士兵指揮揮手就讓我們進入營區。法赫爾打給阿布希的發言人，告訴他我們已經在營區內部。

這次我們一樣駛向上次那群屋舍，入口外有更多持槍男子站崗。在他們帶領下，我們進入屋內，阿布．哈珊就坐在房中，我們聊了起來。

他開始描述自己的背景。今年二十四歲的他，父母皆是巴勒斯坦人，但他是在黎巴嫩出生。他以前主修媒體傳播，也曾對新聞學懷抱熱忱，不過巴勒斯坦的局勢和伊拉克的戰事，讓他放下學業加入阿布希的組織。

「看到他們對伊拉克做的一切，這場沒道理的戰爭，還有他們對穆斯林的壓迫，我沒辦法站在一旁袖手旁觀。」他說。阿布．哈珊口中的「他們」，就是美國與有伊朗撐腰的什葉派民兵組織。

他透露自己目前著手的計畫是推動一份網路新聞雜誌，目標是吸引更多人加入聖戰士行列。哈珊的眼界果然很遠。早在線上聖戰雜誌《啟示》（*Inspire*）和其他時下網路聖戰雜誌出現前，哈珊跟阿布希的幕僚就意識到網路平台的重要性。哈珊認為主流媒體並沒有公正地描述、報導阿布希的組織和其他類似團體。他希望聖戰者也有自己的發聲管道，能直接跟有興趣的聆聽者溝通。

就這樣過了一小時，我心想阿布希該不會臨時取消訪問吧？房內仍然站了幾名持槍男子，但這次槍口沒有瞄準我。或許是因為哈珊敞開心胸暢所欲言，我也感到比較自在。哈珊說他很支持首領受訪，阿布希本人也很樂意，只有副手極力反對。

首領終於走進房內，其他男子都起身迎接。他同意我將此次訪談內容公開，上次的聊天內容也能自由運用。

我很好奇為何阿布希離開阿拉法特那個較世俗主義的組織，建立以伊斯蘭主義為宗旨的團體。他想了幾秒之後回答：「過去幾年來我的主要目標是解放巴勒斯坦，現在還是如此。但很多人都說那個組織的目標鬆散、行事效力不彰，很多本地組織也是如此。」

這種敗壞的組織特色，在民兵和伊斯蘭主義團體中也頗為常見，阿布希的批評也是頗有道理，但我還是很想知道，他背後是否有其他意圖。過去主張解放巴勒斯坦的，多為非宗教組織，現在這份任務是落到蓋達組織的手上了嗎？雖然阿拉法特的組織獲得阿拉伯世界的後援，但他們的行動多採在地模式，而阿布希組織不管是從野心上還是組織的成員來看，都非常國際化。由於在解放巴勒斯坦行動的同時，也混入宗教色彩，使阿布希一夥人越來越像蓋達組織的分支，並將解放巴勒斯坦的行動與殺傷力更大的意識形態連結。他的副手看起來對我的提問非常不滿，不過阿布希證實了我的質疑，他表示自己願意用各種手段來「解放巴勒斯坦」，把祖國討回來傳給子子孫孫。

「只有哈里發政權能保護全體穆斯林。」他說。

這句話震撼力十足。原來早在ＩＳＩＳ出現之前，中東地區就已出現這種新式伊斯蘭國的概念。事實上，那些早年在阿富汗，後來到伊拉克和其他地區作戰的組織，早就在構思類似理念，而阿布希這類領導人現在則是讓戰火延燒到新的場域，注入更多氧氣讓火燒得更旺。

「不過戰爭打了這麼多年，難道跟以色列談和，不會比較好嗎？」我問：「就像過去以色列前總理拉賓跟阿拉法特那樣。」我指的是在一九九三年，阿拉法特和伊扎克．拉賓（Yitzhak Rabin）達成的奧斯陸協議（Oslo Accord），只不過這份和平協議後來並沒有真正被落實。

我察覺房內的氣氛越來越緊繃。「所以拉賓才會被人民刺殺啊，」阿布希答：「他們根本不想談和，我們也不想繼續當受害者。阿拉伯世界的領導人跟統治者都要對穆斯林遭受的苦難負責，這就是為什麼我們需要哈里發政權。」

他認為美國擅自闖進伊斯蘭世界，需要為此接受嚴懲。「唯一能伸張穆斯林權益的手段就是武力，」他說：「美國也是這樣對我們。一旦他們發現自己的人身安全跟經濟遭威脅，就會知道他們該離開了。」

阿布希說，他很認同蓋達組織以原教旨主義來詮釋全球政局的方式。他認為美國人與其盟友出兵伊拉克是犯罪行為，穆斯林應該發動全球聖戰，對抗那些向伊斯蘭宣戰的西方「十字軍」。談到賓拉登時，阿布希的語氣充滿仰慕，他顯然也將札卡維視為楷模。

他還表示殺害美軍已不足以讓美國撤出伊拉克，但我也讀不出他腦中更大的藍圖究竟為何。阿布希拒談自己接下來的目標。他只說自己率領的組織正在訓練戰士，目的是對抗以色列跟所謂的西方十字軍。

「我們這麼做絕對是合情合理，畢竟是美國先踩進我們的領地，殺害無辜百姓跟孩童。」他說：「所以我們有權攻打他們的家園，就像他們傷害我們的祖國一樣。就算被貼上恐怖組織的標籤，我們也不怕。不過我想問的是，我們在西方國家放個一公斤爆炸物就被罵是恐怖組織，那他們到阿拉伯和伊斯蘭國家迫害無數的生命，這樣就不是恐怖組織嗎？」

一個月前，黎巴嫩有兩台巴士遭炸彈攻擊[26]，總共三人身亡、二十多人受傷。黎巴嫩執法人員指出，他們逮捕了四名伊斯蘭法塔赫組織成員，表示他們與爆炸攻擊相關。不過阿布希否認這項指控。他說自己根本不打算在黎巴嫩發動攻擊，畢竟當地巴勒斯坦難民營是個拓展組織規模的好地點。

「現在的年輕人看到巴勒斯坦跟伊拉克的現況，都會想加入聖戰行動。」他說：「他們現在得選擇正確的路。」

「不過殘殺無辜的百姓、婦女、孩童跟老人，難道不觸犯教條嗎？」我問。

「當然，殺害無辜的民眾跟孩童是被禁止的。」他回答：「不過在某些情況下會成立，其中一個例外就是如果對方先對我們的婦女同胞與下一代出手。」他表示在美國等民主國家中，每位國民都需對政府的所作所為負責。他們不能裝無辜，表示自己不清楚政府以人民之名推動了哪些決策。他說就連某些反戰的美國人也有責。雖然阿布希對那些逝去的無辜生命表示遺憾，但他堅信對出兵伊拉克的國家發動攻擊，是正當之舉。

「賓拉登確實有在推動伊斯蘭教令（fatwa）。」阿布希說。伊斯蘭教令這個阿拉伯詞彙，指的是由教法專家（mufti）提出的伊斯蘭法律意見。他還說：「如果賓拉登對教義的詮釋符合先知傳統，我們就會將其發揚光大。」先知傳統即是地位僅次於古蘭經的正統伊斯蘭教規範。

阿布希證實自己曾與札卡維合作，但否認美籍外交官羅倫斯·佛利的死和自己有關。「我不確定佛利的職位到底是什麼，但任何抱著軍事、情資跟政治目的到中東的西方人，自然會成為各組織下手的目標。」

「你覺得自己能募集到足夠的追隨者，建立理想中的哈里政權嗎？」我問。

「這不是我自己的點子，」他說：「在這個地區的穆斯林，腦中都有這個念頭。美國已經明確跟遜尼派穆斯林宣戰，所以哈里發政權的概念一定會逐漸茁壯，就算我現在或明天就喪命，其他人還是會接手這項任務。」

訪談結束後，我問是否有機會參觀軍營。阿布希請他的指揮官帶我到軍營裡繞一繞，而那名指揮官就是初訪時提槍指著我的男子。我跟著他走到屋外，十二名男子裹著頭巾，全將手上的突擊步槍對準著我們。

---

26 參考資料：Iman Azzi, "Routine Commute Turns Deadly as Bombers Target Civilians," *Daily Star* (Lebanon), February 14, 2007.

「媽的。」我躲到法赫爾背後，髒話脫口而出。

「躲到我背後沒用啦。」法赫爾對我說，他跟指揮官都笑了。「我這麼瘦，子彈還是會越過我打中妳。」

「別擔心，這只是訓練而已。」指揮官說：「他們的槍裡沒裝子彈。」旁邊有人下了一聲指令，十二名男子全都將槍口轉向同一個方向，口中喊著：「真主至大（Allah hu-Akbar）！」接著朝牆壁開槍射擊。

「你剛剛不是說沒子彈嗎？」我問指揮官。

「我搞錯了，這可能是進階班吧！」他笑著說。

指揮官說他們有一整倉庫的爆炸物、飛彈甚至有一座防空導彈。法赫爾跟我隨著指揮官走向軍營大門，外頭站了一群戰士，其中有幾位剛才也在房間裡陪同受訪。我聽見小孩的聲音。

四個男孩拿著塑膠手槍，跑向那群男人，他們看起來年紀只有約五、六歲。訪談時作筆記的那位男子，抱起其中一個男孩。

「怎麼樣啊？」他問。

「我們剛剛在軍營裡面，爸爸，他們給我看真的槍。」男孩說：「我就跟聖戰士一起玩，把那個卡菲勒（Kuffar）殺掉了。」卡菲勒這個阿拉伯詞彙，意思是「異教徒」。

那人樂得大笑。「你殺卡菲勒？」

「對啊，爸爸，用手槍。」

男子在男孩的額頭上親了一下，說：「兒子，我以你為榮。」

這場面像刀一樣刺進我心中。法赫爾開車送我回貝魯特，我戴上墨鏡，全程幾乎不發一語。後來我對邁克爾說，這場聖戰不會隨著札卡維身亡而結束，也不會停在阿布希這裡，會一直持續下去。

邁克爾跟我讀過一遍訪談紀錄，整理出訪談稿後我就獨自回房。我脫下外衣，沖澡洗掉身上的塵土。那時，想起那男孩對他爸爸說的話，我不禁在淋浴間崩潰、哭泣。

第六章

扎卡的失蹤男孩——二〇〇七年，約旦

伊拉克戰爭在中東造成嚴重宗派分裂，此次衝突的規模還是一九七九年伊朗革命之後前所未見的。伊朗跟鄰國的關係本就很緊張，但這一直是國家之間的問題。現在敘利亞和約旦境內的遜尼派軍隊從世界各地廣招自殺炸彈客，不只要對抗伊拉克境內的美軍，更是向伊拉克什葉派宣戰。

在約旦的扎卡[1]，也就是阿布．穆薩布．札卡維的故鄉，宗派衝突真實上演。我在黎巴嫩採訪阿布希時，某位人在扎卡的情報提供者跟我聯絡，說有一群在扎卡出生的年輕人結伴到伊拉克作戰，每個月至少有四十起自殺爆炸事件。他還說：「其中一個人是我表親的小孩。」

那位情報提供者五十歲出頭，在他居住的伊斯蘭主義者聚集的社區擔任領袖，我都稱他為阿布・亞斯米納（Abu Yasmina）。美軍入侵伊拉克對他來說就像替伊朗開了一扇大門，讓其勢力蔓延至伊拉克，間接促使札卡維和其他地區的青年加入聖戰。對許多遜尼派而言，什葉派與西方國家對他們造成的迫害，兩者其實不相上下。雖然阿布・亞斯米納不贊同這群年輕人的決定，但他理解他們的動機。

「札卡維是恐怖份子。」阿布・亞斯米納對我說，他認為伊朗跟西方世界的行動，讓札卡維成為年輕人的英雄。

二〇〇七年三月，我拜訪阿布希後不久，邁克爾跟我到扎卡，與阿布・亞斯米納會面。阿布・亞斯米納的住家簡樸不奢華，他還招待我們加了荳蔻的阿拉伯咖啡，與泡在蜂蜜、糖水裡的約旦開心果甜點。

「很多年輕人……他們看到新聞跟伊斯蘭國家的現況，都覺得自己要加入聖戰的行

1 許多關於扎卡之描述，都是參考作者與邁克爾・莫斯合寫的以下文章：Souad Mekhennet and Michael Moss, "In Jihadist Haven, a Goal: To Kill and Die in Iraq," *New York Times*, May 4, 2007；Michael Moss and Souad Mekhennet, "The Guidebook for Taking a Life," *New York Times*, June 10, 2007.

列。」他說：「現在不需要別人鼓勵，他們就自動自發想成為殉道者。」阿布希當時跟我說新世代都覺得西方國家向遜尼派穆斯林宣戰，難道就是這個意思？

阿布希的那番話以及我在扎卡目睹的現況，讓人更真切意識到遜尼和什葉派的衝突已經跨出伊拉克國界。這場戰爭就像潘朵拉的盒子一樣，一打開就有可能改變全球穆斯林對自己的身分認同和意識形態。之後或許不會有人問「你是阿拉伯人還是伊朗人？」，而是「你是遜尼派還是什葉派？」

邁克爾跟我想找從扎卡跑到伊拉克作戰的年輕人，並與他們聊一聊，至少希望能跟那些還活著的青年與他們的家人接觸一下。我還認識另一位也住在當地的聯絡人，他以前曾是札卡維的得力助手，他說願意幫忙聯絡。我們約在熱鬧購物區中的一間咖啡廳，而我獨自赴約。

「我跟兄弟們談過了，他們當然同意跟妳聊一聊，但有些人對於跟妳的美國同事碰面一事，感到不是很自在。」

我解釋道，我們想了解這些年輕人是如何被聖戰組織招募，以及他們是怎麼抵達伊拉克的。我也請他給我一些指示，讓我知道採訪行動是否會危及人身安全，以及什麼時候邁克爾能陪同，或什麼時候我必須獨自作業。

「真主允許的話，一切都會沒事的。」雖然他這麼說，但他盯著我的寬鬆長褲與長版上衣，問：「妳打算穿這樣跟他們碰面嗎？」我在伊拉克奔走時，也經常是這副打扮。

我點頭。

「跟我來。」

我跟他走近附近某間店，店內櫥窗掛了各色長版披巾和各式阿巴雅罩袍，雖然每件罩袍都是黑色，布料卻有多種選擇。

他在店內逛了一圈，伸手觸摸每件罩衫感受質地，口中說著「這好像是中國製的。」或「這件太悶了。」等評語。最後他挑了一件說：「我猜這件應該很適合妳。」

我驚訝地睜大雙眼。這個留了長鬍子、身穿傳統阿拉伯服飾，口中談著伊朗與美國對伊拉克遜尼派施加迫害的男子，竟拿起店裡最搶眼、綴滿亮片和粉色刺繡的阿巴雅。他甚至堅持要替我出錢。

「讓我自己付吧，首領。」我說，身為記者不能隨便收受聯絡人的禮物。

「妳太神經了，別想太多。」

「謝謝你替我挑選款式，我一定要自己付。」我告訴他。

「希望這件阿巴雅帶給妳好運，這樣妳以後也能以合宜的打扮去見穆斯林兄弟們。」他笑著說。

時至今日，進行艱難的訪談任務時，我還是會穿著這件阿巴雅。某些組織團體聽到這是札卡維副手替我挑的罩袍，就會對我格外尊敬；再不然，想找話題時，罩袍的花俏裝飾也幫得上忙。

邁克爾跟我留在安曼，距離扎卡約十五英里遠。在第一場安排在早上的訪問中，我們又到伊斯蘭主義社區領袖阿布・亞斯米納家。好消息是，有幾位聖戰士的家人願意接受訪問，那些聖戰士即是跑到伊拉克作戰的年輕人。

那六位聖戰士的年紀，最輕十九歲，最長則是二十四歲，有些人從小就玩在一起。他們加入聖戰組織的過程，其實在社區中也不是秘密，居民都知道他們從事過哪些行動、經歷過哪些遭遇。其中有兩人在執行自殺爆炸攻擊時身亡，另一人被槍殺，有一人被美國逮捕並拘留在伊拉克，剩下兩人已經返鄉。

邁克爾想盡可能去訪問跟此現象相關的人，像是這些聖戰士的家屬與組織招募人員，可能的話，我們還想見見那些從伊拉克返家的青年。

阿布・亞斯米納說有兩名聖戰士的家人願意跟我們聊，但他卻說：「其他人我就不確定了。」阿布・亞斯米納還不知道我已經請那名札卡維的副手幫忙聯絡。

「如果真主允許的話，一切都能順利進行的。」我說。

我穿著那件新的阿巴雅，搭車跟邁克爾和阿布・亞斯米納，拜訪聖戰士家屬，車停在住家附近。一位貌似剛過六十歲的男子開門歡迎我們入內，其他男子則站在他身後的門廊。進屋後首先映入眼簾的是掛在牆上的兩大幅照片，照片中的兩名男子容貌極為相似。

「這是我兒子。」那位六十多歲的先生告訴我們：「他們都死在伊拉克。大兒子吉哈德（Jihad）在二〇〇五年去世，小兒子艾米爾（Amer）是在兩個禮拜前。」

我看著照片，說：「很遺憾你失去兩個兒子。」

「為什麼要遺憾？」門廊中的其中一名男子說：「兒子成為殉道者，他應該要開心。」

他看起來似乎被我激怒。

艾米爾的家人還在服喪，服喪期間長達四十天，屋內其他男子都是前來致意的鄰居。社區居民並不認為吉哈德跟艾米爾是恐怖份子，反而將他們視為出於自衛而參戰的英雄。站在這群鄰居前，他們的父親必須裝作自己以兒子的犧牲為榮，但我還是看出他內心的創傷。他的眼中不時充滿淚水，臉上並沒有掛著驕傲的神色，只有滿滿的哀傷。

他帶我們走進另一間房間，我才發現他不想在成群的訪客前跟我們交談。他名叫卡薩姆（Kasem），總共有六個兒子。「艾米爾離家時，完全沒告訴我們，」他說：「當時他才十九歲。」

艾米爾跟大哥吉哈德很親，吉哈德這個名字除了有「掙扎、奮鬥」的含義之外，也意指「守護信仰的戰爭」。卡薩姆說，吉哈德二〇〇五年戰死在費盧傑時，艾米爾正好十七歲。即將高中畢業的他，開始研讀宗教書籍。

不久之後艾米爾就動身前往伊拉克，這是他與伊拉克的初次接觸。抵達當地後，艾米爾打電話回家，卡薩姆立刻叫他的兩個哥哥到伊拉克去找他。「我那個時候腦中只想著，自己已經失去一個兒子，不想再失去另一個。不過當時我已察覺艾米爾的決心，他心裡肯定想著：『我的生命不重要，我要追隨哥哥的腳步。』」卡薩姆說。

他起身離開房間，隨後端了一盤甜點、咖啡跟茶回來。他彎腰倒茶時，我發現他的雙手正在顫抖。

「讓我來吧，」我說：「你願意邀我們來，我們已經很感激了。」

卡薩姆坐回椅子上。「應該是我要謝謝你們。請把我兒子的故事散播出去，這樣其他人才不會經歷喪子之痛。」他說：「美國錯誤的政策，讓我跟數千名父母失去愛子。」

卡薩姆談著，當時他跟太太有多努力想把兒子從伊拉克找回來，他們甚至說要幫他找老婆。

「結婚對我來說不重要，」艾米爾回道：「聖戰比較重要。」

去年十月，就在齋戒月尾聲，艾米爾再度離家前往伊拉克，當時邊境管控相對寬鬆。艾米爾消失後，過了不久，他的雙親就收到一封他在離家前寫好的信，艾米爾把信交給一位在約旦的聯絡人，請他寄出。信中，艾米爾寫到自己即將替真主阿拉而戰，成為殉難者之後會在天堂與父母重逢。他請父母不要替他服喪或哀悼，只要幫忙禱告就好。跟上回一樣，艾米爾在離家三週後打電話給爸媽，說自己到伊拉克了。

此後他們再也沒有艾米爾的消息，直到隔年一月他的哥哥接到一通電話。來電的男子告訴他，艾米爾開著裝有炸彈的卡車，在卡車爆炸之際，艾米爾也同時身亡。那天確實有消息傳出吉爾庫克（Kirkuk）發生卡車爆炸事件，但他家人不確定艾米爾是否就是炸彈客。

我問卡薩姆，他是否認識艾米爾的朋友，或知不知道艾米爾都到哪裡做禮拜。

「我是知道幾個人，但他們不常來我們家。」他說：「他平常會去教長阿布．阿納斯（Sheikh Abu Anas）的清真寺，那位教長在每週五的講道都十分精采。」

道別後，邁克爾、阿布．亞斯米納跟我，就駕車拜訪下一戶人家，他們就住在附近。這戶人家的住宅更狹小，經濟狀況也比較差。年輕人的母親帶我們參觀了一間小房間，我們坐在地板的地毯上。

她那位二十一歲、主修工程的兒子，目前下落不明。這戶清寒之家總共有七個小孩，父親除了患有氣喘也久咳不癒，缺牙的情況相當嚴重。這家人雖然有聽說兒子已跑到伊拉克去了，但他們並沒有任何確切的證據。我們問她，是否能讓我們看看她的兒子收藏、珍視的物品。

「他平常要不是看書，就是在念書。」她說。她拿了一本物理相關書籍給我們，展示給我看的時候，她卻哭了起來。她說自己很確定兒子是到伊拉克念書工作了。雖然她知道其他年輕人到伊拉克是為了參與聖戰，但她堅信兒子絕對不是這種人，除非有人把他拐走。這家人央求我們不要印出他的姓名，怕哪天他返鄉之後，姓名如被公開，會毀掉他的未來。

那天，年輕人的姐姐也坐在我們一旁，但尊重母親的她沒多說什麼。後來我們通電話時，她才說弟弟被關在伊拉克的美國監獄中。他們其實透過紅十字會接到弟弟的信。他在信中表示自己還活著，順便表達對家人的敬重。

她還說她在弟弟消失兩年前，就注意到他的轉變。「他開始拒聽音樂、把自己孤立起來。家族聚會時，他會自己坐在一旁想事情。」

她說弟弟有股想出人頭地的渴望，但發現自己沒辦法在扎卡闖出名堂。他的其他大學同學不只家境富裕，也都有自己的公寓，但他為了省錢只能住在家裡。他想念醫學系，但沒有順利申請到獎學金，只能放棄到英國進修的機會。「他心中有很大的抱負，」姐姐說：「但他無法實現夢想。」

她曾跟弟弟聊過伊拉克的戰事，弟弟說這是一場針對穆斯林，尤其針對遜尼派穆斯林的戰爭。他也很清楚家人一定會反對自己參戰。

拜訪這戶人家的母親時，我也問了剛才問艾米爾的父親的問題：「妳認識兒子的朋友嗎？」

「不認識，我怎麼有機會認識他們？」她問：「我們家太小了，沒辦法邀朋友來。我們沒錢。」

從她提供的訊息，我們發現她兒子跟艾米爾都會去謝赫阿布・阿納斯的清真寺，聽同一位伊瑪目宣教。

「那個伊瑪目就住附近，離我們家不遠。」年輕人的父親說。

我問他能不能幫忙帶路，但他說自己想到更棒的點子。「我去找他來。」他起身走出屋外，五分鐘後帶了一名身穿亮白長袍和寬褲的男子。

「願真主保佑您，」那名伊瑪目說：「聽說妳想找我。」

他戴著眼鏡，留著長鬍子，膚色黝黑深沉。這位伊瑪目親切友善，一點都不具攻擊性。他名叫艾哈邁德・薩拉（Ahmad Salah），但通常被稱為阿布・阿納斯。聊天過程中我才發現，原來札卡維到伊拉克作戰前也曾在他的清真寺中做禮拜。邁克爾跟我都覺得實在太幸運。屋主邀請伊瑪目入座，端了一杯咖啡給他。阿布・阿納斯說這位讀工程的年輕人曾在自己的清真寺裡禮拜，也帶領其他年輕人研讀《古蘭經》。伊瑪目說，要是當時知道這位青年有此打算，一定會勸他不要動身前往伊拉克。

「這個時候跑去當聖戰士實在很不容易，」阿布・阿納斯說：「執行自殺爆炸行動的時候，很有可能會炸到穆斯林。畢竟現在穆斯林跟非穆斯林都混在一起。」

不過伊瑪目並不認為什葉派的信徒也是穆斯林，他跟阿布希一樣都稱這些人為拉菲達，此詞帶有貶低輕蔑的意味。對他而言，遜尼派遭到什葉派壓迫，因此遜尼派發動攻勢是合理的反擊。「他們恨透遜尼派，用盡一切手段來破壞、消滅我們。這就是他們的計畫。」他說。

一邊幫伊瑪目翻譯的時候，我注意到邁克爾脖子上掛的頸繩。我知道他平常都會把重要文件跟隨身碟掛在頸繩上，今天他戴的頸繩上有以黃、綠色字體寫成的阿拉伯文。

我曾見過這條頸繩，是一個月前我們在貝魯特附近的達西亞（Dahia）時買的。許多什葉派軍事組織真主黨的戰士和他們的家人就住在當地，該社區也有真主黨成員組成的自衛隊。

某次造訪該社區時，我們的司機胡賽因帶我們到一間販賣真主黨旗幟、書籍跟DVD的商店，有些DVD即是真主黨首領哈桑・納斯魯拉（Hassan Nasrallah）的演講錄影。此外店裡還有賣打火機、皮夾跟筆電保護套，圖案全都是那面印有綠色阿拉伯文的黃色旗幟，旗上就寫著真主黨（Hezbollah），有些更印有納斯魯拉的臉。有人會從店裡買頸繩來掛鑰匙，「這個拿來掛隨身碟很方便。」邁克爾說。除了頸繩之外，我們也順便買了其他要給紐約同事的趣味小紀念品。

現在坐在邁克爾對面的長老不僅表達自己對什葉派的仇恨，顯然也是啟發許多年輕人到伊拉克參戰的關鍵人物。我得在其他人發現這條頸繩前提醒邁克爾。

「長老，你對真主黨有什麼看法？」我問他。穆斯林在以色列作戰時，真主黨對不少遜尼派和什葉派來說都是英雄般的存在，所以這個問題並不會顯得突兀。

「真主黨？他們是惡魔派來的士兵。他們痛恨我們。他們壞到骨子裡。任何支持他們的人都是伊斯蘭教的敵人。」

我轉過頭去把長老的話翻譯給邁克爾聽。我刻意放慢速度，語調也比平常大聲。

「他說，真主黨，」——念這個字的時候我故意放慢語速——是惡魔派來的士兵。他們痛恨遜尼派。他們壞透了。任何支持他們的人，」我瞪大雙眼，還把手放在自己的脖子上，直盯著邁克爾的雙眼說：「是伊斯蘭教的敵人。」

邁克爾一臉狐疑地看著我，遲疑地說：「好……」他還用手指在頭旁邊繞圈，彷彿在說：「怎麼了，妳發神經嗎？」

「他說真主黨壞透了，你有聽懂吧？伊斯蘭教的敵人喔。」

邁克爾根本沒發現我的暗示，我只好轉過頭低聲說：「老兄，你脖子上掛著真主黨的頸繩。趕快去廁所把它拿下來。」

邁克爾點點頭，跟大家說自己要去一下洗手間。

「所以妳正好在報導扎卡這個地區嗎？」邁克爾離席時那位長老這麼問。

「老實說，我們在挖掘這些到伊拉克的年輕人的故事，也想跟他們的家人還有認識他們的人聊一聊。」

「妳一定要找時間到我家一趟，我可以拿更多什葉派打壓我們的證據給你看，那些拉菲達。」他說。

「謝謝你，長老。我們很開心能到你家拜訪。」

「你不用叫我長老，」他說：「叫我阿布・阿納斯就好。」

邁克爾回座時，脖子上的頸繩已經不見了。

共事一段時間後，我跟邁克爾越來越熟。每次到美國我都會到布魯克林拜訪他，也認識了他太太伊芙跟兩個兒子。我承諾過伊芙，不管到哪採訪，一定會把邁克爾的安全擺在第一順位。

然而待在扎卡的時間越長，我內心更感到忐忑不安。阿布・阿納斯的鄰居每回看到一名美國男人跟身穿阿巴雅的阿拉伯女子時，憤恨全寫在臉上，他們肯定在想：「他們在這裡幹嘛？」

造訪阿布・阿納斯時，他播放一部剛釋出的影片，標題為「什葉派之真實歷史與目的」。伊朗和伊拉克的什葉派神職人員，在影片中對先知穆罕默德的夥伴和他的妻子阿伊莎表示輕蔑。雖然無法證實這支影片是否遭人惡意剪接，但我清楚聽見影片中的人聲將阿伊莎詆毀為妓女。早在遜尼派和什葉派穆斯林一分為二時，什葉派對阿伊莎的憤怒就已經存在。

影片中還有遜尼派信徒遭什葉派軍事組織折磨、屠殺的畫面。來自伊拉克的遜尼派稱自己被什葉派壓迫，呼籲「遜尼派兄弟」前來援救。影片顯然令阿布・阿納斯氣憤不已。他說：「有些什葉派的宗教傳統根本就不合乎伊斯蘭教義，他們心中容不下遜尼派。以前什葉派沒有這麼仇視我們，現在他們終於在伊拉克露出真面目。」

影片中的什葉派信徒在侮辱遜尼派的哈里發、將他們詆毀為雜種時，阿布・阿納斯轉向我說：「妳有聽到他們叫阿布・巴克爾跟歐瑪爾（Omar）什麼嗎？」

「我聽到了，不過長老，不是每個什葉派都是這樣想的。再者，也有一些什葉派是先知的後代，你說你也很尊崇先知不是嗎？」我馬上想到我的媽媽跟她的家族。

「談到先知的後代，他們確實比較不同。」他說：「他們跟其他什葉派不一樣。」

他轉身看著螢幕。「妳看，妳看他們在伊拉克是怎麼折磨遜尼派的。他們憎恨我們，但美國不但沒阻止，反而還推波助瀾。」

他替我倒了一杯茶，問：「妳結婚了嗎？」

我仍專注地盯著電視，一邊動手做筆記，答道：「還沒。」

「怎麼可能。」他開始用非常熱情的語氣稱讚我，甚至將我譽為先知的妻子，其實在伊斯蘭主義者的圈子，男性很喜歡用這種讚譽之詞來討好女生。我則在心中反思這段讚美隱含的諷刺意味：儘管我爸媽的祖先都跟先知的第一任妻子有關，但即便我媽來自先知後裔，對她這樣的身分背景，阿布．阿納斯也絕不會認同。

他說自己有時會放這段影片給到清真寺做禮拜的年輕人看。我問他這些影片是從哪來的。

「有些弟兄會發放這些影片。」他說：「妳想要的話，我可以帶妳去見見他們，不過妳得把臉遮起來。」

那天晚上，阿布．阿納斯打電話給我，確定和「影片弟兄」會面的時間。訪談預定在他們其中一人的扎卡住家裡進行，我還特地去買了一條面紗。

車程中，邁克爾讀著橘色的阿拉伯單字卡。shukran是「謝謝」，「早安」是sabah el

hair。

「不對，」我說：「早安是sabah el khair。」

他用正確的發音重複了一遍，還說：「我覺得能用阿拉伯話講一些單詞應該還不錯，至少能讓對方知道我尊重他們的文化。」

當時我心裡其實很擔心這場訪談。訪談前一晚，我撥電話給前任札卡維的助手，也就是替我選這件華麗阿巴雅的男子。我問他「影片弟兄」是一群怎麼樣的人，他告訴我其中有一個人可能很危險。安全起見，我跟邁克爾請一位名叫馬爾萬（Marwan）的約旦男子陪同。擔任自由記者的馬爾萬對聖戰組織進行過深入調查，我已跟他碰過幾次面，有時也會在報導中稱他為聖戰組織專家。另外，我也拜託出身約旦大戶人家的司機阿布・丹尼亞（Abu Dania）陪我們進屋內採訪。

跟先前的採訪一樣，我把幾位薩拉菲派長老和重要領導人物的姓名寫在紙上，假如發生意外，他們能出面替我們說話。不過這次因為邁克爾跟我會一同進行訪談，我就把這張紙條帶在身上。

車子停在屋外，我用面紗蓋住嘴巴、遮住頭部，只露出雙眼。下車後我們走到牆邊敲門，進入大門後裡頭是個小花園，有位戴著眼鏡的男子在屋門前等著。

「願真主保佑您。」我們先開口打招呼。

「也願真主保佑您。」他回道。

我們跟著他進屋，首先來到一間擺了沙發和電視的房間，裡頭站了另一名男子。他有一頭烏黑的頭髮跟鬍子，湛藍的雙眼充滿怒氣。

「他是我朋友，也是一位長老。」戴眼鏡的男子說。

邁克爾跟我又打了一次招呼。

「她是那個摩洛哥的穆斯林女子嗎？」怒氣沖沖的男子用阿拉伯語問。

「長老，是我沒錯。」我回答。

「那他呢？」他怒視著邁克爾，用阿拉伯語問：「他是美國人吧？」

「他是美國人沒錯。」戴眼鏡的男子回應。

原本板著一張臉的男子突然露出微笑，他看著邁克爾用阿拉伯語說：「我們來綁架他，把他殺掉，把整個過程錄成影片。」

在我身旁的邁克爾不斷點頭微笑，還用阿拉伯語回應：「謝謝，謝謝。」

我們全都轉頭盯著邁克爾，連這位怒目相視的男子表情也驟變，問道：「他幹嘛跟我道謝？」

我決定先不跟邁克爾解釋他剛才對什麼事道謝，並用阿拉伯語跟那名男子爭辯：「你要殺我同事之前，要先把我給殺了。」我盡可能嚴肅、清楚地把話說出口。因為氣息太急促，我臉上的面紗還上下飄動。我說自己是以賓客的身分造訪，而且還有知名聖戰組織成員的擔保，我甚至念出那些人的姓名。

「妳幹嘛這麼沒禮貌？」邁克爾問：「他們不是帶著笑容歡迎我們嗎？」

那兩名男子低聲討論了一番，戴眼鏡的男子讀出一條聖戰組織的規定：就算真主應允，也要經過屋主的同意才能殺人。這是那名眼鏡男子的住家，因為他不同意，所以邁克爾不會死在這裡。馬爾萬也說自己有義務保護邁克爾，他不允許邁克爾在這裡被屠殺。

緊張的氣氛退去後，大家都坐了下來。我注意到屋主的太太站在房間角落，她在其他人的視線範圍外，只有我看得見她。我們禮貌地互相打招呼。

為了安全起見，我想以最快的速度結束訪問。我只拋出一些基本的問題，比如像是他們去哪裡蒐集影像素材，又發了多少部影片出去。邁克爾則是一直針對細節提問，不過我告訴他我們時間不多，等一下還有其他採訪要進行。

戴眼鏡的男子說他們從伊拉克拿到隨身碟，把裡頭的檔案燒錄到光碟上，並在扎卡當地發送這些DVD。這些DVD也從扎卡流向其他城市。

「你們會販售這些光碟嗎？」我問。

「沒有，這些都是免費發送的。」他說。當然，他們背後有金主出資援助，但他不願透露金主的姓名與身分。

屋主表示太太有事要找他，需暫時離席。他回座時，告訴我說他太太想見我。

「沒關係，我剛才已經跟她打過招呼了。」我回道。

「沒有，她想找妳到另一間房間聊聊。」

我不想丟下邁克爾，就說：「真的沒關係，我在這邊就很好了。」

「妳還沒搞懂我們的規矩，」戴眼鏡的男子說：「家裡有家裡的規定，她要妳到女人專用的房間裡聊聊。」

看來是無法推託，我只好說再過幾分鐘就會去找她。我們還問說，他們是否曾把光碟交給那些離開家鄉到伊拉克的年輕人。

「我跟他們其中一個人有私交。」屋主說。

他那滿臉怒氣的朋友不斷發牢騷，說：「他們都是聖戰士，是真主的恩賜。他們到伊拉克去是為了殺掉邪惡的美國人，邪惡的美國人把伊拉克賣給更邪惡的什葉派，讓我們的兄弟被折磨，姐妹被他們強暴。你朋友就是邪惡的美國人。」

「長老，很多記者都在報導什葉派軍事組織凌虐戰俘的事件，我同事也在挖掘這類的新聞，」我說：「我們的報導已經多次提到這些醜聞，也揭露發生在中情局機構裡的虐囚事件。」我只想告訴他，並非每個美國人都十惡不赦。

「美國人都一個樣，」他回道：「他們都是異教徒，妳不應該跟他們合作的。」

我們決定離開。我請阿布．丹尼亞跟馬爾萬先陪邁克爾到車上，我去跟屋主的太太打個招呼再上車。在隔壁房間裡，她跟四個孩子坐在一起看電視。我把頭探進房內時，發現電視播放著美軍在伊拉克被襲擊的畫面，還有什葉派軍事組織拎著幾顆頭的場景，畫面中的男子聲稱那是伊拉克遜尼派的頭顱。

「妳讓小孩看這些影片？」我問她。

「沒錯。他們需要知道誰是穆斯林的敵人。」她說：「越早越好。」

我想起之前在黎巴嫩的納爾巴里德軍營中，伊斯蘭法塔赫組織戰士稱讚兒子「殺死」異教徒的畫面。悲哀混雜著憎惡感向我襲來。

走出屋外，我看到那名始終對我怒目相視的男子站在花園外的大門。邁克爾跟馬爾萬站在車外，我準備走出院子時，那名男子將門鎖上。我被困在花園裡。

「等一下。」他說。

我不確定他心裡到底在打什麼算盤，但仍害怕他會將怒氣宣洩在我身上，畢竟他剛才說我不該跟異教徒共事。

「我要跟妳單獨談談。」他說：「妳想知道我為什麼這麼恨美國人嗎？」雖然他並沒有對我大吼，但語氣挾帶攻擊性，雙手還不斷顫抖。「妳知道美國人允許什葉派對伊拉克做什麼事嗎？我跟真主發誓，那個時候我還不是聖戰士，但是看到兄弟被折磨的畫面之後我就加入聖戰。那些軍事組織電擊我身體的每個部位，他們強暴我、尿在我身上，在我身上吐口水。因為被電到神經受損，我現在還得吃藥。」

「長老，我真的很遺憾這些事發生在你身上。」我盡可能冷靜地說：「但不是每個美國人或什葉派信徒都要為這些惡行負責，還是有人為人權而戰。」

「人權？」他大喊：「他媽的人權！那些團體，他們全都是騙子，表面上要維護人權，實際上只想謀取自己的利益。」他緊握雙拳。

原本站在街上的屋主打開門對我說：「姐妹，請妳快上車吧。」

我又看了一眼那位情緒激動的男子，輕聲說：「聽到你的遭遇，我真的很遺憾。」

「剛才的場面太詭異了。」車子駛回安曼時邁克爾說：「那幾個人看起來明明很友善，但妳態度怎麼這麼敵對？」

我把面紗拿下來，轉過去對他說：「請你以後幫幫忙，不要再學什麼阿拉伯語了！」

「怎麼了？」他說。

「你知道shukran是什麼意思吧？」

他點點頭。

「他們剛才在爭論到底要不要把你的頭砍下來，把過程錄成影片，你卻一直說『謝謝』。」

我把剛才的情況解釋了一遍，也跟邁克爾道歉，表示自己應該當場跟他解釋發生了什麼事。不過邁克爾卻說我的反應是正確的：「如果我知道的話一定會嚇死，他們更會以為我是間諜或動機不單純。」他說。

「也對，他們有可能會這麼想。不過我們都會保護你，我們三個人絕對不會讓你的生命受威脅。」

「shukran，shukran。」邁克爾一開口，我們就笑了出來。

雖然覺得採訪漸入佳境，我們還是想跟那些到伊拉克作戰青年的朋友聊一聊。邁克爾說：「妳還是回去找阿布．阿納斯，請他幫忙吧。」

我駕車回到扎卡，包包裡放了阿巴雅跟面紗。我在司機阿布．丹尼亞面前套上阿巴雅，走進阿布．阿納斯的住家。

「我認識一個跟他們來往密切的人。」阿布．阿納斯說：「但我確定他不願意受訪。」

「你怎麼知道？」

他挨向我，小聲地說：「他只聽埃米爾（emir）[2]的指令。」

「什麼長官？」我問。

「他是這個地區影響力非常大的領袖級人物。」

阿布．阿納斯給我這位領袖的化名，表示這是他唯一幫上忙的地方。我立刻聯絡那位曾任札卡維副手的男子，請他到扎卡市中心的咖啡廳跟我碰面。

「這個長官是誰？」

他說，這人過去也有很長一段時間曾與札卡維合作。他們曾一起作戰，這位長官也在一九九〇年代被囚禁數年，當時也在獄中的札卡維，試圖組織、擴張自己的網絡。札卡維出獄後來到伊拉克，這位長官說服自己的好友和旗下戰士加入札卡維的組織。現在他則一邊策劃伊拉克的自殺爆炸行動，一邊協助其他組織在不同地區的軍事行動。

「他絕對是關鍵人物，」情報提供者對我說：「是個非常、非常強大的男人。」

「所以你認識他囉？」

他點了頭。「我可以跟他聯絡，看看能不能幫上忙。」

我臉上露出微笑。「可以拜託你現在打給他嗎？我時間真的不多了，還特地穿了這件阿巴雅來。」

他笑了笑，站起身，說我可以再點杯果汁或茶，他等一下就回來。半小時後他回到位子上，臉上帶著笑容。他說自己已經告訴那名長官，有關我跟邁克爾的身分，而對方已經在網路上瀏覽過我們的報導，也討論過是否要接受訪問。

「他同意明天跟你們碰面。」他說：「妳看吧，我就說這件阿巴雅會帶來好運。」

隔天，我跟邁克爾準備出發前往扎卡時，那名聯絡人突然來電：「妳得一個人過來，而且現在得馬上出發。」

我告訴邁克爾，我打算去探查到底發生什麼事，就跟司機阿布・丹尼亞駕車前往扎卡。

2 埃米爾：此為阿拉伯國家貴族之頭銜，也有首長、領袖或長官之意。（校注）

聯絡人跟我約在咖啡廳碰面。

「他取消採訪了。」

「怎麼會？為什麼？」

「他說自己牙齒不舒服，但我猜他可能開始緊張，語氣聽起來不像昨天那麼篤定。」這實在是一大挫敗。如果想跟美國人解釋為何約旦青年會離家到伊拉克作戰，就得親自聽聽他們的說法。如果沒有「阿布．吉哈德」（Abu Jihad）——有些人這樣稱呼那位長官——的協助，我們也沒辦法親自訪問那些年輕人。

「可以拜託你幫我們問問，能不能不要採訪，見他一面就好？」我哀求地說，想起當時在黎巴嫩與阿布希接觸時，也是用這個辦法說動他的。

但那位聯絡人搖搖頭。「妳就是不願意放棄？好吧，我們現在出發，但必須坐我的車，妳的司機必須留在這裡。」

雖然這麼做有其風險，但現在是大白天，我也挺信任這位聯絡人的，所以還是點頭答應。我請阿布．丹尼亞在咖啡廳等我，把彌封好的信封交給他。信封裡放了寫滿聖戰士聯絡人電話的紙條，告訴他如果我沒有在幾個小時內回來，請把信封交給邁克爾。接著我打電話給邁克爾。

「他說自己牙痛，想取消採訪。」我對邁克爾說。

「那妳試著說服他看看，」邁克爾說：「我這裡有布洛芬跟使蒂諾斯這兩種止痛藥，可以給他。」

阿布．吉哈德見到我們時很驚訝，但他並沒有發怒。體型高大壯碩的他留著長髮，但他當天看起來臉色蒼白。

「首領，我聽說你因為牙痛所以想取消採訪？」我問。

「沒錯，很抱歉，我現在牙齒不舒服。可以改天再約。」

我解釋自己能留在此地的時間不多，若能跟他聊一聊會對報導會很有幫助。我還說如果沒有他的幫忙，我們就沒辦法完整描述整個故事。

他說自己辦不到。

我真不敢相信，曾跟札卡維並肩作戰、後來還忍受多年被囚禁折磨的聖戰士，竟會因為牙痛而取消採訪。

這時某位老婦人開門走近房內，她稍微問候了阿布．吉哈德後，接著詢問我的身分。

「媽，她是個訪客。」阿布．吉哈德回話的語調比剛才柔軟。

她給我一個擁抱，還親了我的臉頰。「歡迎，我的女兒。親愛的（habibti），妳是從哪來的？摩洛哥嗎？」Habibti是用來稱呼女性「親愛的」或「寶貝」的阿拉伯詞彙。她說自己很愛摩洛哥甜點。「但妳看起來怎麼不是很開心？」

我說自己大老遠從歐洲來到這裡，為了這份重要的專題報導來見他兒子，同事也從美國來跟我會合，但他兒子現在卻因為牙痛想取消採訪。

那位老婦人開始責備阿布・吉哈德。「兒子，這個好女孩跟他朋友特地從那麼遠的地方來找你，你要是拒絕他們，我也算是白養你了。」她說這番話時，手緊緊壓在胸口上。阿布・吉哈德立刻從位子上跳了起來，親吻他母親的頭跟手。「當然，媽媽！妳說了算！」

開車載我來的聯絡人在角落看著這一切，盡可能不笑出聲。我轉頭問阿布・吉哈德：「所以我可以帶同事來嗎？」

「當然啦孩子，去把妳同事接過來。」老婦人說。

「我保證會順便幫你帶一些止痛藥，我現在得立刻回安曼接他。」

邁克爾跟我一起進行採訪時，通常會一個人扮白臉、另一人扮黑臉，來維持採訪氣氛的平衡。受訪者都以為邁克爾會拋出尖銳的題目，但他的任務主要是和緩氣氛，而九一一事件、組織內鬥以及證實影片、檔案等關於資料真實性的敏感問題，則由我負責。我們都認為受訪者對我比較包容，畢竟我是女性，又會說阿拉伯語，而邁克爾則是「異教徒」，容易被他們當成情資人員。

採訪阿布・吉哈德時，我們也採用這種模式。我的問題主要是關於他和其他恐怖組織的合作模式，以及他是否協助聖戰士獲取資金，邁克爾則問他的服刑經驗是否對他的人生造成影響。

阿布．吉哈德果真是大家口中的老大，他的人脈相當廣。我們提到想見見那些到伊拉克作戰的年輕人，不出一小時，他就幫我們聯絡到其中的一位。每次我覺得他要失去耐心時，我都會刻意提到他母親，讓他知道我跟邁克爾可是長途跋涉來見他的。

阿布．吉哈德要我們稍等片刻，他去把那位青年帶來。這位受訪者也要求我們不要公開他的姓名和個人資料。我們稱他阿布．易卜拉欣（Abu Ibrahim），他以前在伊拉克作戰時就是用這個名字。

受訪時，阿布．易卜拉欣的態度戰戰兢兢地，還不時望向阿布．吉哈德，似乎是想徵求他的許可。

「沒關係，你什麼都可以告訴他們。」阿布．吉哈德說：「他們保證不會公開我們的本名。」

二十四歲的阿布．易卜拉欣身材削瘦，害羞的他有一對棕色瞳孔。當時他跟其他五個朋友一起到伊拉克，年紀最長的他身穿白色傳統服飾。他的父母親屬於中產階級，並不算特別虔誠，他在青少年時期喜歡打撞球、聽流行樂，也交過女朋友。當時他的夢想是當專業足球員。

「那個時候我每天只想找樂子，不算真正活著。」阿布．易卜拉欣說：「雖然我也不知道到底少了什麼，但總覺得自己的人生不完整。」

阿布．吉哈德跟其他信仰虔誠的男子主動跟他接觸，問他為什麼不試著做禮拜？為什麼不試著遵照真主的規訓？所以阿布・易卜拉欣跟其他青年就到阿布・阿納斯的清真寺參拜，觀賞那幾支我跟邁克爾也看過的影片。他覺得那幾位過世的朋友很幸運。

「我真的很替他們開心，每次想到自己還辦不到就會落淚。」他說：「我想把真主的理念散播到各地，解放那些被占領的地區。這個世界上已經沒有任何讓我留戀的事物，我只想作戰，只想對抗。」他說雖然札卡維是當地英雄，但真正說服他動身前往伊拉克的是那幾位比他早出發的友人。

而他們究竟是怎麼抵達伊拉克的，這又是另一段故事了。這些年輕人會跟聖戰組織內部的協調單位聯絡，藉由他們認識偷渡客，並取得伊拉克境內庇護所的地址。

阿布・易卜拉欣還談到自己越來越厭惡父母：「一開始我告訴他們，真主要我們放棄自己的生命、投入聖戰。但爸媽不接受，他們說：『你太年輕了，再等等吧。』妳也知道父母親的態度，他們根本不想聽這些事。」

他提著裝了幾件衣服的旅行包，花十一美金跟別人共乘計程車到敘利亞邊境。約旦邊境的警衛並沒有多問，通過敘利亞關口時，也沒被刁難。他翻開護照，證明自己去年秋天確實曾入境敘利亞。

不過在路程中他還是被攔了下來。在敘利亞某座陰暗、通風良好的監獄裡待了六天後，他向官員描述自己是如何從大馬士革的旅館，搭公車到伊拉克邊境。聖戰組織替他安排一位能幫忙偷渡過邊境的聯絡人，他的計畫就是找到這名幫手，並付一百五十美金進入伊拉克。不過警方把在公車上的他拉下來，在他找到那名偷渡負責人之前，先將他帶到警局拘留。

「後來他們把我丟進監獄跟其他囚犯關在一起。大多數囚犯都不是虔誠穆斯林，所以我們少數幾個虔誠的信徒就聚在角落做禮拜、討論《古蘭經》。」他說。

三週後，敘利亞政府將他交給約旦。「我變得更堅強，」他談起自己在監獄裡的那段時光：「但還是很氣自己沒有成功到伊拉克，我跟真主禱告，希望他能讓我達成心願。」

回到扎卡後，阿布．易卜拉欣的父母要他一切到此為止，他們說真主不希望他到伊拉克去，他該留在家鄉結婚成家。「離開家人很難，但參與聖戰是我們的義務。如果不保護自己的信仰，誰要來幫我們？難道要那些老人小孩站出來嗎？」

現在的他似乎已重新過著正常的生活，白天跟兄弟一起上班，晚上跟志同道合的朋友聚會。他們也會一起瀏覽伊斯蘭教相關網站，討論阿富汗、索馬利亞和伊拉克地區的新聞事件。

我們問他心中的敵人是誰，他說：「首先是什葉派，再來是美國人，最後是所有威脅伊斯蘭教的人。」

報導刊出首日，我已回德國，曾在扎卡受訪的一位軍事組織成員傳簡訊給我。簡訊用阿拉伯文寫著：「妳是朵美麗的玫瑰，我想著妳，想到妳離我這麼遠，心就難過地淌血。

只要見過妳一眼，就忘不掉妳的身影。」

我很篤定他肯定是傳錯人了，因為簡訊內容太尷尬，我決定放著不管。接著他又傳來第二封簡訊：「為什麼我沒辦法帶妳回我的花園呢？」

我打了一通電話過去，說：「長老，不好意思。我接到幾封你的簡訊，是不是傳錯了？」

「蘇雅德，沒有錯。我必須承認自己一直想著妳，妳已經留在我心上了。這種感覺好強烈，我沒辦法掩飾。」

我感謝他的坦白，但他明明就有個美麗的老婆跟幾個小孩，所以我說：「願真主保佑他們健康。」我說自己要趕去開會，等等再回電。

掛上電話後我馬上打給邁克爾。他聽我描述簡訊內容之後笑個不停，並說：「哪天他認真起來，妳一定要提早跟我們說，這樣我們才能準備去扎卡，參加婚禮。」

第七章

生命的價值——二〇〇八年，阿爾及利亞

二〇〇七年十二月，軍事組織在阿爾及利亞策劃兩起連環卡車自殺爆炸事件，爆炸現場在聯合國總部和政府建築物旁，共奪走四十一條人命，造成一百七十人受傷。伊斯蘭馬格里布蓋達組織（Al Qaeda in the Islamic Maghreb）稱這起事件是他們所策劃，這也是最近一次在當地發生的反政府和與西方國家行動。

伊斯蘭主義軍事組織早在當地活躍數十年，但也是到近幾年才跟蓋達等跨國聖戰組織有所連結。一八三〇年，法國出兵將北非國家納為殖民地後，當地就出現反殖民勢力的抗爭運動。經過八年抗戰後，阿爾及利亞終於在一九六二年正式獨立，但他們付出的代價可

不小，總共有三十多萬人在這八年間喪生[1]。

經過二十多年的極權社會主義政府和民間的動盪不安，伊斯蘭主義政黨之伊斯蘭拯救陣線（Front Islamique du Salut），在一九九一年以壓倒性的勝利贏得選戰。為穩固政權，非宗教阿爾及利亞軍事組織發動政變，實施戒嚴，封鎖、打壓伊斯蘭拯救陣線的權力。就在此關鍵時刻，伊斯蘭拯救陣線宣布解散，重新組成伊斯蘭武裝小組（Armed Islamic Group，簡稱GIA）[2]，以都會游擊戰的形式作戰。此小組的核心為約莫一千五百位阿爾及利亞的伊斯蘭主義者，先前在阿富汗獲得許多實戰經驗的他們，如今已回到家鄉。

伊斯蘭武裝小組向軍事獨裁政府宣戰，試圖瓦解此非宗教政府，建立一個以伊斯蘭教法為宗旨的國度，此戰爭也讓十多萬人身亡。二十世紀末，伊斯蘭武裝小組分裂成數個小派別，其中一個名為「薩拉菲宣教與戰鬥組織」（Salafist Group for Call and Combat，GSPC）的派系為了累積資金，策劃各種綁架、走私及人口買賣等行動[3]，但他們很快就發現，組織內部的資金和武器都嚴重短缺。

二〇〇四年，名叫阿卜杜勒馬利克．德羅克戴爾（Abdelmalek Droukdal）的指揮官成為組織首領。當年秋天，他與札卡維在伊拉克碰面。德羅克戴爾告訴札卡維，阿爾及利亞人需要協助，札卡維的交換條件是該組織必須聽命於蓋達組織[4]，接受賓拉登的遠端操控。二〇〇六年，薩拉菲宣教與戰鬥組織和蓋達組織正式結盟。又過一年，德羅克戴爾宣布將組織更名為伊斯蘭馬格里布蓋達組織[5]。

此組織的整個蛻變過程都在眾目睽睽之下進行，卻沒有記者成功訪問到德羅克戴爾，或深入報導為何此組織得以迅速崛起，成為蓋達區域分部中權力最大的支派。我已跟德羅克戴爾的某位副手來回討論一段時間，他認為如果我到阿爾及利亞一趟，應該有機會能訪問德羅克戴爾。二〇〇八年春天，就在阿爾及利亞發生炸彈攻擊後幾個月，邁克爾跟我決

---

1 參考資料：Helen Chapin Metz, *Algeria: A Country Study* (Washington, DC: Federal Research Division, Library of Congress, 1994), p. 34.

2 參考資料：Helen Chapin Metz, *Algeria: A Country Study* (Washington, DC: Federal Research Division, Library of Congress, 1994), pp. 37-38.

3 參考資料：Christopher S. Chivvis and Andrew Liepman, "North Africa's Menace: AQIM's Evolution and the U.S. Policy Response," RAND Corporation, 2013.

4 參考資料：Souad Mekhennet, Michael Moss, Eric Schmitt, Elaine Sciolino, and Margot Williams, "Ragtag Insurgency Gains a Lifeline from Al Qaeda," *New York Times*, July 1, 2008；Camille Tawil, "New Strategies in al-Qaeda's Battle for Algeria," *Terrorism Monitor*, Jamestown Foundation, July 27, 2009, https://jamestown.org/program/new-strategies-in-al-qaedas-battle-for-algeria/.

5 「在二〇〇六年九月十三日的聲明中，德羅克戴爾宣布薩拉菲宣教與戰鬥組織正式和蓋達組織結盟（QDe.004），並宣示對賓拉登（已故）的忠誠。在二〇〇七年一月二十四日的聲明中，他宣布由於與蓋達組織結盟，並在賓拉登的建議下，薩拉菲宣教與戰鬥組織更名為伊斯蘭馬格里布蓋達組織。二〇〇八年七月受《紐約時報》採訪時，德羅克戴爾再次強調，薩拉菲宣教與戰鬥組織會與蓋達組織結合是他所推動，並指出阿布．穆薩布．札卡維（已故）在此結盟過程初期扮演重要角色。」參考資料：United Nations Security Council Subsidiary Organs, "Narrative Summaries of Reasons for Listing: Abdelmalek Droukdel," https://www.un.org/sc/suborg/en/sanctions /1267.

定動身前往當地。

邁克爾得知有個美國商團要到阿爾及利亞，就詢問該組織是否能讓我們同行。我們心裡也很好奇，想知道這個商業代表團要跟哪位阿爾及利亞政治人物碰面。當地攻擊綁架事件頻傳，他們有周全的應對措施嗎？該組織也提供我們一些名目作為掩護，好讓我們在不引起當地情資單位的注意下，能多了解軍事派系的行動和運作模式。

我們大約在五月底來到阿爾及利亞，和商團住在同一座飯店。同行的美國人為電信公司和石油工業領域的經理或主管，他們幾乎都沒到過阿爾及利亞，對當地歷史與反抗行動也所知甚少。對於住在五星級飯店裡的他們，這個國度看起來既平和又繁榮。

這群人中有兩名男子特別顯眼。他們說自己經營的網路公司專門負責遠端電信業務。雖然聽起來很模稜兩可，但我們也沒多問。他們身材高大健壯，相貌也非常英俊。他們常在飯店的健身房裡運動，其中一個人還說自己以前當過手部模特兒。他們主動找我們搭話，有時候也會跟我們共進晚餐。曾任手模的那名男子氣質迷人，而且頗具紳士風度，我們一起吃飯時，常替我開門或拉椅子。

雖然看似毫無異狀，但我相信我們肯定被監視了。我以前就來過阿爾及利亞，我知道這個國家的情資單位都會密切關注每位外籍訪客，特別是新聞記者。先前報導馬斯里事件時，我就到阿爾及利亞，拜訪跟他一起被關在阿富汗的萊伊德・薩伊迪，當地人權組織成員跟律師都建議我不要把個人物品留在飯店房內，他們說情資人員也會趁我們睡覺時溜進房內搜索。

我一直把這些建議放在心上，多數時間我也把所有東西帶在身邊。就寢時我也會把電腦、手機、護照、寫滿聯絡電話的筆記本跟隨身碟，藏在枕頭下。

邁克爾跟我向來會要求住在相鄰兩隔壁的房間，但這次他的房間在走廊末端。在當地的第二晚，我們約莫晚上十一點互道晚安，接著我就安穩地睡著了。過了一陣子我聽到房門被推開的聲音，有道細微的光線照進房內，過了幾秒鐘門又關上，整個過程靜悄悄地。因為太過疲倦，我馬上又睡著。隔天一早醒來時，我還以為自己做夢了，但原本擺在桌上的筆記本已然消失。不過幸運的是那本筆記本是空白的。當晚於上床前，我決定搬兩張椅子堵在房門口。

我們在阿爾及爾待了幾天，跟當地人聊聊治安狀況，也陪美國代表團跟阿爾及利亞的商人和政府官員開會。在某次聚會中，某位部長強調阿爾及利亞已經是個適合觀光的國家。「租台車去吉傑勒（Jijel）跟布米爾達斯省（Boumerdès）看看，」他說：「這兩個城市真的很棒，而且也很安全。」

「部長說我們應該去看一看，」我跟邁克爾說：「走吧。」

我們除了有一名司機，還有一位大型國際非政府組織的成員陪同，他要求我們不要公開組織名稱。這名男子是阿爾及利亞人，他同意帶我們到伊斯蘭馬格里布蓋達組織駐紮的納西里耶（Naciria）[6]。阿爾及利亞貧富差異懸殊，納西里耶就像個被政府遺忘的地區，當地居民也認為政府很腐敗，在他們的領導下，人民就像在受罪一樣。

出發當天一切都相當美好，早上我們就順利把秘密警察甩掉，那群警察自我們抵達阿爾及爾就不斷緊跟在後。這些警察不難辨識，我通常會告訴司機在某個圓環繞三圈，如果一台車也跟著轉了三圈，那一定是在監視我們。

在前往該非政府組織的路上，我請司機彎進路旁的加油站，跟在後方的車輛開過加油站後在遠方路段大迴轉。那台車的司機可能以為我們會停個幾分鐘加油，誰知道我們立刻踩油門，把那台車拋在身後。不過警察最後還是找到該組織的地址，而且在建築外等著。幸虧該建築有兩個出口，我們離開時選擇走另一扇大門。

納西里耶位於首都北邊，往群山所在處開一個多小時的車便能抵達。我聯絡伊斯蘭馬格里布蓋達組織裡的某位指揮官，他是組織內部與媒體聯繫的負責人。雖然我們沒有事先約好，但我告訴他，我剛好在附近。雖然有點臨時，但這樣才不會驚動那些可能在暗中監視的情資單位。

那名聯絡人跟我都認為這是目前最安全的新型態聯絡方式。我們完全不通電話。起初我們用一般的電子信箱聯絡，後來擔心信箱被政府監控，就一起開了個德國的電子信箱，共用同一組帳號密碼。換句話說，我們完全不用寄信給對方。幾年後中情局前局長大衛・彼得雷烏斯（David Petraeus）跟情婦的關係曝光，他們也採用這種聯絡方式：共用同一組帳號的人只要把信寫好、丟進草稿匣裡，另一人登入時就能點開閱讀。

陪同我們的那名非政府組織成員本身就是阿爾及利亞人，因此在協助當地社區改善生活品質時，他的感觸也特別深。納西里耶當地財富不均的情況相當嚴重，這令他感到憤慨。他說阿爾及利亞年輕人特別不滿政府從中國引進勞工，剝奪當地居民的工作機會。

在駛向納西里耶的路途中，我們停下車跟他的同事聊聊。其他非政府組織成員正在發放孩童的服飾跟生活用品給貧困家庭，其中一名領取物資的婦女是單親媽媽，她五歲大的兒子是身心障礙的兒童。她表示丈夫不幸去世，社區中沒有服務身心障礙者的措施，政府也未曾提供任何協助。要不是這個非政府組織幫忙，她可能養不起孩子。陪同我們的工作人員表示，這種生活困境也是促使出身清寒家庭的青年，加入伊斯蘭馬格里布蓋達組織的因素。人民一無所有，也不相信政府會照顧他們。

我們的司機對此行感到緊張。他以前很少跟記者合作，但因為最近失業所以跑來替我們開車。我請他把身分證件還有車子的牌照等文件放在收音機底下的隔間。如果警察攔下我們，讓我來應對溝通即可。

為了安全起見，也不要讓陪同我們的工作人員惹上麻煩，我們搭乘兩台車分開行動。

---

6 納西里耶：為阿爾及利亞東部布米爾達斯省的城鎮與小型地方行政區。

這樣一來他們能先離開，我們中途停留訪問時就不會造成他們的困擾。邁克爾跟我坐在第一台白色雷諾汽車的後座，來自非政府組織的嚮導跟駕駛坐在前座。後方的福斯汽車中裝滿食物跟衣服，另外還有發放物資的工作人員，分別是兩男一女的阿爾及利亞人。身為當地人的他們已跟該組織合作多年。

被攔下來的時候大約是正中午。駛向布米爾達斯省時我們發現前方有由警察駐守的檢查站，某警官請我們停車，要求駕駛出示身分證件。

駕駛開門後，把右手伸向後方口袋，彷彿是想從口袋中掏出什麼東西。

「停！不准動！」警官大吼，將AK-47步槍指向駕駛，手指扣在扳機上。

「拜託不要開槍！」我也放聲大吼，接著轉頭對司機說：「你這個笨蛋，你把手伸到口袋裡要幹嘛？」

「文件在我口袋啊。」他說。

「這個白癡把證件放在褲子後面的口袋裡。」我對那名員警喊道。耳邊傳來邁克爾的呼喚，他用緊繃的語氣緩緩地喊著我的名字。轉過頭，我看見他舉起雙手，旁邊有另一名警察將AK-47槍口指著他的頭。而在我右手邊，又有另一位員警手持突擊步槍瞄準我。我也舉高雙手，對司機怒吼：「你這個蠢蛋！不是叫你把文件放在車子前面嗎？你想害死我們嗎？」

我們一行人明顯有生命危險，幾名員警繃緊神經，準備隨時按下扳機。我對司機大吼大叫，一方面是因為自己實在太害怕，二來是如果他們看到男人聽從女人的指令，就會知道他不是聖戰士。我對著警察說：「沒事的，警察大哥！我們不是恐怖份子。」他們略顯詫異，我心想：對啊，有誰會對警察講這種話？「這個白痴司機把文件放在口袋。拜託你們，如果要檢查文件就讓他伸手去拿吧。」

他們最後同意讓司機下車，警察搜他身的同時我們坐在車上等著。幾名武裝員警仍圍在我們身邊。他們命令司機打開後車廂，還問：「這些坐你車的人是外國人嗎？」

「對，對，他們是外國人。」他回道。

「兄弟，慘了。」我對邁克爾低語：「我們玩完了。」

「你們必須到警局一趟。」其中一位警察說著，要求我跟邁克爾往車內移動，他要一起坐進後座。

其中一台警車在前方帶路，另一台則駛在福斯車後方。我雖然擔心自己跟邁克爾，但更害怕身為阿爾及利亞人的駕駛與非政府組織工作人員會惹上大麻煩。

「你說英文嗎？」我問那位坐在身旁的員警。

「不會。」他用阿拉伯語回道。

我轉頭用英語對邁克爾說我們現在要被帶到警局，我們繼續用英文溝通，達成共識等一下要如實回答所有問題，但盡量避免透露記者身分，而且要擔起所有責任，讓同行的阿爾及利亞人全身而退。

「所以你們一夥人在這裡幹嘛？」到警察局時局長發問。

我說我們跟這群非政府組織的工作人員一起旅遊，順便了解他們的工作內容跟當地生活情況。

「這裡？在這個區域？你們瘋了啊？」

我把局長的話翻譯給邁克爾聽，邁克爾則說：「你問他為什麼這樣講。」

「為什麼瘋了？這個地區怎麼了嗎？」我問。

「小姐，這裡是蓋達組織基地。妳不知道這裡發生很多恐怖攻擊嗎？」

「真的假的？誰攻擊你們？」

「德羅克戴爾領導的伊斯蘭馬格里布蓋達組織啊。」局長說。

「這裡有蓋達組織？」我假裝自己什麼都不知道。

「有啊，當然，妳看這幾張照片。」他轉身只著三張照片，照片中是三名男子的臉孔。「他們是我的下屬，都被蓋達組織殺了。等等，我要先知道你們是誰。」

他開始調查同行的阿爾及利亞人，請他們出示身分證以及在哪個單位服務。問到邁克爾時，他問我：「他是美國人嗎？那妳呢？」我報上自己的名字，說自己是德國公民。

「穆科涅特？」他問。

「不是，是梅科涅特。」

「好，穆科涅特。這名字怎麼來的？」

我放棄糾正他的發音了。我坦承自己是摩洛哥裔的德國人時，他轉頭看著阿爾及利亞非政府組織人員。

「你們是瘋了嗎？把一個摩洛哥女子跟美國男人帶來這裡？」他問。

我趕緊插話，試圖轉移他的怒氣。「先生，不是他們把我們帶到這裡的，是我們自己要求要到這裡看看。我們想看看這個地區，了解非政府組織的工作型態。」這我可沒說謊，只是沒坦承我們早就知道此地被恐怖主義掌控。

「想看看這個地區？如果你們碰到意外怎麼辦？小姐，妳不了解這些人。他們會綁架你們，強迫妳嫁給恐怖組織成員，然後獅子大開口，跟美國討贖金換這名男子的自由。到時候美國總統跟摩洛哥國王都會來找我麻煩。」

我們開始大笑。

「這一點都不好笑，」他氣呼呼地說：「搞不好我應該帶你們到地下室給你們鷹嘴豆吃。你們想吃鷹嘴豆嗎？」

阿爾及利亞非政府組織人員突然靜默，低頭看地板。我把那句話翻譯給邁克爾聽：「他問我們想不想吃鷹嘴豆。」

我轉頭看著局長。剛才聽到鷹嘴豆我就好興奮，這讓我想起在摩洛哥的童年。那時奶奶常煮鷹嘴豆給我吃，還會加小茴香跟鹽調味。

「太棒了，」我說：「你做鷹嘴豆的時候會加小茴香嗎？」

這次換他大笑不止，一旁的警察也笑出聲。

我看著司機跟其他阿爾及利亞人，問他們想不想吃鷹嘴豆，但他們卻低聲對我說：

「『鷹嘴豆』是挨揍的暗號。」

接著局長問我們是替哪家報社工作。

「我們是《紐時》的新聞記者。」邁克爾說著，我則把話翻譯給局長聽，但他卻開口插話。

「我有聽對嗎？你們是《紐約時報》的記者？」

「對。」邁克爾說。

局長起身說：「我不信，這對那些恐怖份子來說根本是天上掉下來的禮物，剛好有兩個美國媒體記者跑來讓他們綁架。」

他請某位員警跟阿爾及爾的內政部聯絡，通知他們我跟邁克爾人在警局裡。局長接著要我們回首都。警察開車將我們送回納西里耶邊境，從邊境回阿爾及爾的路上都有台深藍色豐田汽車尾隨在後。

幾天前我們才申請延長簽證而已，我感覺被捕的紀錄可能會造成負面影響。「我猜阿爾及利亞人大概會把我們趕出去。」我對邁克爾說。

不過令人驚訝的是，回到阿爾及爾時，我們接到簽證延長通過的通知。然而這一點道理都沒有。

我們還在想辦法訪問德羅克戴爾本人。那天晚上，邁克爾打電話到我房間，要我趕快帶著個人物品到房外。「帶手機跟電腦，我們需要一點時間。」

我們在飯店陽台碰面，邁克爾說他接到紐約編輯的電話。有位聯邦調查局探員到《紐時》辦公室，說有消息指出，邁克爾的生命遭到威脅。那名探員並未透露細節，但表示發出這項消息的是軍事組織人員，原因則是跟我們的採訪工作相關。

「那我呢？」我問：「我們都是一起採訪報導，如果他們揚言要拿你開刀，那我應該被他們盯上了才對啊。」

邁克爾在我面前撥電話給那位探員，但他說局裡沒有收到任何關於我的消息。他還強烈建議邁克爾離開阿爾及利亞，我則可以隨心所欲留在這裡。

「所以我們要想一下，」邁克爾說：「是我走、妳留下來完成報導，還是我們一起走，或是一起留？」

「我搞不懂。」我說：「他們怎麼會只威脅你？報導上明明就登了我跟你的名字。」

「搞不好是某個傢伙想娶妳，嫉妒我在妳身邊吧。」邁克爾半開玩笑地說，我也只是聽聽。

達成共識後，我決定跟採訪過的人聯絡，問他們是否知道內幕。我們有惹到聖戰士嗎？如果有的話，我也得謹慎一點才對。

我用衛星電話打給扎卡的阿布．吉哈德，問他那邊情況如何，也撥電話給約旦的札卡維擁護者跟黎巴嫩難民營裡的男子。「你們有聽到任何關於威脅我同事的情報嗎？」大家都表示不知情。

接著我用電子信箱聯絡那位伊斯蘭馬格里布蓋達組織成員，寫到：「我們接到消息，有人威脅要取我同事的性命，你有收到相關消息嗎？」

他回覆：「我們組織內部完全沒有針對妳或妳同事的聲音，但我建議妳還是趕快離開這裡。雖然跟我們無關，但這裡真的有人對你們很反感。」

我告訴邁克爾如果繼續留在當地，我也沒辦法確保他的人身安全，而且我也不想久留了。「這個地方不能待了，」我說：「趕快走吧。」

我們打給《紐時》編輯，表示三小時後有班義大利航空的飛機飛往羅馬。

我們跑回房間，打包好行李後便離開阿爾及利亞。航程中我不斷回想訪問過的人，哪些人有理由恐嚇邁克爾呢？連續好幾天，我一直糾結在為何恐嚇訊息會剛好出現在我跟邁克爾被拘留當天。不過即使離開當地，我們還是把注意力放在完成報導上。

而我還是非常想訪問德羅克戴爾與其組織，讓他們有機會澄清外界的控訴。離開阿爾及利亞的隔天，那名組織聯絡人又在草稿夾裡留了訊息，他問：「妳跟同事安全嗎？離開阿爾及利亞了嗎？」

我回覆：「我們離開了。如果我們改把採訪問題寄給你，請你交給德羅克戴爾跟其他成員，再用你的名字把回覆跟德羅克戴爾的錄音檔寄回來，這樣可行嗎？」

「我沒辦法保證，但可以試試看。」

邁克爾跟我列出採訪問題，我把文件寄給那位聯絡人。「一定要用錄音的，這樣我們才能聽到他本人的聲音。」我在電子信箱的草稿匣裡留話提醒他。我們還希望能請德羅克戴爾錄一段影片並標上日期，好確認他本人與錄音檔的聲音是否一致。我們表示絕不會公開影片，也希望他能將整段訪談另外以紙本方式記錄下來。

十天後，我收到一個Dropbox帳號網址，網址的效期僅一到兩小時。點進網址後，我看見當時向聯絡人要求的採訪稿、錄音檔還有影片。該組織還另外在一張信紙上認證這份訪談稿是「給可敬的《紐約時報》記者蘇雅德・梅科涅特」，並蓋上伊斯蘭馬格里布蓋達組織的印章。

德羅克戴爾回答了全部的問題。擁有數學系學士學位的他，語調出乎意料地輕柔，我們將他的回覆重點節錄成一篇文章，也決定公開訪談逐字稿[7]。

報導出刊後，伊斯蘭馬格里布蓋達組織的規模也不斷擴張，他們在馬利（Mali）特別活躍。二〇一三年，某個伊斯蘭主義軍事組織占領了馬利的幾個重要城市，法國因此派兵至當地介入。歐洲與美國官員目前都將伊斯蘭馬格里布蓋達視為全球最具威脅的恐怖組

7 參考資料："An Interview with Abdelmalek Droukdal," *New York Times*, July 1, 2008.

織，至今仍活著的德羅克戴爾也繼續擔任領導人。

那篇報導相當成功，但阿爾及利亞的經歷以及邁克爾遭受的恐嚇，都在我們心中留下陰影。如果恐嚇訊息為真，我們很有可能無法繼續進行聖戰報導。

我跟幾位在情資單位服務的情報提供者聯絡，想問問是否有什麼內幕消息。報導刊出後兩週，某位在歐洲情報單位工作的聯絡人打電話給我。他說事情很急，需要立刻跟我見面。「這跟前幾個禮拜妳同事碰到的恐嚇事件有關。」他說。

我跟編輯馬修・博迪商量，他認為我可以跟那位情報人員見面。兩天後，我們在他工作城市中某間小餐廳碰面，他越過桌子，壓低聲音說：「我只是想告訴妳，如果妳以後再到北非，都會有跟蹤支援隊尾隨著妳。」

「什麼意思？什麼跟蹤支援隊？」

「中情局、美國國安局等，妳想得到的都有可能。他們都在跟蹤你。」

我以為這是個玩笑，但他看起來非常認真。「為什麼要派跟蹤支援隊？我同事被恐嚇又是怎麼一回事？」我開始回想自己在阿爾及爾美國大使館參加的每場會議，以及在場的每位美國商人，裡頭有誰是情資單位派來的？我想起那兩個來自小型電信公司的俊俏美國人，每次吃晚餐他們總要跑來跟我們坐同一桌。但我不懂，為什麼他們只針對邁克爾？

「他們希望妳同事能遠離危險區域，因為他是美國人。他們以為妳會完成報導，所以打算繼續跟著妳。」

我驚訝得說不出話。難道美國情報單位希望我帶他們進入德羅克戴爾的巢穴？如果他們的目標是取他性命，我的生命也會一併被犧牲嗎？為了接近伊斯蘭馬格里布蓋達領導人，他們會做到什麼程度？

「那我呢？我的生命有危險嘛？」

他點點頭，迂迴地說：「說真的，我不知道他們會不會犧牲妳的生命。但妳在阿爾及利亞時，他們都在妳身邊。」

我知道多數歐洲和美國情報單位都密切合作，立刻問：「所以你也是其中一份子？」

他沉默無語。

我的母國肯定也脫不了關係。德國政府會為了打擊恐怖組織，犧牲一位公民的生命嗎？雖然不清楚答案，但我擔憂不已。回家後我查了那兩名美國人聲稱自己創辦的電信公司，只找到一個模糊不清的入口網站。我把跟在阿爾及利亞的伊斯蘭馬格里布蓋達組織聯絡人共用的信箱關掉，我想情資單位大概是透過這個平台知道我的行蹤。

我又在腦海中思索了這整件事。他們希望邁克爾置身事外，只是因為他是美國人嗎？所以不是美國人的我，生命就一文不值？德國政府有因為我是穆斯林，因為爸媽是外來移民，而把我當次等公民對待嗎？

我認識的聖戰士都說在西方國家的價值觀裡，西方人的生命比穆斯林重要。有那麼一剎那，我開始思考他們的話是否正確，而發生在我身上的事件是否就是鐵證。雖然用「同感」來適合形容我當下的心情或許太強烈，但我卻很賞識他們憤怒的情緒，也發自內心用另一個角度來理解他們的動機。我感到無助、憤怒。一切虛偽到了極點，這就跟西方國家一直以來對聖戰組織的抨擊沒兩樣。他們認為我會帶他們到德羅克戴爾的所在地。他們想把我當成誘餌，來捕捉德羅克戴爾甚至殺掉他。搞不好我會在半路上被抓走，什麼事都有可能發生。

阿爾及利亞之行是我跟邁克爾最後一次共事。因為那次恐嚇事件，《紐時》就不讓他進行聖戰報導。後來他轉戰食品安全新聞，在二〇一〇年還獲得普立茲獎。「妳看，我們冒著生命危險把這麼多故事帶回家，讓民眾知道世界上發生了什麼事，從來就沒得過獎，」我打電話恭喜邁克爾時，他說：「現在我只寫花生跟肉品的新聞就得獎了。」

我對《紐時》編輯說，情資單位對我生命構成的威脅，比聖戰組織還來得大。幾個月後，我跟某位資深美籍情報人員在阿拉伯國家的某場會議碰面。我對他一無所知，但他彷彿對我的背景瞭若指掌。聊了一陣子後，我問他知不知道當時在阿爾及利亞發生什麼事。

「妳要知道，前陣子大家都在懷疑妳，」他說：「妳總是有辦法接近通緝名單上的人，大家都懷疑妳是他們的黨羽。後來我們才知道是因為妳相信新聞工作的價值，不過之前大家都在想，這個女記者為什麼要一直跟恐怖組織接觸？」他也證實因為我的家庭背景跟信仰，成為情報單位起疑的原因。

我開始擔心自己跑新聞的方式。這種不採取任何立場，聆聽不同聲音、挑戰各方的意見的報導方式，再加上自己的家庭背景，竟讓我被懷疑動機不單純。難道這種聆聽聖戰組織聲音、從正反立場報導反恐戰爭的報導手法，只能由在西方世界長大、父母也是西方人的記者採用嗎？像我這種爸媽是穆斯林的記者，報導聖戰相關新聞就肯定是意圖不軌？我能繼續堅持下去嗎？這種新聞我還能跑多久？

這些黑暗面開始讓我質疑西方世界向來宣稱的開放態度，還有其對自由思想與言論的承諾。

第八章

槍與玫瑰——
二〇〇九年，巴基斯坦

跟有家室的美國同事合作，讓我發現原來自己也想找個伴、組織家庭，但絕對不是當聖戰組織首領的二房或三房。有時候跑了一整天新聞，精疲力盡地身處異國時，都會聽到同事跟伴侶講電話，分享所見所聞；而我在跟爸媽、姐姐或弟弟通電話時，則得美化真相或自己目睹的場面，盡量不要把事件描述得太詳細。

但我的生活被聖戰報導工作所占據，找伴侶對我來說並不容易。經歷阿爾及利亞事件後，我試著多待在紐約，讓自己更熟悉《紐時》總部。我想多了解同事包括記者與編輯的工作狀況，並增進英文能力，讓自己除了阿拉伯語、德語和法語之外，還能流利地說第四個外語。

我的美國朋友也抓緊機會替我介紹對象。有人替我安排跟「條件佳的美籍阿拉伯人」吃晚餐，也有人在交友網站替我辦帳號，讓我跟全球單身阿拉伯男子連線。每次約會一開始都很順利，但他們在網站上查到我寫的文章後，態度都轉變了。

有些人厭惡我的工作，還指控我「破壞」伊斯蘭教或阿拉伯人的形象；其他人雖然對我的報導極為讚賞，但也提到「妳雖然很勇敢，但這份工作太危險。」

寫下這段留言的男子是美籍阿拉伯工程師，我們是在網路上認識的。有個朋友替我在交友網站上開了帳號，替我回答關於個人偏好的問題，例如想不想結婚、想不想生孩子（這兩題的答案皆為「是」）。

不過我的帳號中沒有個人照片，也不會傳照片給網友。我只在介紹欄位說自己是阿拉伯裔歐洲人，在媒體產業工作，也沒有把服務單位詳細寫出來。我說自己獨立自主、投入工作，喜歡聽音樂、散步，喜歡藝術、愛逛美術館，嗜好為閱讀跟看電影，我還表示自己的社交能力很不錯。某個在網站上認識的男子知道我的身分後，他甚至問「社交能力」是否表示我喜歡跟聖戰士碰面。

在收到這些回覆前，我本來就不怎麼信任網路交友。虛擬世界讓我感到不自在，而且分辨誰是正常人、誰是瘋子也非常浪費時間。不過替我辦帳號的朋友說，她有一半以上的美國朋友都是在網站上認識另一半的。「這是新的交友平台啊。」她這麼對我說，我才覺得值得一試。

然而交友網站都大同小異，多數男人只想找一夜情對象，不過仍有些人的態度非常認真。某位跟我在網路上聊天的工程師很有禮貌、態度友善，而且心態開放。他說自己想要對等的男女關係。第一次告訴他我是記者時，他顯然非常興奮。他說自己喜歡有主張、關心世界動態的女性。他不介意另一半需要出差或時常旅行，不過我揭露自己的真實身分時（我匿名跟他聊了將近三個月），他的態度有些轉變。先前聊天的氣氛和主題相當輕鬆，現在卻變得嚴肅生硬。

如果我是出差去開環境會議或是在時尚產業服務，他可能都不會介意。但這名男子替美國政府工作，我把他的訊息解讀成是對我沒興趣了。我們後來也斷了聯繫。

我從沒跟這位工程師見面，不過倒是有跟另一位美籍阿拉伯富商喝咖啡，我們一開始也是在網站上認識。後來他特地搭機到紐約跟我碰面。在走回我辦公室的路上，有名男子不小心撞到我。雖然他跟我道歉了，但那位富商目睹此景卻怒氣沖沖。他對那名男子說：「你要認真跟她道歉。」我則是在一旁說沒事，那名路人也已經說過對不起了。當下我心想：我可以幫自己說話，不用你來替我出頭。

同事邁克爾依舊像個大哥一樣替我擔心。邁克爾、某位《紐時》調查員，還有一位友人，都努力說服我，表示想先調查那些有意願跟我碰面的男子，包含那位富商。後來他們發現，他不僅有數次毆打前妻的記錄，也因此被捕。

他再次在網路上跟我聯絡時，我說我們不適合彼此。他的語氣看起來相當困惑，他說：「為什麼？我們不是喝咖啡聊得很開心嗎？我以為我們可以發展下去。」我告訴他我已經知道他的家暴前科，請他不要跟我聯絡。

我覺得自己根本是在浪費時間。我跟多數人一樣想要一段穩定、忠誠的感情，希望另一半夠了解我，甚至能欣賞我的怪癖。我也知道自己哪天生了小孩，工作模式一定會有所轉變，但我仍希望我未來的老公是個能以我的職業為榮，甚至至少是個不引以為恥或為此感到害怕的男人。

「那些說『成功的男人背後，一定有位成功的女人』的話的人，過著怎麼樣的生活？」我不僅問自己，也問身邊的女性友人：「那些人在哪？」

朋友馬赫維什（Mahvish）一語點破我的弱點，她說：「妳跑新聞的時候所向披靡，但一碰到異性，人就變太好、太溫順。」我確實感到壓力，不想讓自己的職業把男人嚇跑，不過事實上，多數男人對於我這類型的女記者都有特定想像。那些跟我碰面的男子，都把我當成刺激場面的愛好者，或是怪異的女性英雄角色。很多男人都被我工作的光鮮、迷人特質所吸引，但一聽到我也會下廚、打掃，喜歡盛裝打扮跟好友聚會，或是我也想要小孩的時候，他們都驚訝不已。對他們來說，這些特質好像永遠無法組合在一起。那些放話要娶我的聖戰士也不懂我，他們僅是對我感到好奇罷了。

一如往常，在我感情沒什麼進展的時候，就會有工作找上門。二〇〇九年，《紐時》

派我到巴基斯坦，調查一個跟二〇〇八年孟買恐攻相關的網絡。該網絡訓練戰士，協助這些戰士執行任務，而此事件總共在兩間高級飯店、一座車站、一個猶太人中心和一座醫院，奪走一百六十多人的性命。唯一生還的槍手，只提供印度警察整起事件的策劃和合作過程，《紐時》正想對此事件進行調查。

過去我已從囚犯或聖戰士口中，聽聞不少巴基斯坦的事件，也等不及想到當地親自考察。不過巴基斯坦跟我造訪過的其他阿拉伯國家大相逕庭，對於該國與其文化，我還有很多地方要學。這回我的語言能力派不上用場，不曉得會碰到什麼情況。理論上巴基斯坦是民主國家（雖然曾數次被軍隊統治），不過近來伊斯蘭主義組織勢力逐漸擴大，在當地創辦多所神學院，將他們推崇的價值觀發揚光大。這些神學院收費低廉，有的甚至不用付費就能入學，所以對許多窮困、勞工家庭來說，是讓孩子受教育的最佳選擇。而且該國的寡頭政治結構和民主程度還不夠高的政府單位，間接助長伊斯蘭主義活動的聲勢。

某位聯絡人要我主動跟一位名叫賈莫爾（Jamal）的記者聯繫，他先前曾替半島電視台服務。另外，他也替幾份阿拉伯地區的報紙，寫過關於塔利班和蓋達組織的文章。第一次碰面時，他住在伊斯蘭瑪巴德（Islamabad），並在當地經營電影電視製作公司。後來我們變成彼此信賴的好友，他有時也像個顧問一樣，提供我可靠的建議，還替我跟軍事組織、公民團體、巴基斯坦軍隊和情報單位牽線。

在接下來的十八個月內，我以《紐時》記者身分入境巴基斯坦十多次，也替德國電視台二台（ZDF）製作一部紀錄片。在某次巴基斯坦之行中，我逮到機會訪問某位資深的塔利班指揮官。那名指揮官隸屬奎達舒拉（Quetta shura）組織，此勢力龐大的組織是由獨眼塔利班領導人穆拉．奧瑪（Mullah Omar）所領導。

那次訪問塔利班指揮官的流程相當複雜，跟幾年後我在土耳其敘利亞邊境採訪ISIS指揮官的經驗很相似。我不能帶任何錄影、錄音器材，不能與人同行或派人尾隨，上車後要立刻將手機電池拆下。負責協調採訪的聯絡人說，那名指揮官會選定採訪地點，他還說：「搞不好是妳這輩子最後一頓晚餐，不知道會不會有無人飛機或突擊隊出現，誰曉得。」我本來期待他說完之後，告訴我這是玩笑，但他的表情非常嚴肅。他用右手輕撫黝黑的長鬍子，說：「如果真主允許的話，一切都會沒事的。」

跟我共進晚餐的男子是頭號通緝犯，不僅我要謹慎行事，他也不得大意。採訪地點最後選在喀拉蚩（Karachi），二〇〇二年，《華爾街日報》的美籍猶太記者丹尼爾．珀爾就是在此被綁架、謀殺。聯絡人只告訴我車子該停在哪條街的哪個路段。

那名塔利班指揮官要求我提供車子的樣貌、款式、顏色還有車牌號碼。我的司機亞德南（Adnan）以前只載過遊客或訪問教師。我下車前遞給他一張紙，上頭寫了兩個人的電話號碼。我說如果自己在三小時內沒有出現的話，請他撥兩支電話號碼，他臉色慘白。

「我在這裡等妳。」他堅定地說。

我說到時如果另一台車出現，他就該離開現場。「不行，不行，我不能留妳在這裡。

從這條小路往前開直接就是高速公路，」他指著窗外，說：「現在這麼晚，天色這麼暗，妳一定是瘋了。這太危險了。」

這時我們後方出現一台車，那台車的車頭燈亮著，我的手機響起。「亞德南，我該走了，你快離開吧。」我馬上跨出車外。

我走向後方那輛嶄新、裝有漆黑車窗的深藍色賓士。有人從裡頭將車門推開，我隨即上車。那位塔利班指揮官微笑著用阿拉伯語對我說：「妳的車怎麼還停在那？我們會載妳回來，叫妳的司機不用在這裡等，請他離開。」

打電話給亞德南時，我腦中只想著如果自己被塔利班綁架，《紐時》的編輯一定會氣得跳腳，畢竟我同事戴維．羅德（David Rohde）之前被塔利班囚禁七個多月，前陣子剛逃出來而已。那天早上邁克爾才傳了一個網址給我，是羅德剛刊登在《紐時》網站上的文章，也是第一段他談自己被塔利班囚禁過程的報導[1]。掛掉電話後，我立刻依照約定關機、取出電池。我靜靜坐在車內，望向窗外，心想自己做的決定是否正確。

「妳還好嗎？」那名指揮官問。他肯定嗅出我緊張的情緒。「妳是在擔心妳同事會懷疑，妳是怎麼聯絡、訪問到我們的嗎？」

這問題實在很內行。自我踏上巴基斯坦土地的第一天，有些記者就懷疑我可能是間諜，部分軍事組織也這麼想。而且我曾待過阿爾及利亞，自然也被不少西方國家政府列為可疑人士。巴基斯坦軍方發言人辦公室的某位工作人員說，他從幾名阿拉伯記者口中得知我是摩洛哥人，而有「許多猶太人」就是來自摩洛哥。因為我在美國媒體單位服務，他們就假定我也是中情局與摩薩德（Mossad，以色列情報及特殊使命局）的雇員。不過多數記者同事比較擔心我的安危。在巴基斯坦就跟在其他戰區一樣，西方記者的行動與採訪範圍都備受限制。很多新聞媒體只能靠巴基斯坦籍的特約記者來報導大城市外圍地區的新聞。

我發現司機緊張兮兮的，他不時轉頭查看左右路況，以及透過後照鏡，檢查後方是否有異狀。我試著跟他交談，但他不說英文或阿拉伯語，我也不會講烏爾都語和普什圖語。我盯著窗外，想辨識車子行進方向。我聽見指揮官打開一罐瓶子，朝空中噴灑某種液體。「妳臉色看起來不太好，」他說：「大概是空氣太差。」車內頓時飄著玫瑰與麝香味。

此景太令人詫異了。我還在擔心自己是否性命不保，這傢伙卻在噴香水。天色漸暗，車子行經喀拉蚩郊區。終於，駕駛一旁的指揮官助理，轉身用英文對我說：「別擔心，我們這次不會綁架你。指揮官想請妳吃烤肉，最適合烤肉的地點就在高速公路旁。」那名助理笑了，也把他剛才說的話翻譯成普什圖語給司機聽，司機也發出笑聲。

---

1 參考資料：David Rohde, "Held by the Taliban: Part One: 7Months, 10Days in Captivity," *New York Times*, October 17, 2009. 另可參考："Times Reporter Escapes Taliban After 7Months," *New York Times*, June 21, 2009；David Rohde and Kristen Mulvihill, *A Rope and a Prayer: A Kidnapping from Two Sides* (New York: Viking, 2010).

抵達餐廳時剛過晚上十一點。指揮官並不是非常信任記者，所以他提了不少與我家庭背景、採訪動機與信仰相關的問題。我說爸媽都是穆斯林，自己則在歐洲出生長大。他問我是否結婚、有小孩時，我立刻否認。

我當然也有許多問題想請教他，例如他對美國新上任總統歐巴馬以及美軍出兵阿富汗的看法。

「妳知道嗎？」他說：「歐巴馬根本沒什麼影響力，真正關鍵的是那些議員跟政治人物。歐巴馬做出了太多承諾，多到他根本辦不到。我們根本不期待美國政府會有什麼改變。」

我問他這話是什麼意思。

「如果美國跟西方國家真想跟穆斯林和解，就要改變他們的世界觀，不能強硬地以自己的立場和出發點來對待我們。至今他們的行為還是跟以前沒什麼兩樣，歐巴馬跟布希差不多，只是膚色不同罷了。」

「如果想和平共處，西方政府該怎麼做？」

「我們其實不想刻意找美國麻煩，」他說：「只是不喜歡讓別人來告訴我們該怎麼生活。」雖然西方國家已壓制住塔利班的勢力，但這位指揮官堅信自己跟夥伴能重新取回阿富汗領導權。

我看著坐在另一頭的三名男子，接著問：「如果真的是這樣，那女人的生活會有什麼改變？舉個例子，如果塔利班重新掌權，身為女人的我還有辦法工作嗎？」

口譯員聽完我的問題竟笑出聲，其他男子也接著笑了，指揮官則以阿拉伯語回答我：「蘇雅德，妳喜歡什麼顏色的波卡（burka）？當然沒問題，妳可以繼續當記者。」他指的波卡是阿富汗婦女的傳統服飾，也是塔利班對女性的服裝要求。穿上波卡，從頭到腳就被包得密不通風，臉部也只開了一個露出眼睛的小縫。

「我不想穿波卡，《古蘭經》又沒有規定女性得穿波卡。」

「當然，蘇雅德，妳說的沒錯。《古蘭經》確實是沒有規定女人要把臉遮起來。但這是某些地區的傳統，我想各地的傳統還是需要被尊重吧？」

「那婦女難道沒辦法決定自己想穿什麼嗎？」我反問：「你好像沒有給婦女選擇權。」

指揮官笑著說：「妳的每根手指都不一樣長，就跟我們的觀念一樣。不是每個塔利班成員都認為婦女就該保守傳統，我就很欣賞聰明強悍的女子。」

食物很快就上桌了，有烤雞、烤羊肉串、優格、摻了葡萄乾的白飯、洋蔥圈、馬鈴薯、豆泥糊還有蔬菜。這陣仗完全是滿漢大餐，四個人根本不可能吃得完。

菜上桌前我一直在做筆記，現在指揮官對我說：「不要寫了，我們得討論重要的正經事。來聊聊人生規劃吧。蘇雅德姐妹，妳也知道我還在找第二個太太。我聽說德國女人很棒，她們能從丈夫的嘴型讀出他心裡的願望。我想妳應該也是吧。」

我立刻想起扎卡那位用簡訊跟我示愛的聖戰士，還有那次搞不清楚狀況開玩笑要嫁給阿布希女婿的場景。這次我決定裝傻。「我不知道實際狀況是怎麼樣，畢竟我也不是真正的德國人。」我用英文說：「我爸是摩洛哥人，媽媽是土耳其人。你讀到的消息可能是別人捏造出來的吧？」

指揮官聽著口譯員翻譯，接著說：「雖然是這樣，但也有很多德國女子帶有穆斯林背景啊。」

「首領，說真的，難道一個太太麻煩還不夠嗎？」

「這倒是有道理，光是一個太太就已經夠讓我頭痛了。」他和善地說：「更多老婆可能會有更多問題，不過多生幾個小孩也不錯。當然，如果我老婆不同意，我也沒辦法娶第二個太太。但她應該也想找個幫手來做家事。」

我心想：太好了。

說話的同時他也不斷替我跟自己夾菜。「我想娶個聰明的太太，」他繼續說：「先知穆罕默德的太太都很堅毅，優秀的妻子能造就強悍的領導人。」

聽到這番話我確實非常驚訝。

「不然我問妳，」他說：「有多少人只是玩玩而已，根本不想結婚。妳不覺得我們比較真誠嗎？不是只跟女孩上床亂搞而已，我們會把她們娶進家門好好照顧。我們不想傷害女人。要是真主阿拉知道我們對女人不認真一定也會皺眉。蘇雅德，妳要好好考慮。塔利班有很多強大的領導人，妳對他們來說肯定是理想人選。」

我又想到妙計，我說這種事還得爸媽同意才行。這招每次都非常管用。

他們三人都認真吃飯，將麵包撕碎之後再配著米飯和肉入口。雖然指揮官說這些菜的辣度跟平常沒什麼兩樣，但我覺得舌頭快燒起來了。我不斷端水喝，試著緩解灼熱的辛辣感，幾乎沒什麼碰盤子裡的食物。我表示菜餚非常美味，但跟他們碰面前才吃過晚餐所以沒什麼食慾。最後指揮官將我的盤子接過去，把裡頭的食物吃完。口譯員說：「這可是妳的榮幸。」

指揮官說：「不是每個人吃剩的飯菜我都會接過來吃。我們今天請妳來，不是因為妳是新聞記者，是因為我們非常尊敬妳。」

他們真誠、溫暖地把我當成友人來接待，不將我視為潛在敵人，緩解先前緊繃的氣氛，我的感受也由恐懼化為熟悉與親近，這種轉變實在令人鬆一口氣。用過晚餐後，我們停在公路邊的某座偏遠加油站。某位留著長鬍子的男子騎著重機來到車旁。他身上背著槍還有綴滿深紅色花朵的袋子。當下我的腦中閃過一幅有趣的畫面：槍與玫瑰。

口譯員將那個袋子遞給塔利班指揮官，指揮官將它轉交給我，我說：「這我不能收。」

「不收的話，我們就要綁架妳囉。」指揮官說。不收禮向來是新聞從業人員的道德規範，不過這次編輯應該也不會反對我收下這份贈禮吧。

我很好奇那位重機騎士是從哪個方向來的，還有他究竟等了多久。

「謝謝。」道謝後我從他手上接下袋子：「請替我向你妻子問候致意。」

「不要忘記，等妳回德國要幫我挑個好老婆。」指揮官微笑地說。

回到位於喀拉蚩的招待所，我立刻打電話給司機亞德南，他可是焦急地等著我跟他報平安。因為剛才電話不通，幾位擔心我安危的朋友聯絡不到我，我也一一回電。上樓回房，我打開那個袋子，裡頭有一罐芳香油跟紅、綠色的寶石。我盯著這個袋子，試著釐清這到底是怎麼一回事。我大概是累壞了吧，這晚的經歷就像夢一樣，好古怪、好超現實。隔天一早睜開眼睛，那個袋子竟沒消失，那真的是塔利班指揮官送我的禮物。

休息一陣子，我在一個月後回到巴基斯坦，這次來到首都伊斯蘭瑪巴德。我跟塔利班指揮官聯絡，他提到自己還在找第二個太太。我說自己有次做夢，夢裡除了他還有兩頭羔羊，可能代表他老婆懷了雙胞胎。他笑著說太太確實懷孕了，但懷的不是雙胞胎。

他問我覺得孩子是男是女，我猜是個男孩。他說哪天太太要是生一對雙胞胎女兒，就要以我的名字替其中一人命名。我們在電話中笑開懷。

又過了幾個月，我們再度以電話聯絡時，他說太太真的生了雙胞胎，不過聲音顯得有些疲倦：「當妳還是嬰兒的時候，會沒日沒夜地哭嗎？」

「我應該很乖吧？」我說。

「妳怎麼知道？」

「我就是知道。」

後來他還邀我跟妻小見面。除了介紹家人給我認識，還自豪地向我展示自己收藏的美軍軍靴、太陽眼鏡、行軍床還有特種部隊外套，這些都是他從白沙瓦（Peshawar）的黑市買來的。站在這堆戰利品中的指揮官說：「我們知道美軍絕對贏不了的，想到這就很振奮人心。」

他把那個在半夜嚎哭不停的嬰兒抱給我，她在我懷中睡得非常安穩。

指揮官說：「她哭了一整晚，根本是想引起大家注意。我幫她取名叫蘇雅德。」

每回跑完短程採訪回到伊斯蘭瑪巴德，我都會到賈莫爾的辦公室追蹤新消息。某天下午，短暫造訪靠近阿富汗國界、建築普遍低矮的城市奎達（Quetta）後，我順便到他的辦公室打招呼。賈莫爾剛好有訪客，便邀我加入。我坐在房間角落喝著茶，專心聽著其中一名男子發言。訪客共有三人，正在說話的男子來自瓦濟里斯坦（Waziristan），這個巴基斯坦西北部的聯邦直轄部落地區，曾是塔利班的避風港。他在自我介紹時說，自己的名字是卡利姆．可汗（Kareem Khan），而且也是新聞記者[2]。操著阿拉伯語的他不斷咒罵美國：

2 「這群人中包含五十歲的卡利姆．可汗，他來自瓦濟里斯坦北部的馬奇可爾（Machikhel），擔任阿拉伯電視頻道新聞記者。」參考資料：Andrew Buncombe and Issam Ahmed, "Protests Grow as Civilian Toll of Obama's Drone War on Terrorism Is Laid Bare," *Independent*, March 3, 2012. 另可參考："Kareem Khan," Reprieve, http://www.reprieve.org.uk/case-study/kareem-khan.

「對抗美國的唯一辦法就是發動聖戰，殺掉美國人。」他說。

這種充滿仇恨的言論我已經聽好多年，將矛頭指向美國的說法，似乎從巴基斯坦蔓延到伊拉克、黎巴嫩以及約旦。其實這趟去奎達，我跟塔利班戰士碰面，他們也對美國恨之入骨，因為美軍占領阿富汗，而且大肆在巴基斯坦邊境與瓦濟里斯坦發動空襲。

「要是我們跑到美國領土，強迫他們照我們的意思生活，他們會怎麼想？」其中一位戰士憤慨地罵。

我提醒他美軍是在九一一事件後才進軍阿富汗的。

「那又怎麼樣？難道阿富汗有攻打美國嗎？」

「那些攻擊美國的戰士都是在阿富汗受訓的，」我說：「而且塔利班也拒絕交出賓拉登。」

那群戰士只是怒瞪著我，用普什圖語說些我聽不懂的話。「穆拉．奧瑪的決定沒有錯，」其中一人說：「根本沒有證據證明九一一是賓拉登策劃的。只要沒有證據，奧瑪就保護賓拉登到底，這是我們的傳統。」

我原本打算反駁，但訪談氣氛實在變得太凝重。原本他們還帶著微笑，現在都板著臉。其中一位戰士最後還說：「如果妳是美國人，我們就會把妳綁走。」

但由於這回是在賈莫爾的辦公室，我忍不住追問可汗：「為什麼這麼想殺美國人？」

他顯得很驚訝。「他們用無人飛機炸我們啊，我的幾個親戚都被美國人殺了。」他說：

「那些喪命的親戚跟塔利班一點關係也沒有。」可汗說美軍的無人飛機將他家炸毀，奪走他兒子跟弟弟的性命[3]。

當然，我知道美軍為了抵抗軍事組織，出動無人飛機轟炸瓦濟里斯坦和其他巴基斯坦地區。二〇〇四年起，中情局就開始動用無人飛機攻擊巴基斯坦邊境[4]，目的是剷除躲在當地的蓋達和塔利班戰士，不過並非每一枚炸彈都精準擊中目標。無辜百姓遭到波及確實駭人聽聞，但我還是想替美國朋友說話，因為就算身邊友人或所居住城市遭到聖戰組織的武力威脅，具有不同信仰的美籍記者同事與編輯，始終站在我這邊給予鼓勵和扶持。

「很多美國人都不壞，只是他們根本不曉得你跟家人遭遇什麼悲劇。」我說：「不是每一位美國人都該替美國政府的決策負責。」

他否定我的說法，認為美國人絕對知道政府在屠殺像他親戚那樣「無辜」的百姓。我問可汗他跟兒子是否跟塔利班、蓋達或其他軍事組織來往。他斷然否認，更表示其他無辜人民也在空襲中喪生。

---

3 參考資料：“Pakistani Tribesman to Sue CIA Over Drone Strike Deaths,” Agence France-Presse, November 29, 2010.

4 參考資料：“The Bush Years: Pakistan Strikes 2004–2009,” Bureau of Investigative Journalism, August 10, 2011, https://www.thebureauinvestigates.com/2011/08/10/the-bush-years-2004-2009/#B1.

「這也是為什麼越來越多人加入塔利班，」他說：「因為美國人殺我們，我們除了反擊別無選擇。」

「但你還是要相信我，很多美國人根本不清楚你口中描述的狀況。加入恐怖組織不是解決辦法。」我說。

「你叫他們恐怖組織，但美國對我們做的事才是恐怖行動吧！穆斯林的生命對西方國家來說根本不重要。」

這些控訴已是陳腔濫調，但我知道事實比想像中複雜。我想告訴他美國有多少人為正義挺身而出，想幫馬斯里跟其他遭到不平等對待的民眾討公道。「我敢保證，如果他們知道你們一家人跟其他民眾的遭遇，一定會想辦法幫忙。」我說。

「怎麼幫？」他問話的表情顯然是不信。

我把馬斯里的案件描述給他聽，也說這起事件是由《紐約時報》這家美國新聞報社首度揭露。而且該報社的編輯還讓我這位穆斯林女子撰寫報導，承擔如果報導內容有半點錯誤就會遭殃的風險。我還介紹其他美國報社的報導，例如《華盛頓郵報》就報導美國情資單位凌虐人犯的惡行，另外還有許多美籍律師提供免費法律服務，幫助被折磨的受害者。

他聽得相當仔細，問說：「免費法律服務是指？」

我說有很多律師幫這些受害者打官司但不收費，因為他們無法接受這種危害人權的行徑。「我敢肯定如果美國律師知道這裡有這麼多老百姓死於空襲，一定會願意幫忙。」我說：「多數的美國人還是很尊重律法。」

他說自己等下還有會要開，得先離席。我擔心他可能還是認為聖戰是唯一解方，害怕是否永遠無法打破這種惡性循環。

幾週後我回到德國，有天從健身房回家時，跟我一起住的姐姐哈南正在看新聞。我已經忘記當時的新聞畫面是來自CNN還是BBC，不過走進客廳時姐姐對我說：「妳回來的正好，某個想控訴中情局空襲瓦濟里斯坦的男子正在受訪。」

我先到廚房端了一杯水，接著走回客廳看新聞。嘴裡還含著水的我，看到畫面中的男子時不禁把水噴了出來。

「怎麼了？」哈南問：「妳的表情像看到鬼。」

「我認識這個人。幾個禮拜前我才在伊斯蘭瑪巴德碰到他。」

新聞記者說，這位名叫卡利姆．可汗的巴基斯坦人，提供一串罹難者名單，這些人全都死於美軍空襲，因此他想對美國政府與中情局提出訴訟。

「他沒跟妳說自己要提告嗎？」我姐問。

「沒有，我根本不知道他有這個打算。」

我打給《紐約時報》華盛頓分部的同事，把自己跟在可汗在伊斯蘭瑪巴德的對話轉述給他聽。

他聽了之後笑說：「妳原本只是想捍衛美國人跟美國的司法制度，他聽了之後反而要來提告，那番話效果也太強。」不過他說可汗的確有權提告，我們應該繼續追蹤這件事的發展。

幾週後，可汗委託的巴基斯坦律師提出訴訟，其中一位被告是中情局巴基斯坦分部長官[5]。事件發展令人難以置信，可汗的舉動也引起全球關注。在巴基斯坦這種地區，空襲攻擊不斷激起當地人的仇美情緒，把中情局長官的名字公諸於世，他就會遭到極大的生命威脅。中情局因此立刻讓他撤離巴基斯坦。後來美國官員還認為可汗會提出訴訟都是巴基斯坦三軍情報局（Inter-Services Intelligence, ISI）的錯[6]。

幾週後，我再度到巴基斯坦進行採訪，主動要求跟ＩＳＩ的部長艾哈邁德．舒賈．帕夏（Ahmad Shuja Pasha）碰面。ＩＳＩ發言人札法．伊克巴（Zafar Iqbal）通常會參與這類訪談，並在談話過程中做筆記。因為他時常綁著馬尾，新聞記者都稱他「馬尾先生」，這也讓他在一群髮型乾淨俐落的維安人員中特別顯眼。

抵達ISI辦公室時，我跟發言人與部長打招呼，發現部長帕夏一臉倦容。

「部長，還好嗎？」我問。

「這個嘛，如果妳指的是我們跟美方的關係，那可不是很樂觀。我已經不記得上次兩國關係這個糟是多久之前了。」

「真的嗎？怎麼會？」

「美國認為我們祖護塔利班、支持賓拉登，這些指控我們早就習慣了。現在他們又說我們鼓吹這位來自瓦濟里斯坦的農夫提告。這件事跟我們一點關係都沒有啊。」

我感到相當不自在。「所以情況很糟嗎？」

「兩國之間的關係大概沒這麼緊繃過。」他搖搖頭，整個人再度陷入椅子裡，深深嘆了一口氣。臉上掛著兩個黑眼圈的他說：「我不曉得是誰教唆這個農夫提告的，但絕對不是我們。」

我脫口而出：「我相信你。」

原本不斷做筆記的札法抬起頭來說：「妳確定？你們以前都對我們的話半信半疑，這次怎麼這麼信任我們？」

我決定不要透露太多，表示該討論下一個話題了。

會面結束後，札法陪我走到車旁。「我也不知道為什麼，」他說：「但我總覺得妳知道更多空襲上訴案的內幕，只是妳沒告訴我們而已。」

我露出微笑，立刻跟他道別。

---

5 參考資料：Declan Walsh, "CIA Chief in Pakistan Leaves after Drone Trial Blows His Cover," *Guardian*, December 17, 2010.

6 參考資料：Alex Rodriguez, "CIA Identity Breach Stirs Mistrust with Pakistan," *Los Angeles Times*, December 19, 2010；另可參考：Sabrina Toppa, "Pakistan Edges Closer to Charging CIA Over Drone Strikes," *Time*, April 16, 2015.

第九章

穆哈巴拉特（Mukhabarat）——二〇一一年，埃及

車子抵達位於開羅郊區、戒備森嚴的情資單位停車場[1]，我立刻發了最後一通簡訊給姐姐哈南，我寫道：「不要讓爸媽知道，把電視關掉。請撥電話到我之前給妳的那幾組號碼。我愛你們。」

那幾組電話分別屬於一名在德國外交部服務的友人，還有其他記者同事，全都是我在紐約的長官轉交給我的。我的手機等一下肯定會被沒收，想到親朋好友可能會擔心焦急，心裡也越來越不安。

車內籠罩著緊繃與恐懼感。同事尼古拉斯．庫利什（Nicholas Kulish）跟我不斷撥電

話，想到誰就打給誰，例如《紐時》編輯、駐紮在開羅的美籍與德籍外交人員，還有其他國際組織。即將進入的機構可能是個黑洞，進去後可能再也出不來，所以想盡可能讓大家知道我們被逮捕。有位軍事單位指揮官將我們的座車扣押，埃及駕駛則打電話給兄弟朋友，請他們代為照顧妻小。連絡上妻子時，電話那頭傳來她的啜泣聲。

她說：「都是你的錯！誰叫你要幫他們開車！」

我的心跳逐漸加快，耳裡的脈搏聲也越來越清晰。我想起當年在巴格達碰到飯店爆炸案時，炸彈的威力將我從床上震到地板上。爆炸的轟隆聲在我耳邊響起。我心想：等一下他們會怎麼處置我們？會使出什麼極端的手段？

現在跟我通電話的是比爾．凱勒，人在曼哈頓紐時總部的他，身邊還圍繞了其他人。為了讓他們知道我們被帶到什麼地方，我們想出一個辦法：我假藉替尼古拉斯翻譯為由，盡可能將周遭環境的樣貌描述給同事聽。

天色漸暗，我看著窗外，告訴電話那頭的編輯，車子正駛過一座購物商場，也詢問正在開車的士兵這一帶的地名。經過檢查站，有位和善的埃及軍官表示自己必須沒收我們的

1 此段關於埃及的描述，多為作者與同事尼古拉斯．庫利什的回憶以及以下文章：Souad Mekhennet and Nicholas Kulish, "2 Detained Reporters Saw Police's Methods," *New York Times*, February 4, 2011.

手機，表示：「現在趕快打電話給想聯絡的人，等下就要進入情報單位穆哈巴拉特總部了。」

駛進一個圍牆高聳的機構後，車子暫時停在建築內部。我將手機朝下握在手中，確保手掌沒有蓋住話筒。我們的埃及駕駛發抖著說：「完蛋，我們慘了。」他轉頭看著我時，黝黑的雙眼裡充滿恐懼。

「沒事的，不要擔心。我們又沒做壞事。」說著說著，我也不知道這番話是要安撫他還是自己。

「不好意思，你知道我們在哪嗎？」我又問那位駕車的士兵：「拜託，請告訴我。」他透過後視鏡看著我說：「穆哈巴拉特軍營（Mukhabarat al-Jaish）。」接著又用英文補充：「這裡是維安等級最高的軍事情報單位。」

我轉頭用比平常更大的音量對尼古拉斯說：「你聽到了嗎？尼可。他說這裡是戒備最森嚴的軍事情報單位。」希望電話那頭的編輯聽到見我的聲音。

接著車子又在一個入口處停了下來，三名身穿素色制服的男子在那等著。我們全都下車，用阿拉伯語跟他們打招呼時，我盡量保持笑容，同時在腦中演練三週前獲得的建議。我曾在三個禮拜前上課，學習如何在戰區以及在被俘虜的情況下求生存，其中一招就是跟挾持者保持友善和諧的關係。

但我百思不得其解：為什麼這招在情報人員身上派不上用場？那三名男子表情冷酷，

根本不跟我們打招呼，臉上半點笑容也沒有，這實在令我緊張害怕。他們轉身對載我們到這裡的軍官說：「怎麼沒把他們的眼睛矇住？而且手機怎麼還在他們身上？」

「把手機關掉。」其中一人用阿拉伯語說，我也把話翻譯給尼古拉斯聽，希望電話那端的編輯也能聽見。這時那人怒氣沖沖地用英文重複了一遍：「我叫妳把手機關機。」

「我嗎？」我說：「沒問題，馬上關。」我按下關機鍵，他們把手機收過去之後就帶著我們走進大樓。其中一人走在我們前頭，另外兩人緊跟在後。從現在起，我們三人只能靠自己。

那時是二〇一一年一月。一個月前，有位水果商在突尼西亞點火自焚，緊接著是民眾上街遊行，表達對貧窮和貧富不均等現象的不滿，進而將總統宰因．阿比丁．班．阿里（Zine el-Abidine Ben Ali）推翻下台。這場暴動即是中東地區一連串反抗運動的開端，後來也演變成我們所知的「阿拉伯之春」[2]。

我從沒想過這波革命浪潮會從突尼西亞延燒到埃及。尼古拉斯跟我之所以會到埃及，

2 參考資料：Joshua Keating, "Who First Used the Term Arab Spring?" *Foreign Policy*, November 4, 2011, http://foreignpolicy.com/2011/11/04/who-first-used-the-term-arab-spring/.

是為了替正著手撰寫的書做調查。這本書是關於納粹戰犯艾瑞伯特・海姆（Aribert Heim）醫生，他被德國政府列為頭號通緝犯，逃到開羅定居，並在一九九二年逝世。

我跟尼古拉斯抵達埃及時，全國都出現暴動遊行。數萬人上街抗議，要求埃及總統胡斯尼・穆巴拉克（Hosni Mubarak）下台。打電話跟《紐時》編輯聯絡，表示我們願意報導當地遊行狀況後，就改變計畫駕車前往亞歷山大港（Alexandria）。

亞歷山大港的遊行原本很平和，不過抗議民眾的怒氣逐漸累積，有些人開始朝警方拋擲石頭，警方則以催淚瓦斯甚至是子彈回敬。尼古拉斯跟我往返各家醫院統計死傷人數，民眾心急如焚地在院內尋找家屬，看到親人時都悲痛地哭嚎。我們也訪問那些率先走上街頭的律師和社運人士。傍晚，我們則駕車到被穆斯林兄弟會占領的地區，每隔幾個街區就有由成群年輕男子看守的檢查站。

雖然許多埃及人希望能有總統選舉權，但不是每個人都想讓穆巴拉克下台。亞歷山大港科普特正教會（Coptic Church）的埃及基督教信眾都認為，雖然這些領導人就像獨裁者一樣，但他們有時會保護社會上的弱勢族群。對這些族群而言，由多數民眾投票選出的領導人不一定會對他們有利。在國王或貴族統治的阿拉伯國家，有這種看法的民眾還不少。

尼古拉斯跟我打算採訪這些科普特信徒，聊聊他們對遊行抗議的看法。開始訪談的第一天，我們得知另一個城鎮的民眾正在抗議。抵達抗爭現場時，有個來自德國電視台、由兩名記者組成的報導小隊在現場，他們站在敞篷小貨車上錄製抗爭畫面。通常在這種時候，抗議民眾都會擠到鏡頭前大喊口號，希望將訴求散播到世界各地。不過這位德國記者對民眾的反應不怎麼滿意，他希望場面更激烈。他像個指揮家那樣不斷揮著手，鼓吹民眾喊得更大聲，他同事則在一旁操控攝影機。

「你有什麼毛病？」我用德文對那位記者大喊：「趕快下來！」民眾的情緒一觸即發，繼續煽風點火只會讓情況更危險，而且這也違反記者職業道德。在人群中穿梭時，我開始替尼古拉斯擔心，高頭大馬的他又頂著金髮，一看就知道是外國人。但真正值得擔心的其實是那兩名德國人，轉身時我看到埃及人指著那兩名記者，口中大喊：「殺掉他們！他在拍我們！他是猶太人、是間諜！」

幸好我們這個小組人手充足，除了尼克跟我之外另外還有八人同行。為了不讓我們的司機身分曝光、對他家人構成威脅，我在此稱他為Z。除了Z之外，還有另外七個埃及男子陪在身旁，當時亞歷山大港出現抗爭暴動，他們就自動組成社區保衛隊，這幾名保衛隊成員的親友也紛紛加入我們的行動。現在看來，讓這幾位埃及人同行似乎很有先見之明。我請兩名埃及人陪著尼古拉斯，其他五人跟我則回頭走向德國記者。來到貨車旁時，周遭群眾的怒火已經燃燒到最高點。

兩名德國記者雖然試著撤離，但他們無處可躲。這時有台車在附近停了下來，與我同行的埃及人問他是否能載我們一程，那位駕駛立刻答應。

「趕快滾上車，」我對那兩位德國電視台記者大吼：「他們會把你們弄死的！」

那兩名記者連忙跑到車旁跳進後座，我跟在他們後面上車。同時，尼古拉斯也來到車子附近。我們都發現車上已經沒位子。他朝我揮揮手，我也揮著手彷彿在說：「現在該怎麼辦？」現在一點辦法也沒有。如果他試著擠上車，車門絕對關不起來。尼古拉斯又揮了揮手，示意要我們往前開。我感覺糟透了。尼古拉斯轉身走進人群，步伐不慌不忙。我希望自己委託的那幾名埃及人能保護尼古拉斯的安全，但這種事我也不敢肯定。

就在這幾秒之間，群眾中的某名男子將手從敞開的駕駛座窗戶伸進來，將車鑰匙拔下來。現在我們真的陷入困境，被一群持刀、棍棒還有大彎刀的憤怒男子所團團包圍。那兩名德國記者嚇得全身癱軟。我對外頭大喊：「你們想要怎樣？」

「我們要那台相機，把他們剛才拍的照片交出來！」一位男子喊著。我從窗戶往外看，發現有兩名男子試圖拿刀破壞輪胎。

「現在沒別的辦法了。」埃及駕駛說。我心想他實在是倒楣，完全不認識我們的他，只是好心停下來幫忙，卻跟我們一起被困在這裡。我告訴那位攝影師，把相機記憶卡交給我，但另一位記者拒絕此要求。

我滿腔怒火地轉過去說：「你瘋了嗎？你就為了那幾張自己站在示威群眾前面的照片，想讓我們全被殺掉嗎？」

車外的抗議者情緒越來越激昂。「把記憶卡給我，快點！」我用德文對記者和攝影師怒吼，攝影師最後把記憶卡交給我。

我打開車門，用阿拉伯語對那群男子大吼：「你們有什麼毛病？你們到底想怎麼樣？是要這些照片嗎？」

那群埃及人傻住了，他們大概沒想到我會說阿拉伯語，甚至還敢下車。他們開始往後退。我把記憶卡往人群一拋，他們全都四處亂竄找那張記憶卡。

混亂之中，伴我們同行的埃及保衛隊成員順利幫我們找回車鑰匙。雖然駕駛已將引擎發動，但前方道路有一大群人擋著。「你開就對了。」我用阿拉伯語對他說：「往前開！」他抗議，表示這樣行不通，我把手穩穩地搭在他的肩上，用堅決的語氣說：「你一往前開，他們就會閃開的。」他踩下油門，群眾逐漸往兩旁退散。

我們全都嚇傻了。看到尼克也安全回飯店後，我鬆了一口氣，其中一位擔任保衛隊員的埃及人把我拉到一旁，對我說：「妳知道剛才下車的時候，旁邊有個拿著刀的男子嗎？妳上車時他打算要攻擊妳。要不是我們把他的手拉住，妳背上現在可能插了一把刀。」

我看著自己握著玻璃杯的雙手不斷顫抖，說：「但他們得到想要的東西了，謝天謝地。」

「他們才沒得逞，」德籍電視台記者笑著說：「我們交出去的是空白記憶卡，影像紀錄還在我們手上。」

我實在怒不可遏。來到亞歷山大港的外籍記者，要不是住在四季酒店，不然就是住在我們下榻的塞西爾（Cecil）飯店。同樣住在塞西爾飯店的半島電視台記者，他站在陽台拍攝遊行場面時被群眾目睹，飯店已經出現不少維安狀況。要是憤怒的抗議群眾發現拿到的是空白記憶卡，怕是會查出飯店位置來找我們算帳。

我們決定馬上離開。隔天，尼古拉斯跟我回到開羅，還以車隊的形式跟德國電視台採訪團隊一起行動，不希望獨自留在亞歷山大港。他們的後車廂放不下採訪裝備，我們還同意讓他們將行李借放在我們車上。

抵達首都邊界，車子在檢查站停了下來，當時路上有好幾座檢查站。站崗的男子身穿素色套裝，手持棍棒或刀子。從他們的外表來看，無法分辨他們是替政府工作還是替其他組織效力。

站崗的男子請司機Z出示身分證，還要他打開後車廂。越接近開羅，Z就越緊張焦躁，我在車上用手機播放阿拉伯歌曲，希望紓緩他的情緒。坐在車裡等待之際，我看到其他衛兵揮手，好讓德國記者的座車通行。那輛車加速駛向開羅，完全沒有停下來等我們，看我們是否需要協助。

那些衛兵打開後車廂，看到橘色的麥克風從袋子裡露出來時，開始用阿拉伯語大吼：「這些人是間諜！」[3]

「沒這麼嚴重，我們不是間諜。」我試著安撫他：「一切都沒事。」

其中一位衛兵手上握著槍，說：「他們是間諜，應該把他們殺了。」

「我們只是記者，」我說：「沒這麼嚴重。」

我完全不曉得發生什麼事，但突然想到後車廂的行李：德國電視台採訪小組借放的器材，包含衛星天線跟攝影機。一名有阿拉伯血統的德籍女子、高大金髮的美國人，加上這些衛星天線跟攝影器材，情況顯然非常不妙。

兩名埃及人坐上車，我以為他們要帶我們到飯店。為了表示友好，我拿出包包裡的巧克力和燕麥堅果棒。「你們是要幫我們，對吧？」雖然他們露出古怪的表情，但還是把零食接過去。

坐在後座的兩位埃及人告訴駕駛該往哪開，車子停在一棟標示寫著木材工廠的建築前。後來警察才告訴我們，他們平常上班的地點被示威群眾放火燒毀。這也顯示埃及當時的時局有多動盪。我們還在亞歷山大港時，就見識到有些警察局的牆被燒得漆黑，窗戶的玻璃支離破碎，電腦被砸得稀巴爛，成堆的文件散落在地。

他們收走德國採訪團隊的攝影機背包，命令我下車跟在後面，尼古拉斯跟駕駛則留在原地。走進建築，我看到一些穿著迷彩長褲的男子，其他身穿素色服飾的人則配槍。我們走上屋頂，有位穿著西裝的男子正抽著菸，他自稱為艾哈卜隊長（Captain Ehab）。他問了

---

3 參考資料：Souad Mekhennet and Nicholas Kulish, "Blood on the Nile: An Encounter with Egypt's Secret Police at the Height of the Crisis," *New York Times*, February 6, 2011.

我的來歷，我也據實以告。我還解釋這袋攝影器材是德國電視台記者的，跟我們同行的德國記者因為後車廂空間不夠，才把設備寄放在我們車上。

艾哈卜看起來像是相信我了。他還看了看包包內部，並用手沿著邊緣摸了一圈，最後他打開包包內的拉鍊口袋，從裡頭撈出一個信封。我發現剛才跟我們一起搭車的那兩名男子，臉色突然變得很凝重。信封上寫了一串數字：一萬。艾哈卜在裡頭發現了一萬美金的現鈔。

他拿起對講機說：「把那個美國人帶上來。」

「我本來還覺得你們可能真的跟那群德國記者沒關係，」他說：「但在這種時局，誰會把一萬美金交給陌生人？」

「我們找到一個持有德國護照的阿拉伯裔女子跟一個美國人，他們車內有攝影機、衛星接收器材跟一萬美金。」他說：「我覺得這很可疑，需要檢查一下。」

他說必須把我們交給軍方，但願意讓我們留著手機。「盡量打電話，讓朋友知道你們的狀況。」他這麼說。我們首先撥給一位在美國大使館上班的女子，她要求艾哈卜釋放我們。「請放這些人走，」她說：「他們是《紐約時報》的記者。」但情況好像不是艾哈卜能決定。看起來也很想幫忙的他，只說自己也無能為力。

他將我們轉交給司機，司機把我們載到軍事基地。我們當時都鬆了一口氣，畢竟軍方可能是埃及當時最安全、力量最穩固的單位，我們還以為自己一定很快就能獲釋。軍事基地裡的長官士兵都非常友善，但情況突然有了變化。有位長官突然向我們道歉，他用阿拉伯語說：「非常抱歉，我實在很同情你們的遭遇。」他們又請我們上車，車子啟動時我內心的焦慮也直線上升，這回車子駛向情報單位。車程中，尼古拉斯撥了電話給比爾．凱勒跟其他編輯。

不過現在手機也被收走了。我們坐在不知名建築內的塑膠椅上，心裡掛念著家人，還深怕等一下情資單位的人會用殘暴的手段對付我們。「搞不好他們會把我們關在這邊好幾個禮拜。」駕駛Z說：「或是折磨我們。」我倒是很慶幸他是用阿拉伯語跟我溝通，這樣尼古拉斯就聽不懂了。我不斷安撫他，表示我們沒做錯事，很快就能離開。但我其實也非常擔憂。

我們被帶進不同房間接受偵詢，房內牆上都黏滿棕色的皮革。最後負責審問我的是其他人稱為「帕沙」（al-Pasha）的男子，這個阿拉伯字意指「老大」。

尼古拉斯後來告訴我他的質詢官曾在佛羅里達和德州住過，講著一口流利的英文。質詢期間他還會有說有笑聊起電視影集《六人行》（*Friends*）。尼古拉斯認為那位質詢官非常善於心計，甚至推斷他可能是在美國學到這套質詢技巧。質詢開始前幾分鐘他會假裝和善，然後問：「我們是朋友吧，不是嗎？」

「如果我們是朋友的話，我能離開嗎？」尼古拉斯問：「我能抽根菸嗎？」

「如果我喜歡你的答案，搞不好可以。」那位質詢官回答。

後來我對尼古拉斯說：「誰曉得，搞不好他也跟中情局一起合作打擊恐怖主義。」畢竟穆哈巴拉特跟美國情報單位早有合作關係。

我待的質詢室燈光陰暗，唯一的光源是質詢官桌上的檯燈。他緊盯著我，臉上還帶著微笑。

「我們在哪？」我問。

「哪裡都不是。」

他問我們是什麼時候抵達埃及，並且為什麼要到埃及來。對他來說我們造訪埃及的時間點很可疑。他問：「你們一來，這裡也開始發生暴動遊行。怎麼這麼巧？」

起初我試著迴避此行的真正目的。上次替《紐時》到開羅，調查納粹醫生跟當地的關係，惹得埃及人非常不悅。後來我們才得知，那些曾接受採訪的民眾都遭到質詢，有些情報提供者甚至被捕入獄。

「我們在替一本歷史相關書籍做調查。」我含糊帶過。

「書的主題是？」

我猜他心裡已經有數。「關於一個曾住在開羅，而且死在這裡的德國人。」

「這個德國人有什麼值得報導的？」

「他是曾住在開羅的納粹份子。」

他在紙上做了筆記，抬頭看著我：「沒錯，妳就是那個把他的公事包從埃及帶到德國的女人。」他挖苦地笑著說：「這對我們國家來說很不好喔。」

我低著頭。二〇〇九年，我們第一次撰寫關於艾瑞伯特・海姆的專題報導時，我把他的公事包偷偷運出開羅。公事包裡頭有證明他在埃及生活的證據：個人信件、就醫紀錄跟其他資料。

「為什麼要扣留我們？」我問。

「我們想知道你們的動機還有真實身分。」

我偶爾會聽到附近房間傳來男子被毆打的哀號聲。在淒厲的叫聲中，有另一人的聲音吼著：「你這個跟外國人合作的叛徒！」我努力抓住遠方聲音中的一字一句。為了埃及駕馭著想，我的應對進退必須非常圓滑。

質詢官翻著桌上的資料夾，在一張紙上不斷做筆記，停筆時又抬頭看著我說：「我們這裡很少有女性進出，像妳這麼漂亮的更難得。」他沒再多說，我也聽出了再清楚不過的言外之意。

幾週前，我參加德國軍方提供給外交人員、人道援助人員和記者的自衛課程。講師說為了打擊、羞辱人犯或俘虜，強暴是施暴者有可能採取的手段之一。質詢官吐出那句話之前，我都努力掩飾自己的恐懼和緊張。但此刻，我第一次察覺這種事真的有可能發生在自己身上。

質詢官起身說：「我得走了，會有其他人來照顧你。」他的臉上再次閃過一抹諷刺的微笑。

他把我獨自留在房內，幾分鐘後另一名男子走進來，說他們要把我帶到另一個地方。為了爭取時間，我說自己想用洗手間。他說洗手間在大廳另一頭，叫我動作快一點。質詢室前站了其他身穿素色套裝的男子，其中一人手上拿著眼罩跟手銬。

雖然洗手間髒亂，但我還是得把握機會，誰曉得下次得等多久。站在骯髒的洗手台前，我看著鏡子中蒼白、眼中充滿血絲的自己。我擔心他們會將我跟尼古拉斯拆開。我告訴自己：不管發生什麼事，不要讓他們把妳擊垮。妳絕不會被擊敗。疲倦、無力的只是肉體，他們打不倒妳的靈魂。蘇雅德，妳不會被打垮的。

我推開門，其中一名男子說我必須戴上眼罩，他們會把我帶到另一個地方。「我不要離開同事。」我扯開嗓門大喊，希望尼古拉斯聽見。

「我們該走了。」另外一名男子說。我開始尖叫：「我的名字是蘇雅德．梅科涅特，是新聞記者，除非跟同事尼古拉斯．庫利什一起行動，不然我哪裡也不去。」我的目的是讓其他囚犯知道我在這裡，或是我曾到過這裡。如果我不幸喪命或出了什麼狀況，至少有人知道我叫什麼名字。

其中一名男子不耐地跺著左腳。「不要叫了，不然我們要用別的手段了。」他說。

有間質詢室的門突然敞開，裡頭走出一名質詢官。他問：「發生什麼事？」（後來我才知道那是尼古拉斯的質詢室，那男子就是英文流利、愛閒聊但令人恐懼的質詢官）。

「我不想跟同事分開。」我說。

官員回應：「妳必須離開，等下還有其他人要使用這間質詢室。妳同事等一下就會跟妳會合。」

他們替我戴上眼罩，我們開始往前走。從腳步聲我聽出有幾個人跟在我身邊，有兩人抓著我的肩膀跟手臂，其他人則緊跟在後。有名女子在某處，我們距離叫聲越來越近。我試著保持冷靜，盡量深呼吸。他們在強暴她嗎？等下我也會被強暴嗎？這時他們打開一扇門，尖叫聲離我越來越遠。我再度對自己喊話：不管發生什麼事，都只是肉體的折磨而已。有名男子猛在我耳邊呼吸，連脖子上的肌膚都感受到他的氣息。他彷彿是想說：下一個就輪到妳了。我裝作什麼事都沒發生。不可以崩潰，妳不會被擊敗的。

我們繼續往前走，前方的門打開後我就走進房內。他們將我的眼罩摘下。這個狹小的房間除了白牆跟六張橘色塑膠椅之外，什麼都沒有，灰撲撲的磁磚地板滿是污垢。雖然房內有一大扇毛玻璃窗戶，但因已入夜所以光線微弱，房間也相當陰冷。過了一陣子，尼古拉斯跟Z也被帶進房間。

「他們有揍你嗎？」那群男子離開後，我跟尼古拉斯問Z。

「沒有，我沒事。」他回道。這麼說來，接受質詢時我聽到的並不是Z的哭喊聲。雖然他們也問了Z不少問題，但他表明自己只是司機，不曉得我們的工作內容為何。

我們比對質詢過程，發現他們的問題沒什麼變化。他們問Z跟我們合作多久了，是誰跟他聯絡的，還有我們到過哪裡、跟哪些人碰過面。尼古拉斯碰到的問題則是為什麼我們要到埃及、他替哪個單位服務，還有為何選在此時造訪埃及。聊著聊著，我慢慢釐清這些問題的用意。這些囚禁我們的獄警跟質詢官，八成是懷疑我跟尼克與推翻埃及政府的陰謀行動有關；抑或是，他們用這種角度來詮釋我們的一舉一動。當時埃及情報單位指控美國跟歐洲的非政府組織和政治團體發動這些街頭抗爭，因此我跟尼古拉斯在暴動發生前抵達當地的事實，還有我們身上的裝備與車內現金，看來就像是來支援這些抗議活動的。上次偷偷摸摸將納粹醫生的公事包運出埃及已經留下不良紀錄，當時幾家埃及新聞媒體還公開質疑我是間諜，想藉由公開艾瑞伯特．海姆的秘辛來破壞埃及的名譽。雖然聽起來一點道理都沒有，但從埃及政府的邏輯和運作模式來看，我反而能用一種特別的角度來理解他們的質疑。

一開始，我們跟守衛之間的對話都滿平和的。其中一位比較親切的情資人員還拿雪碧跟小包Oreo餅乾給我們，說：「能幫的我會盡量幫。」後來他又走回房間，坐在我旁邊告訴我他很愛摩洛哥。聊了一會兒，我才得知他曾在拉巴特的埃及大使館上班。

「妳是做了什麼事，怎麼會被抓進來？」他問。

「是你們把我抓進來的。我們什麼都沒做。」

他貼近我的耳邊輕聲說：「妳被抓來這裡已經要感謝神了。至少我們認識妳、知道妳是誰。換作是其他單位，他們只會把妳當女人看。妳懂我意思嗎？」

我求他們趕快釋放我們，還說自己身體不舒服。他們派了一名醫生來，醫生身上帶著血壓計。我記得以前曾聽遭囚禁的人說，獄警在施以電擊酷刑時，會先替囚犯進行身體檢測，看看在不致命的情況下囚犯能承受何種程度的折磨。

「妳想讓我檢查一下嗎？」醫生微笑著說。

「不用了，我應該沒事。」我答道。

我們不斷要求跟大使館或《紐時》聯絡，但他們要我們稍等。過了一陣子，幾名我們之前就碰過的男子走進房內跟我們交談。

「我們確定你們只是記者。」其中一人說：「但我們沒辦法現在讓你們離開，外面天色很暗，很危險。」

「給我們手機，我們要跟美國大使館聯絡。」我這麼說，但其中一位獄警拒絕。

房內冷極了，只靠在塑膠椅上也難以入眠。我回憶過去，想著曾經走錯的路以及想完成的理想。或許我們永遠出不去了，或許會死在這裡吧。

有句諺語說隔牆有耳。在這裡，牆壁不僅有耳朵，它還會說話。那些話語屬於曾被監禁在這裡的囚犯。在那個漫長的夜晚，我讀著牆上的阿拉伯文塗鴉。有人在牆上刻了「阿拉，求你讓我從痛苦中解脫。」，另一道牆上則寫著「艾哈邁德．二〇一〇年五月四日」。

我當時也考慮是否把名字寫在牆上。或許之後會有人知道我們——我——曾在這裡待過。「誰知道他們會使出什麼手段。」Z全身顫抖地說。我問他是否害怕，他說自己只是快凍壞了。

外頭傳來間歇性的毆打及哭喊聲，嘶吼的都是埃及人。在重擊和哭嚎聲中，有一名疑似是情資單位官員的男子，厲聲用阿拉伯語說著：「你跟記者交談是嗎？你是不是在說我們國家的壞話？」接著有人也用阿拉伯語求饒，還說：「你這樣是違反戒律，違反戒律啊。」

又過了幾個小時，無力感和不確定感讓人快撐不下去了。我無法想像怎麼有人能在這種與世隔絕的小空間活過好幾週、幾個月，甚至是好幾年的。我們聽得見外頭抗議群眾經過的聲音，想起警察局被大火焚燒的場面，還有一位穆斯林兄弟會的成員曾對我們說他待的監獄遭人縱火，自己差點葬身火場。如果示威群眾對情資單位大樓放火，會發生什麼慘劇？搞不好我們馬上就葬身於烈火中或是被濃煙嗆死。

我看著尼古拉斯跟Z。大家都不發一語，彷彿被捲入思緒中，而且被恐懼籠罩。我回想自己儲存在電子裝置裡的資料。我確定他們無法獲取我手機上的聯絡清單，因為我有替聯絡資訊設定特別的密碼。不過我想到別的事，突然脫口而出：「媽的。」

尼古拉斯抬頭看，「怎麼了？」

我說他們把我的Kindle電子書拿走了，我在裡頭下載了一些書。

「那又怎麼樣？雖然那些書的內容可能跟蓋達或塔利班相關，但應該也沒差，畢竟妳是記者。」

不過我擔心的是別件事。裡頭有本書是朋友贈送的，內容是讓單身女子更了解男人心，我才剛開始讀而已。我把那本書的標題告訴尼古拉斯：《壞女人有人愛——做個魅力自信的愛情常勝軍》（*Why Men Love Bitches: From Doormat to Dreamgirl—A Woman's Guide to Holding Her Own in a Relationship*）。

尼古拉斯忍不住大笑出聲。我把標題翻譯給司機聽，他也笑個不停。就算只有短短幾秒，能暫時把恐懼拋在腦後，也令我感到欣慰。只是過了不久，我們又依稀聽見囚犯的哭喊聲。

隔天一早來了一名新的官員，他的名字是馬爾萬（Marwan）。他的脾氣非常差，強調自己有一堆麻煩得處理，因為局裡有「數千名跟你們一樣被逮捕的人」。他要我們到門邊往外看，大廳中坐了二十多人，絕大多數都被蒙上眼罩或戴上手銬，其中有幾位是白人。「你們的下場已經不錯了。」馬爾萬對我們說。

被囚禁將近二十四小時後，馬爾萬終於表示我們能離開。尼古拉斯跟我堅持Z也要跟我們一起走，他卻說Z必須繼續待。我們強調一定要帶他走，官員則說埃及人適用不同的審問流程。但我知道絕對不能留Z一個人在這裡。

Z哭著用阿拉伯語對我說：「我會跳出窗外。他們一定會把我凌虐到死，再把屍體隨便丟到亂葬岡。」

「他是埃及人，必須留下來。」馬爾萬告訴我。

「馬爾萬，對我來說，埃及人的命就跟美國人或德國人一樣珍貴。我想身為埃及人的你，聽我這麼說應該很高興吧。」我對他說。

他則說我瘋了。「妳還是多替自己想一想吧，懂嗎？」他的語調越來越具侵略性。

此時，尼古拉斯跟我想到一個辦法。我們把後車廂的所有行李拿出來交給Z，他的肩上掛著大包小包，手中提著我們的行李箱，整個人都快被沉重的行囊給壓垮。

「他不准走！」馬爾萬重複說道。

「那你要幫我們提行李。」尼古拉斯說。

馬爾萬詫異地看著我們。

「如果你不幫忙提行李，就得讓他跟我們走。」我說：「你要載我們回飯店嗎？誰要幫我們開車？」

他一臉厭惡，彷彿這些要求有損他的尊嚴。「好吧。」馬爾萬不滿地說。他表示自己已經快累垮了，他們必須逮捕很多人，多到難以負荷，他跟下屬都快喘不過氣了。

不久之後有幾名男子來帶領我們，他們會帶我們到開羅市區，回到同事下榻的那家飯店。被帶出狹小的房間後，我們必須站在大廳稍等，這時有好幾位頭上蓋著夾克的男子被帶進建築物裡。馬爾萬跟那名表示自己深愛摩洛哥的官員站在入口處，好像是在等著跟我們道別。

尼古拉斯碰到的那位陰險的質詢官，將手機和個人物品交還給我們，其中包含我的

Kindle電子書。

質詢官對尼古拉斯說：「我只想讓你知道，一切都在我們掌握之中。」

尼古拉斯笑著說：「往大街上看好像不是這麼一回事。」

「這只是一場表演罷了，實際上我們還是大權在握。」

我轉頭對馬爾萬和喜愛摩洛哥的友善官員說：「我們要回飯店對吧？」他們倆盯著地板不發一語。看似陰險的質詢官告訴尼古拉斯，我們必須簽一張文件，證明我們離開此單位時身體毫髮無傷。

我發出抗議：「在抵達飯店前我們不能簽。」但質詢官相當堅持。最後，他們將我們帶到機構外，把我們交給另一群衛兵。我要求他們證實會帶我們回飯店後，大家才感到一絲雀躍。

不過有一名在護身盔甲外披著素色制服，手上還拿著突擊步槍的男子卻斷然否決。

「那我們會被帶去哪？」

「我們不會透露。」

他們將我們趕上原來的座車，另一位配有突擊步槍的士兵說：「低頭往下看，不准交談。如果敢抬頭，就會看到你這輩子不想看到的東西。」

我們在車內待了約莫十分鐘，聽見子彈上膛以及撕膠帶的聲響。我們都以為自己的眼睛跟嘴巴要被摀起來了。

「我的天啊，他們要殺我們，他們要殺我們。」Z用氣音說，聽起來彷彿在啜泣。「我沒辦法留在車裡，我要逃跑。」

我怕他如果真的打開車門，那些官員就有理由痛毆他了。我用阿拉伯語悄聲說：「不要動。冷靜，冷靜。」

有位士兵從駕駛座窗戶往車內探，對我們的駕駛說：「你在解放廣場（Tahrir Square）幹了什麼好事？」

Z說我們根本沒去解放廣場。

「你就是國家的叛徒。」

「他只是我們聘請的司機，我們根本沒去解放廣場。」我用阿拉伯語回道。

我發現Z又開始緊張，而且淚水已經在眼眶裡打轉。他說自己受不了了。他的頭懸在方向盤上方，口中喃喃念著清真言，還說：「一切都結束了，他們會殺掉我們。」

怕說話會惹惱外頭的士兵，我就發出細微的噪音想安撫Z。低頭坐在車內時，我將手機開機，在臉書上發了一則貼文表示我們還沒獲釋。我請朋友聯絡任何能幫助我們的人。

質詢官走到窗邊，後頭兩名槍手持槍指著我的頭。官員不斷問我是否來自摩洛哥。我堅稱自己是德國公民，跟同事一樣都是《紐約時報》的記者。將手機舉在嘴邊的質詢官跟電話中的人談論著尼克。「他是美國人，聽見了嗎？你有聽到嗎？」

「你們來這裡，就是為了破壞埃及的形象。」質詢官對我說。

「我們是來報導真相的。」我回道：「我們是來自《紐時》的專業新聞記者，這點我們完全可以證明。」

我想起小房間牆上刻寫的姓名，很後悔自己沒把名字加上去。司機跟尼古拉斯事後表示，在車內接受質詢時，我的語氣既冷靜又堅定。雖然質詢官時不時對我咆哮，我的情緒仍然沒有潰堤。「你聽好，就算我們死在你手上，還是有其他人會來揭露真相。就算我們消失在世界上，你還是壓不住其他聲音的。」

質詢官顯然是藉由電話將我的回覆傳達給某人。他總是先彎腰跟我交談，再退後幾步使用對講機，講完之後再上前問我其他問題。他問：「妳為什麼選在這個時候來埃及，在暴動抗爭發生之前入境？」

我內心的聲音越來越清晰。這大概是我跟世界告別的時候了吧，這時想起小時候在摩洛哥，奶奶跟爸媽教我的那句話，應該要用上了：「萬物非主，唯有真主；穆罕默德，是其使者。」。一切都要結束了，我感到異常平和。童年的回憶以及和親朋好友玩耍的畫面，像電影那樣一幕幕閃過我眼前。我問自己：妳在世界上留下什麼？而答案卻令我感傷。雖然我對自己的報導作品引以為傲，但終究還是孑然一身，沒有兒女後代，也沒有另外一半。誰會替妳流淚呢？我在心裡低迴。

某扇後座車門突然敞開，有位士兵上車坐在尼古拉斯身旁。有人對車內說：「我們會把你們帶到另一個地方。駕駛，你現在可以抬頭跟著前面那台車開。你們兩個，不准往上看也不准動。穆哈邁德先生（Mr. Muhammod）會跟你們一起行動。」

Z盯著前方那台車，將車往前開，低聲說：「他們會把我們丟在沙漠。」穆哈邁德先生對著對講機說話，同時繼續質詢我。我的喉嚨乾到不行，幾乎說不出話來了，但我還是一一回應他的提問。雖然只過了二十分鐘，感覺卻更漫長。

終於，穆哈邁德先生請駕駛停車稍候。他走出車外，我仍低頭看著下方。「一切都結束了。」Z用阿拉伯語說。就在此時，穆哈邁德先生從駕駛座窗外說：「你們自由了，願真主阿拉保佑。」

我抬頭看著穆哈邁德先生的臉，有著一對綠色瞳孔的他，看起來相當友善。「什麼？」我問：「你剛才說什麼？」

「我說你們可以離開了，一路保重。」他轉身走掉。

我們正在開羅某處，街邊是一排排的住宅和商店。現在已接近傍晚，我們將車停在路邊，下車後攔了一輛計程車駛往飯店。我們三人在計程車內相擁，計程車司機透過後照鏡，用百思不得解的表情看著我們。我只說我們是很久不見的家人。

我打電話給爸媽說自己沒事，但我一點都不好。雖然看似毫無異狀，事實卻不是如此。我們替駕駛訂了一間房間，還給他一些現金。除了拘留期間的Oreo餅乾外，我們已經超過二十四小時尚未進食，所以大家立刻走進飯店的餐廳。才剛點完義大利麵，我的手機就響了。

「蘇雅德，仔細聽，不要告訴我妳在哪。」某位也在開羅的記者同事說：「妳應該也知道情報單位正在打電話給開羅的飯店詢問你們的行蹤。如果我是你們，一定會趕快離開找個安全的地方。」

我們一口飯都沒吃，就趕緊打電話給德國大使館。他們派了一輛車來接我們。

隔天，確定司機Z平安無事後，我跟尼古拉斯就離開埃及。《紐時》跟德國電視台幫忙照顧他跟家人，並用假名替他們向飯店訂房。

大概三天後我回到德國，收到一封電子郵件，寄件人的信箱是我從沒見過的。

「我是馬爾萬，我們在埃及碰過面。我想知道妳過得好不好，還想告訴妳，妳實在讓我印象深刻。」

原來是馬爾萬，那個監禁我們的官員。

我花了好長時間才擺脫那趟埃及之旅的壓力與創傷。有時我會在半夜突然大叫驚醒並渾身是汗。我必須承認，雖然自己毫髮無傷，但精神狀況卻遭到重擊。我一方面感到恐懼，另一方面又想克服這種心情。因為如果為此感到害怕，那些獄警就贏了。

我到摩洛哥放了一個禮拜的假，刻意不碰工作。朋友告訴我馬拉喀什郊外的山頂上有間小飯店，聽起來正適合我。我需要獨處，需要療傷。

固定擔任我司機的摩洛哥男子阿布德拉（Abdelilah），將我從卡薩布蘭卡機場載往伊姆利勒（Imlil），我坐在後座沉默不語。通常我們在車上有說有笑，這次兩人都異常沉默。戴著太陽眼鏡的我看著窗外。

車子前進過程中，我腦中想著過去的事件以及未來可能遭遇的狀況。尼古拉斯始終是支持我的力量來源，我們都得面對這段創傷，不過新書的研究調查尚未完成。該回到埃及嗎？這本書值得我們冒險一搏嗎？

我思索中東地區以及摩洛哥未來可能遭遇的狀況。這些地區突然間爆發這麼多抗爭，抗爭者的訴求五花八門，大家都期望甚高。在埃及，有些民眾訴求擁有更多權利，有些人希望有更好的就業環境，其他人則要求政府提供更理想的健保照護。我也跟其他抗爭團體碰面，他們希望埃及能有像利比亞總統穆安瑪爾・格達費（Muammar Gaddafi）或埃及長期執政的前總統賈邁勒・阿卜杜勒・納瑟（Gamal Abdel Nasser）的人掌政，因為他們才是「強大的領袖」。

我也百思不得其解，為何此次人民起義會被稱為「阿拉伯之春」。這麼樂觀的名稱究竟是誰取的？我想起亞歷山大港的科普特教會信眾，以及我們的其中一位情報來源者曾低聲吐露內心恐懼，他深怕穆斯林兄弟會有可能再度掌權。他說我們都不了解穆斯林兄弟會有多危險，尤其像埃及基督教徒這種弱勢團體更是深受其害。不過因為遭到拘留，我們永遠無法撰寫這則故事。

我知道有時民主無法造福弱勢。從高中的歷史課以及撰寫這本納粹書籍的研究過程中，我讀到希特勒和其政黨是如何透過選舉與聯合政府獲得權力。為何民眾會相信選舉能避免極權主義？

如要抵達山頂飯店，只能徒步行走或坐在驢背上前進。因為太過疲倦，我選擇讓驢子帶我上山。奇怪的是，當時對人類失去信心的我，竟相信一頭動物能安全踩在鬆動的石板路上將我帶到山峰。

飯店經營者詢問我午餐跟晚餐想吃些什麼。除了我以外，飯店裡只有另一對法國情侶。我的房內有張椅子、一張小桌子，床上擺了幾塊毯子，入夜後山上氣溫相當低。房內就有一間浴室，走到房外的陽台就能看見美不勝收的景致。遠方的山峰蓋著白雪，鄰近的棕褐色山頭則佈滿岩石。山腳下村莊中的房舍清晰可見，空氣相當清新，其中挾帶著燃燒木柴的煙味。在這裡完全聽不見車聲，只有公雞的啼叫聲。

有整整兩天，我只要踏出房門就是到飯店戶外平台上獨自欣賞當地的壯麗美景。我一邊盯著天空，依邊啜飲摩洛哥薄荷甜茶。

雖然我把Kindle電子書帶在身邊，但自從離開埃及的情資單位監獄後，我就沒把它打開過。這時我想讀一本之前下載的書，我將電子書充飽電後打開電源。我發現有件事不對勁。電子書說我已將《壞女人有人愛》這本書讀完，在監獄裡跟尼古拉斯提起這本書時，我才剛開始讀而已，當時情資單位的長官就將我的所有物沒收。

我坐在觀景平台上，笑到淚流不止。我腦中浮現質詢官徹夜翻閱此書的畫面，搞不好他原本期待書裡有些刺激的故事情節，結果只讀到一些給單身女性的建議。

那年春末，我跟尼古拉斯又踏上埃及這片土地，時間正好是總統穆巴拉克下台後兩個月。移民局花了好長一段時間檢查我的護照，但最後我還是順利通行。

來到借住的朋友家時，我發現自己又收到馬爾萬的電郵。他寫：「嗨，妳好嗎？我剛好也在開羅。」難道他在追蹤我嗎？還是想試圖威嚇我？他覺得我會被嚇跑嗎？

因為不想一整趟旅程都在胡思亂想中度過，我決定採取極端手段。

某位來自歐洲的情報提供者，把那名跟埃及外交部情報單位合作的官員姓名給我。有些官員跟埃及情資和維安單位有所連結，他應該就是其中一人。我決定拜訪他。

來到他的辦公室，我告訴他自己跟同事在他的國家遭遇了地獄般的對待，不過我想這他早就心知肚明。「我們會回來是因為想完成新書的調查，」我說：「我們沒有要躲躲藏藏，大家都知道我們是記者，他們也很清楚我們上次在這裡發生的事。」

他點點頭，問我想不想抽菸。我婉拒，但表示不介意他抽。他點起菸。我說自己收到那時看管我們的獄警來信，問他這是什麼意思。他看著我微笑：「說不定他跟他的朋友想讓妳知道，你們在這裡很安全。」他說。

「我在這裡安全嗎？我跟同事在這裡真的不會出事？難道不會再度被你們的單位盯上嗎？」

他抽完那根菸，順手將菸蒂插進菸灰缸中。「妳經歷過這些事，還敢跑來我這裡問話，像樣妳這樣的人可不多。」

他站起身表示，他得先離開去打個電話。

幾分鐘後他又再度出現，說：「埃及非常歡迎妳，蘇雅德小姐。這是我的手機，如果妳有任何問題再聯絡我。」

尼古拉斯跟我在當地花了幾週時間調查，工作期間情資單位完全沒來找碴。我也沒再接到馬爾萬的電郵。

第十章

這不是阿拉伯之春——二〇一一年，德國與突尼西亞

全世界都在關注二〇一一年上半中東地區的抗爭風波，我也不例外。二〇一〇年十二月底，突尼西亞水果商穆罕默德・布瓦吉吉（Tarek al-Tayeb Mohamed Bouazizi）引火自焚，引發全國暴動。一個月後，突尼西亞總統宰因・阿比丁・班・阿里辭職，結束長達二十三年統治。來到二月，在我和尼古拉斯離開埃及不久後，穆巴拉克也遭罷免，卸下擔任三十年的總統職位。在利比亞，穆安瑪爾・格達費正跟勢力強大的武裝反抗軍抗衡，衝突局面讓該國陷入癱瘓。此時，敘利亞人民才準備發動抗爭，想推翻巴沙爾・阿薩德（Bashar al-Assad）專權。國際組織承諾給予反抗軍支援，各式武器也流入敘利亞。

起初我跟抗爭者一樣樂觀，他們的宗旨是：「希望國家能有所改變」。我理解他們心中的怒火，也瞭解他們需要動員更多民眾，來讓自己的聲音跟訊息傳播得更遠、讓大家聽見。數十年來，某些中東國家領導人公開反對專制獨裁的治理方式，宣稱自己採取共和或民主政體。雖然技術上來說是如此，但實際上統治權還是集中在少數菁英份子手上。總統的親信與友人不斷累積財富，人民仍舊貧困。這跟古時王國的型態沒什麼兩樣。而且有些阿拉伯國家的領導人低估社群媒體的影響力。儘管他們打壓當地媒體，但越來越普及的網路讓人民有其他管道溝通、交換資訊。

不過隨著革命開展，我對國際媒體報導「阿拉伯之春」的方式，以及西方領袖談論此現象的態度越來越不滿。大家似乎都認為中東國家會在一夜間蛻變為開放、西化的民主國家。在很多地區，這確實是抗爭者的訴求。但若想實際推行可是需要耗費數十年之久的龐大工程，這點大家似乎都忽略了。我發現許多西方世界以及部分阿拉伯國家的民眾，都相信這種魔術般的奇蹟會發生。

在冬末或初春的某個時間點，我接到某位柏林伊瑪目傳來的簡訊，讀來相當緊急。這位伊瑪目與我相識多年，他在簡訊裡寫：「蘇雅德平安，能打個電話給我嗎？我有重要的事。」

「我這個社區有越來越多年輕人說要去參與聖戰。」他在電話裡對我說。

「除了這個還有其他新消息嗎？」我回道。十多年來，不斷有年輕的穆斯林男性到阿富汗和巴基斯坦的部族聚落參與聖戰，矢志效法九一一炸彈客。

「這些年輕人不打算到阿富汗或巴基斯坦，」他說：「他們口中都談論著利比亞或敘利亞。」

「他們想跟誰抗戰？」我問：「這場聖戰的名義是什麼？」

「我不清楚，不過妳該來跟一個人碰面。我們都叫他阿布・馬力克（Abu Maleeq）。我猜他的真名應該是丹尼斯（Denis），不過他最有名的稱號是饒舌歌手德索・多格（Deso Dogg）[1]。」

初次與阿布・馬力克碰面，是在柏林市中心外某間清真寺裡。計程車司機將車停在老舊的灰色建築前，這裡以前是座工廠。這座清真寺跟歐洲多數清真寺一樣，從外觀來看並沒有什麼特殊之處。穆斯林會在這些場所聚集，建立類似協會或聯盟的組織，這在德文裡稱為Verein。他們購買或承租的建築就是組織的正式總部，內部房間也會被改造為禮拜室。這類清真寺在德文裡有Hinterhofmoscheen的別稱，意即「後院清真寺」。這些清真寺通常不會座落在最好的地段，漢堡的聖城清真寺就位在紅燈區。有些穆斯林，尤其是年輕信眾，認為在歐洲唯一容得下清真寺的地方就是那些沒人想踏足的社區。就穆斯林社群與歐洲社會間的長遠關係來看，這並不是個好徵兆。

任何人都能組織協會，並租賃、購入房舍，將其轉化為清真寺，這其實對社會構成潛在威脅。我跟這類清真寺裡的伊瑪目碰過面，比起談論宗教，他們還比較常把政治掛在嘴邊。每當我問他們是在哪裡接受伊斯蘭教訓練時，他們都支吾其詞，只說自己曾在沙烏地阿拉伯或其他地區上過課，或他們是社區中最年長的男子，又或者他們是當地唯一會說古典阿拉伯語的人。有些伊瑪目是從別國被帶進歐洲，並受到遠端監控。在德國的土耳其人社區中，不少清真寺隸屬土耳其伊斯蘭信仰事務聯盟（Turkish-Islamic Union for Religious Affairs）這個組織。土耳其的執政黨正義與發展黨（AKP）就是透過這個聯盟，來決定這些伊瑪目的宣教內容，並左右信眾的宗教及政治立場。

這跟我認識的那位柏林伊瑪目不同，雖然他還年輕，但曾在歐洲與中東受過伊斯蘭宣教訓練。在德國成長的他，很清楚自己傳達給信眾的是何種信念。

「他在辦公室裡，」我抵達時，那位伊瑪目說：「他大概不會馬上對妳敞開心房，要讓他信任妳才有可能。」

---

1 多數關於丹尼斯・卡斯伯（也稱德索・多格、阿布・馬力克或後來的阿布・塔爾哈）都來自作者與安東尼・法約拉為以下文章所作之報導：Souad Mekhennet, "German Officials Alarmed by Ex-Rapper's New Message: Jihad," *New York Times*, September 1, 2011；Anthony Faiola and Souad Mekhennet, "Battle with the Islamic State for the Minds of Young Muslims," *Washington Post*, December 19, 2014；Anthony Faiola and Souad Mekhennet, "From Hip-Hop to Jihad, How the Islamic State Became a Magnet for Converts," *Washington Post*, May 6, 2015.

走進房內時那名男子起身說：「真主保佑您平安。」他的雙手滿是刺青，我看得目不轉睛。他發現我的眼神落在刺青上，便解釋這是他以前不信教時刺的。

「你是說還是嘻哈歌手的時期嗎？」

他點點頭。

他右手上的刺青寫著「STR8」（異性戀），左手則刺著「Thug」（惡徒）。他笑著，露出潔白的牙齒。「我以前就是大家所謂的『壞孩子』。」他看著刺青補充道：「阿拉會替我洗去這些刺青。」

我問他是怎麼成為穆斯林的。

「其實我原本就是穆斯林，」他說：「但是我一直走在歧途上，後來阿拉才把我導上正路。」

現在他對外的名字是阿布．馬力克，真名則是丹尼斯．馬馬督．傑哈德．卡斯伯（Denis Mamadou Gerhard Cuspert）。他說自己生於柏林，是由身為德國人的母親和曾為美軍的繼父撫養長大。「我的生父來自迦納，」他說：「我還是嬰兒時，他就丟下我們跑了。在我媽告訴我真相之前，我一直以為我爸就是那個美國人。」

繼父對他跟弟弟很嚴格。「他跟我，我們天天吵架，我也開始幹一些壞事。」

「例如？」

他笑著，牙齒又露了出來。「就是那種柏林幫派的混混會做的事，像是在打架鬥毆、嗑藥之類的。」

母親跟繼父決定將他送到收容所，跟那些有行為偏差問題、曾加入幫派或觸法的青少年一起接受管教。「這很好笑，我本來已經是壞孩子了，他們又把我送到一個其他小孩都比我更壞的地方。」他笑著說：「所以我又學到更多事。」

我好奇他小時候內心的憤怒是從何而來。

「你能體會身為社區跟學校裡唯一一個黑皮膚小孩的我，童年是什麼樣子嗎？就是一路上遭到種族歧視。」

我並未回話。

他停下來問我，想不想喝咖啡或茶，我猜他大概是想換話題而已，就接著問。

「在這個社區長大是什麼樣子？」

「很難熬。」他說。有些老師叫他「黑鬼」，對他跟穆斯林學生也特別壞。

這讓我想起自己幼稚園時的經歷，想起那位曾經說，童話裡的壞人都「跟妳一樣留著黑色頭髮」的老師，想到同樣住在特雷騰堡街的小孩都被禁止跟我們玩耍，只因我們是移工的後代，我們甚至跟他們不屬於同一個「等級」，只因為我大姐是殘障人士。

我從他的語氣聽出內心的憤怒，也能感受他從小身為局外人的艱難處境。卡斯伯說他後來對政治和世界發生的大小事越來越有興趣，這點我自己也感同身受。「或許是因為自己的成長經歷，總覺得要幫助那些弱勢、受迫害的民眾。」他說。其實這些話我也常從恐怖組織成員口中聽到。唯一的問題是如果他們做得太超過，「幫助受迫害民眾」就很可能會壓迫到另一群人。

一九九〇年代初期，第一次波斯灣戰爭期間，他走上街頭抗議自己所謂「不公不義」的美國外交政策，出發點就是扶持受迫害族群。在柏林的穆斯林移民社區長大的他，除了培養出左派的意識形態，心中也充滿幫助巴勒斯坦人民的理想。他的鄰居大多都將美國視為罪大惡極的魔鬼。他說他在青少年時，甚至燒過美國國旗。

他還表示年輕時就受過泰拳、跆拳道和巴西柔術訓練。德國社工後來將他送到納米比亞的勞動教養農場，目的是將青少年罪犯引導上正途。這種農場的功能主要是讓他擺脫暴戾、激進的心態，啟發內心原本良善的特質。卡斯伯說這跟入伍從軍沒什麼兩樣。天剛亮他們就得起床工作直到太陽下山，勞動內容不外乎是種植蔬菜水果，飼養家禽家畜。這種地方雖然結構嚴明、規矩清楚，卻也是他首次生活在主要由黑人組成的環境裡。儘管很享受待在那裡的短短幾週，他的行為和世界觀卻沒什麼改變。

一九九〇年代，他替自己的怒火找到新的出口：卡斯伯開始以德索．多格的名號唱饒舌樂，德索（Deso）就是惡魔之子（Devil's Son）的縮寫[2]。卡斯伯相信自己能透過音樂觸及成千上萬名青年，散播對政局的不滿，並公開發表對社會議題的看法。在他的歌詞中，他呼籲政府終結少年輔育院[3]、種族歧視、戰爭，偶爾也對宗教提出質疑。二〇〇三年美國準備進軍伊拉克時，卡斯伯和繼父也為了政治議題發生無數次爭執。

「所以你的一切行動都是為了惹惱繼父嗎？」我問：「還是你真的相信海珊是無辜的？」

他停了幾秒鐘，說：「我是想向繼父挑釁，但我也很反對美國的帝國主義。他們總認為自己能干預其他國家的事務，這點令人看不順眼。」

「如果沒記錯的話，波斯灣阿拉伯國家在二〇〇三年也很支持美軍進入伊拉克，因為海珊的軍隊在一九九〇年入侵科威特。至少這些國家不反對美軍出兵伊拉克。」

卡斯伯微笑。「確實是這樣沒錯，但那些國家的首領都受到美國操控。他們是叛徒，一定很快就會滅亡的。」

他的音樂事業突飛猛進。二〇〇六年，他跟美國嘻哈歌手ＤＭＸ共同巡演。卡斯伯最

---

2 參考資料：Sarah Kaplan, "'Jihad Is a Lot of Fun,' Deso Dogg, a German Rapper Turned Islamic State Pitchman Said. Now He's Reportedly Dead from U.S. Air Strike," *Washington Post*, October 30, 2015.

3 卡斯伯有財產犯罪、身體傷害、非法持有武器與違法持有毒品藥物等前科，也入獄不只一次。根據國家憲法保護機構（State Office for the Protection of the Constitution，位於柏林），他利用自己在獄中累積的聲望，來發展後來的饒舌音樂事業。請參考：Senatsverwaltung für Inneres und Sport Berlin, "Denis Cuspert—eine jihadistische Karriere," September 2014, pp. 8–9, http://www.berlin.de/sen/inneres/verfassungsschutz /publikationen/lage-und-wahlanalysen/lageanalyse_denis_cuspert.pdf.

知名的歌出現在二〇一〇年的德國電影《公民勇氣》（*Civil Courage*）中，歌詞開頭就說：「歡迎到我的世界，這裡充滿仇恨與鮮血。」在音樂錄影帶中，卡斯伯則進行穆斯林禮拜前的淨身儀式。

卡斯伯的名聲越來越旺，也擁有許多樂迷。假如他繼續在樂壇耕耘，如今可能也跟布喜多（Bushido）一樣出名。德國與突尼西亞混血的饒舌歌手布喜多與卡斯伯的成名時間相近，現在他的演唱會總是塞爆大型體育場，並藉此賺進大把鈔票。二〇一〇年出了一場車禍後，卡斯伯開始感到自己過去一直在浪費生命追逐名利與認同。他變得非常焦躁不安，開始挖掘自己的身世背景。雖然他的生父是穆斯林，但卡斯伯並未在伊斯蘭教的環境和規矩下成長。現在他對伊斯蘭教的認識越來越深，深信是阿拉讓他沒在車禍中喪命，讓他能找到人生的新方向。

他不再唱饒舌樂，更將音樂視為哈拉姆（haram），也就是違反教律的意思。卡斯伯開始吟唱所謂聖歌（nasheeds）的伊斯蘭教歌曲，這些音樂常被ＩＳＩＳ與其他聖戰組織拿去當成影片背景音樂，卡斯伯也將人生重心放在反抗美國與西方世界上。他說他曾與塔利班聯絡人接觸，並宣誓效忠於穆拉．奧瑪，也開始遵從安瓦爾．奧拉基（Anwar al-Awlaki）等宣教士的教導。生於美國的安瓦爾．奧拉基，是許多年輕一輩聖戰士的精神寄託，後來他加入蓋達組織，在二〇一一年九月死於美國的無人飛機轟炸。同時他也找了賓拉登的演說來聽，他不認為賓拉登是恐怖份子，而是放棄舒適生活、自願幫助弱勢的俠盜羅賓漢。

賓拉登在二〇一一年五月被美國海軍海豹部隊殺害時，卡斯伯說他很欣慰蓋達組織首領能以烈士之姿離世。

卡斯伯一直在追尋答案，但我很清楚歐洲的伊瑪目無法滿足他的渴求，至少德國的伊瑪目辦不到。倘若卡斯伯到德國的清真寺去試圖談論政治，詢問如何以宗教的觀點來分析政治現況，那些伊瑪目大概會避免觸及這些議題，以免情資國安單位來將清真寺查封。無法談論內心疑惑與焦慮的卡斯伯，只好開始跟想法相近的人來往，變得越來越激進。

西方國家將發生在突尼西亞、埃及、利比亞和中東各地的起義視為民主改革的先兆，卡斯伯則認為這是反西方的伊斯蘭主義份子穩固權力、公開執行計畫的好時機。

「民主是什麼？」他問：「民主跟伊斯蘭根本合不來，大家想要的只有伊斯蘭。」

我問他為何認為伊斯蘭教無法與民主兼容。他笑著說自己曾在網路上聽某位教長宣教，後來也跟那位教長聊過，只不過他拒絕向我透露那位教長的姓名。卡斯伯似乎對自己的人生和西方霸權困擾不已，他的憤怒與不滿讓他成為聖戰士招募者眼中容易上鉤的目標，那些招募者很清楚該說些什麼來拉攏像卡斯伯這樣的人。九一一事件的四位主謀中，有其中三位就是被資深的聖戰士與宣教士所影響，現在又有一批在歐洲出生的新一代極端份子竄出頭，例如來自奧地利的穆罕默德．馬哈茂德（Mohamed Mahmoud），對卡斯伯而言，他也是精神指標。馬哈茂德不僅能說流利的德文，還懂父母的母語，這讓當時還不會講阿拉伯語的卡斯伯相當折服。

「但這不是民眾上街抗議的目的。」我對卡斯伯說。至今我還沒聽過有人上街訴求以伊斯蘭教法來治理社會。

他又笑了。「不要管妳看到了什麼，真正值得全世界擔心的大事，現在還沒法看到呢。」

卡斯伯表示自己跟突尼西亞的「兄弟」保持聯絡，他們因為宣揚伊斯蘭教而被監禁。「妳能想像嗎？」他說：「那些把他們關起來折磨的人也自稱是穆斯林，但真主讓他們耐心等待，現在終於獲得自由。感謝阿拉。」

還要感謝阿拉伯之春，我心裡這麼想。我問卡斯伯是否計畫出發參戰。

「依真主之願，如果時機到了我會動身。」他這麼說，還緊接著說自己只會「在人民說著神聖《古蘭經》語言的國度」作戰。

這是那年春天，我初次與卡斯伯碰面的談話內容。談得越多，我就越好奇是否有某種地下聖戰組織網絡，藉著阿拉伯之春壯大自己。我不知道他的話有幾分能信，只好不斷追問下去。

「他不過就是個唱饒舌的，八成不是個重要人物，」某個情資單位官員對我說：「繼續跟他談下去只是浪費時間。」

但我的好奇心不減，卡斯伯篤定的態度更吸引我繼續探查。

雖然這些話如今聽起來不怎麼極端，當時卻沒有國際新聞媒體或西方報紙雜誌報導，畢竟他們報導的不外乎是伊斯蘭主義的衰頹及民主的崛起，彷彿有人突然在中東和北非地區點起一盞明燈。很多突尼西亞、敘利亞、埃及和中東各地的自由主義者和年輕人想爭取更多權利，期盼有個更進步的政府，記者都只報導這些抗議團體，忽略了那些意圖不軌的組織團體。讀者和觀眾受到媒體引導，以為只要關注解放廣場的動態，就能知道埃及想要的是什麼，但解放廣場並不等於整個埃及。同時我們也忽略、沒有去關注另一票群眾，例如卡斯伯和他的同伴。又或者，我們根本就不想知道這些人的動向和意識形態，因為他們的形象跟民主進步的快樂畫面有所衝突。

在這波民眾起義的風潮中，蓋達組織與塔利班在哪？這群被褫奪權力、曾受蓋達組織吸引的人，會將阿拉伯之春視為出動的好時機嗎？我開始聯繫位在歐洲、北非和中東地區的軍事組織聯絡人，也買了一張新的未登記ＳＩＭ卡和平價手機，打電話給曾在巴基斯坦與我共進晚餐的塔利班指揮官。

「我聽說妳在埃及發生的事了，」他說：「他們有對妳怎麼樣嗎？有折磨妳或是……」他突然停了下來，又接著說：「妳懂我意思。他們有玷污妳的榮譽嗎？」

我說一切都沒事，還問他是怎麼得知的。

他笑著說：「妳以為我們不看新聞嗎？」

我問他會不會擔心某些國家因為受阿拉伯之春的影響，而使塔利班支持者減少的現象。他一點都不擔心，反而很讚賞那些反對「貪污領導人」的抗議團體。他還說：「人民即將握有大權，這是好事，他們會選擇正確的道路，就跟接受塔利班領導的我們一樣。」

不過這跟我在遊行群眾的示威牌上看到的訊息有出入。民眾盼望的是更多權益以及更好的生活品質。

「這不是大多數人的訴求，」指揮官對我說：「民眾想要的是伊斯蘭教法。他們不希望西方世界繼續干預，不想讓傀儡領導人統治自己的國家。」他說自己之所以會知道這些內幕，是因為有些塔利班戰士就是來自這些國家。「現在他們都回祖國宣教（dawah），幫助需要協助的民眾。」

在伊斯蘭教傳統中，宣教的意思是宣揚教義並加以指導。而塔利班指揮官口中的那群人其實就是聖戰士招募者。「妳以後就知道了，」他說：「來自各地的兄弟會到這些地方，散播那些以前被禁止的正確伊斯蘭教義。」

我開始猶豫是否該到中東蒐集更多資訊。不過此時有位年輕穆斯林在法蘭克福開槍[4]，殺害兩位美國飛行員，還有另外兩人受傷。警方說他們已經逮捕名叫阿里德．烏卡（Arid Uka）的犯人，我便投身採訪這起事件。

烏卡是阿爾巴尼亞裔人，他出生在科索沃，在法蘭克福長大。親友口中的他是名害羞而冷靜的二十一歲青年，讀國中時他還曾跟同學發想出打擊社會暴力的計畫，並獲得政府獎項。他的雙親是溫和不偏激的穆斯林，他們也不曉得為何兒子會殺害兩名美國人。不過他的大哥哈斯特里德（Hastrid）提到阿里德花很多時間用電腦，「玩電動、看臉書貼文，或是看YouTube上的影片。他前陣子還在聽伊斯蘭聖歌，跟一些用德文錄製的政治訊息。」

我問他知不知道那些歌的來源。他想了幾秒，好像想起歌手的名字。

「那個人以前好像是饒舌歌手，叫什麼多格的。」

打電話給卡斯伯時，他的舊號碼已經停用。我聯絡那位介紹我們認識的伊瑪目，問他是否有前饒舌歌手的新電話號碼。

「抱歉，我也沒有。」他說：「事情變化太大了，蘇雅德。阿布．馬力克不再來我的清真寺了。其實我說他的觀點太極端，已經偏離伊斯蘭教義時，他就斷定我是叛徒。」

伊瑪目除了說卡斯伯現在跟另一群人混在一起，還表示：「他不想知道事實，只想聽他自己認定的真相。」

既然聯絡不到卡斯伯，我就針對他之前提供的情報進行調查。我到倫敦跟三位資深軍官碰面，他們分別來自埃及、突尼西亞及利比亞。其中兩人曾在一九八〇年代替阿富汗抵抗蘇聯，見證全球聖戰的崛起。他們也都在自己的國家參與伊斯蘭主義運動，試圖推翻政

---

4 參考資料：Souad Mekhennet, "Frankfurt Attack Mystifies Suspect's Family," *New York Times*, March 8, 2011；Jack Ewing, "Man Charged in Germany in Killing of U.S. Airmen," *New York Times*, July 7, 2011.

府，實行完全奠基於伊斯蘭教法的社會制度。因為他們的觀點不受歡迎，有些人就待在英國的難民庇護所中，但他們很清楚自己的一舉一動都在英國情資單位的監控下。

我們在騎士橋（Knightsbridge）附近的咖啡廳碰面，這一帶有許多來自波斯灣國家的富裕阿拉伯人。雖然這幾位軍官家境不優渥，但在這裡他們比較不會因種族差異受注目，所以也感到比較自在安心。我認識埃及和突尼西亞的軍官已有一段時間，和來自利比亞的男子則是初次蹤面。他們似乎都很滿意祖國目前的政治情勢。

「人民終於讓世界知道自己已經受夠貪污政府了。」利比亞軍官這麼說。他語調輕柔，深棕色的雙眼看起來非常祥和。「只要利比亞人能有選擇，大家一定會擁抱伊斯蘭教法的。」

「假如他們不想呢？」我問。

「如果他們有機會了解什麼是正道，就一定會做出正確選擇。」突尼西亞軍官說：「沒有比阿拉的律法更好、更正確的道路了。」

那突尼西亞的婦女會落入何種處境？我這麼問。突尼西亞向來非常開放自由，婦女也享有不少權利，與男性相當平等。突尼西亞的首位總統哈比卜．布爾吉巴（Habib Bourguiba），或許是阿拉伯世界中最努力推動婦女權益的領導人。一九六〇年代，他實施一連串改革，例如禁止多妻制、讓婦女有自由選擇丈夫的權利、離婚時婦女仍能保有孩子的監護權，而且能合法墮胎。布爾吉巴將婦女蓋在臉上的罩紗稱為「討人厭的破布」，後來也禁止女性披戴面紗。民眾後來將他的政舉稱為「布爾吉巴式女性主義」（*le féminisme bourguibien*）[5]。

有些人認為做出這番改革的布爾吉巴是英雄，其他人則稱他為「獨裁者」，我身邊的男子就是一例。

「她們是被逼的。」突尼西亞軍官忿忿不平地說：「婦女一點選擇也沒有。布爾吉巴跟其他叛徒強迫女性放棄伊斯蘭傳統。我們會讓突尼西亞的女性重獲自由。」

「如果有人不想圍頭巾怎麼辦？」

「真正的穆斯林婦女都會很樂意把頭髮跟臉蓋起來的。」

「臉也要？」我脫口而出。

他告訴我，如果他在英國出生的太太跟老婆都願意用面紗將臉遮起來，那阿拉伯國家的穆斯林女子一定也很樂意這麼做。

「但在阿拉伯之春運動裡，披頭紗或面紗根本不是民眾的訴求。」我說。

「這不是阿拉伯之春，」埃及軍官插嘴說：「這是伊斯蘭教和穆斯林之春。」

5 參考資料：Samar El-Masri, "Tunisian Women at a Crossroads: Cooptation or Autonomy?" *Middle East Policy* 22, no. 2 (Summer 2015), http://www.mepc.org/journal/middle-east-policy-archives/tunisian-women-crossroads-cooptation-or-autonomy.

他說自己有很多從埃及監獄獲釋的朋友都積極宣教。「這對穆斯林烏瑪來說是件好事。」他口中的烏瑪，指的就是穆斯林社群。「現在我們能將正確的伊斯蘭教法傳入祖國，整個地區的穆斯林社群就會更強大。」

喝完茶跟咖啡後，突尼西亞軍官還鼓勵我到突尼西亞與利比亞交界處看看。「我有很多兄弟都在那裡幫助難民，如真主所願。他們從前都在獄中待了好幾年。」他還給我他妻子的電話，日後若有需要聯絡就派得上用場。

走回飯店時，身邊的群眾都說著波斯灣地區方言。有些人提著愛馬仕手袋及哈洛茲百貨公司的購物袋，其他人則駕著勞斯萊斯、法拉利或瑪莎拉蒂等跑車呼嘯而過。讓我震驚的是，他們似乎不掛心中東地區的慘況，甚至對此一無所知。不管怎麼說，這些路人跟剛才與我碰面的軍官相去無幾。我想起突尼西亞軍官說過的一段話：「埃及、利比亞、突尼西亞跟敘利亞這些地區只是開端，這波起義風潮擋也擋不住，這樣阿拉的士兵也更方便行動。」

這樣聽來，阿拉伯之春彷彿是一塊吸引世界各地軍事組織的磁鐵，就像當時阿富汗與巴基斯坦人抵抗蘇聯一般。我深信自己得造訪這些國家來確認實際狀況。

我在八月來到突尼西亞，班・阿里政權也被穆斯林兄弟會組成的後備政府取代。政黨首領拉希德・加努希（Rachid Ghannouchi）向來被視為溫和不激進的伊斯蘭主義者，曾在英國流亡二十多年的他，在二〇一一年回到突尼西亞。突尼西亞民眾看來相當自豪、欣喜不已。與我交談過的突尼西亞人看似樂觀，與我共事的特約記者艾哈邁德（Ahmad）也是如此。在班・阿里的統治下，突尼西亞就像個警察國家。知識份子不得公開發表言論與出版著作。不過艾哈邁德驕傲地跟我說，現在突尼西亞即將變成真正的民主國家，人民也將獲得言論自由。雖然這個理想尚未完全落實，他還是相信新的領導人會做出正確選擇，打擊貪腐並解放政府。

來到利比亞與突尼西亞的拉斯雅札迪（Ra's Ajdir）邊境關口，這裡有國際紅十字與紅新月運動、聯合國與其他國際組織的代表，他們在這裡協助那些想逃出利比亞戰亂的民眾，其中包含來自非洲的外籍勞工，也協助阿拉伯聯合大公國、摩洛哥跟其他國家。有些國家在此搭營、提供糧食，讓難民家庭安身入住。摩洛哥政府則在當地設立野戰醫院。

其中有一座帳篷特別吸引我注意。裡有位年輕人在發送一袋袋的食物與衣物給難民，並試著和他們談論何謂真正的伊斯蘭之道。

許多在帳篷內幫忙的男子都穿著一種在北非男性身上相當常見的無袖長袍（gandoura），有些人還蓄了鬍。

難道這些就是突尼西亞軍官口中的「兄弟」？禮貌地和他們打過招呼後，我問他們是否隸屬任何組織團體。「我們只是來這裡幫助難民。」其中一人回答，他正用大型露營用的瓦斯爐煮著蔬菜豆子湯。

我還問他到這裡幫忙之前在做什麼。

「我才剛出獄，出獄後就來這裡幫忙。」他說當初自己是因為教導「伊斯蘭真言」而入獄。

另外兩位站在附近的男子正在替紅蘿蔔和馬鈴薯削皮。「你們也被關過嗎？」我問。他們點點頭。在所謂茉莉花革命初期，數百名囚犯因特赦而獲釋，其中包含不少聖戰士[6]。我詢問他們所屬組織的名字，還有這些蔬菜跟給難民的物資是誰出錢提供。他們互看一眼，說上頭還有一位長官，沒經過他的允許不得透露更多資訊。

這點令艾哈邁德相當驚訝。他跟成千上萬名突尼西亞年輕人一樣，都曾上街要求班·阿里下台。「你幹嘛需要他同意？」他問：「我們發起革命，這是一個自由的國度，你想說什麼就說什麼。這就是我們拚命換來的權利。」

顯然這群男子的理念跟艾哈邁德和他的同伴追求的目標不同。「沒有埃米爾的同意我不能發言。」其中一位名叫薩拉（Salah）的男子如此堅持。

道謝後我表示自己還會再來，有群難民正耐心等著領取湯品。跟我一同離開的艾哈邁德還放不下剛才目睹的場面。艾哈邁德雖是穆斯林，但也是一位自由主義和女性主義者。他不喜歡看到民眾把信仰和政治混為一談，或趁難民脆弱之際，灌輸激進思想。對於自己的祖國，艾哈邁德有另一番期望。

走回車旁，我拿出袋中手機，撥電話到一支英國號碼。突尼西亞軍官的太太接起電話，將電話轉交給軍官。

「我人在拉斯雅札迪，我好像找到你所說的兄弟了。」我說：「其中有個人叫薩拉，但他說他沒有埃米爾的允許，不能多發言。你有辦法幫忙嗎？」

我聽見電話那頭傳來的笑聲。「真主允許的話，一切都會很順利的，」他回道：「我會試著跟他的埃米爾聯繫。」

我道了謝並掛上電話。

「妳剛才打給誰？」艾哈邁德問。

「打給聯絡埃米爾的關鍵人。」我回應。

接著艾哈邁德跟我到附近的摩洛哥野戰醫院，跟幾位醫師聊得相當熟絡。他們端來新鮮的薄荷茶，一邊講著自己的故事。院內病患多受腹瀉之苦，也因睡在帳篷內沒有水和肥皂而患有皮疹。偶爾他們還要診治中槍受傷的男子以及在營區被強暴的婦女。他們說這些案例最難處理。

在跟醫生聊天時，我的手機也響了。「妳可以回去帳篷裡，」電話那頭的女子用阿拉

6 參考資料：Haim Malka and Margo Balboni, "Violence in Tunisia: Analyzing Terrorism and Political Violence after the Revolution," Center for Strategic and International Studies, June 2016, http://foreignfighters.csis.org/tunisia/violence-in-tunisia.html.

伯語對我說：「薩拉已經得到指示。」說完立刻掛上電話。

薩拉在帳篷內，身邊還有三名男子，其中一位是初次諜面，另外兩位稍早已見過。我問薩拉是否從埃米爾那裡接到消息。

「沒錯，蘇雅德姐妹，」那名陌生男子答道：「埃米爾准許他跟妳交談。」

我問那名男子的姓名，但他不願透露真名，只說自己叫阿布．哈立德（Abu Khaled）。

「我能跟埃米爾說話嗎？」我問。

「沒辦法，不行。但他有向妳問好。」

「那我能跟你聊聊嗎？」

「沒辦法，也不行。」

「為什麼？」

「因為我沒有接到許可，只有薩拉可以。」

「你們組織的規矩似乎很嚴格，」我說：「那位埃米爾在突尼西亞嗎？」

他微笑著說：「這位姐妹，不管妳怎麼打探我也不會成功的，過去十五年來，我在獄中接受折磨過，但從來沒透露過半點消息。」

「你為什麼會入獄？」

「因為我教導伊斯蘭教的正道。」

他跟我之前和後來訪問的許多人相同。這群人的行動除了宣揚伊斯蘭教，還呼籲民眾推翻祖國政權，甚至鼓勵大家以伊斯蘭教法為根基來建立社會秩序與結構，而他們對伊斯蘭教法有一套自己的詮釋。

幾週前，卡斯伯就向我提過這類男子，我不禁思索這一切是否有所連結。

「你認識德國的阿布・馬力克嗎？那個唱嘻哈樂的。」

「你是說嘻哈歌手嗎？」阿布・哈立德回道。但他臉色一變，彷彿意識到自己透露了太多。

我試著安撫他，要他不要擔心。我本來就曉得阿布・馬力克跟他們有所來往，也知道他們之間存有某種網絡，所以技術上來說他並沒有違規透露任何內幕。

我跟薩拉約好那天晚上要在附近鎮上的某間飯店碰面，談談他的人生跟成長背景。他說自己來自突尼西亞鄉村，出自中下階層家庭。他一直都知道雖然自己課業表現良好，但根本沒機會上大學。「我有八個弟妹，身為長兄的我得工作，幫忙父母養家。」所以他到鄰近城鎮賣毒品，希望有一天能到歐洲。

一九九九年，薩拉十九歲，某日他碰到在同一個村莊長大的年輕人。他向薩拉介紹一位曾在阿富汗和波士尼亞作戰的宣教士，並說這位宣教士的故事深深影響自己。「我跟他一起去跟那位宣教士碰面，他就是我們現在的埃米爾，」薩拉說：「他說來生比今生重要，我們現在做的一切，都會在來生得到回報或報應。」

因此他停止賣毒，開始跟著首領學習。這名男子給薩拉跟其他學生月薪，讓他們改善家裡經濟狀況。

薩拉待在組織裡的時間越長，就越覺得突尼西亞跟西方國家的政府政策「錯得離譜」。「根本沒人在乎穆斯林的死活。」他這麼說，並堅信自己追隨的首領才是真正關心穆斯林的人。薩拉的導師安排他跟其他學員在二〇〇四年到伊拉克與阿布．穆薩布．札卡維並肩作戰，但突尼西亞政府將他們逮捕，並以身為恐怖份子之名定罪判刑。薩拉跟同夥在獄中分別待了十五到二十年之久。

「只為了幫助伊拉克的兄弟姐妹，」薩拉說。突尼西亞情資單位和獄警除了折磨他們，甚至還強暴其中幾人，但薩拉認為他們在獄中被磨練得更強大。這種事我以前在別處就見過了。軍事組織成員被關進監獄受折磨後，反而變得更激進。在獄中他們能認識更多志同道合的夥伴，讓激進思想更根深蒂固。

「那現在呢？」

「現在阿拉將我們從班．阿里跟其他突尼西亞的美國走狗手中放出來。接下來就輪到利比亞、阿爾及利亞、摩洛跟整個伊斯蘭世界了。」

他說有些「兄弟」已經到利比亞跟當地人一起對抗格達費政權。「我們也派了不少弟兄到敘利亞。」他說。

「統治者下台後，」我問：「你的目標是什麼？」

「建立哈里發政權。」他說。我想起自己在黎巴嫩時，和沙克．阿布希的談話內容，幾年前的他也給我同樣的答案。

八月中我回到德國，打給那位在柏林的伊瑪目，問他是否有卡斯伯的消息。

「他人還在柏林，」伊瑪目說：「阿里德．烏卡事件上報後他就換了電話號碼，但他請我把新號碼給妳。」

我立刻撥號，告訴卡斯伯：「我需要跟你碰面。」

他笑著說：「好，聽說妳已經跟北非的兄弟們見過面了。」

第十一章

威脅——二〇一一～二〇一三年，巴林（Bahrain）、伊朗及德國

二〇一一年春天，中東抗爭事件四起時，某個小國特別吸引我注意。這個國家就是沙烏地阿拉伯海岸邊的波斯灣島嶼公國：巴林。留在當地時間越長，就越覺得能在當地找到阿拉伯之春崛起的線索。許多伊斯蘭主義組織打著民主的旗幟，在埃及和利比亞等地拓展勢力，巴林當地的宗教和宗派組織也藉機利用各國舊時的仇恨來達成野心。唯一的差別只在參與者與行動目標有所不同，而伊朗則在其中占有舉足輕重的地位。

之前曾受英國保護的巴林，在一九七一年取得獨立後，便迅速發展成為美國的重要經濟維安友邦，也是美國第五艦隊駐紮地。民生繁榮、開發程度極高的巴林，是波斯灣地區

的先進國家。二〇〇二年，巴林變成君主立憲國，除了賦予婦女投票權，更讓她們從政參選。兩年後巴林出現首位女性部長，二〇〇八年，身為猶太婦女的胡達・奴努（Houda Nonoo）出任巴林駐美外交官，成為阿拉伯世界首位猶太外交官[1]。

在阿拉伯之春中，巴林與鄰國的最大差異就在其宗教組成。雖然沒有官方或獨立數據佐證，但巴林人民多為什葉派。因此由遜尼派皇室家族統治的巴林，數十年來偶有因宗派歧視衍生的抗爭事件。伊朗向來想將巴林占為己有，一九七〇年聯合國報告指出，巴林希望能獨立時，伊朗就正式公開放棄於巴林的主權。但故事還沒完。

數十年來呼籲推翻皇室家庭成員的什葉派反對人士，後來成為重要領導人。雖然西方世界的觀察員、外交人員和新聞記者都認為巴林正一步步往民主國家邁進，影響力極大的什葉派領導人則積極將這個相對進步的國家，朝伊朗式伊斯蘭共和國的方向推進。保守地區的什葉派婦女都相當沮喪，身上裹著罩袍（chador）的她們，就算遭丈夫施暴也無權離婚。宗派衝突以及想將宗教信仰融入政治和日常生活的野心，讓我想起在伊拉克的所見所

1 參考資料：Julia Duin, "Bahrain Protests Have Complicated Job for Houda Nonoo, First Jewish Ambassador from an Arab Nation," *Washington Post Magazine*, May 26, 2012；"Bahrain Profile— Timeline," BBC News, September 1, 2016, http://www.bbc.com/news/world-middle-east-14541322.

聞。我深知後果會相當慘烈。

民主抗爭逐漸被一群希望巴林能回到舊時狀態的民眾所阻礙，但民間仍有人希望人民能擁有更多權利。政府打壓民主抗爭，也對抗爭者加以凌虐折磨，這些惡行都證據確鑿，政府也難辭其咎。雖然巴林的什葉派人民處於被打壓的劣勢，卻不代表他們想活在由什葉派教士領導的宗教國家中。

什葉派反抗勢力的擔憂與質疑雖有其道理，但他們的態度卻反覆不定[2]。二月份，王儲薩勒曼・賓・哈馬德・賓・以撒・哈利法（Salman bin Hamad bin Isa al-Khalifa）與什葉派最大黨伊斯蘭民族和諧協會（Al Wefaq）代表會晤，身為該黨秘書長的教士阿里・薩爾曼（Ali Salman）也有出席。根據薩爾曼的紀錄，這場會議舉行時，王儲就已準備好將遊行民眾提出的重大改革訴求，納入執政考量中。後來有份報導指出：「在這場據報導長達三小時的面談中，伊斯蘭民族和諧協會提出對現有憲法的異議，並對政府表現、政府組成與其權力表達不滿。同時要求讓主要交通圓環上的抗議群眾繼續遊行抗爭。根據伊斯蘭民族和諧協會的紀錄，除了先前同意將改革訴求納入考量，皇太子申明自己無權同意對方黨所提出的其餘要求。他建議示威群眾移動到較安全的區段，因政府擔心他們會受自衛隊攻擊[3]。」

三天內有六位巴林抗議者喪命後[4]，雙方又舉辦第二場會議，這次阿里・薩爾曼並未現身，王儲等了一整晚[5]。經此事件，政府認定反對黨根本不想坐下來好好協商，重挫先前建立的信任。坐下來溝通、解決問題的好機會就這樣流失了[6]。

二〇一一年二月我短暫造訪巴林，從未到過當地的我不知會碰到什麼場面。我參加遊行喪生民眾的葬禮，其中有一位死者是青少年，死因是頭部受重傷。醫師診斷後告訴家屬少年的頭被催淚瓦斯罐打中，他的家人都認為這是蓄意攻擊。葬禮上，女人不斷哭嚎、毆打自己，讓我想起艾奇拉・哈希米在伊拉克舉辦的喪事。不過這些女子口中大喊的內容，跟二〇〇三年群眾所說的話不同。這些巴林女人喊著「雅季德（Yazid）和穆阿維亞（Muawiya）的士兵都該死」。這句話指的是發生在西元六百八十年卡爾巴拉戰役（the Battle of Karbala），那時伍麥亞王朝的哈里發（Vmayyad Caliph）雅季德一世的士兵殺了先知穆罕默德的曾孫、阿里的兒子胡賽因（Hussein）和其他親族，胡賽因的幼子也難逃一死。這場殺戮讓胡賽因成了殉道者，也深化遜尼與什葉派穆斯林的隔閡。什葉派認為自己

2 參考資料：Bahrain Independent Commission of Inquiry, "The Report of the Bahrain Independent Commission of Inquiry," November 23, 2011 (final revision of December 10, 2011), pp. 72–73, http://www.bici.org.bh/BICIreportEN.pdf.
3 同前註。
4 pp. 228–32.
5 p. 80.
6 委員會認為：「若對方接受王儲陛下邀請，進行這場關乎國家的重要對談，或許就能推動巴林的憲政與政治改革。」Ibid., p. 169.

是阿里的忠誠追隨者，並在伊斯蘭曆一月（Muharram）時，藉由遊行、哭泣還有自我鞭打來紀念卡爾巴拉戰役。

我問那些在哀悼的婦女口中的士兵是誰，他們說是警方和維安部隊。巴林維安部隊的成員跟皇室成員一樣，多為遜尼派穆斯林，抗爭者則為什葉派。不過某些什葉派警方告訴我，他們在自家社區常遭攻擊，還播放車子遭縱火的影片來證明。許多巴林的警察具有印度或巴基斯坦血統，更顯示巴林人和外來移民與其後代間的紛爭。這些外來移民儘管多為遜尼派，但並不享有巴林國民的權益，因此常被歧視，被視為「外人」。

同年稍晚，我在卡達參加一場會議時碰到先前在《華盛頓郵報》的同事安東尼．夏迪德，在所有報導阿拉伯之春的記者中，唯有安東尼從不同面向進行可靠的報導，他在利比亞採訪推翻格達非政權的革命起義時，還遭到綁架。安東尼跟我一樣對巴林興趣濃厚，他鼓勵我趕快回巴林。

這時《紐約時報》內部有所變動。六月份，比爾．凱勒宣布即將卸下總編輯一職[7]。比爾除了一直很支持我所從事的偵查新聞行動外，也給我個人許多鼓勵。在《紐時》服務的這些年，除了從直接合作的編輯獲得協助，比爾也總是盡力幫忙。

新上任的總編輯對報紙的走向有其他想法。那年底在一次談話中，高階編輯告訴我因為賓拉登已死，恐怖主義不再是重大威脅。他還說阿拉伯之春是個轉捩點。這位編輯似乎認為極端伊斯蘭主義已被年輕活躍的民主鬥士擊敗。我試著轉述自己跟卡斯伯的對話，還有跟突尼西亞與利比亞邊境那群男子的談話內容給編輯，向他解釋有新一代的聖戰士正在成長茁壯。不過這位編輯很篤定中東地區正在蛻變，而且聖戰士在新世界絕無立足之地。

我對他的預測感到震驚，更擔心要是我們不報導這波風潮的發展，就會像以前那樣對真相一無所知。我想起那位因九一一事件成為寡婦的瑪琳・芬寧，她非常懇切地問，為什麼沒人告訴她，有這麼多人痛恨美國公民。我們不能再讓像她這樣的讀者失望。

同時，我也不曉得這番改變，對我這個依合約辦事的自由記者來說，有什麼影響。這代表我在《紐時》的職涯劃下句點了嗎？後來我的恐懼成真，《紐時》越來越少委託我替主刊寫文章，反而是國際版以及一個稱為「女性要素」（The Female Factor）的版面願意用我的作品。

關於巴林的女性，有很多故事可寫。在所有波斯灣地區中，巴林社會最為開放，女性相較之下擁有較多權利。她們能開車，並在政府企業擔任要職。女性在抗議遊行中也占有重要的地位。我訪問了一位四十九歲的護士，她名叫魯拉・薩法（Rula al-Safar），被拘留

7 參考資料：Jeremy W. Peters, "Abramson Named Executive Editor at The Times," *New York Times*, June 2, 2011. 凱勒在二〇一一年六月宣布辭職，並在九月正式卸職。

過五個月。她說自己曾被蒙上眼罩、受到威脅以及電擊折磨[8]。她的描述令我想起自己在埃及監獄的經歷，還有曾被蒙上雙眼時，傳入耳裡的尖叫聲。其實我非常同情她，不過詢問她們醫療人員在上班期間參加遊行的相關規定，以及挑戰她們的部分觀點與說法時，有位在最大反對黨解放巴林人民陣線（Wa’ad）擔任看護的女子竟反問：「妳是替另一邊做事的嗎？」

我很快就發現這位看護的反應其實挺常見的。反對派為顧及自身利益，試圖灌輸報導起義事件的記者某種看似正統的價值觀。在他們的描述下，這場抗爭相當平和，沒有任何抗議者朝他人或警方發動攻擊。但我就聽到來自印度、巴基斯坦及孟加拉的勞工，說他們遭抗議者攻擊[9]。其他亞裔民眾也說自己到醫院求診時遭拒。和反對派領導人談起此事時，他們看起來似乎都被冒犯了。在他們精心設計的故事中，似乎忘記考量這個環節。

後來我也跟教育部官員法莉達・胡藍（Farida Ghulam）碰面。她的丈夫易卜拉欣・薩里夫・薩伊迪（Ibrahim Sharif al-Sayed）是解放巴林人民陣線的秘書長，該黨派的正名為國家民主行動組織（National Democratic Action Society）。二〇一一年，薩伊迪被判刑入獄五年，罪名是策劃推翻政府。不過胡藍提到她的兒子在密西根大學念書，拿的是王儲辦公室的獎學金[10]。

「所以妳兒子的教育費是王室負擔的嗎？」我問。

她證實此事。「不過這是他們的權利。」她指的是他的兒子跟其他領有獎學金的同學。

「這是他們努力得來的。」

「那現在他的學費怎麼辦？」我會這麼問是猜想著，在他父親入獄後，他的獎學金應該就被取消了。

---

8 「巴林獨立調查委員會報告」第二九二頁列出囚犯遭虐的證據：「一二一三。醫學專家提到，有三十三名受拘留者身上有顯著傷痕或症狀，他們指出這是曾受虐待所致。專家還查出十九種虐待手法，最常見的有毆打、強迫囚犯長時間站立、使用過緊的手銬、將囚犯關在室溫極端的空間裡，還有攻擊犯人頭部與使用電擊等手段。專家從三十二名受拘留者身上的疤痕及生理特徵來看，斷定他們曾受虐待與折磨。專家還發現有十五位受拘留者因遭虐待出現精神異常或心理創傷等症狀。這十五位受拘留者中，有十三位需後續追蹤治療。專家發現有三十四位受拘留者，身上有遭毆打與鈍器攻擊之傷痕。根據十九名受拘留者的身體檢查結果，專家認為他們的部分傷痕極有可能是子彈所致，甚至能確認就是遭到槍擊。另有二十二位受拘留者手腕上的疤痕，顯示曾被銬上過緊的鐐銬，還有二十人則曾暴露在極端氣溫中。專家也在幾個案例身上發現其他傷痕，根據受拘留者的描述，可能是受噪音炸彈所致，但這些傷痕的成因並不限定為噪音炸彈，也有可能是其他虐待手段造成的。另有三名受拘留者，身上各部位有出現遭煙蒂燙傷的痕跡。」

9 「巴林獨立調查委員會報告」第三七三頁：「一五二五。調查委員會掌握充分證據，發現數名外籍人士在二〇一一年二月與三月的抗爭事件中遭到攻擊，尤其是來自南亞的移工。委員會發現有四位外籍人士在圍攻事件中身亡，另有多人受傷。一五二六。由於國防軍與警力多為巴基斯坦籍，因此巴基斯坦人也是遊行群眾攻擊的主要目標。許多外籍人士居住的地區不時出現攻擊事件。外籍人士遭襲擊而造成社會恐慌，許多人逃離家園住在庇護所中。許多外籍人士向委員會表示，他們不敢離開住家到宗教場所禱告參拜或上班。這對外籍人口的經濟狀況也構成傷害與威脅，因為他們害怕出門上班或開店營業。來自南亞的外籍人士頻繁遭襲，導致許多孟加拉、巴基斯坦與印度人逃離巴林。」

10 參考資料：Souad Mekhennet, "Bahrain Women Take Pride in Vital Protest Role," *New York Times*, December 20, 2011.

「獎學金還是照舊。」她說。

這次談話再度證明西方國家在評估巴林的狀況時，由於實際情況過於複雜，肯定會以非黑即白的方式來做判斷。

這時我也該替自己找個長期工作，就與《明鏡》簽約幫他們寫文章，上次替《明鏡》寫作已是近十年前的事。該雜誌編輯對巴林的故事很感興趣，所以在二〇一二年二月，也就是起義滿週年後，我再度回到巴林進行深度採訪。

我跟一位同事在那次出差時訪問巴林國王，並針對遭囚禁的社運人士和虐囚手段提問，也聊到他先前成立的人權委員會。該人權委員會的主席是馬哈茂德．謝里夫．巴西奧尼（Mahmoud Cherif Bassiouni），他是國際知名刑法專家以及人權鬥士。巴西奧尼委員會成立的目的，是調查並記錄民眾申報的虐待事件，這些調查紀錄也彙整成一本對政府處理遊行抗議事件手法不當的指控書。報告書指出二〇一一年有三十五人死於示威遊行[11]，其中有五位維安人員，更有數百人受傷。政府當時逮捕近三千人，目前有七百人仍在獄中。

我想直接詢問國王對言論自由的看法。

「陛下，」我問：「如果我們大喊『國王下台』會發生什麼事？」

國王並未被這句話惹怒。「遊行者在街上都這麼喊[12]。」他說：「去年我在演說中強調，就算有人喊這句話，也不能把他抓進監獄。但如果他們喊『國王下台，何梅尼上台』，這就對國家團結構成威脅了。」國王指的是伊朗前什葉派宗教學者。

巴西奧尼跟其他人並未在報告書中提到伊朗對此次遊行的涉入，但國王還是提到何梅尼，這點對我來說非常值得注意。我想在此地待久一些，研究遊行者的來歷與背景。來到迪拉茲（Diraz）當地的清真寺，在此宣教的神職人員影響力甚巨，這裡也掛了何梅尼與哈米尼（Khamenei）兩位宗教學者的肖像，畫中的他們正俯視著廣大參拜的信眾。我開始好奇伊朗在這次示威遊行中參與多少，對巴林的反抗組織又有多大影響力。

有些社運團體指出什葉派信徒遭到「系統性」的歧視。與我固定合作的計程車司機阿布．胡賽因（Abu Hussain）住在首都外的什葉派聚落，對此他也抱持相同看法，並直接批判王室家族。「第一，為什麼他們要讓外國人進來巴林工作？」說話時他試著保持冷靜，維持友善的語氣。「這些人大多來自約旦、敘利亞、巴基斯坦、印度或孟加拉。」

我問他說的是哪一類的工作。

「像是在辦公室、銀行或是政府部門。他們為什麼不從我們的當地社區找年輕人去上

11 參考資料："The Report of the Bahrain Independent Commission of Inquiry," p. 219.

12 參考資料："SPIEGEL Interview with the King of Bahrain 'Arab Spring? That's the Business of Other Countries,'" *Spiegel Online*, February 13, 2012, http://www.spiegel.de/international/world/spiegel-interview-with-the-king-of-bahrain-arab-spring-that-s-the-business-of-other-countries-a-814915.html. 訪談由亞歷山大．斯默茲克（Alexander Smoltczyk）與蘇雅德．梅科涅特進行。

班呢？這些職缺應該優先考慮真正的巴林人。」

「或許那些外國人的條件更好？」我說，還問他家是否有請清潔女工。

「有啊，當然。」他說。

「那她是哪裡來的？」

「孟加拉。」

「那巴林人也該做這些工作，對吧？例如你太太跟女兒。」

「不行，當然不行。我絕對不會讓她們做這種工作。」他回應，並對我有這種想法感到訝異。「這對我們來說是一種侮辱。如果我問妳或妳媽願不願意做這些工作，妳心裡有什麼感覺？」他之所以會提到我媽，是因為我告訴他，我媽是先知的後代。

不過他顯然對我的回答一點心理準備也沒有。我說我媽一直以來是洗衣女工，我爸則是廚師。我還說自己為了幫忙家計，十六歲就到麵包店打工，還當過保母、洗地洗碗，也到媽媽上班的社區教堂餵老人吃飯。聽著聽著，他臉色越來越慘白。「所以你說這些工作對你們來說是侮辱，對我跟我爸媽來說就不是囉？」我說。

阿布．胡賽因很驚訝地挑起眉，他試著想說些什麼，最後表示：「很抱歉，我沒有惡意。」

某次在當地採訪，阿布．胡賽因載我到一戶人家拜訪，屋外掛了寫著「伊斯蘭和諧民族協會」的藍旗。原來這就是阿里．薩爾曼的辦公室。

屋內門廊中站了一整排男子，不久後薩爾曼從樓梯走下來。雖然我在電視和雜誌上看過他，但他當天沒有綁招牌白頭巾，所以我沒有立刻認出他來。薩爾曼邀我進另一間辦公室，請人端茶進來。他說著政黨訴求，我邊聽邊做筆記：要求更多權利；由人民推選，而非由國王任命之首相；限制外來移民的公民權；停止對什葉派的歧視。他還指控政府讓大批遜尼派移民進入巴林，改變人口組成結構，讓什葉派逐漸變為弱勢。

「首長阿里，」我說：「我猜你應該是在替全巴林人民呼籲政府改革吧？你們這個政黨應該不是只照顧什葉派的權利，對吧？」

他同意自己與政黨確實是想維護全巴林人的利益。不過跟阿布．胡賽因相同的是，他也提到巴基斯坦人與孟加拉人總是比巴林人搶先一步找到工作，並堅持認為，在就業方面，巴林人應該享有優先權。

「如果德國人照你的邏輯行事，那我爸媽跟我就都沒辦法成為德國公民了。」我對他說。我不能理解，假如他跟黨派真心為全巴林人的利益著想，為何提供非什葉派的民眾公民身分會被視為這麼嚴重的問題。我承認自己並非巴林居民，或許不解事情的全貌。先前在車內，我向阿布．胡賽因問起幾位似乎是什葉派的巴林大企業家，他則說：「這些人跟體制關係不錯，才有辦法這麼成功。」

接著我問阿里．薩爾曼關於家事法對什葉派婦女的約束。巴林基本上有三種法庭：民事法、遜尼派法庭與什葉派法庭。所以民事法也分成兩套，一套屬遜尼派，另一套則屬什葉派。如果男女雙方在什葉派法庭成婚，就算丈夫對妻子施暴，妻子也沒辦法輕易訴請離婚。伊斯蘭和諧民族協會卻希望這項法規能維持下去。我對他說這點令人無法理解，他跟政黨抨擊歧視女性問題，卻投票剝奪什葉派婦女的權利。

他卻說這是宗教考量，而非政治立場。

「但首長阿里，如果你認為任何人都不該被歧視，怎麼會同意讓什葉派婦女遭受不平等待遇？」

「這一點都不重要，對什葉派婦女來說也不算什麼。」他說：「要緊的是首相必須由人民投票選出，更不能跟現任首相一樣，在位子上一坐就是四十年。」（首相哈利法．賓．薩勒曼．哈利法（Khalifa bin Salman al-Khalifa）是國王的叔叔，自一九七〇年擔任首相至今。）而他似乎也不在意有越來越多宗教領袖在巴林的影響力漸增。

訪談結束後，我心中的疑惑比得到的答案還多。不知道是否有其他替西方媒體工作的記者也跟我一樣，認為雖然阿里．薩爾曼普遍被視為「民主支持者」，但他的觀點卻相當值得質疑。巴林反對派運動究竟是訴求民主改革，還是只在乎宗派勢力？阿里．薩爾曼不僅是宗教學者，也是政治領導人，他在宗教方面的威信也替政治勢力加不少分。我還記得海珊政權垮台後，整個巴格達被不同宗派切割成各自的領地，居民更得服膺於宗教規範。原本還稱得上獨立、能從事各行各業的婦女，一夕間都被迫披上頭紗罩袍，不僅得改變原有的生活，還要放棄許多自由。伊拉克還讓我知道更多真相：如果其中一派的政治理念和宗派意識越來越密合，另一方的回應與態度就會更激烈。

「難道他不是優秀的領導人嗎？」我回到車上時，阿布．胡賽因這麼問：「搞不好他會是很棒的首相，妳不覺得嗎？」

我戴起太陽眼鏡。我一直希望避免各種政治辯論，但司機卻一直抓著這個話題不放。此外，我覺得一定得有人不斷挑戰阿布．胡賽因這類民眾的觀點。我告訴他自己在伊拉克的經歷，也表示自己不認為宗教或宗派政黨，還有阿里．薩爾曼這類的領導人，能在多文化與多民族國家從事政治運動。「這不表示社會不該出現改革或不該討論人權。」我對他說，但也不確定伊斯蘭和諧民族協會是否能獲得全巴林人民的信任，甚至是代表全體人民的利益。

「但這不重要，」阿布．胡賽因說道：「民主代表多數民眾會得到統治權，並有權管理少數族群，就像西方世界一樣。」

那憲法保障的其他群體又該怎麼辦？跟伊斯蘭和諧民族協會還有阿布．胡賽因談過之後，我才發現原來巴林人說的，跟西方人口中的「民主」，其實意涵大相逕庭。

新聞媒體跟政治人物主要關切的對象為伊斯蘭和諧民族協會和巴林政府，卻沒有人想到這場衝突會對遜尼派造成負面影響。某日下午，我到布賽庭（Busaiteen）的某個小鎮採訪四位我在巴林大學碰到的學生與其友人。身為遜尼派的他們，對政府和西方國家感到非常憤怒。

某位叫阿德爾（Adel）的學生認為政府「對什葉派恐怖份子太溫和」。他會稱遊行者為恐怖份子，是因為他們使用汽油彈、燃燒輪胎，還毆打他的同學。

我問他是否理解什葉派對更多權利的訴求。

「我們當然知道在波斯灣地區，王室成員比其他人享有更多特權。」他的朋友穆罕默德說：「不管你是遜尼還是什葉派都一樣。」

「那你們為什麼對抗爭感到憤怒？」我問：「他們不是只想提出一些訴求嗎？」

他們都搖搖頭說：「不是這樣，這只是想贏過西方世界的藉口。他們真正想要的是把巴林變成伊拉克。」阿德爾說：「他們想引發宗派戰爭。」

我問他們為什麼對西方國家滿腔怒火。

「因為你們的政府睜一隻眼閉一隻眼，假裝沒看到這裡的民眾有多暴力、多激進。」

某位名叫哈立德（Khalid）的學生說：「而且你們還鼓勵、支持這些抗爭。」

「你說的鼓勵跟支持是指什麼？」

「就是人權團體跟政治人物對什葉派抗爭民眾處境的評論。為什麼沒有人提到那些抗爭者的暴力手段？這難道不是雙重標準？」

阿德爾也說：「對我們來說，這看起來就像西方世界想弱化遜尼派，讓伊朗占領這個地區的陰謀。」

我花了兩小時採訪這群學生，也聽見他們言談中的憤怒和恐懼。不曉得宗派衝突是否也蔓延到大學校園內，他們有什葉派的同學朋友嗎？

「以前我們從來不會問一個人是什葉派、遜尼派、基督教徒還是什麼宗教信仰的。」阿德爾低頭深吸一口氣，接著說：「不過現在大家都各自為陣。」

「為什麼？」

「我們已經不再信任對方了。」

第一次來巴林時，多數抗爭者都有一項共識，就是要現任總理下台。我聯絡首相辦公室希望能進行採訪，但內心不抱太大期望。後來我決定訪問某位先前已碰過面的伊斯蘭民族和諧協會成員，我們約在迪拉茲的週五佈道聚會碰面。

這名男子後來成為我在巴林最可靠的情報提供者。只要收到任何消息，我都會跟他聯絡，請他確認，也常和他認真討論這個國家的走向。基於各種理由，他要求我不要透露他的姓名。「我們約在布達雅（Boudaya）的Costa咖啡店吧。」

碰面前我打算到其他城鎮繞一繞，所以身上穿了那件在扎卡獲得的亮片阿巴雅，裡頭穿著短袖上衣、牛仔褲，頭上裹著黑色巴基斯坦式頭巾。

阿布．胡賽因跟我造訪鄰近城鎮後，就載我到那家咖啡店，這裡是反對派人士的主要聚集地。

「為什麼選這家咖啡店？」碰面時，我問那名男子。他說這家店的老闆很支持伊斯蘭民族和諧協會跟抗議運動。

「所以你們該不會也在抵制，或鼓勵大家只到某幾家咖啡店消費？」

他證實了我的猜測。

「如果你們都這麼痛恨對方，這個國家怎麼還有辦法團結合一？」我問：「這種傷痕怎麼可能癒合？」

「就得靠時間了，」他說：「如果真主應允的話。」

我告訴他，時間並沒有帶走伊拉克人民的對立和傷痛。「而在巴林，宗派分裂的情況越來越嚴重，」我說：「難道人民都看不出來國內的分化越來越明顯？」

有群男子走過來向我的情報提供者打招呼。那群人離開後，他告訴我這些人都是替新聞媒體服務的特約記者或譯者。

「他們也是社運人士嗎？」我問。

「沒錯，幸好他們全都是我們黨跟反抗運動的支持者。」他說。

「他們是跟西方世界的媒體合作嗎？」

他點點頭。

我心想，反抗勢力的手段確實狡猾。如果國際媒體仰賴這些立場分明的特約記者和譯者，根本就沒辦法獲得局勢全貌。

咖啡端上桌時，我的手機響了，這是首相辦公室發言人的號碼。

我問情報提供者是否能恕我失陪，好接個重要電話。那位發言人問我人在哪裡。

「我在Costa咖啡，在某條路那邊……等等，這條路叫什麼？」我問了情報提供者路名，並跟那位發言人回報。

「Costa咖啡？布達雅路？妳在那裡幹嘛？」我能聽出他語氣中的諷刺。

我知道這個反抗勢力的聚會場所不僅只為他們自己人所知，全國都知道，只有反對派成員會在此出沒。

「算了，不重要。」發言人問：「妳有車嗎？」

「有，我有一輛計程車。」

「很好，那妳現在可以過來首相辦公室。現在立刻過來！」

「為什麼？」

「妳不是說想採訪首相嗎？現在過來吧。妳朋友肯定願意在Costa咖啡等你的。」

情報提供者聽到電話內容，不禁咯咯地笑。「所以妳要趕去首相辦公室囉？我是不會問妳到底要去見誰，但妳知道妳現在穿著牛仔褲跟球鞋嗎？我等不及看那篇報導了。」他笑著說。

我看著自己的一身打扮，衣褲都沾滿灰撲撲的塵土。畢竟稍早我花了好幾個小時在烈日底下，看著城鎮中的男子驕傲地展示汽油彈。

回到車內，我試著在包包裡翻找香水、蜜粉跟唇膏。阿布．胡賽因沉浸在自己的思緒和煩惱中。他嗚咽地說：「我該怎麼辦？」

「怎麼了？什麼意思？」

「如果他們逮捕妳，我要怎麼辦？」

「逮捕我？他們幹嘛逮捕我？」

「他不僅是首相，又握有很大的權力。如果妳用跟我或跟首長阿里的態度對他說話，搞不好他就把妳抓起來。」

「阿布．胡賽因，在我採訪過的人裡面，首相八成不是最危險的。」

有人在辦公室大門等候。阿布．胡賽因說他會在附近等我，採訪結束後，我可以打電話給他。

伴我走進首相辦公室的男子看到我的衣著時顯然有些訝異。發言人則在辦公室外等著我，他身旁還站了幾位警衛。

我替自己的穿著打扮道歉。「你也沒給我時間讓我回飯店換衣服。」我對他說。

「不用擔心，我們不會拍照攝影。」

他們留了十五分鐘讓我採訪。首相神采奕奕，儀態莊重、充滿自信。因為聽過很多人抨擊他，我還以為他肯定驕傲自大，是個不討喜的人物。不過在採訪過程中他態度嚴肅認真，更不畏談論敏感議題。對我態度恭敬的他，談到抗爭者時就比較直接。他稱抗議民眾為受伊朗支持的「恐怖份子」，還說伊朗國王曾試圖將巴林據為己有。首相就曾和伊朗國王會面，提醒他切勿過度干涉巴林事務。他說巴林的問題其實不是什葉派與遜尼派之爭，而是存在多年的阿拉伯與波斯衝突。

「這些都是伊朗干涉所致。」首相還表示，政府已要求伊朗外交大使離開巴林。

我問他經過這幾年風波後是否該下台。那位發言人站在首相身後，聽得臉色都發白了。首相則說這是國王的決定。「我的責任是是保護這個國家，至死都不會卸下這個責任。請相信我，如果這些抗爭跟社會動盪單純因我的職位而起，那我去年早就下台。但這只不過是反抗組織延伸出來的藉口。」

我還提到政府凌虐民眾等危害人權的行徑。他承認政府確實「做錯了」[13]，但說這些申訴與案件都會送交調查。最後我們起身道別，那位發言人看起來相當不悅，但首相卻說他很享受這種「辯論式的溝通」。

結束訪談後，我並沒有更加樂觀。和阿里・薩爾曼與首相碰過面以後得知，他們兩個看起來都不像是願意協商讓步，找出解決辦法的人。

而就在我訪問首相的同時，新聞報導指出阿布杜哈德・哈瓦札（Abdulhadi al-Khawaja）

---

13 參考資料：“Interview with Bahrain's Prime Minister: The Opposition 'Are Terrorizing the Rest of This Country,'” *Spiegel Online*, April 27, 2012, http://www.spiegel.de/international/world/interview-bahraini-prime-minister-prince-khalifa-bin-salman-al-khalifa-a-830045.html. 訪談由蘇雅德・梅科涅特於巴林進行。

正在絕食抗議。哈瓦札是巴林人權中心這個非政府組織的領袖之一，他最近因上街遊行呼籲首相下台被捕入獄。

哈瓦札有兩個女兒瑪麗安（Maryam）和札娜卜（Zainab），她們利用社群媒體作為平台宣傳自己的活動，也常在起義期間擔任國際電台與廣播節目來賓。同時具有巴林和丹麥國籍的她們，拿到獎學金後到美國念書，能講一口流利的美式英文。她們頭上頂著彩色面紗，身穿牛仔褲，談著民主和人權，可說是一對現成的媒體寵兒，不僅口中的故事動人，理由也很堂堂正正。

幾次離開巴林，又再度出訪巴林，出訪之前，我跟在歐洲與美國情資單位上班的情報提供者碰面，他們都認為絕食抗議的哈瓦札跟副手，還有其他反對派的領導人，都跟真主黨以及伊朗革命衛隊（Iranian Revolutionary Guard）有往來，不過目前仍無確切證據指出伊朗涉入巴林的抗爭運動。某位歐洲情資單位官員還認為巴林的反抗組織人士與艾哈邁德·查拉比有連結。查拉比就是那位間接引導美國出兵伊拉克的什葉派社運人士。

我擔心這個說法早已根深柢固，便問：「這是巴林人的說法，還是其他阿拉伯國家流出的消息？」

「沒有，這是我們的發現。」他說：「巴林變成沙烏地阿拉伯跟伊朗的戰場。」

我告訴他這番言論跟我從巴林人民口中聽來的恰好相反。我說：「巴林人權中心在歐洲領有國際獎項，這些人都是知名國際組織的領袖，你卻說他們跟恐怖組織還有詭計多端的人往來，真的嗎？」

他表示分析政治局勢並非他的工作，自己只是情資單位官員而已。

我在網路上找到一篇全國公共廣播電台的報導，指出查拉比支持巴林的反抗組織並給予建議。那篇報導還說查拉比之所以對巴林有興趣，是因為巴林當年差一點就要成為「什葉新月」（Shiite crescent）的一部分，而什葉新月還包含伊朗與戰前的伊拉克地區。針對這項與宗派分化的指控，查拉比認為就像「指控馬丁・路德・金恩是種族歧視者一樣[14]。難道他有種族歧視嗎？他替黑人爭取權益，是因為黑人遭到壓迫。現在什葉派遭到打壓，他們站起來爭取自身權益，不能算是宗派主義。他們就是因為身為什葉派才被迫害。」

不過現在大家的焦點都放在哈瓦札身上，他因為進行絕食抗議，很有可能喪命。透過中間人介紹，我希望能訪問他女兒札娜卜。我們約在某賣場上方的Costa咖啡廳，賣場老闆是支持反抗運動的重要什葉派人士，訪談進行那日店內相當冷清。因為店內發生過多起火爆衝突，生意也受到影響。當時二十八歲的札娜卜口齒清晰，但我總覺得她似乎是在背稿。

14 參考資料：Kelly McEvers, "Iraq's Chalabi Advises Protesters Abroad," NPR, April 11, 2011, http://www.npr.org/2011/04/11/135324059/iraqs-chalabi-advises-protesters-abroad.

訪談進行得還算熱絡，她對父親現況的描述，也跟先前受其他媒體採訪時透露的內容相同。聽起來她父親似乎正在生死邊緣徘徊。

我看了很多她們姐妹在CNN、BBC與英文半島電視台等媒體受訪的片段，她們似乎主張「和平抗爭」而非暴力反抗，但無論是在訪談稿中或網路上，她們完全沒批判抗爭者的暴力行徑。

其實，巴林人權中心完全沒提過抗爭者對亞洲移工的侵擾，或是巴林大學遜尼派學生遭抗爭者拿鐵棍攻擊的事件。巴西奧尼的報告指出，這些學生即便已倒在血泊中，抗議群眾仍不收手。

「為什麼我沒在妳的網站上讀到這些攻擊事件？」我問。札娜卜只說這些攻擊事件是「合理反應」。

「我們不希望和平凌駕於自由之上，」她說：「自由對我們來說更重要。我們會繼續為民族自決和民主而戰。但如果衝突情況沒有減弱，我猜未來場面可能會更火爆。」

「妳們有呼籲民眾停止攻擊警方，不要再丟石頭跟汽油彈了嗎？」

「沒有，我不會阻止受害者的任何行為[15]。每次有人問我會不會譴責這種行為，我都覺得不可思議，我當然不會。」對我來說，她有幾分像那位前饒舌歌手卡斯伯，他也說自己站在受迫害的一方。她跟卡斯伯一樣似乎都有點過於偏激，且認為只有自己的觀點才是對的。

我問她是否私下與真主黨或查拉比來往，或她父親是否曾透露自己在伊朗受過軍事訓練。她斷然否認，認為這是政府散佈的謠言。

《明鏡》雜誌的問答採訪會要求受訪者授權逐字稿，我非常討厭這項規矩。這跟我之前在《華盛頓郵報》和《紐約時報》的作業流程不同，這兩家報社都不需要受訪者授權逐字稿，只要將整段訪談錄下來即可。受訪者也可以自己帶錄音器材，如果對訪談內容有任何不滿，都可以用自己的錄音檔為證。

札娜卜・哈瓦札看到逐字稿時，打電話給我表示我耍了她。這顯然不是她想像中訪談該呈現的樣子，但既然我只是如實把她的話寫進報導，也不理解為何她如此訝異。

「我的工作就是要對各方看法提出批判，」我對她說：「我並不是社運份子。」

她問如果反對這篇報導刊出，雜誌社是否會尊重她的決定，我則說這必須讓雜誌編輯定奪。不過對我而言，還是搞不懂為什麼她這樣提倡人權與媒體自由的人，會做出近乎審查的行為。

15 參考資料："Interview with Bahraini Opposition Activist: Regime Using Formula One Race to 'Trick the World,'" *Spiegel Online*, April 20, 2012, http://www.spiegel.de/international/world /interview-with-bahraini-human-rights-activist-zainab-al-khawaja-a-828407.html. 此文章之採訪由蘇雅德・梅科涅特進行。

她只說之後再跟我聯絡。

雜誌編輯也同樣對這篇採訪不滿意，他說訪談內容完全沒有展現半點同理心。「她爸快死了，我們還把她逼進困境。」編輯對我說。他決定大刀闊斧刪減採訪內容。我把編修過的版本寄給札娜卜，她才答應讓報導上線。

但過了不久，又有另一篇報導惹得哈瓦札一家不開心[16]。巴林政府特准BBC的資深中東地區特約記者法蘭克・加德納（Frank Gardner）進入監獄，獨家採訪阿布杜哈德・哈瓦札。從他家人的受訪內容來推斷，加德納跟大家都猜想，哈瓦札一定在垂死邊緣。二〇一二年五月一號，加德納公開自己到哈瓦札的醫院進行採訪。

「走進病房時我們以為會看到一位手上掛著點滴、性命垂危的男子。」加德納最近寄給我一封電郵，裡頭寫：「但穿著運動套裝的哈瓦札一看到我們，立刻暫停禮拜，跳起來打招呼。他看起來生龍活虎、動作靈敏。在巴林政府官關閉病房請我們離開前，我還跟他進行了五分鐘的口頭採訪。」

雖然哈瓦札身材纖瘦，但加德納想起當時情景卻說，他「看起來不像命在旦夕，他並沒有完全絕食。其實在守衛不注意時，醫院工作人員還拿出手機給我們看照片，照片中哈瓦札先生正在吃一份份量正常的套餐。」

加德納的報導跟哈瓦札家人的訪談內容相悖，哈瓦札的妻子對此特別憤怒。「她利用社群媒體大罵我們散播巴林政府委託我們寫的報導。」加德納還提到自己曾訪問哈瓦札之妻，並將她的觀點放入報導。他接著說：「這實在令人沮喪，我們花了這麼多時間訪問她，還讓她暢所欲言抒發見解。現在事情不如她意，就氣得怒不可遏。」加德納說：「我們本來就得打破錯誤的迷思。」

兩年多後，在柯爾柏基金會（Koerber Foundation）的贊助下我短暫造訪伊朗，內心對伊朗涉入巴林抗爭的許多疑問也終獲解答。柯爾柏基金會是一個德國非政府組織，致力加強國際交流與溝通來促進社會改變。此行我參與許多圓桌會議，與會人士多為伊朗官員。某晚，我們在德國大使官邸用餐，那是一棟有著美麗花園的別墅。

我的座位恰好在幾位伊朗高官與德國外交大使之間。伊朗官員問：「妳知道巴林以前隸屬波斯帝國嗎？」他接著說：「這對我們來說非常重要，而且伊朗男男女女都很擔心巴林人所受的苦難。」這名官員還說幾年前，伊朗曾經要求巴林反抗組織參選，這番話也讓我對面的德國外交官嚇了一跳。

「要不是我們加以督促，他們也不會有這番行動。」伊朗官員說。

「所以他們確實對反抗勢力有影響？」德國外交官輕聲用德文對我說：「反抗組織拜

16 參考資料：Frank Gardner, "Bahrain Activist Khawaja to Continue Hunger Strike," BBC News, May 1, 2012, http://www.bbc.com/news/world-middle-east-17908449.

訪我們的時候一直否認自己跟伊朗有關係，太扯了。」

那位伊朗官員甚至知道每位反抗組織成員的姓名，他說自己非常「開心」人權組織密切關注巴林的虐待暴力事件。他也認識哈瓦札一家人，並說他們在伊朗有很多支持者，那些支持者將他們譽為「偉大的人權鬥士」。

聽他談著人權，想起伊朗當地被殺或遭禁的抗爭者，我心裡很不舒服。我想針對這個論點提出質疑：「我想敘利亞總統阿薩德跟前伊拉克總理馬里奇，肯定他們背後都有伊朗撐腰，如果他們今天罔顧人權、虐待囚犯，好像就沒那麼值得譴責，因為他們壓迫的是遜尼派，對吧？」我問：「但在報導巴林事件時，伊朗媒體都譴責遜尼派壓迫什葉派，那些受伊朗援助的電視台也一樣。」

伊朗官員默不作答。

二〇一二年夏天，我與《明鏡》雜誌的合作方式有所變動。當初找我寫文章的人已找到新工作並離開雜誌社，幾年前曾說我被誤會是塔利班間諜的員工則獲得拔擢。我覺得自己好像演錯電影了，這不是我心中的《大陰謀》。

不久之後我獲得哈佛大學研究獎學金，滿心感激地到劍橋大學待了一年，探討阿拉伯之春爆發後，恐怖組織的長期行動策略。同時我也跟尼古拉斯．庫利什完成《永存的納粹》（*The Eternal Nazi*）一書，該書於二〇一四年出版。

事實上，這段期間仍是我的事業低潮。身為穆斯林記者的我，追查納粹醫生對猶太人做出的卑鄙醜惡罪行，反而讓我背負許多流言和指控。阿拉伯之春也對所謂國際報導有重大影響，那時各家媒體平台如雨後春筍般冒出。「公民報導」似乎蔚為潮流，不過我擔心這些社運份子的報導是否算得上我們所說的「事實」。如果讀者跟觀眾習慣只從某一個角度來看故事，那他們的世界觀不就永遠無法改變了嗎？

瑪琳．芬寧這類讀者會怎麼想？會不會又有人問為什麼媒體都沒說，阿拉伯之春已將原本平和的國家變成具有威脅性的存在？這會不會是逐漸分化阿拉伯世界的宗派紛爭所致？那些上街為民主挺身而出的遊行者，對民主價值的解讀是否與西方世界不同？

二〇一三結束獎學金研究後，我在杜拜跟弟弟還有幾個朋友吃晚餐，用餐時，姐姐哈南打電話給我。我這才發現其實她已經打了好幾通，只不過餐廳太嘈雜，沒聽見響鈴聲。

「剛才有一支特警部隊來過，」她說：「她們說妳有生命威脅。」

起初我以為是個惡劣的玩笑，但她的聲音聽起來很焦躁。

「我發誓這不是玩笑。他們說要立刻跟妳聯絡，還留了聯絡方式。妳趕快打給他們。」

我想不通究竟是發生什麼事。誰要取我性命，而且為什麼？

我打給德國警方單位中專門負責恐怖主義的一位女性工作人員，她說另一個部門的同事跟情資單位也請她立刻跟我聯繫。「可靠消息指出有人打算最近綁架妳，甚至是奪妳性命。有人說這跟丹尼爾．珀爾（Daniel Pearl）事件類似。」

我有些失去理智。「是誰？為什麼？消息是哪來的？」

「我現在無法透露太多，不過這跟妳現在拜訪的地區有關。妳之前訪問的人跟聖戰士有關聯。」

「我的家人也會受到波及嗎？」

「妳最好能快點回來，我們要當面討論這件事。」

我試著保持冷靜，但想到工作危害到家人生命安全，還是感到很罪惡。我請哈南不要對爸媽說這件事，一早起床我也立刻飛回德國，準備隔天與特警部隊人員碰面。

見特警部隊的前一晚，我在推特上收到通知，瑪麗安．哈瓦札將我的名字標註在一則推文中。

點開推文中的網址會連到一篇文章，那篇刊在《外交政策》（*Foreign Policy*）的文章是她與人共筆寫成，並以此回應我在《每日野獸》（*Daily Beast*）上刊載的文章，我在文內談到巴林的新聞通訊部長薩米拉．拉雅卜（Sameera Rajab）。拉雅卜的背景相當特別，她是一位權力強大的什葉派婦女，她育有三子，並跟反對派勢力有著複雜的關係。哈瓦札跟共筆作者指控我是巴林政府派出的誘餌，把拉雅卜塑造成進步女性的榜樣，但實際上她只是個特例。「梅科涅特並未質疑拉雅卜提出的官方政策[17]。」他們這麼寫：「拉雅卜與政府共謀推出許多不利於巴林人民的政策，這點梅科涅特並未加以批判。她未盡記者之職責……這篇關於拉雅卜的文章其實不令人意外，畢竟她先前針對巴林的報導都是走這種溫和疲弱的風格，毫無批判能力。在這幾篇文章中獲利的絕對是巴林政權。之前她才獲准採訪國王，幾個月後又得到訪問首相哈利法・賓・薩勒曼・哈利法的機會。」雖然我根本不是巴林政壇的大人物，但這篇文章整整提到我的名字高達八次，兩位作者更沒來徵詢我的說法。

這下可好，除了聖戰士之外，又有兩個極端份子對我開砲，我心裡這麼想。近期收到的威脅訊息，會不會跟這群巴林人有關？不久之後我的懷疑獲得證實，有位德國情資單位官員打給我說：「妳有讀《外交政策》嗎？他們提到妳的名字，字裡行間也清楚暗示對妳的威脅。梅科涅特小姐，情況對妳不利。」

我說這篇文章根本不是我指使他們寫的，文章出刊前我渾然不知。

隔天我跟警方會面，我們四人坐在桌旁。其中一名員警讀著檔案，指出德籍前饒舌歌手卡斯伯，也就是德索・多格，或稱阿布・馬力克，現名阿布・塔爾哈・阿爾瑪尼（Abu Talha al-Almani），曾跟某位在土耳其敘利亞邊境的同夥聯絡。「他們在討論妳是否已婚。」

17 參考資料：Samia Errazzouki and Maryam al-Khawaja, “Beware of the Middle East’s Fake Feminists,” *Foreign Policy*, October 22, 2013, http://foreignpolicy.com/2013/10/22 /beware-of-the-middle-easts-fake-feminists/.

德國官員看著檔案說：「他們的計劃明顯是要假借獨家採訪機會，把妳引誘到土耳其、敘利亞邊境地區。」

他說的這些事與我性命攸關，聲音聽起來卻像是在讀稿。「所以基本上呢，」他接著說：「如果妳再到當地採訪，他們就會綁架妳，逼妳嫁給其中一個人，不然就是把妳的頭砍下來並錄成影片。」

「他們想逼我跟其中一個人結婚？」我說。

「這是我們收到的威脅訊息。」

既然不知道是誰發給德國官方的消息，我決定聯絡那些認識前饒舌歌手、現自稱阿布．塔爾哈的人。

「他們之前可能有開過玩笑吧，上次你跟阿布．塔爾哈碰過面後，他就問過妳是否已婚。不過我想這不是認真的。」其中一位聖戰士告訴我：「搞不好是情資單位想要妳低調一點，是不是妳的報導惹到他們？阿拉伯之春之類的新聞？」

現在我真的不知道該相信誰。每位受訪者都有可能認為我的報導是對他的批評，並對我報復。我決定到摩洛哥的山上待幾天，我需要好好休息。

隔天一早我正準備前往機場，突然收到一則臉書訊息：「蘇雅德姐妹，祝妳平安，也替阿布．塔爾哈問候妳。他說他根本沒想找妳麻煩，妳聽到的威脅訊息是假的，他還祝妳一切安好、平安順心。」

第十二章
投身哈里發政權的男孩——二〇一三年，德國

二〇一三年秋季，我在約旦的札塔里難民營（Zaatari camp）訪問一戶人家，包包裡的手機突然震了起來。來電轉到語音信箱，手機停下來，但又再度開始震動。螢幕上顯示著某個老友的號碼，她還傳了簡訊說：「快打給我，有急事。」

離開難民營時，我立刻回電。

「蘇雅德，幸好妳有立刻打給我。事情嚴重了[1]，妳記得我的姪子佩羅（Pero）嗎？他跟一群人離開德國到敘利亞了。」

我以為自己聽錯了。「什麼？妳是說佩羅嗎？」我仔細地問：「妳說的佩羅，是幾年前嘲笑我們買給妳的豬小姐生日蛋糕的佩羅嗎？」

我能聽出她正努力止住淚水。「對，就是我的佩羅。」我朋友輕聲說。她要求我不要透露她和家人的姓名，因此我在這裡稱她為瑟斯。

我喚醒腦中八年前的記憶，當時我們跟瑟斯的家人一起慶祝她生日，佩羅跟他的姐妹也在場。派對重頭戲是一個豬小姐造型的特製生日蛋糕，因為瑟斯從小就很愛看布偶歷險記，我跟朋友就送她這個蛋糕，開她玩笑。

這個蛋糕當時由八歲的佩羅端進來，他走進房內親了阿姨一下，還咯咯笑個不停。瑟斯告訴我，佩羅之前花很多時間跟同年紀的朋友混在一起。「他變了，他現在越來越少出門，而且開口閉口都在談宗教。」她說。我之前就聽過其他父母向我描述孩子從性格轉變到逃家的過程，因此佩羅的案例不算特別。

「妳覺得他現在情況怎麼樣？」她問：「他在那裡做什麼？」

「我們碰面時再聊吧。」我不想在電話上告訴她，佩羅已踏上聖戰士養成之路，他現在或許正接受洗腦教化，甚至是跟其他陌生的男孩一起作戰，命喪異鄉。

「蘇雅德，我們一家人都想跟妳見面。拜託，可以來找我們嗎？」

在回德國的飛機上，我想著現在正有數千戶人家的孩子離家參戰，投身虛假的阿拉伯之春。

佩羅的家人傷心欲絕[2]。我安排時間跟他的父母、兩個姐姐還有阿姨，在他家碰面。他的母親巴姬卡（Bagica）在我造訪時眼淚沒停過，而父親米提柯（Mitko）——也就是瑟斯的哥哥——則求她冷靜下來。他們都互相責備彼此沒及早對兒子的狀況有所警覺。

「夠了！」瑟斯終於大喊：「你們都不要吵，現在開始想辦法救佩羅。」

「我不知道他為什麼會覺得有義務到敘利亞去，那場戰爭跟我們又無關。」米提柯說：「還有那些關於聖戰士的論調，我搞不懂。」

有佩羅這樣的孩子的父母都會問自己到底做錯了什麼，為什麼離家的是我們兒子呢？通常在這些家庭中，父母關係可能早就不太和睦，或是兒子跟父親之間常有衝突。這種狀況在穆斯林家庭裡並不少見，佩羅一家也不例外。

如今佩羅十六歲，他們一家當年是在佩羅出生後搬離馬其頓共和國。佩羅總是被父母

---

1 參考資料：Michael Birnbaum and Souad Mekhennet, "As Son Heads to Syrian Front, Family in Germany Plots Kidnapping to Bring Him Back," *Washington Post*, November 11, 2013.

2 Ibid.

捧在掌心，我每次拜訪時，他阿姨也會摟著他或輕捏他的下巴，奶奶也常提醒他多吃點自己做的燉牛肉與肉丸。信奉伊斯蘭教的他們主張開放自由，偶爾會在家跳舞喝酒。他們在社會上算是中產階級，工作勤奮努力。我朋友瑟斯也經營自己的事業數年，巴姬卡在雜貨店上班，佩羅的父親米提柯比較難以捉摸。瑟斯常告訴我他哥脾氣很大。「我以前做錯很多事，」米提柯說：「我付出很大代價，也終於學到教訓。」佩羅年紀還小時，米提柯因販毒而被捕判刑入獄，錯過陪佩羅度過童年的機會。

巴姬卡收起眼淚，問我：「他們會怎麼對待佩羅？他有危險嗎？」

「能告訴我發生什麼事嗎？」我表示：「請從頭說起。」

巴姬卡說佩羅離家當晚，表示自己會在朋友家過夜。「他來找我的時候緊緊抱住我，還親了我，說要到市中心參加集會。」描述時她又哭了起來。

「什麼集會？」

「我不知道，跟敘利亞有關的集會。哪裡有他欣賞的德國宣教士講道，那個宣教士叫什麼名字？」

「是皮埃爾．沃格爾（Pierre Vogel）嗎？」我問。多年來我持續追蹤沃格爾的動態，他以前是拳擊手，在二〇〇一年皈依伊斯蘭教，自詡為伊斯蘭宣教士，在德國相當知名。他特別喜歡在公開場合用俚俗的語言佈道，也成功吸引不少原先對伊斯蘭教一無所知的年輕人。德國政府其實一直密切注意沃格爾這種人，我也很好奇他們的收入是哪裡來，怎麼能舉辦全國佈道大會。最近他的佈道內容都是在呼籲民眾推翻敘利亞的阿薩德政權。有些德國薩拉菲主義者公開鼓勵青年投入對抗阿薩德政權的軍事組織[3]，皮埃爾．沃格爾的立場則反覆無常。他有時呼籲年輕人抵抗阿薩德，有時又勸說年輕人不要參戰，而其唯一不變的論調是要民眾捐錢給敘利亞團體[4]。

原來要去聽這名男子講道就是佩羅趕到市中心的理由。「他說隔天就會回家，但沒有。」巴姬卡哭著說。他們一家整天打電話聯絡佩羅，還問佩羅的朋友是否知道他的下落，但大家一概不知。

隔天早上巴姬卡的電話響了。「是佩羅打來的，」她說：「我問他在哪裡。」佩羅說：「我在敘利亞。」

佩羅的姐姐也開始啜泣，米提柯起身離開房間。我猜他大概是不想讓我們看到自己落淚的樣子。

我問她後來是否有再聽聞佩羅的近況。

---

3 參考資料：Marwan Abou Tamm et al., "Kontinuierlicher Wandel. Organisation und Anwerbungspraxis der salafistischen Bewegung," HSFK-Report Nr. 2, 2016, http://www.hsfk.de/fileadmin/HSFK/hsfk_publika tionen/report_022016.pdf.

4 參考資料：Jörg Diehl et al., "Glaubenskrieger: Taxi in den Dschihad," *Der Spiegel* 43 (2013): 36–39.

「有。有時候他會用WhatsApp傳訊息回來。」

「妳知道他跟誰在一起嗎？」

「不知道，他只提到一個長官。那個人有權決定佩羅什麼時候能用手機。」

「那他們每天都在幹嘛？」我問。

「他說那邊有個介紹伊斯蘭教的長老，他們也會放敘利亞人死亡的影片跟照片給他們看。就是那些被那個誰殺死的民眾，那個人叫什麼名字？」巴姬卡越說越小聲。

「阿薩德嗎？」

她點點頭。她說家裡人很少談論政治或外國事務，不過五個月前佩羅突然對中東地區產生濃厚興趣。他還試著留鬍子，但下巴只長出幾根細毛而已。

巴姬卡說佩羅每天跟朋友碰面，到清真寺禮拜並聚在某人家中讀經。他們還在市中心擺攤發送《古蘭經》，讓民眾更了解伊斯蘭教。

我問他們希望我怎麼幫忙。「你們也知道我是記者不是警察。」我提醒他們。

他們說已經去過警局，但警方幫不上忙。「我們不能坐在這裡乾等，什麼事都不做。」米提柯說：「這可是我們的孩子。」

「佩羅有提過自己想回德國嗎？」

「沒有，但那個長官好像都會在他發訊息之前檢查訊息內容。」巴姬卡說。

我心想，這是必然的。他們一定會避免新進成員洩漏營區位址。雖然我也不知佩羅的所在地，但唯一可確定的是此時時間緊迫。一旦完成「信仰教化」，那些導師就會把他送到訓練營，佩羅也得在「戰士」和自殺炸彈客兩者間做選擇。自殺炸彈客即是執行「殉道行動」的人員。

我不想對他父母說這些，但我能把他們兒子的事件寫成報導，藉此詢問有關當局是否有應對策略，也可問問在土耳其、敘利亞邊境地區的情報提供者，是否知道佩羅行蹤。「妳之前有寫過一篇報導，說有一位宣教士專門讓受極端訓練的年輕人思想回到正軌，就是那個長得很像賓拉登的男子，」我朋友瑟斯說：「能讓我們跟他聯絡嗎？搞不好他幫得上忙。」

雖然我知道她的意思，還是忍不住笑出來。「妳最好不要說他長得像賓拉登。」我這麼說。我說自己不能擅自把他的電話給別人，但我能把他們的號碼給那位宣教士。他們立刻答應。

離開前，米提柯還提出最後一個請求。「蘇雅德，如果我們決定到土耳其、敘利亞邊境，妳願意跟我們一起嗎？」

我知道自己不能這麼做，德國政府已要我遠離該地。

「我必須考慮。」我這麼說。我告訴她這決定權在編輯手上，但我很可能會找另一個記者一起做這篇報導。如果到時必須有人親自到國界採訪而我又不能去，或許同事就能代替我。

離開佩羅家公寓後，我傳簡訊給赫珊・沙夏（Hesham Shashaa），大家都稱他為阿布・亞當（Abu Adam），他就是瑟斯提到的那位宣教士。以前曾當過記者的他，現在巡迴世界各地佈道，揭露軍事組織的真面目與野心，並跟德國政府合作勸退想加入那些組織的青年。幾年前我就寫了一篇關於他的人物專訪[5]。他立刻撥電話給佩羅一家。

下一通電話我打給前同事彼得・芬恩，他現在是《華盛頓郵報》的國家安全部門編輯。芬恩一直希望我能重新定期替報社寫文章，但我這次並未與他們簽約，只有碰到合適的故事才會寫稿投遞。芬恩同意讓我替郵報寫佩羅的故事，但他說：「妳不能親自到土耳其與敘利亞邊境，我不可能在這種時候讓妳過去。」除了德國情資單位傳來的警告之外，美國政府官員也從邊境地區收到要取我性命的恐嚇訊息，他們將這則消息轉給《紐時》的律師後，律師才把消息轉達給我。

我告訴彼得，前饒舌歌手阿布・塔爾哈所屬組織中的情報提供者要我毋須擔心。

「這樣就好，」他說：「但妳在這個階段還不能去。」

彼得替我聯絡郵報的德國分社社長邁克爾・賓恩鮑姆（Michael Birnbaum），他也同意

會立刻準備執行這則專題。阿布・亞當也打給我說，他會在隔天拜訪佩羅一家。邁克爾跟我決定跟他在佩羅家碰面。

同時我也從德國國安單位的情報提供者那邊得知，佩羅是跟另外二名年輕人一起出發前往土耳其的，其中至少有四名青少年。多數成員跟佩羅一樣是在德國出生的移民後代。

「他們從法蘭克福搭廉價航空到安塔利亞（Antalya），接著很有可能是有人開車將他們載到敘利亞。」其中一名情報提供者說。

這些聽在我耳裡都不是新鮮事，卻沒想到情況會發生在我的朋友身上。我知道這些父母跟親人通常都不曉得事情嚴重性。在營隊裡看管他們的人通常會叫他們不要相信父母的話，因為他們並未以「正確的觀念」來理解伊斯蘭教。

軍事組織在目前爆發內戰、國情不穩的敘利亞據地設營，訓練來自不同國家的年輕人。雖然他的父母也跟其他年輕人的爸媽一樣，一心期盼孩子能趕快回家，但我想若他已徹底遭到洗腦，回到家鄉反而會對家人和社區構成威脅。

佩羅的母親說，他在離家前開始談論歐洲的「反穆斯林」論調。「他說：『這不是我們的國家。很多歐洲人都痛恨伊斯蘭教跟穆斯林。』」她對我說。雖然佩羅生於德國，但與新朋友相處越久，他就越疏離德國社會。

邁克爾跟我在隔天來到佩羅家，阿布．亞當也在同一時間抵達。瑟斯不是第一個覺得他長得像賓拉登的人，多年來民眾對他都始終有這樣的評語。這或許是他的白衣與格紋傳

5 參考資料：Souad Mekhennet, "Munich Imam Strives to Dilute the Elixir of Radical Islam for Some Young People," *New York Times*, May 17, 2010.

統伊斯蘭男性頭巾所致，也有可能是他臉型較長，鬍鬚黑白參差的關係。我跟他之前就討論過他的樣貌，他說托這個造型的福，來見他的年輕男女都把他當成值得尊敬的人物看待。「如果我今天穿西裝打領帶，」他說：「他們還會信任我、聽我的話嗎？」

阿布．亞當有四個老婆，但他從未評論任何人的生活型態。多年前我拜訪他時，也跟他幾位太太見面，她們說自己是自願嫁給他的，而且大家相處起來就像姐妹。

當時我說自己不曉得這麼多女人怎麼共事一夫，但在我離開前，聽見他跟幾位太太為了下次旅遊地點爭論不休，無法決定到底是該去西班牙（他的選擇）還是巴黎迪士尼樂園（太太的偏好，或許是因為他們生了許多小孩），我才轉過去對阿布．亞當說：「其實我應該問你是怎麼應付這麼多女人的？」

「保持耐心。」他笑著回答。

後來他寄了全家到巴伐利亞南部度假的照片，他的太太全都穿了一身黑的服飾，臉上蓋著面紗，坐在雪橇上從山上往下滑。

阿布．亞當成功破除多國青年的極端思想，也成為許多聖戰組織的頭號大敵。「很多人覺得我在破壞他們的計劃。」他對我說。所以現在他只要出門，身邊都會跟著一個充當保鑣的助理。

佩羅的家人又把佩羅的故事說了一遍，巴姬卡再度淚水潰堤，米提柯便接續描述。阿布．亞當則邊聽邊做筆記。

「一開始他每天去清真寺，我很開心，甚至有點引以為榮。」米提柯說。然後他轉身對阿布．亞當說：「坦白說我不是很虔誠。雖然我有時候會禮拜，但不會一天禮拜五次。所以看到佩羅那樣，我感到很光榮……我希望兒子能走在真主的道路上，這才是對他最好的。他現在走錯路了。」

佩羅越來越虔誠、服從。有一次他甚至告訴父親不該喝酒，而且應該更篤信伊斯蘭教。佩羅離家時帶了一支在德國買的預付卡手機，他的父母只能靠那支號碼跟他聯絡。「我要一直確定手機卡片裡還有餘額，這樣才能保持聯絡。」米提柯說。不過佩羅向來跟媽媽比較親，跟爸爸比較疏遠。

米提柯與巴姬卡很不滿德國政府為何沒有阻止兒子跟其他年輕人出境。他們怎麼這麼容易就被極端思想洗腦，立刻被派到敘利亞作戰呢？

「你們有請他回來嗎？」阿布．亞當問。

「有啊，我跟他說：『你趕快回家吧，我不會責怪你的。』」米提柯這麼說，但顯然這話一點用也沒有。

米提柯再度表示自己的震驚，沒想到德國距離發生在他祖國和中東地區的紛爭這麼遠，事情仍然發生在兒子身上，他越說越心痛。「佩羅對宗教越來越狂熱，我不知道該怎麼辦才好。」米提柯說：「我一直以為只要小孩不缺錢用，就沒其他問題好煩惱了。」

「我猜那個領導人，他說的那位首長都會監聽我們跟佩羅的談話內容，然後控制他。」

巴姬卡說。

在他離家前幾週，佩羅看了許多影片，影片內容據傳是阿薩德政權的殘暴行徑紀實。佩羅告訴爸媽，此舉就是在向伊斯蘭教宣戰。

「他說敘利亞的戰爭就是活生生的例子，既然全世界與伊斯蘭教為敵，穆斯林就得出面幫忙穆斯林。」米提柯說。

先前聊天時，佩羅跟父母提到，那位首長曾說要建立伊斯蘭國。佩羅的家人不清楚他到底加入什麼團體，但他們知道另一位跟佩羅一起離家的青少年，那位少年曾跟家裡說要加入隸屬蓋達的組織。

「有一次我跟那個首長講到話，他說如果我們能給兒子足夠的錢讓他買AK-47步槍跟防彈背心，就是對他最好的照顧。」米提柯說：「有誰會對小孩才十六歲的父母親講這種話？」

我一聽就知道他們的兒子最後選擇當戰士。

上次打電話回來時，佩羅跟母親說就在幾週前，也就是宰牲節（Eid al-Adha holiday）過後不久，他才宣示要效忠某支作戰小組。搶救時間所剩無幾。

阿布．亞當建議佩羅的家人勸勸他，告訴他《古蘭經》要穆斯林把家庭義務擺在首位，而且還譴責暴力行為。如果這樣也不管用，或許可以說他媽媽生病了，而且病因是太擔心佩羅的安危。這樣既不算說謊，也能勸佩羅回家，至少到土耳其跟媽媽見一面，不要一直待在敘利亞。

「這不是你們想像中大家見面時說一聲『親愛的』，然後互相擁抱就能回家了。」

米提柯與巴姬卡已向佩羅承諾，如果他回到德國便能重新展開人生。「我對他說：『兒子，回家吧，一切都會沒事的。我發誓會當個更好的爸爸。』」米提柯說著說著，淚水在眼眶打轉：「但這也沒讓他回心轉意。」

米提柯也試著告訴佩羅說他母親病得很重，但這也沒奏效。

阿布．亞當又提出另一個建議：「綁架他。」

他指導佩羅的家人該跟佩羅說些什麼，讓那位首長無話可說，答應讓佩羅見他母親最後一面，讓她在佩羅出發作戰前給予祝福。

「或許這是最後一搏。」當晚巴姬卡對我說。她跟佩羅視訊時我躲開鏡頭，以防那位首長也在視訊中監看。我在房內聽見佩羅說，會有人將他媽媽跟阿姨接到安塔基亞（Antakya）、接著再到敘利亞跟他碰面。

阿布．亞當曾說佩羅的首長可能會出於安全考量，要求她們跨越邊境。「但千萬不要這麼做，」他說：「妳可以告訴他在伊斯蘭教律法中，他已經觸犯教條，因為他在未經父母同意下參加聖戰。而妳們身為女人，不能跟陌生男子進入敘利亞，身為兒子的他必須到另一邊來見妳們。」

巴姬卡就這樣對佩羅說，佩羅跟同在一間房內的另一名男子討論過後終於答應。他還請母親帶保暖的襪子、皮夾克、上衣跟盤尼西林和其他抗生素。

「他看起來很疲倦，」巴姬卡事後說：「他只穿著一件短袖上衣，身邊還有其他人。」

「他應該不會自己來，」米提柯憂心地說：「雖然可能有點危險，但我不能眼睜睜看兒子送命。」

我跟彼得．芬恩聯絡，告訴他這家人準備啟程前往安塔基亞。「我還是不希望妳在這個時候到邊境，」彼得說：「我們得謹慎一點。」

雖然很失望自己無法跟佩羅家人一起到土耳其，我還是跟瑟斯透過簡訊與電話保持聯絡。米提柯有個家族朋友在土耳其警方工作，他也幫忙聯絡邊境地區的反恐警力。

巴姬卡跟兒子不斷通話，告訴他只有自己跟瑟斯會去看他。但在佩羅不知情的情況下，米提柯已在幾天前飛到土耳其與邊境地區的警方會面。

按照安排，佩羅會跟巴姬卡和瑟斯在安塔基亞的某間飯店碰面。他會在那裡待上幾個小時，跟母親還有阿姨見個面，順便領取母親幫忙攜帶的日用品。

「他在嗎？來了沒？」我緊張地從德國發簡訊給瑟斯跟她的大嫂，她們正在飯店大廳等待。

「還沒。」瑟斯回覆。他已經遲到二十分鐘了。

大家都很擔心佩羅不會獨自赴約，或者跟他同行的人會攻擊他的家人或者試圖把他帶走。警察跟米提柯躲在飯店外的某台車中。他們的計畫是讓土耳其反恐警力將佩羅抓起來，假裝他被警方逮捕，然後把他們載到機場，讓他們當天飛回德國。

「我傳訊息問他人在哪，他只說會在三點抵達。」瑟斯傳簡訊告訴我。

當地下午兩點半，瑟斯打電話給我說便衣員警已駐紮在飯店大廳，也將車停在出口處駐守。「好像在演電影，我好緊張喔，蘇雅德！妳這麼多年來都是怎麼熬的？我無法想像。」

三十分鐘後，我收到瑟斯的簡訊：「他傳訊息給我大嫂，說自己已經出發了，問我們人在哪裡。」

我緊張地盯著手機，完全無法專心做其他事。十分鐘後，我又收到另一則簡訊：「他來了，警察也在我們旁邊，大家都哭了。現在沒辦法多說，但我們現在要去警局，等一下就要去機場。今晚就會到。」

後來我聽說佩羅是自己一個人搭公車來的。躲在車內的米提柯暗示警方這就是他兒子，警方也立刻下車從手臂將他壓制住帶進飯店大廳，他的母親和阿姨則在裡頭等著。

瑟斯後來告訴我，米提柯看見佩羅抱著巴姫卡時，也忍不住落淚，瑟斯早已不記得上次看哥哥哭是什麼時候了。

「那個小鬼被抓起來的時候嚇到了。」她告訴我。他還問警方被逮捕前是否能做禮拜，警方也未拒絕。

瑟斯後來給我跟邁克爾看了一段她用手機錄下的影片，畫面中的他們正跟佩羅搭車前往機場。在車內，土耳其警方轉頭對佩羅說：「如果你在那邊待更久，也採取下一步行動的話，就會發現自己其實走錯路了。」警方說：「感謝阿拉讓你逃離那個地方。」

佩羅沉默不語。

「誰有權發動聖戰？這種事不是隨便喊喊就行，得遵循一定的規則，」警方說：「家庭還是最重要的，不管怎麼樣永遠不能把家人拋在腦後。」

「我以為這條路才是對的。」佩羅說。

佩羅跟媽媽還有阿姨抵達法蘭克福機場時，德國邊防警察立刻把他逮捕送往法蘭克福警局總部。我在那裡跟瑟斯碰面，一起等著她的大嫂跟姪子出來。

佩羅一家人跟阿布．亞當想了辦法，努力讓佩羅重新融入德國社會。現在他已與那個團體保持距離，但當初被灌輸的觀念還未完全根除。「我告訴他們，要努力跟我合作，他才不會又落入那些極端團體手裡。」阿布．亞當告訴我：「我確定那些人一定會繼續跟佩羅聯絡，要他回歸組織。」

他說得沒錯。我知道有很多人在趕去阿富汗、索馬利亞或葉門加入聖戰組織的路上被攔下來。雖然第一次失敗，但以前就認識的聖戰組織成員還是會持續跟他們聯絡，第二次通常就會成功。事實上，如果他們最後成功加入軍事組織，就會更受敬重，因為他們排除萬難追尋自己理想中的正道，沒有放棄成為殉道者的機會。但佩羅的情況不同，他並未全盤接受聖戰組織的意識型態，只不過是個聽話順從的少年罷了。其實佩羅認為自己的行動是在拯救「被阿薩德屠殺的敘利亞穆斯林」。這是他被灌輸的概念，也是他心中認為每位穆斯林的義務。雖然要費一番功夫，但佩羅還是有辦法重新融入德國社會。若要達成這個目標，除了家人必須努力外，也得靠宗教專家向佩羅解釋，他的朋友跟那位組織領袖「首長」的野心：他們僅為了達成自身目的，將《古蘭經》抽離文本脈絡和背景歷史，用自己的詮釋來解讀經文。

「我們現在得重新把他的腦袋洗過一遍。」阿布．亞當說：「必須把裡頭錯誤的思想全都洗掉。」

佩羅能活著離開算是幸運，很多跟他一同進入營隊的人都沒能活著出來。

阿布．亞當跟佩羅一家人合作了幾個月，才讓佩羅徹底脫離當時的交友圈。他們將他的所有電子信箱帳號刪除，換掉手機號碼，也把臉書頁面關掉。米提柯也找到疑似當時替這群年輕人辦理出國手續的男子。米提柯向警方舉報那名男子，警方其實早就知道這名男子的存在，也暗中監視他好一陣子，但目前仍無足夠證據將他繩之以法。

米提柯只想確保這位德籍土耳其裔男子能離兒子越遠越好，便主動出擊。「我到那名男子的公寓，」米提柯說：「然後告訴他：『如果你跟那些所謂的兄弟敢再靠近我兒子，我跟真主發誓，我會讓你的頭滾到你首長的腳邊。聽懂了嗎？』」

那名男子點點頭，米提柯這才滿意對方收到他的訊息並轉身離開。此後，那些人再也沒接近過佩羅跟他的家人。

佩羅畢業後也跟舊時的朋友斷了聯絡。大約一年到一年半後，我偶然在街上看到佩羅，他正牽著一位少女的手。他們穿著牛仔褲與時髦的服飾，少女雖戴著頭巾但頭髮仍自在飄逸。看著佩羅有說有笑的模樣，我想起幾年前端著豬小姐蛋糕的那個小男孩。

而幾位佩羅的朋友，日後離開了他們當年在敘利亞加入的組織，投入另一個新成立的組織，也就是如今我們所知的伊斯蘭國（ＩＳＩＳ）。外界宣稱，該組織早在去年夏天就已出現，我後來也得知，阿布．塔爾哈這位多年前以德索．多格為名的饒舌歌手，也加入了這個組織。

第十三章

投身哈里發政權的新娘——二〇一四～二〇一五年，德國與法國

二〇一五年一月七號，歐洲遭到重擊。謝里夫．柯阿奇（Chérif Kouachi）和薩伊迪．柯阿奇（Said Kouachi）兄弟對巴黎市中心的法國諷刺雜誌《查理週刊》（*Charlie Hebdo*）辦公室發動攻擊，奪走數名雜誌職員與記者的生命。該雜誌對先知穆罕默德的描述和揶揄，讓伊斯蘭主義份子憤怒不已，因此發動恐怖攻擊奪走十二條人命，隨後與警方在巴黎北部的城鎮達馬丹戈埃勒（Dammartin-en-Goële）僵持不下，最後遭警槍擊斃命。

一月九號，另一名男子艾米第．古里巴利（Amedy Coulibaly）在巴黎另一區的猶太超市中發動攻擊，奪走五人性命並挾持十五名人質。最後古里巴利自己也死於警方手中。

以宗教理念為出發點的恐怖組織，已將法國視為攻擊目標好一段時間了，法國自身的殖民史以及對中東與北非地區的軍事干涉也充滿暴力色彩。十九世紀法國征服阿爾及利亞，並在一次世界大戰時控制敘利亞和黎巴嫩，因此被許多穆斯林認為是專橫傲慢的國家。阿爾及利亞的獨立之路既漫長又血腥，外界對法國的批評與省思來得太遲，法國社會對這些批判的接納度也有所差異，因此加深穆斯林的敵意。一九八三年，黎巴嫩軍事組織真主黨轟炸法國位於貝魯特的傘兵基地[1]。一九九〇年代，阿爾及利亞的伊斯蘭主義恐怖組織—伊斯蘭武裝小組挾持法國飛機，轟炸數個巴黎地鐵站。全法國的猶太機構包含學校、餐廳還有教堂，不斷成為伊斯蘭主義組織的恐攻目標。

許多法國穆斯林都經歷過法國的殖民衝突，或曾聽家庭成員談及此事。這些穆斯林歷來都覺得自己未享有法國社會的福利，其經濟狀況尤其艱難。一九七〇年代起，原象徵二戰後景氣繁榮的郊區公寓大廈，幾乎成了北非移民的棲身之所，後來更成了高失業率和弱勢階層的代名詞。只要有錢搬離這種公寓，住戶絕不會留下來。如今，這些郊區的主要居民仍是外來移民與其家人，當地也時常爆發反政府抗爭[2]。

柯阿奇兄弟指出，他們是以阿拉伯半島蓋達組織之名犯下《查理週刊》槍擊事件，在另一支影片中則可看到古里巴利向伊斯蘭國宣誓效忠。

我跟來自世界各地的數百名記者都來到巴黎報導此恐攻事件，我對古里巴利的太太哈亞特·布米迪尼（Hayat Boumeddiene）扮演的角色也特別感興趣。外界最後一次看到她，是在某支於一月二日公開的影片中，她跟另一名與恐怖組織相關的男子出現在伊斯坦堡機場海關閘口。情資單位認為她已進入敘利亞接受「哈里發政權的庇護」。她多年前穿著比基尼與古里巴利的合照也在媒體上瘋傳，大家都很好奇他們的生活何以有如此劇變。

我觀察女性激進化的現象也已數年，很好奇是否有其他跟布米迪尼類似的案例。幾年前，我訪問了法提哈．梅雅提（Fatiha Mejjati）跟瑪莉卡．亞魯德（Malika el-Aroud）兩名女子。她們年輕時對宗教不感興趣，但最後還是成為激進伊斯蘭份子。

這些婦女說，他們早年的生活方式和穿衣打扮非常西方，瑪莉卡在皈依伊斯蘭教前甚至還是一名單親媽媽。她們說自己對宗教的興趣是源自全球政局，也就是巴勒斯坦人和以色列人的衝突、伊拉克戰爭以及車臣共和國戰爭。她們的丈夫後來也受到影響進而成為激

---

1 參考資料：Richard Ernsberger Jr., “1983 Beirut Barracks Bombing: ‘The BLT Building Is Gone!” HistoryNet, October 27, 2016, http://www.historynet.com/1983-beirut-bombing-the-blt-building-is-gone.htm.

2 參考資料：Katrin Sold, “Ein unvollendeter Aufarbeitungsprozess: Der Algerienkrieg im kollektiven Gedächtnis Frankreichs,” Bundeszentrale für politische Bildung, January 21, 2013, http://www.bpb.de/internationales/europa/frankreich/152531/algerienkrieg；Simone Gnade, “Problemgebiet Banlieue: Konflikte und Ausgrenzung in französischen Vorstädten,” Bundeszentrale für politische Bildung, January 21, 2013, http://www.bpb.de/internationales/europa/frankreich/152511/problemgebiet-banlieue；ABC News, “Paris Attacks: A History of Terror Attacks in Modern France,” November 14, 2015, http://www.abc.net.au/news/2015-11-14/history-of-terror-attacks-in-modern-france/6940960；John R. Bowen. “Three Reasons France Became a Target for Jihad,” *Time*, January 8, 2015.

進份子。

這兩名女子雖未曾碰過面，但她們的丈夫後來跟都賓拉登密切往來，他們在兩千年初都住在阿富汗。

我跟法提哈是在二〇〇七年於卡薩布蘭卡初次碰面。多年前，她是摩洛哥的私校老師。她開始對伊斯蘭教產生興趣時，同事也都注意到她的改變。法提哈開始不穿裙子並戴頭巾。校長要她再三考慮，但法提哈依然故我。

班上男學生阿布杜卡林．梅雅提（Abdulkarim al-Mejjati）認為篤信宗教的她非常迷人，便開始約會，與她談論伊斯蘭教和政治。梅雅提後來要求法提哈嫁給他，但法提哈對此有所顧慮，因為他年紀比她小。

「先知穆罕默德也比他太太小。」梅雅提回應。

來自富裕之家的梅雅提在遭家人反對之下，他仍堅決要娶法提哈。他們結婚後育有一子，將其命名為亞當，兩年後又生了二兒子伊里亞斯。隨著時間推移，他們的思想越來越偏激，兩人在二〇〇一年春天搬到阿富汗。

「這是我生命中最美好的時光，我還向真主禱告，希望有日能重新活在塔利班的國度裡[3]。」她這麼對我說時，還舉起雙手彷彿在禱告似的。

接著他們一家又搬到沙烏地阿拉伯。二〇〇五年某日，法提哈帶伊里亞斯去看醫生時，該國的反恐警力部隊衝進他們的住處，殺了梅雅提跟十歲的亞當。沙烏地阿拉伯政府單位認為賓拉登將蓋達組織分支交由梅雅提管理，懷疑他計畫在當地發動攻擊。

法提哈跟八歲大的伊里亞斯被警方逮捕，待在沙烏地阿拉伯的獄中數月。後來被遣返回摩洛哥後，他們又被押在拘留所幾個月。她說拘留所警方質詢他們一家在阿富汗的生活狀況，以及她丈夫都跟哪些人聯絡往來。法提哈還說她聽見其他被拘留犯人的叫喊聲，似乎是遭到折磨。雖然法提哈沒有受到肉體刑罰，但她說，自己跟兒子所受的精神創傷，一輩子也無法痊癒。

我在法提哈獲釋後立刻訪問她，後來也進行了多次採訪。她說自己的觀念在獄中並無改變，反而變得更極端激烈。二〇一一年和她碰面時，她還是談著聖戰以及對抗美國與其盟軍的必要性。她也不斷推崇剛被謀殺的賓拉登，更將塔利班領導人穆拉・奧瑪譽為「忠誠的領導人」，還說自己希望能活在「由伊斯蘭領導人統治的真正伊斯蘭國度裡」[4]。

二〇一四年七月，她離開摩洛哥，到敘利亞加入伊斯蘭國。除了出現在幾段影片中，法提哈也在推特上表示自己正在策劃自殺炸彈攻擊，然後就消聲匿跡。我聽說她嫁給一位伊斯蘭國指揮官，伊里亞斯也到該組織的媒體部門工作。

3 參考資料：Souad Mekhennet, "Divining the Future in Morocco," *New York Times*, May 10, 2011.
4 Ibid.

二〇〇八年，我與另一位名叫瑪莉卡・亞魯德的女子在布魯塞爾碰面。當時她已是知名網路聖戰士，倡導穆斯林男性投入聖戰，要穆斯林女性在丈夫背後給予支持。我打電話給她，詢問是否能聊聊她的生活，以及身為聖戰世界中的女性是什麼樣子。

第一次電話訪問時她特別做了筆記，訪談結束時她又問了一次我的名字。「妳兩天後可以再打給我。」她說。

第二次撥電話時，她的語調特別親切。「姐妹，祝妳平安。」她熱情地說：「我跟拉菲丹中心（Rafidain Center）[5]的兄弟談過了，他們說我可以跟妳講話沒關係。」

我聽不懂她說的拉菲丹中心是什麼意思，我以為那是她平常會去的清真寺。我表示除了訪問她之外，也想拜訪她平常會去的地方。我說：「或許我們也可以去拉菲丹中心。」

電話那頭靜默了好一陣子。「妳說什麼？」她問。她說自己剛才在跟負責處理賓拉登網路發言的譯者說話，而且沒人知道他們總部的位置在哪裡。

瑪莉卡生於摩洛哥北部，在比利時長大，小時候非常排斥宗教。她在十八歲時結了第一次婚，離婚後又生了一個孩子。

在她意志消沉、窮困潦倒的時候，是一位教長幫了她。她不懂阿拉伯文，但能讀法文版的《古蘭經》，並對嚴格保守份子所理解的伊斯蘭教產生興趣。與更多思想激進的人往來後，她嫁給一位效忠於賓拉登的突尼西亞戰士，他名叫阿布德薩特・達曼恩（Abdessater Dahmane）。

起初，瑪莉卡的宗教狂熱還混雜著與宗教無關的憤慨。她認為整個世界都與穆斯林為敵。二〇〇一年，她跟法提哈一樣與丈夫搬到阿富汗，丈夫在蓋達組織營隊中受訓，她則搬到賈拉拉巴德（Jalalabad），跟其他外國女子同住在住宅大樓中。

瑪莉卡說塔利班是伊斯蘭政府的完美範例。她唯一反抗的只有女性被迫穿上的波卡罩袍，她都稱這種罩袍為「塑膠袋」。身為外國人的她，可以套上黑色長面紗以代替。「在塔利班的統治下，婦女不會有任何困擾。」她對我說：「我們被保護得好好的。」

賓拉登指派兩位殺手在二〇〇一年九月九號，也就是紐約和華盛頓發生恐攻的前兩天，去刺殺北方聯盟（Northern Alliance）[6]領導人艾哈邁德・沙赫・馬蘇德（Ahmed Shah Massoud），瑪莉卡的丈夫就是其中一人。他們偽裝成阿拉伯電視台記者，去訪問知名反抗組織的領導人，攝影器材裡則裝滿爆炸物。達曼恩在攻擊中存活了下來，但逃跑時還是中彈。

瑪莉卡被馬蘇德的追隨者扣留了一陣子，受到驚嚇的她，說服比利時政府讓自己能在

5 拉菲丹指的是美索不達米亞與伊拉克，換句話說就是「兩河地區」。參考資料：Elaine Sciolino and Souad Mekhennet, "Al Qaeda Warrior Uses Internet to Rally Women," *New York Times*, May 28, 2008.

6 北方聯盟（Northern Alliance）：一九九六年成立，為對抗塔利班政權的阿富汗軍事政治聯盟組織。（校注）

美國於二〇〇一年十月轟炸阿富汗之後，安全通關回到比利時。有二十多人因共謀殺害艾哈邁德・沙阿・馬蘇德而被起訴，回到比利時的瑪莉卡也是其中一人[7]。她穿戴黑色頭紗出庭，表示自己從事的是人道服務工作，完全不曉得丈夫的工作內容為何。最後法庭因缺乏足夠證據而未起訴瑪莉卡。

同時，瑪莉卡還被塑造為殉道者的遺孀。她把自己的故事告訴一名記者，請他代筆幫忙寫傳記。累積名聲後，她透過網路鼓勵大家投入聖戰運動。她也在網路上認識了莫耶茲・加薩羅威（Moez Garsallaoui），年紀較輕的加薩羅威來自突尼西亞，並在瑞士接受政治庇護。他們結婚後搬到瑞士某個小鎮，經營支持蓋達組織的網站與論壇，這些頁面都受到瑞士政府監控，官方也指出，這是瑞士最早透過網路進行的恐怖犯罪案例。

二〇〇五年四月某日清晨，瑞士警方搜索這對夫婦的住家並將他們逮捕。帶領特種部隊的官員與我有私交，向我透露當時情況，瑪莉卡的丈夫馬上衝到電腦前刪除所有資料，警方把他壓制住時整個人顫抖不已，而瑪莉卡則相當冷靜。穿著睡衣的她要求警方讓她換上長袍並蓋上面罩。那位官員對我說：「她還滿堅毅的。」

瑪莉卡說瑞士警方將她老公蒙上眼罩後，對他不斷毆打，而她則是在睡夢中、未戴上面紗的情況下，被人粗暴地拉扯對待。因為在二〇〇八年犯下鼓吹暴力和支持犯罪組織的罪名，瑪莉卡被判六個月暫緩監禁。

她的丈夫罪行較嚴重，卻在被關二十三天後就獲釋。瑞士警方懷疑他正在招兵買馬，準備發動攻擊，而且還跟在巴基斯坦部落地區活動的恐怖組織有連結。二〇一四年，瑞士政府表示他出獄後就消失得無影無蹤，瑪莉卡也不願透露丈夫的下落，只說：「他去旅行了。」最後瑪莉卡在比利時被判八年有期徒刑[8]。

現在，巴黎發生《查理週刊》事件後，全球聖戰運動中又出現另一位「殉道者」遺孀，她是一位有北非血統的女子。這時我已跟《華盛頓郵報》簽約合作，也開始調查二十六歲的哈亞特・布米迪尼的生平。我們去了她和家人住過的地方，也訪問過親戚與友人。我注意到法國監察單位在她家搜索時，找到一本瑪莉卡的傳記。

我跟邁克爾還有法國特約記者克麗歐菲・德莫提耶（Cléophée Demoustier）來到馬恩河畔維列（Villiers-sur-Marne），這裡是瑪莉卡和家人一起住過的地區。

這裡的建築透出一股遭人棄置的氛圍，看起來早在十年前就該整修翻新。外牆上滿是塗鴉，路邊站著幾個小孩，在用手機看影片，他們用夾雜著法語的阿拉伯文不斷罵髒話。

我到過這種郊區數次，深知住在這些建築中民眾的生活，跟好萊塢電影裡五光十色的巴黎景象有天壤之別。這裡的居民常抱怨遭到種族歧視，他們在找工作時因為姓名聽起來

---

7 Ibid.

8 參考資料："El-Aroud Loses Appeal against Eight-Year 'Jihad' Sentence," Agence France-Presse, December 1, 2010.

就像阿拉伯人，居住地址也暴露他們的生活狀況，常讓雇主選用其他應徵者。有些人甚至跟我說，他們考慮把名字改得更法式一些。

跟同事在布米迪尼成長的地區遊走，我不禁想如果自己是在這種環境長大，現在會過著何種生活？這種情況套用在其他人身上又會是如何？

這絕不是變成恐怖份子或罪犯的理由，但在馬恩河畔維列這種地區成長，年輕人很容易感到被社會孤離。我還記得自己在青春期時，得知索林根和默爾恩（Mölln）的土耳其移民住家被縱火時內心的憤怒和恐懼。而住在赫茲豪森（Holzhausen）這種富裕社區，就不會跟不斷遭到歧視、心灰意冷的外來移民當鄰居。小時候祖父母對我說的話，還有爸媽與教父母的陪伴，讓我知道如果努力工作就有機會改變人生。

布米迪尼曾獲得任何鼓勵嗎？現在在我們眼前，站在公共建築大樓群周圍的這群青少年跟年輕人，曾有人激勵過他們嗎？這個社區一點也不迷人，每戶人家的廚房看起來都一樣，窗邊要不是擺著蔬菜就是保久乳。敞開的窗戶傳出非洲與阿拉伯音樂，住戶也用極大的音量在屋內談話。放眼望去全是水泥建築而無綠地或遊樂場。小孩不會在附近玩耍，前方轉角陰影處有四個男子站成一圈，似乎是在進行毒品交易。觀察這一切時有位老先生帶著禮拜帽，拄著拐杖走過。

布米迪尼就是在其中一棟建築裡長大。她的家族親友說，她八歲時，母親因心臟疾病過世。「她父親總共有六個小孩，因沒辦法辭掉工作照顧小孩，所以只好再娶另一個妻子。」他的友人透露。這理由雖然乍聽之下合理，但背後的行為卻有待商議。

第一任妻子死後不到一個月，她父親就立刻再婚，但第二任妻子卻常與孩子起衝突。「他們家一天到晚在吵架，」某位家族友人表示：「最後她父親選擇站在新任妻子那邊。」

對布米迪尼跟兄弟姐妹來說，這代表他們即將被趕出門或交給別人撫養。她在十三歲時被送到團體寄養家庭[9]。收容她的那戶人家，跟她父親來自同一個阿爾及利亞的城市。

寄養家庭的哥哥奧瑪（Omar）願意在不公開家族姓氏的條件下受訪，他透露布米迪尼從前喜歡化妝，她也愛打電話跟朋友閒聊。我們約在他父母的住家前碰面。他們的住宅大小適中，雖然離灰色高聳大樓林立的郊區不遠，但這個社區的環境明顯較好。

聽到布米迪尼可能涉入她丈夫的計畫時，全家人都相當震驚。對奧瑪而言，這樣的布米迪尼彷彿是個陌生人。「布米迪尼的母親過世時，她整個人相當脆弱、支離破碎。」他說。布米迪尼也鮮少跟生父聯絡，而他也不怎麼在乎女兒的生活。

「我們介紹了一個住在阿爾及利亞的好男人給她，但她沒興趣。」奧瑪表示。布米迪尼十八歲時搬到巴黎，實現這個嚮往已久的願望。出於對自由的渴求以及對旅行的喜愛，

9 參考資料：Michael Birnbaum and Souad Mekhennet, "Hayat Boumeddiene, Wife of Paris Attacker, Becomes France's Most-Wanted Woman," *Washington Post*, February 2, 2015.

布米迪尼找到一份在高鐵上賣三明治和咖啡的工作。她喜歡跟朋友相約出門逛街。二〇〇七年，布米迪尼的高中同學介紹艾米第・古里巴利給她認識，古里巴利是她同學的男友在獄中結交的好兄弟，他入獄的原因是持槍搶劫。古里巴利跟布米迪尼一樣來自移民家庭，也都在法國出生。

回到巴黎的旅館，我們瀏覽一遍從每位情報提供者手上蒐集到的開庭紀錄。其中有份紀錄是在二〇一〇年，古里巴利試圖幫助某高階軍事組織軍官逃出法國監獄而被起訴。布米迪尼說自己跟丈夫相識時，兩個人都不怎麼篤信伊斯蘭教，但後來他們對信仰的態度都有所轉變。

她向警方透露自己艱苦的童年，更提到伊斯蘭教是如何排解她內心的困惑、替她帶來平靜。碰見古里巴利後她對信仰更感興趣，也結識了古里巴利獄中兄弟的妻子，其中一位即是科阿奇兄弟其中一人的太太。認識兩年後她與古里巴利採宗教儀式成婚[10]，這種婚禮不被法國法律認可，而布米迪尼也未出席，她表示伊斯蘭教並未要求女性出席自己的婚禮。她告訴警方：「我爸代替我出席。」[11]

布米迪尼很快就變得比丈夫更虔誠。古里巴利是「依照自己的時間安排」到清真寺參拜，大約每三週一次。布米迪尼則開始戴上蓋著全臉的面紗，也辭掉在麵包店當收銀員一職。她也告訴警方自己跟丈夫與哪些人有往來，還有自己是如何與後來槍襲《查理週刊》辦公室的謝里夫・科阿奇越來越熟識。

布米迪尼提到「在巴勒斯坦、伊拉克、車臣共和國、阿富汗這些地區，有許多無辜民眾被美軍轟炸而死，美國人難道就不是恐怖份子嗎？」她說：「美國人殘殺無辜百姓，穆斯林男子當然有權利拿起武器保護妻小。」

在這段時期，布米迪尼也恢復與父親的聯絡。攻擊事件發生後我與她父親聯絡，當時人在阿爾及利亞的他替自己找藉口，並指控女兒說：「這個女孩不是在我家長大的。她是在非穆斯林家庭中長大，這是她自己的選擇。」他對我說。

他粗魯的態度令我措手不及。「你只想說這些嗎？」我問。他說自己已無話可說。

就我的經驗來看，青少年的心中容易充滿憤怒，身邊親友的陪伴非常重要。在這個階段，別人說的動聽話很容易就進到我們心裡，這些話就是：我們是受害者，全世界數百萬名穆斯林都遭到迫害打壓。

二〇一四年十月，布米迪尼跟古里巴利踏上前往麥加的朝聖之旅[12]。我問沙烏地阿拉

---

10 參考資料：Michael Birnbaum and Souad Mekhennet, "The Woman on the Run," *Washington Post*, February 3, 2015.

11 參考資料：François Labrouillère and Aurélie Raya, "Le destin monstrueux d'un couple ordinaire," *Paris Match*, January 30, 2015, http:// www.parismatch.com/Actu/Societe/Hayat-Boumeddiene-et-Amedy-Coulibaly-Le-destin-monstrueux-d-un-couple-ordinaire-700346.

12 Ibid.

伯的情資單位，古里巴利入境時，他們是否收到法國政府的通報或訊息，提醒沙國古里巴利與恐怖組織的關聯。

「沒有，完全沒收到。」他說：「這也讓我們很苦惱。我們根本不知道該怎麼決定是否讓這個人入，境或採取應對措施。更沒辦法追蹤他是否跟其他組織有所往來。」

我問法籍情報提供者，為何法國並未向沙國分享資訊。他說法國政府希望古里巴利跟布米迪尼會「離開歐洲而且永不回來」。這就是為什麼如今這麼多受到警方和情資單位注目的頭號嫌疑人，都順利到了敘利亞，打著伊斯蘭國的名號在當地生活、作戰。

從布米迪尼的質詢紀錄和她友人的訪談內容來看，她抱怨西方政府對穆斯林國家施加的政策，也提到種族歧視、不公平待遇，還有「被佔領之地中，無辜的民眾承受著美軍惡行」[13]。但布米迪尼離開自己出生的祖國，加入所謂的伊斯蘭國。伊斯蘭國領導人用自己的規矩和「律法」來統治數百萬名敘利亞人和伊拉克人，要是他們不服從就會遭嚴厲的刑求。有時自以為是受害者的人，常在渾然不覺的情況下變成加害者，這種情況在我面前不斷上演。

許多伊斯蘭國情報提供者告訴我不少歐洲婦女與他們聯絡，希望嫁給伊斯蘭國的組織成員。為查出原因，我開始尋找這類婦女，也藉此認識年輕的瑪麗安（Meryam）[14]，她是後來皈依伊斯蘭教的德國女子。二〇一四年，瑪麗安的好朋友跟我聯絡，替我安排在柏林與瑪麗安碰面。

我們約好在地鐵站碰面，再一起找個能自在聊天的地方坐下。瑪麗安戴著黑色手套，身穿全長伊斯蘭罩袍，那對綠色雙眼和雪白的肌膚從縫隙中透出。「妳喜歡雞肉漢堡嗎？」她問：「不過當然是要清真餐廳做的。」

我跟著她到那間餐廳，這一帶著有許多穆斯林家庭。這裡的女子雖然都穿戴頭紗與頭巾，但顏色的選擇卻非常活潑。這裡沒人穿全長罩袍，因此瑪麗安顯得特別搶眼，這她也注意到了。「讓他們看吧，我早就習慣了，一點都不在乎。」

走進餐廳時，她對店員說：「真主保佑您平安。」但她的阿拉伯語帶著濃厚的德文腔。「妳好，」店員用德文回覆。

瑪麗安點了脆皮辣味雞肉漢堡、薯條跟檸檬汁。「我不喝可口可樂或百事可樂，那都是異教徒的飲料。」她說。

在餐廳的婦女和家庭用餐區，她將頭紗掀起，臉上一顆顆的青春痘讓她看起來彷彿還在青春期。後來我才知道她僅十八歲。邊走邊聊，我發現她被洗腦得相當嚴重，認為世界

13 Ibid.

14 參考資料：Faiola and Mekhennet, "Battle with the Islamic State."

萬物都非黑即白、有對錯之分。她每天花好幾個小時用電腦以及傳WhatsApp訊息，跟「敘利亞的兄弟姐妹」聊天。他們不僅回答瑪麗安的所有疑惑，更傳有關「哈里發國」的YouTube影片與照片給她。她的某個阿富汗女性友人已抵達敘利亞，跟其他單身女性住在一起，大家都在等著結婚。瑪麗安說自己在德國已經待不下去。她說這個社會「充滿種族歧視而且已經迷失了」。在她眼裡，伊斯蘭教和穆斯林就是被壓迫和遭不平等待遇的受害者。

我問她是什麼時候開始以及怎麼會對伊斯蘭教產生興趣。

「Bismillah ar rahman ar Rahim，」她一開口便用了這句阿拉伯句子，意即：「奉至仁、至慈的真主之名。」穆斯林常用這句話做為祈願，用來保證自己說的話句句屬實。「我在十四歲的時候皈依伊斯蘭教。有個社區中的穆斯林好友，在某次持刀傷人事件中喪命，我到他參拜的清真寺去，大家都聚集在那裡幫他禱告。我就是從這時開始對伊斯蘭教產生興趣。」

她很嚮往伊斯蘭教中家庭跟社群成員互相照顧彼此的理念。她說大家都會分享食物，幫助需要幫助的人。她表示在穆斯林群體中，她得到多年未曾感受過的溫暖和接納。她那對已離異的父母雖然訝異，但並未阻止她皈依伊斯蘭教。

她認為自己與其他虔誠的穆斯林似乎都被德國社會排擠。她開始戴半遮式的頭巾後，就在求職時屢屢碰壁，換上蓋住整張臉的面紗後更找不到工作。十六歲，她結了第一次婚，丈夫也是一位後來皈依伊斯蘭教的信徒。他們倆還討論要搬到敘利亞住在哈里發政權的國度。瑪麗安說自己堅信住在伊斯蘭國是穆斯林的職責，但她丈夫不肯。瑪麗安認為丈夫不是真正的男人，就要求離婚，依規定她現在必須先等待一段時間才能再次嫁人。

很多來自西方世界的聖戰士都跟瑪麗安一樣來自破碎或問題家庭，對他們而言，貧困、失業、生活劇變都已稀鬆平常。她讓我想起佩羅，因佩羅的父母關係不睦，父親又曾入獄服刑。

瑪麗安跟哈亞特·布米迪尼也有許多相似之處。她們倆的父母都離異，而瑪麗安的父親酗酒，母親也沒盡心照顧子女。瑪麗安從小就得照顧弟妹。

歐洲社會已被分化，伊斯蘭國不斷對外宣稱自己對手足之情、友情與家人的承諾，不管是阿拉伯人、德國人、美國人，所有人都是穆斯林，都能享有平等對待。這般烏托邦的遠景就是許多皈依伊斯蘭教的歐洲人所嚮往的。瑪麗安希望自己也能感受她在朋友葬禮見到的畫面：一個更寬闊、更互相扶持的群體。

我撥電話給瑪麗安的母親時，她只問：「妳付她多少錢？我們只要接受小報採訪，聊聊她的八卦，就能賺好幾百歐。」

我說自己一毛錢也沒花，是瑪麗安自己答應受訪的。

瑪麗安似乎跟布米迪尼一樣，都想對抗那些被她們視為壓迫者的人。瑪麗安心中似乎也很清楚敵人是誰。美國、歐洲跟阿拉伯國家的領導人都從伊斯蘭國拿取石油和富足的資源，而且拒絕跟窮人分享。」她說：「現在還發動對抗伊斯蘭教的戰爭。」對她而言，伊斯蘭國和蓋達組織都是英雄。他還提到首長奧薩瑪、謝赫阿布．穆薩布，最後也沒忘了提哈里發政權。

「不過有很多伊斯蘭學者說這不是真正的哈里發政權，更抵制妳說的伊斯蘭國。」我反問：「妳對此有什麼看法？」

「沒錯，我知道。」她說：「這點我在網路上跟兄弟姐妹討論過，他們說那些學者都是拿了西方國家和統治者的錢，他們在說謊。」

我問她那些「兄弟姐妹」是誰。

「他們住在哈里發政權的國度。他們說我們在外面看到或讀到的報導都是錯的，裡頭的生活很美妙。」

「妳覺得人生現在少了什麼？」我問。

「歐洲沒有給我安全感。這裡到處都是右派份子，他們痛恨穆斯林。」

「但如果妳想過得安全，怎麼會想到敘利亞？那裡已經陷入戰火了。」

「穆斯林的義務就是離開異教徒之地，到哈里發政權的國度定居。」她說：「而且我想嫁個真男人，他必須實行正統的信仰規範，而且願意為信仰而戰。」

不少在情資單位工作的情報提供者表示，歐洲有越來越多年輕人被哈里發政權的概念吸引，女性更不在少數。瑪麗安是真心想搬到敘利亞，她腦中也已經構思好未來的藍圖。

她準備嫁給一位出生在突尼西亞的伊斯蘭國戰士。她說：「他跟一群有葉門和車臣共和國血統的戰士來到歐洲。」

「他們怎麼到歐洲的？」我問。

「我也不確定，可能是經過突尼西亞吧。我們沒聊過這件事。」

我以為瑪麗安是天真到完全不曉得自己會面臨多大風險，但她接著說：「我不想知道這些細節。組織裡有太多人走漏消息，情資單位也會監聽電話跟監看訊息，所以不知道的話就不用擔心會洩露任何機密。」她微笑著說。

我不知道她是否想展現自己其實並不像表面上看來那麼無知。

「那他們在歐洲幹嘛？」我問。

她說他們有時會四處跟人碰面，但他從未透露地點或碰面對象。某次，瑪麗安跟男友造訪柏林一間叫和平之家（House of Peace）的清真寺，未婚夫對伊瑪目針對伊斯蘭國的言論感到憤怒。「他說……那些人都是異教徒。」瑪麗安告訴我。

我問她是否愛上未婚夫了。「他長得很帥，而且也很虔誠。」她說：「但我們溝通困難，因為他說阿拉伯語跟法文，但我只會講德文跟一點英文。」

結婚後她就是他的第二任妻子，她擔心自己會吃醋嫉妒。

「但妳還是願意成為二老婆？」

「沒錯，我相信我找到對的男人了。」她吃了幾口薯條，問：「難道妳不想結婚生小孩嗎？這不是妳人生目前缺少的嗎？」

我吃了一大口雞肉漢堡，但不是因為我餓了，而是想多花幾秒鐘思考如何回答。「想啊，如果妳是問我想不想結婚生孩子，當然想，這是一件很美好的事。」回答完後，我以為這個話題就會到此結束。

「搞不好我可以問未婚夫，看有沒有其他兄弟也在找老婆。」她笑著說。

我向她熱心的幫忙表示感謝，但說這不是我要的婚姻。我問瑪麗安是否有可能訪問她未婚夫。「說不定可以喝杯咖啡，或到別的地方吃雞肉漢堡？」

雖然我覺得他大概會拒絕，但仍值得一試。她答應會幫我詢問，之後再告訴我答覆。

我與瑪麗安的會面是在二〇一四年十二月，也是巴黎恐攻事件發生的一個月前。事後我再聯絡瑪麗安時，她的號碼已成空號。

她一定是離開了，我心想。我不禁好奇她是否會跟哈亞特・布米迪尼碰面。

這時，德國知名脫口秀《君特・耀赫》（Günther Jauch）的主持人，也就是君特・耀赫本人邀我上節目，探討關於巴黎恐攻事件、《查理週刊》的穆罕默德漫畫事件以及事件接下來的走向。對於受邀上訪談節目，我並不緊張。沒錯，我是專業新聞記者，也有多年報導極端份子與所謂反恐戰爭的經驗，但我知道自己在這種論壇出現時，就會被迫扮演「穆斯林」的角色。不過我還是答應了。或許這是個搭建溝通橋樑的好機會，也能觸及那些溫和、有智慧的穆斯林，與有此發聲管道的民眾，讓大家解釋各自的看法，以健康、理性的方式進行辯論。

節目其他來賓有德國內政部長、阿克塞爾．斯普林格集團（Axel Springer）執行長，還有一位旅居法國多年的德國新聞記者兼前主播。我們談到媒體自由以及為何蓋達組織與伊斯蘭國要取這些漫畫家的性命等話題。

我在節目中清楚指出，儘管漫畫家的畫作或文字惹人不快，以伊斯蘭教和我個人的道德觀念來看，都不能依此為殺戮的理由。君特．耀赫則提問，為何這類漫畫無法躍上《紐約時報》或《華盛頓郵報》的頭版版面。我則回應因為美國大型報社不會刊登針對特定種族或信仰的諷刺、無禮塗鴉，以免引發對特定族群的仇恨。

我還表示自己最近在美國上了不少節目談論新書《永存的納粹》，提到有些大屠殺的倖存者或猶太人團體成員都說，關於先知穆罕默德的塗鴉在歐洲出刊時，他們看了都很緊張。「他們認為這跟當年納粹侮辱猶太人跟猶太教的行徑類似。或許我們也該探討言論自由和仇恨言論的本質與限度在哪裡。」

語畢，阿克塞爾．斯普林格集團執行長馬賽亞瑟．多芬納（Mathias Döpfner）看起來非常不悅。我等他說完才解釋，他誤會我的意思了。我並不是說《查理週刊》跟納粹的政治宣傳手法一樣，只是轉達美國猶太群眾的看法罷了。

同時我也發現整個節目的氣氛相當緊繃。我試著掩飾自己的不安，但伸手拿水時我發現手抖得非常厲害。

我努力聆聽內心的聲音：保持冷靜。我想起碰到尷尬或衝突場面從來不退縮，甚至勇於發言的奶奶。我告訴自己：一定要讓這個國家的年輕穆斯林知道，我們能用和平優雅的方式來表達不滿與反對。

討論接下來則關於「西方價值」及歐洲人自啟蒙時代以來享有的權利。我說某種程度上來看，記者必定要小心掉入雙重標準的陷阱裡。如果我們都認為畫作、漫畫或文字不該受限，那在談論宗教時就不該用另一套標準來看待。

舉例來說，我提到十年前丹麥報紙《日德蘭郵報》（*Jyllands-Posten*）刊登穆罕默德漫畫時引發的討論。漫畫再度刊登上挪威雜誌時，就引發中東世界的不滿與抗議，那幅漫畫也更為人唾棄。二〇〇六年一月，有位槍手攻擊加薩的歐盟辦公室，要求該報社道歉。雖然《日德蘭郵報》出面認錯，但法國、德國、義大利和西班牙的報紙卻再度印刷那幅漫畫以示反抗。中東地區的丹麥與挪威大使館都遭受攻擊。二月，《查理週刊》也印製那幅漫畫，並被穆斯林團體控告公然侮辱伊斯蘭教，但這個提告後來也被駁回。

二〇〇八年，包含《日德蘭郵報》在內的幾份丹麥報紙又再次刊登那幅漫畫[15]。賓拉登則錄了一支影片揚言要復仇。在接下來的幾年間，有一位索馬利亞穆斯林因拿刀斧闖入丹麥漫畫家的住宅而被捕入獄，另有五名男子則因疑似策劃在《日德蘭郵報》展開大屠殺而被捕。《查理週刊》在刊登更多關於穆罕默德的照片後，不僅辦公室遭縱火，官方網站也遭到攻擊。二〇一三年，巴黎發生恐攻的前兩年，該雜誌社又被穆斯林控告，理由為煽動種族仇恨。

大家都還有印象，當時世界各國出現抗爭遊行，有些極端組織也揚言要取漫畫家性命，眾多穆斯林國家也表示要抵制丹麥產品。歐洲政治人物與新聞記者立刻出面，強調大家都享有言論自由，連續數週、數月，大家都熱烈討論穆斯林是否有辦法活在民主世界。

不過「穆罕默德漫畫」的故事並沒有這麼單純。撰寫《聖戰之子》（*Die Kinder des Dschidad*）[16]這本書時，共筆作者和我到丹麥調查整件事的經過。我們發現在刊登穆罕默的卡通前，《日德蘭郵報》曾拒絕印刷一幅貶低耶穌形象的漫畫，怕會傷害到讀者的感受。

我把這個故事告訴節目現場來賓，多芬納說自己從未聽聞此事，如果此事為真，那就真的是一則醜聞。我這才發現原來許多同行都不了解這些爭議的根本事實，他們似乎也不了解如果執意以雙重標準來看待事物，而且不願意用誠實、健康的態度來探討道德觀、言論自由還有仇恨言論等議題，就會有更多歐洲青年聽信極端份子的話，相信西方世界真的與伊斯蘭教為敵而加入極端組織。

---

15 參考資料："Prophet Mohammed Cartoons Controversy: Timeline," *Telegraph*, May 4, 2015, http://www.telegraph.co.uk/news/worldnews/europe/france/11341599/Prophet-Muhammad-cartoons-controversy-timeline.html.

16 參考資料：Souad Mekhennet, Claudia Sautter, and Michael Hanfeld, *Die Kinder des Dschihad: Die neue Generation des islamistischen Terrors in Europa* (Munich: Piper, 2008).

下節目後我看了信箱、推特還有臉書，發現有些民眾傳訊息來支持我，感謝我堅持自己的立場。

同時我也收到許多攻擊和恐嚇。有些人要我「東西收一收滾回土耳其」，還有人說我是「穆斯林婊子」跟「賤人」。更有網友特別不爽我「竟然敢跟多芬納這樣的德國男子頂嘴」。

有人威脅要殺我，他封信裡就寫：「我們會逮到妳的。」信裡附檔則是刀跟槍的插圖。其他訊息則將我貶為「德國民族之敵」，還說我很快就會完蛋。

我跟其中一位在警方工作的情報提供者談到這些信件，他要我特別注意類似信件，小心不要洩露住家地址，連公開透露我居住的城市也可能招致危險。

電視脫口秀的後續影響持續了好一陣子，兩位新聞記者朋友拒絕跟我往來。我在節目上提到大家該重新探討言論自由和仇恨言論的界線，這點惹得他們不開心。某次在朋友家吃晚餐時跟另一位記者激烈討論後，我問為什麼言論自由對他們來說這麼神聖不可侵犯。我只不過是說了自己的看法，竟然就被網友攻擊甚至威脅。

她說：「那些抱怨言論自由的穆斯林，那些被我們的價值或漫畫侮辱的伊斯蘭教信徒，他們根本就不屬於歐洲，應該離開這裡才對。」

我告訴她如果想阻止穆斯林或其他人暢所欲言、平和地提出質疑的話，這才是「言論自由」的終結。與此同時，我也不禁思索，如果連這些自認為是自由派知識份子的人都想封鎖聽來刺耳的言論，那這個世界會發展成什麼模樣？「所以妳的意思是那些對此表示『好的、可令人接受』的穆斯林都得閉嘴，不准參加知識份子間的對話，也不該挑戰主流思維嗎？」我這麼問。還是像我這樣在歐洲住了大半輩子的人就必須安靜，否則會被視為支持蓋達組織或伊斯蘭國？雖然我沒有說出口，但這個疑問卻在我心中縈繞不去。

我表示雖然謀殺那些作品不討喜的漫畫家並非解決之道，但也問那位記者是否意識到在德國歷史上，曾有一段時間出現攻擊猶太人的漫畫。念高中的時候，我們不也學到不該再讓這類歷史事件重演嗎？

第十四章

尋找伊斯蘭主義的披頭四、發現聖戰士約翰——二〇一四～二〇一五年，英國

二〇一四年十月某日我收到大衛・布萊德利（David Bradley）來信，他是美國華盛頓哥倫比亞特區大西洋媒體（Atlantic Media）的董事長，這家媒體就是《大西洋》（*Atlantic*）和其他媒體平台的發行公司。雖然不認識他，但他主動和我聯絡，希望能找我幫忙拯救幾位被伊斯蘭國綁架的記者。

布萊德利在信裡寫到：「我向妳提的這個請求，可能會對妳的情報提供者造成壓力，但我想問妳有沒有辦法，找到讓我私下跟伊斯蘭國領導階層聯絡的辦法。」

布萊德利初次應付伊斯蘭國挾持記者事件是在二〇一二年十一月，當時詹姆斯・佛雷

這名來自新罕布夏州的記者在敘利亞被綁架。而在一年多前，布萊德利就已認識佛雷的家人，因為佛雷那時被拘留在利比亞。布萊德利成功讓佛雷與另一位替《大西洋》寫稿的自由記者克萊爾·吉里斯（Clare Gillis）獲釋。

這次，佛雷跟攝影師約翰·坎特利（John Cantlie）替全球郵報網（GlobalPost）到敘利亞採訪時被綁架。佛雷不斷被移動到不同處所而且頻遭折磨。在二〇一四年春天，他跟其他人質則據傳被移送到距離敘利亞的拉卡市（Raqqa）東方十五英里處的山中監獄裡[1]，拉卡當時已成伊斯蘭國首都，雖然整個地區守備森嚴，但該組織駐紮於此的事實已是公開的秘密。當地人都知道伊斯蘭國在拉卡市設立三座主要監獄，佛雷就是被關在其中一座，連國際特赦組織也知道，這幾座監獄的存在。

七月時美軍曾突襲該監獄，但人質早就被移送到別處。佛雷的家人在八月初收到俘虜者的最後通牒信件，過了兩週他就被處刑。八月十九日，他被斬首的影片被上傳至YouTube。九月份，伊斯蘭國又殺了另一名美國記者史蒂芬·索特洛夫（Steven Sotlof）。

現在布萊德利努力拯救的對象，則是曾為美軍的人道工作者彼得·卡西格（Peter Kassig），目前他仍被伊斯蘭國扣留。跟布萊德利談過之後，我開始打探情報，想了解卡西

1 參考資料：James Harkin, "The Fight to Save James Foley," *Daily Telegraph*, October 31, 2015.

格目前被俘虜的情況。因為他曾在美軍服役，我擔心他其實只是假扮成人道工作者，實為美國情資單位派去的調查員。不過我發現他先前從軍的資料很容易就能在網路上找到，才確定這份懷疑是多餘的。如果他是臥底探員，那他身分背景的資料大多已被刪除。

布萊德利說他已跟許多伊拉克部落首長聯繫，但我問他是否也跟伊斯蘭國的成員聯絡時，他則表示沒有。雖然部族首長能踏足那些伊斯蘭國在伊拉克活動的地區，但這也是他們與恐怖組織最接近的極限了。

彼得・卡西格在印第安納州長大，在二〇〇六年加入步兵部隊。他隸屬美國陸軍第七十五遊騎兵團，於二〇〇七年四月至七月在伊拉克行動，隔年因為健康因素退出該團。

二〇一二年三月，在巴特勒大學（Butler University）就讀的他正好在放寒假，就自願到黎巴嫩擔任緊急醫療技術員。幾個月後他便創立特殊緊急處理與協助組織（Special Emergency Response and Assistance；SERA）[2]，專門提供緊急醫療物資給戰區內的敘利亞民眾。二〇一三年，他將SERA的營運總部遷至土耳其的加吉安特（Gaziantep）。當年十月，卡西格搭乘的救護車在敘利亞東部行進時，遭伊斯蘭國攔截。

卡西格家人表示他被俘虜前就對伊斯蘭教產生濃厚興趣[3]，並在前一年開始準備皈依伊斯蘭教，甚至改名為阿布杜・拉曼・卡西格（Abdul-Rahman Kassig）。

除了佛雷跟索特洛夫，伊斯蘭國也將另外兩名英國人質斬首，他們分別為大衛・海恩斯（David Haines）與亞倫・亨寧（Alan Henning）。通常人質遭斬首後影片會立刻被上傳至網路平台，而人質之所以會身穿橘色連身褲裝，則是為了仿造關塔那摩灣拘押中心，與巴格達中央監獄的囚犯穿著。

在砍頭影片中都會由同一名戴著面具的男子開場，他會直接批評歐巴馬總統與美國的盟軍。大家都稱這名男子為聖戰士約翰，這個別名是由之前被他俘虜的人質所取，因為聖戰士約翰跟其他三名伊斯蘭國侍衛皆來自英國。囚犯都稱他們為「披頭四」，而聖戰士約翰則是這個小團體中的領袖。

布萊德利的目標是讓卡西格活著出來。我把自己對卡西格的了解列成一張清單，跟布萊德利視訊時，也再次確認卡西格是否已是穆斯林。布萊德利說，就他所知是這樣沒錯。

「那這幫得上大忙。」我對布萊德利說。我在紙上寫下幾個人的姓名，他們是伊斯蘭國、塔利班與蓋達組織的成員或支持者，其中也有一些主要負責協調事務的中間人。我會跟他們聯絡，請他們協助讓卡西格獲釋。

雖然最近伊斯蘭國跟塔利班與蓋達組織有些摩擦，但他們之間還是有所連結。或許伊

---

2 「SERA的主要服務內容是將救援物資派送至急需協助、物資嚴重缺乏之地區。本機構提供之物資皆為糧食、烹飪用具、醫療補給品與服飾。」參考資料：Nick Schwellenbach, "An Army Ranger Helps Syrian Refugees," *Time*, January 8, 2013.

3 參考資料：Adam Goldman, "Islamic State Beheads Aid Worker from United States," *Washington Post*, November 17, 2014.

斯蘭國領導人阿布・巴克爾・巴格達迪（Aba Bakr al-Baghdadi）聽到其他軍事組織證實卡西格是穆斯林之後，能再多加考慮是否真的要砍他的頭。

「妳確定他是穆斯林？他被抓之前就是穆斯林了嗎？」我跟前賓拉登下屬聯絡時，他這麼問。

「沒錯，首長。他現在是穆斯林，被抓之前也已經是了。」雖然我這麼說，心裡卻不覺得人質的生死要由信仰來決定。不過這是我們唯一能掌握的確切辦法，也不失為一個阻止他被處刑的手段。

接下來幾天，我幾乎天天跟布萊德利與情報提供者聯繫。我聽說包含伊拉克安巴爾省（Anbar Province）部族首長在內的許多人都動員起來。通常每週至每十天伊斯蘭國會上傳新的處刑影片，既然最近沒有新影片上線，成功救援的希望也就大增。

「告訴她蘇拉（shura）正在討論卡西格的情況。」伊斯蘭國指揮官阿布・尤瑟夫告訴聯絡人，聯絡人把這個消息轉達給我。蘇拉指的是巴格達迪做決策前會諮詢的委員會。不過到最後，巴格達迪還是得自己下決定。（阿布・尤瑟夫就是年初時，我曾在土耳其敘利亞邊境訪問的伊斯蘭國指揮官。後來德國情資單位很快向我確認一切都已安全，我才又到當地進行採訪。）

不過情勢劇變。許多媒體指出卡西格跟其他人質是在被逮捕後才改信伊斯蘭教，目的是為了討好俘虜者。不久之後，我收到訊息，請我打電話給幫忙聯絡我與阿布・尤瑟夫的男子。

「妳看到那些文章了嗎？」他問：「妳知道這代表什麼，對吧？」

「這些文章或許內容有誤，你們有想過這個可能嗎？」

「蘇雅德，那些諮詢委員會的成員也會讀新聞。他們之前就已經有這個疑慮，現在媒體紛紛證實這個說法，他們就更肯定了。」

我絞盡腦汁想找個說法來說服他，卻突然覺得好無助。

「拜託，我們該怎麼辦？一定有別的辦法。」我說。

「沒辦法。妳還是放棄吧，不然他們會以為妳其實知情還故意說謊。」

我帶著沮喪的心情回到家，以為卡西格就這樣完蛋了。我跟布萊德利聯絡，問他是否看到相關報導。他也讀這些文章並感到非常訝異。他說很感激我的幫忙，但繼續下去可能會破壞我跟聯絡人的關係，也不想置我於險境。

「我真的很遺憾，」我告訴他：「也對他的家人感到抱歉。」接下來幾天，我不斷在網路上搜尋伊斯蘭國公開的資料和新聞，希望卡西格還有倖存的可能。

十一月十六號，希望破滅。網路上出現一支影片，伊斯蘭國劊子手在影片中砍了多位敘利亞機長的頭，接著某位身穿黑衣的男子直接向歐巴馬與美國公民喊話，並提到彼得·

卡西格。影片最後一幕則是卡西格的頭顱落在聖戰士約翰的雙腳間[4]。

我感覺自己被擊潰，我盯著筆電螢幕問那位蒙面男子：「為什麼要這樣？」從他的英語口音來看，他要不是從小在英國長大，就是在英國待過很長一段時間。

影片中的他躲在面具後方奪取別人的性命。我真心希望有一天他的面具能被扯下來，讓世人知道他的真面目。

《查理週刊》恐攻事件過後約一週，我人還在巴黎，當時就接到彼得．芬恩的電話。他希望我跟另一位郵報記者亞當．高德曼（Adam Goldman）聯絡，高德曼想找出被人質稱為「披頭四」的伊斯蘭國成員的真實身分。

亞當宏亮的嗓音跟紐約腔讓我想起某部偵探電影中的角色。他說據傳聖戰士約翰具有葉門血統，他的名字是穆哈邁德（Mohammed），而且來自倫敦東部。他問我是否有倫敦葉門社群的聯絡管道。我表示自己雖然不認識任何住倫敦的葉門人，但有身為激進穆斯林的情報提供者住在當地。二〇〇五年倫敦發生大眾運輸工具恐攻事件後，我就到市中心和郊區進行採訪，也訪問過重要英國籍伊斯蘭主義教士奧馬爾．巴克里（Omar Bakri）與其他鮮少和記者來往的人士。我答應亞當會幫忙問問。

打過幾通電話後，大家都不願在電話上多談，所以我親自飛到倫敦。抵達當地後，我立刻聯絡伊斯蘭國與蓋達組織支持者、聖戰士招募者，還有一群巴克里從前的學生。我這才發現原來「披頭四」的真實身分在倫敦是熱門話題。有些情報提供者說，就算他們知道這四人的真實身分也沒辦法透露。他們怕被當成叛徒或告密者被處罰，至今也未曾向警方透露任何資訊。

其中一名情報提供者年紀較長、住在市中心外。他與許多蓋達組織高階領導者來往密切，也被許多倫敦內外的年輕激進份子視為教父級人物。他說自己曾聽過聖戰士約翰的傳言，也很有可能在他加入伊斯蘭國前就和他有一面之緣。

「他是葉門人嗎？」我問。

他先是安靜片刻，接著大笑說：「誰告訴妳是他葉門人？」

「所以他不是來自葉門的穆哈邁德？」

「他是叫穆哈邁德沒錯，但不是葉門人。」

「東倫敦？」

「也不是東倫敦。蘇雅德我告訴妳，這個男人的身世跟之前的故事不同，我沒辦法再多透露了。」

---

4 參考資料：SITE Intelligence Group, "IS Beheads Peter Kassig, Challenges U.S. to Send Ground Troops," November 16, 2014, https://news.siteintelgroup.com/Jihadist-News/is-beheads-peter-kassig-challenges-u-s-to-send-ground-troops.html.

他拒絕透露聖戰士約翰的姓氏跟出生國。穆哈邁德這個名字在倫敦，就跟約翰、保羅或喬治一樣普遍。

我打電話給亞當，問他是否確定聖戰士約翰是葉門人。他說這是他的情報提供者透露的消息。我則建議擴大搜尋範圍。隔天我待在飯店房內反覆閱讀阿布．尤瑟夫的受訪稿，特別是他談到「來自英國的兄弟」那個段落。我也複習了伊斯蘭國人質獲釋後，接受採訪的內容，他們除了談到「披頭四」，其中有位人質還說聖戰士約翰對索馬利亞相當著迷，常播放與索馬利亞相關的影片給他們看。我也親自跟一位法國人質碰面，事後更仔細研讀我在採訪時做的筆記尋找線索。最後我又重看幾部伊斯蘭國釋出的恐怖斬首影片，仔細聽聖戰士約翰說了些什麼以及說話方式。我做了一張清單：

穆哈邁德

索馬利亞影片

倫敦（非東部）

不是葉門

伊斯蘭國指揮官說：「我們有很多來自英國並帶有不同血緣背景的兄弟，像是巴基斯坦、索馬利亞、葉門甚至科威特。」

受教育／大學學歷
深仇大恨／個人宿怨

最後一列是我憑直覺的猜測。在伊斯蘭國的影片中，聖戰士約翰說話時聽來就像個受過教育的人。阿布．尤瑟夫也提到有大學學位的「英國兄弟」，其中一位獲釋的人質也說俘虜者好像教育程度都很高。「深仇大恨／個人宿怨」則是我根據聖戰士約翰憤怒地罵著英國首相大衛．卡麥隆（David Cameron）、歐巴馬總統和美國外交政策時的口吻所猜測。顯然某件事激怒聖戰士約翰了，這或許跟他的個人經歷有關。

我又讀了一遍阿布．尤瑟夫的句子：「我們有很多來自英國並帶有不同血緣背景的兄弟，像是巴基斯坦、索馬利亞、葉門甚至科威特。」我知道從亞當提供的消息來看，聖戰士約翰一定有阿拉伯血統，所以我將「巴基斯坦」與「索馬利亞」劃掉。剩下最有可能是他祖國的就是科威特了。我列了一串新的清單：

穆哈邁德
科威特
倫敦
深仇大恨／個人宿怨

受教育／大學學歷

索馬利亞影片

我接著又安排一輪訪談，其中一名受訪者經常出入倫敦北部的芬斯伯里公園清真寺（Finsbury Park mosque），那裡是著名的聖戰士招募所。我們約了清晨兩點在市郊碰面，我搭計程車到計程車招呼站，下車後選用現金付款，這樣情資單位才無法追蹤我的位置。情報提供者在那裡接我上車，並載我到友人開的某家咖啡店。清晨時分，咖啡店仍歇業，店裡只有我們和老闆三人。我跟情報提供者坐在小桌邊，老闆則在後方的桌子處理文件。

我的受訪者非常支持伊斯蘭國，也認識不少到索馬利亞作戰的聖戰士。多年前，他曾是阿布．漢札．馬斯里（Abu Hamza al-Masri）的助手。馬斯里是芬斯伯里公園清真寺的前任伊瑪目，思想極端的他在二〇一二年被引渡到美國，因恐怖主義被判有罪，最後被判終生監禁。

我問他是否認識一位名叫穆哈邁德的科威特人，而且這個科威特人還跟英國政府有些衝突。他思索了一陣子。

「科威特人，科威特人……有了！我記得有個叫穆哈邁德的科威特人，曾經在坦尚尼亞碰到麻煩。」

「什麼麻煩？」

「我忘了，但應該跟索馬利亞有關。」

我努力保持冷靜。

「你知道他的姓嗎？」

「妳怎麼會對這個人感興趣？」

我沒說自己懷疑這個人是聖戰士約翰，只說想瞭解他是否曾到過敘利亞。

「我看看自己能不能幫妳問到什麼，」他說：「但可能要等個幾天。」

他載我回剛才那個計程車招呼站，回到倫敦市中心的飯店時已將近清晨四點。

我決定要跟認識多年的伊斯蘭國資深官員聯絡，與阿布．尤瑟夫的訪談就是他幫忙接洽成功的。報導刊出後他請某人傳了訊息給我：祝妳平安。土耳其人對妳的報導非常不滿，情資單位也在搜查妳的消息。不要再到國界來了，沒有急事也不要跟我聯絡。

我心想今天這件事或許是急事。不過如果要聯絡他，我得先回到德國，才能用迂迴但保險的方式和他聯繫。我一直遵守多年來我們之間嚴密的聯絡協定，盡量避免情資單位或軍事組織的注意，他才不會因為跟我聯絡而受罰。

首先，我必須跟某個住在德國北部的女子聯絡。打給她之後再搭火車到北部與她親自見面。我告訴她自己必須跟情報提供者談一談。她瞭解事情重要性後同意傳話給他。她也給我一張未登記姓名的ＳＩＭ卡，讓我用舊式諾基亞手機跟他聯絡。我身邊留了四支這樣的手機，目的就是跟這些機密人士聯繫。這種原始的行動電話跟智慧型手機不同，不易被情報單位追蹤監聽。

幾天後，我收到那名女子的簡訊：「妳明天下午四點會去慢跑嗎？」

「會。」我回覆。

其實我並不熱衷於慢跑，這是我們之間的密語：只要情報提供者提了一個時間，我就要把數字乘以二，並把白天跟晚上倒過來即可。所以說隔天上午八點，我應該拿著手機走出公寓，插入那張她給我的ＳＩＭ卡等對方打電話過來。

在約定時間前幾分鐘，我穿著球鞋、黑色毛衣跟厚外套散步到公寓附近的公園。冬日的天空湛藍清澈，空氣冷冽無比。我把智慧型手機留在家中，夾克口袋裡只放了諾基亞手機。雖然我們已約好時間，但也不能肯定他一定會打來。我在公園裡走著，內心焦躁不安。我可能只有幾分鐘的時間和他聯絡，這個機會錯過不再有。他有可能提供我需要的情報，或是什麼也不說。甚至，他有可能叫我不要再打給他。

電話響了，我手忙腳亂地按下通話鍵。

「真主保佑妳平安。妳好嗎？」他用阿拉伯語說。

「我很好。你呢？」

「一切都很好。發生什麼急事了嗎？妳這次又要處理什麼大麻煩？」他笑著說。

聽到他有心情開玩笑，我整個人也放心了。我笑著說：「我想多了解來自科威特的穆哈邁德，那個一身黑的男子。」

一陣沉默。

「你在嗎？」我說。

「我在。」他聽起來很嚴肅：「誰告訴妳的？」

「告訴我什麼？」

「告訴妳他是科威特人而且名叫穆哈邁德？」

「我不能透露。」我說：「你知道我不能講。」

電話那頭又是一陣沉默。

「真有意思。」隔了一陣子後他說：「我猜那些英國王八蛋正在四處散播謠言，讓自己謊言鋪天蓋地，好把真相掩蓋起來吧？」

「你是什麼意思？」我問：「什麼謊？什麼真相？」

又是一陣沉默。

我決定冒險一問：「你是說來自索馬利亞這個背景嗎？」

「所以他們也提到索馬利亞嗎？」他問：「這些王八蛋！我就知道。他們根本是在編故事。」

走過公園，耳朵裡戴著耳機，我拿出黑色記事本寫下「索馬利亞」。

「那告訴我故事的真實版本。」我說。

「他經歷很多挫敗。英國情資單位緊咬著他不放，也阻礙過他很多次。這個故事長得很，沒辦法用電話說。」

「我需要知道真相，不然要怎麼寫呢？」

他的語調又轉為嚴肅：「妳聽好，我很欣賞妳的勇氣跟誠懇，但要小心一點。妳已經惹惱土耳其人了。」他指的是土耳其情資單位跟政府機關。「妳現在調查的這個人，如果不照英國政府想要的版本寫，他們也會很不爽。到時候妳就不能去哈洛茲百貨購物囉。」他又笑了出聲。

我說自己反正也沒空去哈洛茲逛街，要他不用煩惱。

「妳想知道什麼？」他問。

「我想知道事實。但我要知道他的姓，才能根據你的故事找出正確的資料。」他又安靜下來。我說：「你知道嗎，不管怎麼樣，他的事很快就會上報。所以還是趕快幫我弄到正確的資訊吧。」

「妳真是瘋了，不過好吧。我等等再跟妳聯絡。妳再多散步個幾分鐘。」

他把電話掛了，我繼續在公園裡遊走，拉緊外套以免冷風灌入。我感覺這是自己最接近查出聖戰士約翰真名的機會。就在此時手機震動起來，螢幕出現一封新訊息，訊息用英文寫著：「到倫敦去，埃姆瓦齊（Emwazi）曾藉由某個組織的幫助解決問題，去問CAGE。把這封簡訊刪掉，馬上把SIM卡丟了。真主保佑妳平安。」我實在是不敢相信，竟然就憑著一封文字簡訊，我拿到了聖戰士約翰這個蒙面男子疑似真名的訊息。

我環顧四周確認沒有人在監視我，立刻將重點寫下，把ＳＩＭ卡拔出手機扔掉。回到家後我立刻聯絡彼得和亞當，表示自己有新的進展，需要立刻回到英國。我也用訊息編碼程式告訴他們剛到手的新情報，並馬上聯絡ＣＡＧＥ。ＣＡＧＥ這個人權組織的理念，是抵制各國政府以打擊恐怖主義的名義，犯下的非法拘留、引渡或凌虐等手段。先前進行其他報導時，我就曾與這個組織聯繫，這次我則說自己準備報導另一個他們處理過的案件。

「妳說的是哪一件？」ＣＡＧＥ工作人員問。

「有一位委託人叫穆哈邁德．埃姆瓦齊嗎？」我問：「案子可能跟索馬利亞有關。」

那名男子說他會去確認一下資料。不久後他便回電，確認組織多年前曾碰過一位叫穆哈邁德．埃姆瓦齊的委託人。他請我到倫敦跟ＣＡＧＥ的調查長阿希姆．古列西（Asim Qureshi）碰面討論，我立刻訂了機票。

我過去就曾和古列西談過話。具有律師身分的他，處理的案件多與關塔那摩灣的拘留犯與世界各地的秘密犯人相關[5]。古列西在英國出生，父母來自巴基斯坦，他說著一口流

5 參考資料：Ben Hayes and Asim Qureshi, "'We Are Completely Independent': The Home Office, Breakthrough Media and the PREVENT Counter Narrative Industry," CAGE Advocacy UK, 2016, p.3, http://cage.ngo/wp-content/uploads/2016/05/CAGE_WACI.pdf.

利的英式英語，喝紅茶喜歡加牛奶，吃司康時總要搭配凝脂奶油。但他說因為組織工作內容，有些人懷疑他是否真的具有英國籍。

二〇〇三年，古列西先是創立了Cageprisoners.com這個網站。ＣＡＧＥ這個組織向來是個維護穆斯林囚犯權益的人權組織。許多人權團體指控關塔那摩灣海軍基地虐待囚犯，ＣＡＧＥ便是其中之一。過去十五年來，許多不信任其他組織的囚犯也向ＣＡＧＥ求助，對他們訴說自己所受的虐待與不公不義。ＣＡＧＥ之所以能獲得這些人的信賴，是因為他們願意跟埃姆瓦齊這種因涉入恐怖攻擊被警方盯上的青年接觸。

其實ＣＡＧＥ本身跟英國政府的關係也不佳。二〇一四年三月起，該組織就在沒有銀行帳戶的情況下營運，而且根據他們網站的消息來看，「政治人物與各政府單位也不斷施壓[6]，督察組織的一舉一動。儘管碰到這些刁難，一切讚頌，全歸真主，我們還是能接到與反恐戰爭相關的重大案件，為正當程序與法律規定而戰。」

古列西跟我約在組織辦公室附近的咖啡廳碰面。他說組織過去確實曾跟一位名叫穆哈邁德·埃姆瓦齊的男子接觸，這人曾被英國政府找過麻煩。「不過這是多年前的事了，妳怎麼突然對他感興趣？」他問。

目前我只有一個情報來源，所以還不想透露自己的猜測。不過在盡可能搜集情報的同時，我也不想說謊騙人。「我在查一個跟敘利亞相關的案子，就想到這個人。」我這麼說。古列西證實這人確實與敘利亞有關，我就問他是否有辦法聯絡到他家人。

他搖搖頭。「我們已經多年沒跟這個人聯絡了。」古列西說他還得回去翻翻檔案，看看能否喚起對這個案子的記憶。

「你可以從頭說起啊。」我說。

「埃姆瓦齊第一次踏進我們辦公室時，我也是這麼對他說：『你從頭說起吧！』」古列西想起第一次和埃姆瓦齊碰面的情形。他說埃姆瓦齊的家人來自科威特，但他有英國國籍。「他們一家是波斯灣地區的無國籍人士[7]，」古列西說：「所以大家並不會把他們當作真正的科威特人看。」科威特在一九六一年脫離受英國保護的身分後，有三分之一的科威特人失去國籍，埃姆瓦齊的家人正是如此。

埃姆瓦齊曾就讀於昆廷・基納斯頓學校（Quintin Kynaston）[8]，這間特許學校位在聖

6 參考資料：Kevin Rawlinson, "Charities Sever Ties with Pressure Group Cage over Mohammed Emwazi Links," *Guardian*, March 6, 2015.

7 參考資料：Sebastian Kohn, "Stateless in Kuwait: Who Are the Bidoon?," Open Society Foundations, March 24, 2011, https://www.opensocietyfoundations.org/voices/stateless-kuwait-who-are-bidoon；也可參考另一篇摘要：Marie Brokstad Lund-Johansen, "Fighting for Citizenship in Kuwait," master's thesis, University of Oslo, 2014, https://www.duo.uio.no/handle/10852/43302.

8 參考資料：Tim Ross, Robert Mendick, and Edward Malnick, "Ministers Order Inquiry into Jihadi John's School," *Telegraph*, February 28, 2015, http://www.telegraph.co.uk/news/uknews/terrorism-in-the-uk/11442434/Ministers-order-inquiry-into-Jihadi-Johns-school.html；Nile Rice, "What Going to School with Jihadi John Taught Me About Radicalization," *Vice*, March

約翰伍德（St. John's Wood）這個時髦地區，學生來自倫敦各地，其中也有許多窮困或移民家庭的小孩。有兩位曾在這間學校就讀的學生後來也成為伊斯蘭主義戰士。

埃姆瓦齊跟兩位友人在二〇〇九年五月在坦尚尼亞被捕後，就被列入英國政府黑名單。一聽到這裡我就有所警覺。我正想找資料佐證聖戰士約翰對索馬利亞極感興趣，而坦尚尼亞正是當時通往索馬利亞途中，最多人會停留的中繼站。

根據埃姆瓦齊的說法，當地警察在他們降落於三蘭港（Dar es Salaam）時就將他們逮捕。他對CAGE表示坦尚尼亞警方除了威脅他們，甚至幾度施以不人道刑求。坦尚尼亞警方懷疑他們準備到索馬利亞去。他告訴CAGE，他跟朋友只是想在上大學或結婚前來場狩獵之旅罷了。

他跟同伴最後搭機回到阿姆斯特丹，在他們準備到坦尚尼亞時，也是在阿姆斯特丹轉機。「他說軍情五處的指揮官在那裡質詢他，旁邊還有一位疑似是荷蘭籍的情資人員。」古列西表示。軍情五處就是英國的國家情資單位。軍情五處也同樣認定埃姆瓦齊一行人是準備到索馬利亞加入青年黨（al-Shabab）。青年黨這個隸屬蓋達組織的軍事部隊，主要是在索馬利亞南部和中部行動。埃姆瓦齊否認這些指控，還說軍情五處的官員試圖招攬他加入情資單位。

埃姆瓦齊跟友人最後獲准回到英國，但他跟家人卻常被軍情五處「施壓」。二〇〇九年秋天，他再度與古列西碰面，指出軍情五處探員時常到他家造訪，也常打電話或派車跟隨他。最後，他跟家人還是決定回到科威特躲避騷擾。

「穆哈邁德很憤怒，」古列西說：「他覺得自己受到不公平待遇。」

根據他寫給ＣＡＧＥ的電郵，他在科威特的電腦公司找到一份工作，期間也至少回過倫敦兩次。「他想跟某位科威特女子結婚並在當地成家。」古列西說：「第二次，他就是來倫敦跟父母討論婚禮最後細節。」

二〇一〇年六月，埃姆瓦齊寫信給ＣＡＧＥ表示自己第二次造訪倫敦時又被英國反恐單位拘留。他們搜查他的個人物品並要他留下指紋。隔天他跟父親到機場時，航空公司說他被列入特殊名單，所以無法登機飛回科威特。

我問古列西是否能讓我讀一讀電郵原文。

埃姆瓦齊寫到：「我已經找到一份工作，也準備結婚了[9]。但我覺得自己像一位囚犯，不只被困在倫敦的監獄裡，更被情資單位的人囚禁、控制。我在出生地與祖國科威特的嶄新人生就這樣被剝奪了。」

17, 2015, http://www.vice.com/read/quintin-kynaston-jihadi-john-531.

9 參考資料：“The Emwazi Emails: CAGE Releases Its Correspondences with Emwazi in Full,” CAGE, February 28, 2015, https://cage.ngo/uncategorized/emwazi-emails-cage-releases-its-correspondences-emwazi-full/.

我對這封信思慮縝密的行文用字感到驚訝，也能從字裡行間讀出他低落的情緒與絕望的心情。這跟我印象中那個在影片裡砍記者頭的蒙面男子大相逕庭。一邊讀著信，我也一邊想像他的長相。「他長什麼樣子？」我問：「你有照片嗎？」

「我們沒有照片。」古列西回道。但他說埃姆瓦齊又高又帥，皮膚呈棕褐色，精緻的五官相當具有波斯灣地區人的特色。到CAGE辦公室時，埃姆瓦齊都會帶甜點，古列西說他非常有禮貌，也很感激組織給他的協助和建議。

一從伊斯蘭國情報提供者那得知他姓名後，我就立刻上網查照片，但查不到任何資料。要不是他從沒用過社群平台，就是有人幫他把資料全清掉了。

古列西說最後一次聽到埃姆瓦齊的消息是在二〇一二年一月，當時他寫了一封信來請組織提供更多建議。

「之後就再也沒有寫信或打過電話？」

「沒有，音訊全無。」古列西說。

「你知道他人還在不在英國嗎？還是已經到別的國家去了？」我試著避開「敘利亞」這個詞。

「我們也不知道。」古列西這麼說。他說二〇一四年自己還有寫信給埃姆瓦齊詢問近況，但並未收到回信。

我向古列西道謝，謝謝他撥空跟我見面，也告訴他自己會跟他們保持聯絡。

步出咖啡店時，我覺得心裡壓了一塊大石頭。我幾乎就能肯定穆哈邁德・埃姆瓦齊是聖戰士約翰。回到飯店，我又翻閱所有筆記，也看了幾部我郵報伺服器下載的影片。我會這麼做是因為根據英國二〇〇六年恐怖主義法案[10]，存取特定暴力網路內容是違法的。我不曉得英國政府對於埃姆瓦齊一案會做何反應，但我打算在報導出刊前離開英國。

盯著影片看，我發現他在其中一部片中有露出清晰的眼睛輪廓。我把這個畫面截圖下來，也用手機翻拍幾個影片段落。

不過至今我還是只有一位情報來源，也就是資深伊斯蘭國指揮官。我還需要更多消息來源。我用未登記姓名的電話和ＳＩＭ卡聯絡某位在英國的情報提供者，他之前就告訴我他那邊有些線索。

「我在倫敦，」我說：「需要跟你喝杯茶。」

「歡迎。」他說。

我必須離開市中心跟他碰面，他說自己真的只有一杯茶的時間。

「沒關係，花不了多久。你只要告訴我這個人是穆哈邁德・埃姆瓦齊嗎？」我把聖戰

---

10 參考資料：Souad Mekhennet and Dexter Filkins, "British Law against Glorifying Terrorism Has Not Silenced Calls to Kill for Islam," *New York Times*, August 1, 2006.

士約翰的影片截圖拿給那人看。

他看了看照片，接著看向我。

「等一下，我們還沒點茶。」他笑著說。

我們叫了茶，把手機關機放在離我們幾公尺外，手機旁還有播著北印度與阿拉伯音樂的喇叭。

「妳看起來很累。是睡不夠嗎？」他問。我坦誠這則報導確實讓我沒時間休息。

「好吧，幾個月前的某一天，有個我在不少場合碰過的年輕人來找我，他說他的朋友可能是那個黑衣男。」他終於透露：「從聲音、肢體語言還有那對眼睛，他覺得這位黑衣男是自己認識的人，而且那人也曾提過索馬利亞跟其他事件。」

我開始發抖。或許是太過疲倦，也或許是自己即將獲得第二個情報來源。

「他有跟你說那個朋友叫什麼嗎？」我問。

「有。就是你剛才說的穆哈邁德．埃姆瓦齊。」

因為這件事太過敏感，他請我不要公開他所說的一切，但承諾會替我聯絡埃姆瓦齊的友人。他拿起電話撥打號碼，試圖說服那人跟我面談。他甚至把電話遞給我讓我們打招呼，我也聽見那人的聲音。

「我想跟你碰面。」我說。但他並未立刻答應。

「我會把妳那個未登記姓名的號碼給他。」情報提供者掛電話後對我說。

「他住哪？倫敦嗎？」

他說那人確實住在倫敦，但無法透露更多，而且也得馬上離開了。我搭火車回倫敦市中心，一邊確認是否被人跟蹤。

回到飯店，我馬上發了經過編碼的訊息給亞當和彼得，告訴他們最新收穫。我告訴他們自己還得跟更多情報提供者碰面，也請他們不要對外透露我是在倫敦替《郵報》出差的記者。

跟埃姆瓦齊的友人見面後，我就要回到CAGE跟他們比對資料。我怕會有人試圖破壞這些筆記，就把每一頁拍下來寄給彼得與亞當。

「你們有收到嗎？」我問。

「有，但不用擔心，沒人看得懂妳寫的字。」亞當笑著說。

《郵報》必須在刊出報導前跟美國還有英國政府確認這些資料，但我現在只能祈禱埃姆瓦齊的朋友願意見我。

最後在晚上八點，我的未記名手機收到來自一組未知號碼的簡訊：「真主保佑您平安，我是穆哈邁德的朋友，能在一小時後跟您碰面。請到以下的地址。到時候會有另一台車去接您。」

所以他知道我可能會搭計程車赴約，也不希望讓其他人知道我們碰面的地點。接到簡訊後，那位跟我喝茶的先生也打給我。

「他朋友有聯絡妳嗎？」他問。

「有，他剛剛才跟我聯絡。」

「我想反正妳這幾天也沒怎麼睡，應該不會介意晚上碰面。晚上對他來說比較方便。」他咯咯地笑著說，也不忘向我擔保一切會很安全。

認識這位情報提供者多年，他總是樂意提供協助，而且相當注重我的人身安全。因此就算要在晚上跟這個陌生人碰面，我也並未特別緊張。

他指定的碰面地點離飯店有將近一小時車程，而他傳來的地址所在處是一間酒吧。我跟司機再三確認我們是否停在對的地方。

「親愛的，不會錯的。」他用正統英式英語回答我，聲音聽起來就像《唐頓莊園》（*Downton Abbey*）裡的男管家。

雖然我只是在這裡等他來接我，但在酒吧跟聖戰士約翰的朋友碰面實在是很不真實。在某處下車後等另一台車來接，雖然我已有不少這種經驗，但這次還是不知道會發生什麼事。這個人真的是我所需的第二消息來源嗎？

「下計程車吧，我看到妳了。」手機顯示一封新訊息。

計程車駛離後，對向道路的某台車亮起頭燈，駕駛座裡的男子對我眨眼。

「我是穆哈邁德的朋友。」他說。他的聲音正是之前電話裡那名男子的聲音。年近三十的他，請我不要洩露太多個人資訊。

上車前，我問他是否知道那位幫忙聯絡我們的男子的「親子名」（kunya）[11]。我想確認這就是我要見的人沒錯。

他正確說出那人的暱稱後，我便上車。

雖然已經天黑，但他想下車走一走。他將車停在住宅區，街燈光線照進車內。下車後，他請我把手機給他。起初我有些猶豫，本來我還想給他看聖戰士約翰的影片片段，但我想起自己在包包裡還放了一些雜誌跟報紙，上頭有伊斯蘭國行刑者的照片。所以我將手機關機，擺在汽車後車廂中。

我們往附近公園走去，而那裡其實也不過就是一片草地跟一張長凳。他從外套口袋拿出衛生紙擦了擦長凳。藉著街燈，我把聖戰士約翰的照片拿給他看。

「這是你朋友嗎？」

「對，我確定這是他。這就是我朋友穆哈邁德・埃姆瓦齊。」

接著他跟我分享埃姆瓦齊的大致經歷，跟我從阿希姆・古列西那裡聽來的差不多。我問他是怎麼確定聖戰士約翰就是埃姆瓦齊。

「我們還有另一個共同朋友也在伊斯蘭國。」他這麼說，接著沉默了一陣子。「第一支

---

11 kunya指的是「冠上兒子的名字，來代替本名」，可作暱稱使用，也就是阿布・XX的形式。

影片曝光，他跟記者一起亮相的時候，我們的共同朋友就聯絡我要我看那隻影片，他說那個人是我們的朋友穆哈邁德。」

他說那段影片也有被放到電視新聞，他反覆重播那個段落。從那對眼睛和聲音來判斷，他確定那就是埃姆瓦齊。

因為怕惹是生非，所以他也從未向警察通報。「雖然那是他的聲音跟眼睛，但影片裡的人跟曾是我朋友的穆哈邁德差好多。」

「他為什麼會變這樣？」

「我不知道他過去幾年在敘利亞經歷了什麼。或許那裡改變了他吧。」

「但他不是一直對參戰很有熱忱嗎？他不是計畫要去索馬利亞，結果途中碰到麻煩？」我問。

「他真正感興趣的其實是穆斯林世界，因此索馬利亞也不例外。他還認為西方世界的政策不公平，並用雙重標準來處理事情。」那人對我說。但他也不理解為何老友能這麼冷血地砍下新聞記者和人道工作者的頭。「我難以接受。我每天都在問：為什麼要這樣，穆哈邁德？」

我問他是否有穆哈邁德的照片，但他說沒有。我們走回車上，他說會載我到離市區較近的計程車招呼站。

回到飯店，我和亞當與彼得視訊，告訴他們現在第二情報來源到手了：埃姆瓦齊的朋友說他就是聖戰士約翰。

「我們該跟英國政府聯絡了。」彼得說。他說自己會跟《郵報》上層編輯討論，再讓我知道下一步怎麼走。

「到倫敦那邊很晚了，妳也很累。不過妳能不能先不要睡，等等我們，我隨時告訴妳這邊討論的情況。」彼得問。

我說自己反正也睡不著，現在腎上腺素正瘋狂發揮作用。我知道自己手上握有頭號通緝犯的真名，但我不知道英國政府希不希望這個報導上報。雖然我知道自己有點神經質，但總擔心軍情五處會突然闖進我的房間，把所有資料帶走。

亞當說只要我們一聯絡英國政府，這個消息就有可能立刻傳開來。「我先跟自己在美國的情報提供者確認一下。」他說：「不過如果我們告訴美國政府這個消息並請他們做相關回應，搞不好他們也會立刻通知英國。」在美國他有幾個信得過的情報提供者，他們不會公開亞當提供的消息。

我們一夥人決定幾小時後再一起團體視訊。將筆記輸進電腦、迅速沖了個澡，我這才發現自己今天只吃了早餐，所以就打給飯店住房與早餐部的夜間服務員，問他飯店這時是否還有提供熱食。

「非常抱歉，現在只有起司三明治跟香蕉。」他說。我說就這些東西也無妨，還另外點了一壺洋甘菊花茶。

為了讓自己冷靜下來，我用手機播放音樂。我特別擔心英國政府會把我們的消息傳給英國新聞媒體。夜間服務員這時用木盤將三明治、香蕉與洋甘菊花茶端進來。

「很抱歉我們無法提供您熱食，但是我找到一些薯片跟脆餅。」他邊說邊將餐盤放在桌上。

我對自己說：妳多少也該吃一點。餐點來了，快吃吧。給服務員小費時，彼得用Skype撥電話給我。

「新消息。亞當把我們的發現告訴情報提供者，他來回確認之後說，埃姆瓦齊就是聖戰士約翰，我們可以出這篇報導了。」我將耳機緊塞在耳朵內，深怕漏掉他說的任何一字一句。

雖然至少已經掌握兩個情報來源，但讓美國或英國政府的人員再次確認，或至少不要否定我們的調查，這點仍然非常重要。

「亞當的情報提供者聽到我們的調查結果時還滿驚訝的。」彼得說：「一開始他還不想多說，但我們告訴他這裡有兩個情報來源可佐證時，他就不否認了。」

聽到這裡我也非常意外。「我們現在會正式跟美國政府跟英國聯絡，妳也可以跟ＣＡＧＥ說一下。」彼得表示。

我表示會立刻跟ＣＡＧＥ聯繫，也會試著聯絡埃姆瓦齊的家人。

彼得表示贊同，並說：「那趕快去吃點東西、睡一下。接下來幾天可能會更忙。」

掛上電話後，我傳訊息給CAGE人員詢問是否能碰面。我說自己有非常重大的消息要告知他們，而且這件事很快就會上新聞。我希望他們明天一早看到訊息後就跟我聯絡。喝了一杯洋甘菊茶後我就倒頭大睡，起司三明治跟餐盤裡的食物卻一口都沒碰。

隔天一早，阿希姆・古列西打來說，他剛好要在附近辦事，能順便到飯店和我碰面。他一到，我就告訴他自己的收穫：多年前向他求助的穆哈邁德・埃姆瓦齊就是聖戰士約翰。他顯得相當詫異。我還說《郵報》已經跟英國政府接觸，他們也該準備好面對龐大的後續效應。

我播了一段聖戰士約翰的影片，要他聽聽聖戰士的說詞。「你覺得他碰到了什麼事，為什麼會變這樣？」我問古列西。

他說自己也毫無頭緒。「他是個受夠國家機器操弄的年輕人，他的人生被迫改變。」古列西表示。最後，埃姆瓦齊覺得「政府的一切行為讓他變成罪人，他只好主動起身反抗。」

我在網路上查到埃姆瓦齊家人的住址。「這個消息即將曝光，他家人有權知道。」我告訴古列西：「我想讓他們有事先反應的機會。」

他說自己完全能理解，但無法幫忙聯絡他家人。埃姆瓦齊的朋友說這個地址是對的，但也沒辦法協助聯繫。

古列西離開後，我打開電腦發現亞當說：「英國政府很不開心。他們預定要跟我們的長官談一談。」他說的就是《郵報》的主編馬丁・巴隆（Marty Baron）、《郵報》英國編輯以及彼得。「我們沒透露在倫敦跑這個新聞的記者就是妳，但還是要小心一點，可能很快就會有人盯上妳。」

他還說他們想趕快把專題完成，所以我也得盡快完成我的部分並寄給他。我在房間裡待了好幾個小時，把所有資料記錄下來，一邊猜測編輯們的談話結果會是如何。

之後我就帶著筆記和電腦離開飯店，走在主要幹道上時我還環顧四周，想確認沒有人跟蹤我。我攔下計程車，把埃姆瓦齊家人的住址遞給司機。

埃姆瓦齊的家人住在倫敦西區的蘭僕林（Ladbroke Grove）區[12]，這裡的住戶大多家境中上，跟我在巴黎郊區採訪時的景象差異頗大。他家人的住宅是棟半獨立式的房子，座落在一個風格多樣的街區。屋內無燈亮起，敲門時也沒人回應。這時才下午，隔壁一位看起來像東南亞人的住戶出門簽收包裹，我問她是否認識埃姆瓦齊。

她說自己跟他們並不熟，這裡的住戶往來並不頻繁。不過她也說自己已有好幾天沒看到這家人了。

道謝後我在屋前駐足幾分鐘。埃姆瓦齊究竟讓多少家庭心碎，又讓自己的家人多心痛呢？他的友人說他爸媽努力讓穆哈邁德接受良好教育，他的姐妹也都有上學，其中一人也念到大學。他的成長背景跟科阿奇兄弟與哈亞特・布米迪尼截然不同。但在我還沒與他家人聊過之前，也無從瞭解他們一家到底經歷過什麼困難。

手機響起，彼得來電。「有找到他家人嗎？」

我說屋內一個人都沒有。彼得說等我有空用Skype時得立刻跟他聯絡，有新進展要讓我知道。

回飯店後我們連上線，他說：「跟英國政府談過了，他們目前還是不予置評，但要求我們不要公開這則專題。」

「為什麼？」我問。

「他們說這樣可能會危及人質約翰．坎特利的生命。妳說呢？真的有可能會導致他被砍頭嗎？其他編輯想聽聽妳的看法。」

這件事完全在我意料之外。上次沒有成功救出卡西格已經令我憤恨難平，這次又攸關一名人質的死活。

「先給我幾個小時，」我告訴彼得：「現在沒辦法馬上給你答案。」

---

12 參考資料：Colin Freeman, "Ladbroke Grove Connection—the Wealthy West London District that Bred Jihadi John," *Telegraph*, February 15, 2015, http://www.telegraph.co.uk/news/worldnews/islamic-state/11438534 /Ladbroke-Grove-connection-the-wealthy-west-London-district-that-bred-Jihadi-John.html.；Robert Mendick, "Jihadi John: From Ordinary Schoolboy to World's Most Wanted Man," *Telegraph*, February 26, 2015, http://www.telegraph.co.uk/news/worldnews/islamic-state/11438545/Jihadi-John-From-ordinary-schoolboy-to-worlds-most-wanted-man.html.

我得諮詢一個人，那就是埃姆瓦齊的友人。在我成功聯絡到他與幫我們牽線的情報提供者後，我們在倫敦郊區那間放著印度與阿拉伯音樂的咖啡店碰面。

「妳看起來比上次更累。」我抵達時，情報提供者說。埃姆瓦齊的友人也已坐在那，喝著果汁雞尾酒。

「拜託，我又不是來倫敦度蜜月的。」

「我期盼有一天接到妳電話時，妳正在度蜜月。」他攤開雙手，看起來像在禱告似的。

我們三人都笑了出來，我說自己已經有好幾天沒笑了。我確實相當疲倦，肚子也因焦慮而感到不適。

我問他們是否認為報導一出，坎特利的生命就會受到威脅。他們倆互看一眼。

「不會，我不覺得會發生這種事。」埃姆瓦齊的友人說。

他們都說儘管報導具批判性，但若立場公正，絕不會害人質丟掉性命的。「如果那是一篇替英國政府說話，支持他們政策的報導，那情況可能就不堪設想。」那位友人說。

我提醒他別忘記這篇文章絕對是批判力十足，更會提到有哪些人質是死在埃姆瓦齊手下。他們說這本來就在預期範圍內，也相信報導立場和口吻肯定很中立。我再問是否有可能跟埃姆瓦齊進行簡短採訪時，那位友人直搖頭。

「不可能，伊斯蘭國已經把他封鎖。」情報提供者說：「他們好像知道他的身分快曝光了。」

我回到飯店，聯絡彼得。我說已經跟熟悉報導「主角」的人談過，他們不認為這篇報導會危及英國人質的生命。

「好，那我現在告訴其他編輯。」後來彼得告訴我，英國政府說報導出刊可能會對坎特利的生命構成威脅時，美國官員也半信半疑。

同時，亞當跟我也不斷寫信討論文章內容並反覆修改，而在幾個小時前彼得也用Skype聯絡過我。

他說《郵報》已通知英國政府會刊載這篇專題，但對方要求我們四十八小時後再刊登，並在這段時間內聯絡所有與報導相關的人，包含埃姆瓦齊的家人，還有人質，與受難者的親屬。「我們答應配合。」彼得說。

不過幾個小時過後，我收到亞當的訊息。似乎有位英國廣播公司的高層致電《郵報》，表示自己聽說《郵報》準備揭露聖戰士約翰的真實身分。

「意思是英國政府在耍我們嗎？」我問：「他們是用這會威脅到人質性命作藉口來拖延我們，再洩露消息給英國廣播公司嗎？」

那天晚上我又徹夜未眠。隔天我收到一封加碼訊息，發送者是我在倫敦訪問過的一位情報提供者。他寫到：「蘇雅德，事情不太對。英國廣播公司跟獨立電視台（ITV）的人都在問那個蒙面殺手的事。」

「他們怎麼問？」

「他們到處問聖戰士約翰的身分，後來查出他的真名。」

現在我被惹毛了。英國政府真的是在耍我們。首先，他們用坎特利的安危為由來拖延我們出刊。現在又要求我們知會當事人家屬並採取準備措施。現在，他們似乎已經把所有資訊洩露給英國廣播公司和獨立電視台，這樣英國媒體就能搶先發布這則重大新聞。

我們這麼努力謹慎，用合乎道德的方式取得資訊，卻眼看就要在一夕之間失去獨家新聞的機會。我打給彼得轉達自己剛才聽到的一切。

「你不覺得我們該重新考慮到底要不要配合那個四十八小時條款嗎？」我問。距離約定期限還剩二十四小時，在這之間可能會出很多狀況。彼得說《郵報》寧願遵守協議，保全當事人家屬的平安，但如果我得知有人準備搶先發布這則新聞，我們就得出手。

這時我還苦苦思考另一件事。當晚有個在某份阿拉伯報紙服務的朋友打給我，他說英國廣播公司的朋友告訴他，《郵報》隔天一早要揭露聖戰士約翰的真名。他推斷這則報導與我有關，便問：「把妳的名字放在撰稿者欄位這樣好嗎？」他問。

關於這點我也還在猶豫。惡名昭彰的伊斯蘭國行刑者若看到他的真名穆哈邁德．埃姆瓦齊被刊在報上會做何反應？要是伊斯蘭國知道是一名穆斯林女子揭發他的身分，又會採取何種行動？他們會做一支影片把我的頭像放上去，告訴全世界我是他們的敵人，是情資單位的代言人嗎？

我並未認真考慮把自己的名字從撰稿者欄位撤下，但我已做過風險評估跟後續的傷害控管。我已經努力讓埃姆瓦齊的友人知道我們盡可能平衡報導。透過那位跟我在公園碰面的情報提供者，我還提供住在倫敦的埃姆瓦齊母親與兄弟姐妹發言機會，但他們拒絕了。

讓大家知道我也參與在這份報導中，我另有一番用意。我想讓聖戰士約翰和其餘跟他一樣的人知道：我們會讓全世界知道你們是誰，阻止你們繼續散佈恐懼。而且，身為女性穆斯林記者的我，有力量做到這件事。

最後，我們以些微時間差搶先英國廣播公司報導這則專題。我以團隊的成就為傲，這次經驗對我來說也更具個人意義。我讓那些批判每個穆斯林和伊斯蘭教的西方人學到新的一課。

第十五章

恐懼潛入家園——二〇一五～二〇一六年，奧地利、法國及比利時

二〇一五年九月，我到奧地利報導癱瘓歐洲的難民議題時，發現奧地利各處車站人滿為患。食物攤位跟臨時廚房搭建在街角，新抵達的群眾也有便床可稍微倚靠休息。來自各國的難民湧入奧地利，具有不同背景和來自奧地利社會各階層的義工紛紛趕來協助，我隨後得知這些難民來自敘利亞、伊拉克、阿富汗以及其他國家。許多記者也在報導這個現象。讀著德國新聞媒體的報導，聽著政治人物的論調，我發現大家對新湧入歐陸的異鄉人抱著不可思議的樂觀態度。

「我們辦得到！」（Wir schafen das.），這句德文是德國總理安格拉・梅克爾（Angela Merkel）的口號，她希望德國人抱持正面態度看待難民的來臨。這種士氣高昂、堅定不移的態度在報紙和電視節目中也感受得到。我心中湧起一股希望，期盼這些逃離祖國慘況的難民能被德國與他國社會接納，找到安身立命之所。不過我也很清楚這對各個聖戰團體來說也是個好機會，他們能派遣新成員到歐洲擔任「沉睡細胞」（sleeper cell）[1]。

在奧地利的各大車站中，這種場面正在上演[2]。梅克爾談到難民危機的規模，指出德國必須暫時開放國界，讓逃離戰亂的家庭進入。但在某些國家地區，梅克爾的那席話並未被完整翻譯、理解，社群媒體也只擷取段落報導。很多人將這句話解讀為完全性的邀請，讓大家都能有一生一次的機會到歐洲展開新人生。民眾從北非、中東甚至南亞飛到土耳其，破壞原有的護照後加入難民潮。這群人數量之龐大，歐洲各國政府甚至來不及有系統地安排譯者協助，也沒有足夠人手檢查所有難民的身分，確認他們是否真來自敘利亞或是身為受嚴重戰亂所害的災民。

1 沉睡細胞指的是隸屬大型恐怖組織的小分支，暗中四伏於某地執行恐怖計畫。

2 關於維也納難民的描述，多引自以下作者與威廉・布斯（William Booth）共筆之文章：Souad Mekhennet and William Booth, "Migrants Are Disguising Themselves as Syrians to Enter Europe," *Washington Post*, September 23, 2015.

在維也納的各車站走一回，能聽見帶有不同口音語方言的阿拉伯語，有來自阿爾及利亞、摩洛哥、突尼西亞、埃及還有葉門。另外我還聽見波斯語、烏爾都語以及北印度語。

我碰到一位快三十歲的男子，他名叫哈姆札（Hamza）。他坦承自己來自阿爾及利亞，這輩子有大半時間都被關在獄裡，罪名是販賣毒品與謀殺未遂。他說這波難民潮對他這種人來說是溜進歐洲的完美掩護。哈姆札穿著牛仔褲和短袖棉質上衣，訪談過程中常笑著說自己也很興奮能來到這麼遠的地方。跟他一夥的朋友們，看起來不像是要在歐洲當廚師或清潔工的模樣，反而像是會惹是生非的一幫人。或許是我不夠慈悲為懷吧。

「我們搭飛機到伊斯坦堡，然後坐巴士到伊茲密爾（Izmir）。」哈姆札說：「把護照銷毀之後就跟敘利亞難民混在一起。我們搭船從伊茲密爾到希臘，在輾轉到馬其頓共和國、塞爾維亞、匈牙利，現在到了維也納。」他說自己也看到不少北非人加入這波難民潮，還介紹幾個阿爾及利亞朋友給我認識。

維也納幾個大型車站都已變成難民臨時紮營地，在某些較封閉的空間中可聞到汗水、食物、尿液與排泄物的氣味。有些難民或他們的孩子因從土耳其長途跋涉而來，忍耐不住只好就地或在衣物上大小便。有些人染了皮膚病或受蝨子搔癢之苦。有些身上還有錢的人叫了計程車或搭巴士縮短路程，其他人則是徒步而來，不少人已經走了好幾週。除了帳篷和糧食站之外，當地會說阿拉伯語的義工也在現場協助。

在車站走著，我發現多數難民為男性。不少人聲稱自己來自大馬士革，但他們的膚色並不像敘利亞人那樣帶著淺橄欖色調。捲髮、深色皮膚與瞳孔，他們看起來反而比較像北非人。我再細問他們來自哪個城市時，這些人都掉頭就走。

奧地利情資單位人員透露，在克羅西亞、塞爾維亞、匈牙利、奧地利和土耳其，有大量販賣敘利亞護照的黑市。不過很多人都混雜在一大群尋求庇護的難民中，所以甚至未出示護照或身分證件就進入維也納。雖然官員可能會詢問國籍與姓名，卻不會仔細檢查身分文件。所以只要在關口說自己來自敘利亞，就算不出示證據也很有可能輕鬆通關。

不過聽到道地的敘利亞和伊拉克方言時，我會停下來仔細聽。真正的敘利亞人都在抱怨假冒敘利亞國籍的人太多，就算歐洲人還沒受夠突然湧入的難民，像哈姆札這種人也很有可能讓他們的熱忱與耐心迅速消磨殆盡。

「妳看這些人，他們在這幹嘛？」一位叫穆斯塔法（Mustafa）的六十二歲敘利亞人問。清瘦的他黑髮中摻雜白髮。他跟兒子一路來到奧地利，另一群敘利亞人則在買車票準備到德國。「我們是為了逃避戰爭跟殺戮才到這裡，現在這些人竟跑來霸占我們的位置。」說到一半，他離開隊伍攙扶一位剛才昏倒的女子，一群阿富汗人見機插隊。

真正的敘利亞人大多也沒有身分文件，因此無法證實他們的說詞。跟幾個真的有敘利亞國籍證明文件的人聊過後，才發現他們先前都住在約旦、土耳其或黎巴嫩的難民營，並把握機會到歐洲來，主要希望能改善生活經濟條件。

這些難民說他們相信只要來到德國，就能住在有家具的公寓裡，有車、有健保、有錢養每個小孩，更有機會創業開店。有些年輕人還問我念大學的事，想知道念大學是否真的免學費。

我很能理解，也支持他們想過更好生活的遠景。很多人都經歷極大的創傷，痛苦全都寫在臉上。不過有些人的言論也令我沮喪。我問起他們是否願意為自己獲得的利益付出勞力時，偶爾會聽到這樣的回答：「我不希望太太或女兒去工作。」

「打掃或洗碗？」某位敘利亞女子不可置信地說：「不要，我不想做這種工作。」她年近三十，以前在敘利亞當老師。我想到在巴林時與司機阿布．胡賽因的對話。他一聽到自己家人要去做這種卑賤的工作，也是一臉驚恐。

有些德國政治人物都說這些難民是受過高等教育的專業人士，這點令我懷疑。「從學歷上來看，這些人都是敘利亞的菁英[3]。」聯合國難民署的某份文章談到抵達歐洲的敘利亞難民時，這麼寫：「百分之八十六的人說自己有高中或大學學歷。」不過這跟我在車站的所見所聞大相逕庭。我碰到的許多敘利亞人是農夫或勞工，他們只會說阿拉伯語，也沒讀過多少書。這本身當然不是大問題，但政治人物跟媒體的說詞卻與事實不吻合，他們還認為這波湧入國內的難民能填補德國人口老化所致的勞動力缺口，降低失業率、振興國家經濟[4]。

我也碰到某些難民說他們曾住在伊斯蘭國中，而且很喜歡當時的生活。同事威廉．布思（William Booth）跟我找到一位年輕人，他說自己來自所謂的哈里發政權的國度。「住在以伊斯蘭律法治理的國家很好。」他這麼說。我跟威廉互看一眼。我們又問那他為何選擇離開。「因為這裡工作機會較多。」他這麼說，還表示自己跟家鄉的人仍有聯絡。

威廉跟我花了幾小時在車站穿梭，想盡可能訪問更多難民。在維也納火車站這個主站，我們發現一群伊拉克男人，他們鋪了地毯翹腳坐在樓梯間旁的地上。

我從口音聽出這群人是來自伊拉克，在這波難民潮中也以伊拉克人為大宗。其中一名男子把智慧型手機遞給另一人看。「Illa tahin，」他說：「這就是對付他們的辦法。」

Illa tahin這句阿拉伯語的意思是：「把他們摧毀到只剩粉末。」這是什葉派指揮官阿尤布・魯拜伊（Ayyub al-Rubaie）[5]的口號，他現在對外的假名則為阿布・阿茲拉爾（Abu Azrael）。二〇一五年八月，網路上出現一支被熱門轉載的影片，阿布・阿茲拉爾在影片中從據傳是伊斯蘭國戰士燒焦的屍體上，用刀將被火燒過的肉一片片割下。「伊斯蘭國，這就是你的下場[6]。我們會把你們的肉割下來，像沙威瑪一樣。」阿布・阿茲拉爾在影片中

---

3 參考資料：United Nations High Commissioner for Refugees, "Syrian Refugee Arrivals in Greece, April–September 2015," https://data2.unhcr.org/en/documents/download/46542.

4 參考資料：Tina Bellon and Caroline Copley, "In Aging Germany, Refugees Seen as Tomorrow's Skilled Workers," Reuters, September 10, 2015.

5 參考資料："Abu Azrael: No Safe Place for ISIL in Iraq," All Iraq News Agency (AIN), March 18, 2015.

6 參考資料：Robert Verkaik, "We Will Cut You like *Shawarma*,'" *MailOnline*, August 28, 2015.

說道。不少與伊拉克政府合作的什葉派戰士，打著消滅伊斯蘭國之名，在伊拉克迫害遜尼派時，被控施以許多殘暴的酷刑，也嚴重違反人權[7]。

這群伊拉克人手中端著糧食補給站發送的塑膠餐盤，盤裡有米飯、雞肉和沙拉。他們正準備開動之際，我走上前去。

「願真主保佑您平安。」我說。

他們驚訝地抬起頭。「天啊，我以為你不會講阿拉伯語。」其中一人說：「我還想妳可能是印度或巴基斯坦來的。」

我告訴他們自己的身分，也問他們是從哪裡來的。這群人開始緊張地看著彼此，其中一人說自己來自摩蘇爾，才剛從伊斯蘭國逃脫而已。

「你的口音跟方言聽起來比較像是南部的口音。」我說：「像巴斯拉（Basra）或烏姆蓋薩爾（Umm Qasr）。」

「妳也知道巴斯拉嗎？」其中一人問。

我點頭，告訴他們自己曾於二〇〇三年在伊拉克待過數月。「所以你們到底是哪來的？」我問。

其中兩名男子把我帶到一旁，重新解釋了一次大家的來歷，但我還是不信。他們描述得錯綜複雜，表示大家都是前陣子才搬到摩蘇爾。但至少他們承認自己是來自南方，大家都是什葉派。

聽了好一陣子，我就直盯著其中一人問：「你們會不會是伊拉克軍隊或軍事組織成員？」

其中一人把中指放在雙唇間，示意要我降低音量。

「為什麼？」我問。

「因為這裡還有其他組織的成員。」

另一群男子自稱剛逃離費盧傑，其中一人身上還有被子彈擊中的新傷。我問他們從事哪方面的工作，其中一人回答「從軍」。他的友人聽到後氣沖沖地看著他說：「我們都是司機。」

進行幾日報導後，我確定這波難民潮也帶來許多維安問題。同時，伊斯蘭恐懼症也在各國四起，而我跟某些歐洲穆斯林也發現，穆斯林社群似乎越來越虔誠保守，甚至可說更極端。這兩股趨勢相互影響、不可分割。歐洲穆斯林社群越感到被孤立，他們或許也會越封閉自己，深深陷入信仰和受多數人批判的群體中。我還記得十五、六歲時，自己對種族歧視與德國社會對穆斯林的暴力感到憤怒，當時我就想披上長袍抗議。但爸媽告訴我：

---

7 參考資料：“Iraq: Possible War Crimes by Shia Militia,” Human Rights Watch, January 31, 2016, https://www.hrw.org/news/2016/01/31/iraq-possible-war-crimes-shia-militia.

「妳現在心中只有怒氣。」他們還說，憤怒並不能作為採用宗教習俗的正當理由。

現在有一大群人在未受嚴密維安檢查的情況下進入歐洲。他們對新生活有何期望，若期望未達成會作何反應，這些都相當值得深思。

十一月十三號星期五，一連串恐怖攻擊撼動巴黎與北部郊區聖丹尼斯（Saint-Denis）。其中一名兇手曾在敘利亞作戰，至少有兩名伊拉克男子使用偽造的敘利亞護照隨難民混進歐洲。他們攻擊法蘭西體育場（Stade de France）、巴塔克蘭劇院（Bataclan theater）還有數家餐廳與酒吧，奪走一百三十條人命。

策劃這場攻擊的多為比利時或法國摩洛哥移民第二代，我迫切想查出他們走上極端之路的主因。許多主謀早就因毒品交易或搶劫等犯罪事件被法警盯上。簡言之，這群人就像幫派。

在事件主要策劃人中，我對阿卜杜勒哈米德·阿巴烏德（Abdelhamid Abaaoud）[8]的身世感到好奇。他跟其中幾位攻擊者都曾在敘利亞作戰，雖然是許多政府的通緝對象，他們仍然來到歐洲。阿巴烏德在布魯塞爾的莫倫貝克（Molenbeek）長大，父母來自摩洛哥，他是家中長子。他快二十歲時被退學，加入社區幫派，犯下幾起稱不上嚴重的案件。二○○六年至二○一二年間，他因不法行為多次入獄。阿巴烏德的父親說，他最後一次出獄時整個人變了許多。除了留鬍子、拒絕跟住家附近的朋友往來，他還承諾父親，絕不會再入獄。

此外，他還到埃及學阿拉伯語，後來到敘利亞，還跟家鄉的朋友說自己「想幫助無辜民眾」。二〇一三年底，他人又出現在莫倫貝克一帶。這段時間比利時政府一直觀察他的行蹤和舉動，但幾個月後他又回到敘利亞那個他所謂的「哈里發國」，還帶了十三歲的弟弟同行。

我很好奇到底他碰到了什麼事，以及他的家庭經歷哪些遭遇。巴黎攻擊事件後，我花了一些時間待在莫倫貝克。就我粗略的了解，阿巴烏德其實有很多機會改過自新。他的父親是生意人，販售從摩洛哥進口的商品，經濟狀況還不差，阿巴烏德也曾在私校就讀。不過他的父母婚姻失和。阿巴烏德跟母親較親，和父親則較疏遠。情資單位調查結果發現，阿巴烏德對父親的生活方式很不滿，對父母常年來的爭吵也很氣惱。

莫倫貝克跟我在法國採訪時踏足的郊區截然不同。這裡並沒有任何灰撲撲的高聳公寓，商店和咖啡店的風格讓我想起摩洛哥的景象。不過《郵報》的比利時特派記者安娜貝爾・凡・德貝赫（Annabell Van den Berghe）說要在這裡挖情報不容易，這裡的住戶不喜歡

8　關於阿巴烏德之身分背景與從事之活動描述，多引自以下作者與安東尼・法約拉共筆之文章：Anthony Faiola and Souad Mekhennet, “‘He Is a Barbaric Man’—the Belgian Who May Be Behind the Paris Attacks,” *Washington Post*, November 16, 2015；Anthony Faiola and Souad Mekhennet, “The Islamic State Creates a New Type of Jihadist: Part Terrorist, Part Gangster,” *Washington Post*, December 20, 2015.

跟記者來往。雖然這裡不像巴黎郊區那麼破敗陰沉，但也有許多自己的問題。當地失業率高達三成，在某些區域甚至更高。居民多為外來移民，許多人的生活狀況清寒，激進伊斯蘭思想和宗派衝突在這裡也屢見不鮮。有人認為這些都是沙烏地阿拉伯、科威特和卡達宗教組織的影響，指出是他們金援社居中的遜尼派激進份子[9]。

初次造訪時，安娜貝爾跟我想感受一下這個地區跟民眾的氣氛，想找間生意不錯的咖啡店坐一下。選好咖啡廳走進去時，才發現裡頭全都是男性。他們看到兩位女子上門光顧時也一臉驚訝。

「願真主保佑您平安。」我說。這除了是一句問好，也能代表我與他們具有相同文化背景。「也願真主保佑您平安。」其中幾人回覆。

我試著跟一眼嚴肅的服務生搭話，用摩洛哥阿拉伯語問他，店裡是否有摩洛哥鬆餅或摩洛哥甜甜圈（sfinj）。他看起來二十多歲，年紀跟那群恐怖攻擊主謀相仿。聽到我的問題後他笑著說：「很可惜沒有，這裡只有可頌或長棍麵包。」

「那摩洛哥茶呢？」

「這就有了。」

店內電視機開著，一群男人正在看足球賽。服務生端茶來時，我向他表明自己是記者，問他認不認識任何跟「巴黎事件」相關的男子。

「他們之前還住這裡的時候我是有看過他們，他們有時候會過來買咖啡，或在街上走著，不過我不認識他們。」他說。

我問他知不知道那群人平常都會去哪，他對此表示一無所知。

安娜貝爾跟我在店裡等待，看看是否會有與主嫌阿巴烏德和薩拉・阿布德斯蘭（Salah Abdeslam）年齡相仿的客人上門，他們倆目前仍在躲避警方追捕。終於，有位年輕人進店點了杯咖啡跟可頌。我看著那名服務生，用眼神指向那名剛點餐的年輕客人。店員點點頭，我知道他是在告訴我這個人知道些什麼。

我上前搭話時，他說自己跟阿巴烏德以前常在一起，但已經很長時間沒聯絡了。「發生這種事對我們來說傷害很大，大家都覺得住在莫倫貝克的人很危險。」他說。

他建議我到離咖啡店不遠的某家三明治店坐一坐。「那群人以前常在那裡，你可能會碰到更多認識他們的人。」

安娜貝爾跟我出發前往那家三明治店，裡頭有一對看起來像兄弟、身材挺拔的男子忙著製作餐點。店內有幾名客人，大家看起來都認識彼此。

---

9 參考資料：Bruce Riedel, "Saudi Arabia Is Part of the Problem and Part of the Solution to Global Jihad," Brookings, November 20, 2015, https://www.brookings.edu/blog/markaz/2015/11/20/saudi-arabia-is-part-of-the-problem-and-part-of-the-solution-to-global-jihad/；Nikolaj Nielsen, "Bearded Infidels in the EU Capital," *EUobserver*, February 1, 2016, https://euobserver.com/investigations/131883.

有位穿著牛仔褲、大學運動棉衫跟藍色夾克的男子看著我，我也看向他、露出微笑。他笑一笑，拿著三明治走出店門。他看起來挺像阿烏巴德的舊識，帶有那種幫派份子的酷帥狠勁。直覺要我跟上去。

「先生，不好意思。」我在店外喊道：「願真主保佑您平安。」

他停下來轉頭說：「也願真主保佑您平安。女士，怎麼了？」他問。

我說自己是一位記者，想來了解莫倫貝克這個地區。我還試著用圓滑的方式來套話，但他直接幫我把問題說出口了。

「妳是想問那些巴黎恐攻事件主嫌的事，想問我認不認識他們嗎？」他用摩洛哥阿拉伯語問。

「沒錯。」

他說自己除了阿巴烏德跟阿布德斯蘭，也認識其他跑到敘利亞的人。「妳知道我們這裡人不喜歡跟記者交談嗎？」他說：「最近還有一個攝影採訪小組被石子打傷。不過既然你是摩洛哥人，也不是幫那些滿口謊言的小報做事，跟妳喝杯咖啡不是問題。」

我們到附近一家酒吧，裡頭的女服務生熱情地招呼他，他也叫得出她的名字，顯然是店裡常客。這間未禁菸的酒吧裡煙霧瀰漫，儘管才下午一點半，許多客人都點了啤酒或含酒精飲料來喝。

他發現我驚訝的表情。「這裡沒問題。在這裡跟妳講話我也比較自在。這裡人通常不會講阿拉伯語，所以我們可以輕鬆一點。」我們坐在一張木長凳上，安娜貝爾則坐在對面。（訪談全程她幾乎沒說話，因為她不懂摩洛哥阿拉伯語）。這名男子受訪條件是我不能公開他姓名，但可以他祖父的名字「法理德」（Farid）稱呼他。

法理德說他的父母來自摩洛哥，年輕時搬到布魯塞爾，因此他是在比利時出生的。他的父親在礦坑上班，母親則在家照顧小孩。他說自己曾因搶劫、販賣槍枝跟其他罪行入獄過幾年。

「我跟阿卜杜勒哈米德，還有薩拉一樣，都是在這個社區出生，」他說：「我們三個是朋友。」

法理德個子高、皮膚光滑，帶著一對深棕色的瞳孔。笑起來很迷人的他在談話過程中數度露出微笑，但也不時展露心中的憤怒。他說自己常感覺這世界沒有自己的容身之處。「有什麼成就的時候，比利時人就說你是比利時人，摩洛哥人說你是摩洛哥人。」他說：「但幹了什麼壞事，比利時人就說你是摩洛哥人，摩洛哥人也推託說你是比利時人。」

這種尷尬的處境，許多歐洲的穆斯林第二代都感同身受。這次恐攻事件後，我打電話到布魯塞爾的摩洛哥大使館，問他們是否有人專門協助摩洛哥社群，或幫助移民第二代面對生活上的困難與挑戰。「那些恐怖份子不是摩洛哥人，」接電話的大使人員告訴我：「他們是法國或比利時公民。」

我表示他說的確實有道理，但這些人因為父母的背景，多少也跟摩洛哥有關，畢竟他們的親人有些還住在摩洛哥，有些也在當地做生意。但對方堅持這不是摩洛哥的問題。

法理德說阿巴烏德、阿布德斯蘭還有他自己，對比利時、對法國以及對摩洛哥的厭惡一樣深。他說他們常聊到身分認同、家跟與家人關係等相關問題。

「他們並不歡迎我們。其實摩洛哥跟其他阿拉伯國家的人對白人比較好，看到我或妳就變得不友善。」他說。法理德談起殖民時期的狀況，還說法國和歐洲強權從來不碰「他們在殖民國家犯下的罪行」等議題。他父親跟朋友努力工作，幫忙撐起比利時的經濟和整個國家，但他們的收入卻相當微薄。他說：「我爸媽只賺八百歐，每個月還要付房租跟應付其他開銷。在比利時當了三十五年的勞工，做那些比利時人不想做的工作後，這就是我爸得到的回報。」他說自己曾立誓不會讓比利時從他身上獲得任何好處。

我很認同父母這代移民確實在歐洲做的都是體力活。「不過要是他們當初留在摩洛哥，又會做些什麼工作呢？」我問。

「當然什麼都做不了。在摩洛哥還能幹嘛？在摩洛哥只有出生在名門富貴之家才有出路，我沒說錯吧？」

聽著他的論調，我發現他認為自己是受害者，其他人都是加害者。我表示自己有時也對摩洛哥感到失望，也很遺憾自己不是出身他所謂的有錢大家庭，更常感到自己既非德國人也非摩洛哥人。但這仍不是加入伊斯蘭國的好理由。

「你是說dawla嗎？」他用的這個阿拉伯詞指的是「國家」，是個伊斯蘭國支持者的愛用詞。「你是說哈里發政權？」

我點點頭。看來他對哈里發政權的理念並不陌生。

「我很欣賞巴格達迪跟其他伊斯蘭國的兄弟，他們是真正的好穆斯林。」他說：「他們終於站出來，讓那些西方的豬知道，穆斯林不想當受害者了。」

我得對他的受害者論提出質疑。我說就我的理解，阿巴烏德跟阿布德斯蘭碰毒品又犯過搶案，這跟他所說的善良無辜的穆斯林一點都不吻合。

「這個社會活該，」他反駁：「這些人都是種族歧視者，我們根本別無選擇。如果你去面試工作的時候住址是寫莫倫貝克，又有阿拉伯名字，根本就不會被錄取。」這種批判我在巴黎郊區採訪時也聽過。

我問法理德的教育程度為何。

「念到高一就不念了。」他說。

我認為法理德對這種思想交流和辯論很感興趣，但他似乎不考慮繼續念書完成學業，改善自己的生活。

「念書？幹嘛念書？念完出來當計程車司機嗎？」他挖苦地說。

我看著他說：「你總是能找藉口讓自己放棄目標，逃避理想。」

他訝異地看著我：「妳難道不相信我說的嗎？妳覺得我在說謊？」

我試著和緩氣氛。我表示自己只是想瞭解為何他覺得自己人生沒機會了。就連阿巴烏德和阿布德斯蘭也曾有過機會的。

他說他懂我的意思，但這個社區的父母不是很瞭解自己的孩子，也不在意小孩在學校表現如何。那時對阿巴烏德破碎的家庭有更深一層認識後，我才領悟到把孩子送到私立學校不代表父母就盡到責任。法理德跟阿巴烏德與歐洲的穆斯林移民第二代一樣，都在尷尬兩難的處境中長大。儘管他們在歐洲出生，他們的父母卻把錢全花在故鄉的人事物上，只為了在老家有好名聲。法理德說他跟阿巴烏德還有其他朋友，終年只能靠微薄的薪資度日，父母卻奢侈地買禮物給故鄉親友。這些孩子不曉得自己到底是比利時人、法國人還是摩洛哥人，他們的父母也不在乎小孩是否融入歐洲社會。他們的重心全放在賺錢、經營事業上，更一心一意想成為家鄉親友眼中的大人物。想證明自己功成名就的渴望，讓他們不顧其他事物。「這印證在我們身上。」法理德說：「我們過得這麼糟，他們在乎的只是摩洛哥的家人怎麼想，還有怎麼證明自己的成就。」

或許正因如此，法理德並不想循規蹈矩地賺錢。他身上帶著一大捆五十歐元鈔票，而且即使出獄了，他也並未到廚房或超市上班。「如果沒人對你有信心，又是在莫倫貝克這種地方長大，你也很難相信自己，無法想像自己除了現在這種生活之外還有其他可能。」

他說自己聽到巴黎發生恐攻事件時還慶祝了一番。他說法國跟其他歐洲國家應該都學到一課了，因為多數攻擊主嫌都是法國和比利時公民。「穆斯林數十年來被當成次等公民對待，現在終於報仇了。」他說。

我告訴他其實多數穆斯林並不這麼想，而且也出面批判恐怖主義跟這些攻擊事件。我問他對此有何看法。

「那些人跟我們父母是同一輩的，這不是真正的伊斯蘭教精神。」他說。這番論調我已經聽過多回。前饒舌歌手阿布．塔爾哈也曾告訴我，許多到歐洲第一代穆斯林對伊斯蘭教的理解，還停留在自己早年在家鄉學到的觀念。

我發現跟法理德爭論這些沒什麼意義，他的世界觀已經定型了[10]。

請女服務生來結帳時，法理德說讓他來付就行了。我說我們可以各付各的就好，但他仍堅持要請客，還說他身上有槍我們不得不從。他笑著對我眨眼。

「你有帶槍？」我輕聲問。

「這在這裡也不是什麼大事，我身上有槍跟刀子，只是沒跟妳說而已。」

互道再見後我就離開那家酒吧，心想是否有什麼辦法能讓法理德脫離犯罪，甚至有一天能阻止他加入恐怖組織。父母、朋友、社群領導人、老師還有青少年輔導員的角色看來都至關重要。此外，歐洲的年輕穆斯林在成長過程會碰到的處境與衝突心態也不可輕忽。法理德認為自己不被比利時社會所接受，才會覺得就算偷比利時人或歐洲人的財物，甚至

10 參考資料：Anthony Faiola and Souad Mekhennet, "Jihadists Adding Crime to the Mix," *Washington Post*, December 21, 2015.

是奪走他們的生命也沒什麼大不了的，彷彿這些受害者並未真實存在。歐洲人與穆斯林移民都在互相侵犯對方的人權。

我試著跟阿巴烏德的父母聯繫，他父親轉告鎮上一位倍受尊敬的人說願意受訪，並把電話號碼給我。但在訪談前幾天，他說有家報紙給了高額報酬說要跟他談談兒子的事，並說如果我還想進行訪問的話就得比照辦理。

我說我們從來不花錢買新聞。更讓我不敢置信的是，發生了這件事後，他還是對錢比較感興趣，完全不想幫忙兒子，或者讓世界知道，其實他兒子也是個有血有肉的人類而非瘋狂殺手。

巴黎恐攻事件後的第五天，法國警方突襲聖丹尼斯的某間公寓，當場圍捕阿巴烏德並將其炸死。大家最想知道的是警方如何查出他的下落。在阿巴烏德喪生當日的記者會上，巴黎檢察官方斯華・莫林（François Molins）指出，有位關鍵情報人帶著警方查出阿巴烏德的所在位置[11]，但他拒絕透露其中細節。

我後來得知在攻擊事件後阿巴烏德向一位住在巴黎的表親求助，她名叫哈斯納・艾布朗森（Hasna Aitboulahcen）[12]，她也立刻伸出援手。其實在警方突擊聖丹尼斯的公寓時，哈斯納也是死者之一，因此她的姓名也在媒體上流傳了幾日。社群網站上還有張她沐浴的照片不斷瘋傳，後來經過證實才確認照片中的人不是她。有人稱她是「歐洲首位女性自殺炸彈客」。

巴黎恐攻讓民眾再次檢視伊斯蘭教在歐洲的處境，除了引發熱議，大家也很害怕穆斯林女性紛紛成為自殺炸彈客，奪走更多人命、造成更多恐慌。許多歐洲報紙專題也拋出疑問：為何穆斯林不出面阻止恐怖攻擊。大家都懷疑比利時與法國的穆斯林社群中有某種保護網絡，讓這些巴黎恐攻兇手能在警方不知情的狀況下行動。

在一大批調查資料中，我發現阿巴烏德回到歐洲——具體來說是回到法國時——有一名女子向警方通報。同事葛雷格・米勒（Greg Miller）跟我翻閱不少資料後，發現這個女子似乎扮演了相當重要的角色，但大家對她所知甚少。不過我查到一個關於她身分背景的細節：她曾是穆斯林。我們都稱她為索尼雅（Sonia）。

我跟不少情報提供者聯絡，想挖出更多關於阿巴烏德被捕的過程與細節。

「有個女子涉入其中，但她一再受到法國警方的保護。」有位在法國政府工作的情報提供者對我說，但他也不願透露這名女子的背景。

「她是穆斯林嗎？」

11 參考資料：Greg Miller and Souad Mekhennet, "Friendship Led Police to Paris Ringleader," *Washington Post*, April 11, 2016.

12 關於哈斯納的經歷與那位名叫索尼雅的女子之描述，多引自以下作者與葛雷格・米勒共筆之文章：Greg Miller and Souad Mekhennet, "One Woman Helped the Mastermind of the Paris Attacks. The Other Turned Him In," *Washington Post*, April 10, 2016.

「這有很重要嗎？」他問：「她的信仰應該不是重點吧？」

我反問那為什麼恐怖份子或哈斯納．艾布朗森的信仰，就必須被一再提及。「如果穆斯林女子能阻止阿巴烏德繼續發動攻擊，全世界就該知道。」我強調。

他說自己也無法透露更多，畢竟她在警方的保護之下。我在檔案中找到索尼雅的電郵位址，就寫了一封信給她。她竟然回信還給了我一支電話號碼，實在出乎我意料之外。

「我會回信是因為妳也是穆斯林。」我打電話過去時她這麼說。我說我們知道目前警方正在保護她，也不想讓她暴露在風險之中。不過我們相信她在這起事件中扮演非常重要的角色，想把這點讓全世界知道。

這則報導對我來說別具意義。自從跟瑪琳．芬寧碰過面後，我就覺得自己有義務讓西方人知道穆斯林對他們的看法。現在我更覺得有位穆斯林女子冒著生命危險，保護歐洲人免受恐攻的威脅，這件事絕對要為人所知。

雖然住在巴黎的索尼雅現在有警方的保護，但相關措施並沒有相當周全。她還是沿用舊名，雖然換了新公寓，但樓下並沒有部署警力。四十二歲的她，孩子都已進入青春期，她每天都很害怕會因為洩露阿巴烏德的行蹤而被謀殺。儘管如此，她還是不後悔做了這件事。雖然都是穆斯林，但她認為自己的道德觀與對伊斯蘭教的認知，跟阿巴烏德和其他主謀截然不同。

索尼雅跟她丈夫與我約在巴黎市中心的餐廳，她丈夫要求我不要透露他的個人資訊。

我帶了郵報的當地譯者維吉爾．迪姆提耶（Virgile Demoustier）同行，因為索尼雅說自己在講某些經歷時想用法語。雖然我懂法語，但訪談觸及的議題較敏感，因此還是帶一位母語者在身邊才好。

當時我們也不曉得如果報導了索尼雅的故事，法國人會做何反應。吃過晚餐，在我飯店訪問了很長一段時間後，我得知索尼雅被禁止與媒體接觸。隨後，我們與檢察官辦公室的某發言人聯絡，詢問如果有媒體刊登與索尼雅的訪談內容會如何。「只要跟她聯絡、報導她的故事，就算沒有揭露她的真名還是要付出代價的。」那位發言人指出。經過一番討論，我們決定照常刊登，估計法國政府不太可能會真的控告《華盛頓郵報》。事實證明我們賭對了。

索尼雅有法國國籍，具有阿爾及利亞血統，並在法國的孚日省（Vosges）出生長大。她的家庭並不虔誠。「我們生是穆斯林，死也是穆斯林，但不特別遵從教規，也不會禮拜或採用其他伊斯蘭教習俗。」她說：「父親從不會告訴我們何時該禮拜或該穿什麼。」

二〇一〇年，索尼雅搬到巴黎，隔年在某間夜店認識了哈斯納．艾布朗森。當時艾布朗森大約十九、二十歲，索尼雅說她「簡直一團糟！看起來就像女流浪漢一樣……骨瘦如柴，臉上都是痘痘，頭髮油膩膩的，整個人亂成一團。」而這位少女的父親忘記留下公寓鑰匙，人就到摩洛哥去了，所以哈斯納只好流落街頭，用塑膠袋裝著所有家當。她拜託索尼雅收留她一個月。「我幫她煮中餐，讓她在家裡沖澡，幫她洗髒衣服，還讓她穿我女兒的乾淨衣服。我還給她藥膏擦痘痘。妳看就知道這個少女過得很糟。她的眼神傳達一種失落感，也常常感到尷尬跟羞愧。她把家裡的故事都告訴我了。」

艾布朗森還有三個兄弟姐妹，他們的母親時常對孩子暴力相向，也拒絕提供食物。他們從小就待在寄養家庭，艾布朗森直到十七歲才重新回到父親身邊。她父親當時已展開新人生，也與第一任妻子再婚。

我問索尼雅為何她會收留一個陌生人。

「我常收留無家可歸的人、窮人或需要幫助的人。」她回道。

「妳是說那些有北非血統的人？」

「任何血統的人我都幫。人不該流落街頭，人應該住在有屋頂的房子裡，盤子裡也該有食物可吃。我常說如果哪天自己變有錢人，就要收留所有遊民。」

索尼雅後來彷彿變成艾布朗森的母親。原本說只待一個月，但最後艾布朗森搬進索尼雅的公寓，成為家庭一份子，一待就是好幾年。不過一起住還是有許多問題，艾布朗森有時候行為很不受控，也染上毒癮與酒癮。

「二〇一一到二〇一四年間她斷斷續續住在我家。」索尼雅說：「有時候她會消失兩個禮拜，然後再回來住一個月，像這樣反反覆覆。她的毒品用量很大，用最猛的就是古柯鹼，她酒也喝很多。」

不過艾布朗森還是有很迷人可愛的一面。在家的時候她會洗碗，也常說自己有多感謝這個家願意收留她，也會分享自己在巴黎上夜店時碰到的趣事。「她常逗我們笑。」索尼雅說。

二〇一四及二〇一五年，艾布朗森跟一位來自葛摩群島（Comoros Islands）的男子同居，專事毒品買賣的他常對艾布朗森拳打腳踢，但艾布朗森還是認為自己會嫁給他。而此時在索尼雅的建議下，艾布朗森也跟生母重逢，但母女團圓的結局並不是那麼和樂。她發現親弟弟變成了薩拉菲派穆斯林，自己也開始對伊斯蘭教產生濃厚興趣。她開始穿上全罩式長袍，全身只有一個露出雙眼的細縫。

「我用WhatsApp告訴她，如果繼續穿這種罩袍，有天一定會進監獄。」索尼雅說：「但她還拍影片說自己要到敘利亞去。」

根據索尼雅在巴黎恐攻事件後的警方筆錄來看，艾布朗森那時也開始用WhatsApp跟「在敘利亞的朋友聊天」。雖然艾布朗森非常謹慎，並未透露和自己瘋狂傳簡訊的對象究竟是誰，但她的表親阿巴烏德，當時人就在敘利亞，因此與艾布朗森密切聯絡的人，極有可能是阿巴烏德。

雖然他倆並不是在同一個城市長大，但也發展出曖昧情愫。艾布朗森告訴朋友，她想跟比自己大兩歲的阿巴烏德結婚。或許她會這麼想是有特殊考量，又或者她一直以來都有這個念頭。

二〇一五年夏天，艾布朗森來到摩洛哥，顯然是要嫁給薩拉菲派的男子，並讓丈夫帶自己到敘利亞。她在摩洛哥待了幾個月後，卻在秋天回到巴黎，並到摩洛哥大使館辦妥申請摩洛哥國籍的手續。

「她回我家時，我要她脫掉長袍。真主並沒有要求女子穿這種衣服。」索尼雅說：「她告訴我要跟丈夫一起到敘利亞時，我說她簡直瘋了。我說：『妳到那邊會被強暴。』」

不過艾布朗森越來越崇拜哈亞特．布米迪尼，也就是猶太教市場槍擊手艾米第．古里巴利的老婆。索尼雅說布米迪尼是艾布朗森的「模範」。巴黎發生恐攻時，艾布朗森並未感到難過或憤怒，反而要索尼雅幫她把頭髮燙直，這樣她才能出門。

索尼雅記得當時艾布朗森這麼說：「那些人都是異教徒。我不會有事的。」

艾布朗森神態自若，絲毫不受恐攻影響。十一月十五號週日傍晚，艾布朗森跟索尼雅一家人在聖丹尼斯地區散步完返家後，發現手機亮著。螢幕顯示的號碼是來自比利時。

索尼雅說，艾布朗森不知道這支號碼的主人是誰，接起電話後對方說自己是代替她的表親來電，艾布朗森也不願相信。她掛上電話，但手機又響了起來。

「我沒辦法解釋整個情況，妳去看電視，看看發生了什麼事。」來電者說。來電者還要她幫表親找個藏身之處，「只要躲個一天或兩天就好」。

艾布朗森聽完電話後態度似乎有所轉變。她開始相信對方真的是替表親來電，整個人看起來興奮極了。「告訴我該怎麼做。」艾布朗森急切地說。

索尼雅後來告訴警方，當時艾布朗森也不確定究竟是哪個表親需要幫忙。索尼雅跟她以為求救的是阿巴烏德的弟弟，也就是幾年前被阿巴烏德綁架帶到敘利亞的少年。大家都以為那位少年已不在人世，但在混亂的哈里發政權的國度任何事都說不準。

「她掛電話後告訴我，她十六歲的表弟尤尼斯（Younes）從敘利亞回來了。」索尼雅說：「我告訴她，我們得去接他，如果他受傷了，要帶他去醫院。如果他做錯了什麼事，就得帶去警察局……我告訴自己：不能讓一個十六歲大的少年在外受凍，我也有個十六歲的兒子。」

當晚，他們駕車到艾布朗森收到的地址，看見阿卜杜勒哈米德・阿巴烏德從陰影處出現，走到街燈昏暗的路面。索尼雅告訴警方：「我就是在這時候認出他來。」在他們出發前，艾布朗森給索尼雅一家人看了一支影片，影片中人在敘利亞的阿巴烏德拖著一具具屍體，將屍體固定在卡車後方。

阿巴烏德說自己會給艾布朗森五千歐元，要她幫忙找一個能待四十八小時的藏身處，再幫正躲在某處的同黨跟自己買新衣服跟鞋子。

索尼雅心中的憤怒遠勝過恐懼，她質問阿巴烏德是否涉入巴黎恐攻，以及為何要殺掉這麼多無辜民眾。

「他說我們是迷途羔羊，想把我們全都炸死。」索尼雅說。阿巴烏德還說許多伊斯蘭國新成員也隨他一起來到歐洲，巴黎恐攻跟「接下來會在假期發生的攻擊比起來，根本算不了什麼。」

他們三人往車子移動時，阿巴烏德顯得特別緊張。索尼雅的丈夫坐在駕駛座，他對阿巴烏德來說是全然的陌生人。他們都以為阿巴烏德準備伸手拿武器。他開車門進入後座，但車子只行駛了約一百四十公尺，阿巴烏德就突然要求他們停車，讓他下車。

因此他們一行人就駕車離開，但艾布朗森的手機又響了：「妳告訴那對小夫妻，說我的兄弟會對付他們。」艾布朗森笑著把這句話轉達給索尼雅和她丈夫時，她丈夫賞了艾布朗森一巴掌。他說自己實在是氣壞了，因為艾布朗森害他們身涉險境，自己實在是控制不住怒火。

索尼雅說當晚她不斷給艾布朗森倒酒，「希望她喝醉後能報警」。但這個辦法並未奏效，家裡其他人也早已嚇得不敢輕舉妄動。

「我實在非常害怕，怕恐怖份子知道我住哪，會上門來殺人奪命。」索尼雅說。

隔天，在艾布朗森離家之後，索尼雅就打給法國警方。通話紀錄顯示，報案通知整整被擱置三小時之久，法國菁英反恐部隊才回電給索尼雅。那一整晚，索尼雅鉅細靡遺地向警方描述與阿巴烏德碰面的經過。艾布朗森回到家時，好奇地問索尼雅人到哪去了。她朋友則說索尼雅去吃飯、看電影了。

接下來二十四小時，阿巴烏德仍逍遙法外。艾布朗森也在這段時間內幫表哥買好衣服和鞋子。

週二傍晚，艾布朗森離家時，「她好像是在跟我道別，」索尼雅說：「她說她非常愛我，我是個偉大的母親，還說我以後會上天堂。」

索尼雅壓著情緒，不輕舉妄動，還泰然自若地問艾布朗森，晚上要不要去接她。艾布朗森把地址給了索尼雅後，索尼雅就立刻把消息傳給警方。

《郵報》於二〇一六年四月刊登這則報導前，沒人曉得竟然是一位穆斯林女子通報警方來追捕阿巴烏德。而這名女子現在活在恐懼中，深怕成為伊斯蘭國殺害的目標。

在突襲聖丹尼斯地區公寓的錄影紀錄中，可聽到一名女子哀求著說：「我想離開」。但哀求聲一結束，隨之而來的便是威力強大的爆炸聲，力道之強讓爆炸碎片散落滿街。起初，法國警方表示警力一進入公寓時，艾布朗森就觸發一枚自殺炸彈，但事後調查顯示並無此事。索尼雅認為警方之所以會改口，是因為她曾打電話給警方，揚言要公開自己的身分以及和調查者互動、聯絡的細節。

「我在電視上得知哈斯納的死訊，」索尼雅說：「我心好痛，我好想她。」

索尼雅跟丈夫認為，艾布朗森的死，自身也難辭其咎。「我有告訴警方不能傷害哈斯納，」她說：「他們應該讓她離開才對，她也不想待在那間公寓裡。影片裡她一直喊著想走。」

「現在更讓我焦慮的是，即使我這個穆斯林女子協助警方找到阿巴烏德，民眾還是一直批判穆斯林。」索尼雅說：「要不是我報案，現在可能已發生更多恐攻。」

索尼雅認為阿巴烏德這類人之所以會被伊斯蘭國吸收，主因並不是伊斯蘭教，而是這些人有破碎的家庭以及他們在歐洲碰到的種族歧視。「我告訴他：『殺害無辜民眾的行為，是完全不被伊斯蘭教所接受的。』」索尼雅睜著帶有深棕色瞳孔的雙眼說：「我會打給警方通報他的下落，也是有我自己的理由。目前已經有無辜民眾死在他手下，要是坐視不管，未來他還會殺害更多人。」

尾聲

最深沉的報導——二〇一六年，德國與摩洛哥

包包差不多都收好了，計程車司機也在來我家的路上。我準備飛往摩洛哥，跟爸媽一起旅遊、拜訪親友，順便瞭解整個家族的歷史。我本來上週就要出發，但當時土耳其有人企圖發動政變，我就改變計劃到當地採訪，報導因政變而多人被捕入獄的狀況。我實在需要好好度個假。這次我似乎能順利成行。

傍晚六點，我把最後幾樣東西丟進行李箱後，看到電視有新聞快報：慕尼黑的奧林丕亞購物中心（Olympia shopping center）附近似乎有槍擊案。幾分鐘後，姐姐哈南接到住在慕尼黑的阿姨的來電。她說：「妳表弟的老婆在購物中心的H&M上班。」我們家住慕尼

黑的親戚瘋狂打電話，想問清楚究竟發生什麼事。

我傳訊息給《郵報》編輯，讓他們知道慕尼黑有槍擊事件。德國電視台推測這起事件與聖戰組織相關。這對歐洲來說還真是個難熬的夏天，上週尼斯（Nice）才爆發巴士底日（Bastille Day）攻擊，大家都在懷疑這是伊斯蘭國發動的恐攻。

我立刻打電話給表弟的老婆，也就是在H&M工作的薩比哈（Sabiha），她令人訝異地接起電話。「我沒事。」她告訴我。她親眼看見那位槍手，據她描述是名留著黑髮、膚色呈橄欖色調的男子。「他開始掃射後我們就把門鎖上，大家從窗戶離開店內。」現在她跟同事還有顧客都擠在門市後方，等待警方指示。

聽到她沒事，我們都鬆了一口氣。接著彼得・芬恩也打電話過來。他們說《郵報》的駐德記者正好不在國內，他希望我改變行程到慕尼黑去。慕尼黑離法蘭克福兩百五十英里遠，我們推斷鐵路與飛機現在肯定停駛停飛，所以決定搭計程車過去。擺脫失望的情緒後，我從行李箱撈出幾樣物品，把它們扔進一個較小的過夜包中，告訴司機：「不去機場了，改去慕尼黑。」

在車程中哈南又打電話來告訴我更多消息。另一個表親的十四歲兒子楊[1]目前下落不明，我打給他的父親，也就是我的表弟哈珊（Hassan）詢問究竟發生什麼事。

「他跟好朋友到奧林匹亞購物中心去，現在找不到人。」哈珊說。

我要他保持冷靜，說目前聯絡不到他可能有很多原因。我要了他兒子的手機號碼，希望某個在警力單位服務的情報提供者，能透過GPS定位找出表弟的兒子。我也再次確認楊身上有帶皮夾。我知道現場一定非常混亂，慕尼黑的警察也很擔心槍手不只一位，所以我希望如果需要的話，警方能輕易辨識出外甥的身分。楊具有土耳其血統，雖然他看起來比較像義大利人而非中東人，我還是擔心他因有地中海的長相與黑髮，會被誤認為是槍擊手或同黨。

哈珊告訴我他跟妻子希畢爾（Sibel）已出發到購物中心找兒子。掛電話後，我傳訊息給一位人在慕尼黑、跟我相識已久的情報提供者，讓在警方服務的聯絡人知道我有親戚失蹤了，他的家人希望能盡快有消息。「如果有什麼進展可以讓我知道嗎？或者我能跟誰聯絡？」我寫到。

他回電後問楊是我的誰，還有他當時人在哪裡。我說他就在購物中心附近。

「我會想辦法幫忙，」他說：「到慕尼黑再打給我。」

車程中我不斷聯絡想得到的情報提供者，希望能釐清整起攻擊事件的脈絡。槍擊手只有一位還是有數名？多少人受傷喪命？現在真實情況都給謠言給混淆、掩蓋了。

計程車司機和我抵達我在慕尼黑訂的飯店時，看到一群人站在街上招攬計程車。因為

1 譯注：Can，發音近似Jam。

警方懷疑有多位槍手，因此暫時禁止計程車在慕尼黑市中心營運。此時是傍晚十一點，民眾都焦急地想趕快回家。有位女子站在飯店門口對手機大喊：「整個城市都被封鎖了，大概是有哪個王八蛋穆斯林又想殺異教徒。」

我看著司機馬利克（Malek），每次我要到機場搭機，都會請具有巴基斯坦血統的他來接送。他八成也看見我臉上的憤怒與驚訝。馬利克停車後我抓起包包就跨出車外。經過那位在講電話的女子身旁時，我忍不住對她說：「第一，不是所有穆斯林都是王八蛋而且想殺『異教徒』。第二，我們還不知道這件事的兇手是誰。」她睜大嘴巴看著我。

馬利克因為要用洗手間，也跟我一起進了飯店。他說：「不用想太多。」

「不行，我們不能坐視不管。」其實我也不曉得自己為何用這種態度跟那位女子說話，那或許是某種本能反應，也可能是因為我太掛心親戚，擔心楊的安危所致。最新消息指出有八人喪命。我打給哈珊，他說自己還是沒收到任何關於兒子的消息。我聽得出來他試著保持冷靜，但語調還是相當緊繃。

「真的有八個人喪命嗎？能跟你碰面嗎？」我傳簡訊給那位警方情報提供者。

他回覆：「現在還沒辦法。」

我們接了阿姨艾米爾（Emel）跟他兒子到購物中心附近的運動場，警方要求家屬一律在那裡等待失蹤親友的消息或者與他們會合。以前整個世界的氣氛還沒這麼低迷緊繃時，這裡時常舉辦足球賽。但這個偌大的環形場地如今相當冷清。我們在場邊繞了一陣子尋找親友會合點，發現警方將原本觀眾用來看球的大廳設為會面點，裡頭擺滿凳子讓人坐著等待。紅十字會、國際明愛（Caritas）的工作人員和自願幫忙的民眾，都在現場發送食物與飲料給等待失蹤親友的家屬。他們列了一張表，寫著失蹤民眾與等待親友的姓名，此外他們也沒有其他資訊可提供。他們的主要工作是確保民眾情緒不要過於激動或脫水。

偶爾會有台巴士載著剛從奧林不亞購物中心被救出的民眾抵達球場。每次有巴士抵達，我就越不敢面對事實。我心想：現在真的很晚了，他怎麼不在這台車上？他應該被載過來了啊。我努力安撫自己，想著他可能是受傷了被送到醫院，混亂之中警方忘記通報我們。但我總有一種古怪不安的直覺。我們看著民眾走下巴士接受親友歡喜的擁抱，開開心心地回家。

我又傳簡訊給情報提供者，但仍沒收到任何回覆，打電話過去也沒人接。這感覺實在不對勁，我的心跳逐漸加速。楊怎麼還不回來？

哈珊的太太希畢爾臉色蒼白，我們互相擁抱。「妳有什麼新消息嗎？」她哀求地問。但我說一點消息也沒有。「雖然在這裡等的人越來越多，但他們的家人都被巴士載過來了，大家陸續回家。」希畢爾說：「我不懂為什麼兒子還沒來。」

哈珊抱一抱我，在我耳邊低聲說：「有人說等下那台巴士是最後一台了。希望真主保佑，讓楊在那台車上。」

哈珊的兄弟也帶著孩子過來等。有些小孩盯著手機上的社群媒體，追蹤朋友的最新動態和生活近況。一位金髮女義工走向希畢爾。「他在下一台車上對吧？」希畢爾乞求地說。

那名女子點頭，希畢爾的臉上頓時又揚起希望。「真主保佑，楊等下就會搭巴士來了。」她說。

「有人在臉書上說楊受傷了！」有人大喊：「他們說楊還活著，現在人在醫院。」

哈珊與希畢爾請義工帶他們到臉書訊息中提及的醫院，我們跟楊的兄弟與祖母則在體育場等消息。

我看著手機，希望情報提供者能傳個訊息來讓我放心，告訴我楊無大礙只是受了小傷。不過手機裡半封新訊息也沒有，我瘋狂撥電話過去也無人回應。我想：現在他們大概也有死者名單了吧。國際明愛的工作人員告訴我警方正準備開記者會。

大約在凌晨一點，五到六名便衣刑警來到等候的大廳。他們的臉色哀戚，手上拿著幾張紙。他們似乎帶著消息來了，大家都神色凝重，彷彿即將宣佈什麼沉重的大事。我的胃不斷翻攪。我聽見一位員警問另一人說：「你要負責通報幾戶？」有位藍眼灰髮的警察低頭看著手中的紙，並請現場義工指認出等待的親友。他似乎是在找某幾戶人家，我便走上前去。

「不好意思，你是危機中心的警察嗎？」

「沒錯。」他說。

「我們有失蹤家屬，請問你這邊有任何消息嗎？」

他將手中的紙對折，拿出筆記本說：「請給我妳的名字、地址跟失蹤家屬姓名。」

我邊提供個人資訊邊顫抖。「我還得表明自己是替《華盛頓郵報》工作的新聞記者。」我說：「但我並不是以記者身分問你問題，而是以親友的立場提問。」

他說他明白，要我們稍等，他必須用手機詢問。阿姨走到我身旁，我緊握她的手，一邊專注地看著幾英尺遠的警察輕聲說話時的表情，試著讀出他的唇語。

員警的雙眼直盯著地面，電話越講頭就越沉。最後他掛上電話走向我們說：「楊的父母在哪？」

「他們到醫院找孩子了。」我說。

「除了妳以外這裡還有其他親人嗎？」

我指著身旁的阿姨，說後面還有幾個家人跟朋友，總共有十六人。「怎麼了？你有什麼消息嗎？」

他盯著我看了幾秒，接著把頭靠過來悄聲說：「我覺得到小房間再談比較好。」

「天啊，拜託不要。」我脫口而出，深知到小房間的用意為何。雙腿這時也癱軟無力。

他閉上雙眼，想趕快度過這個片刻。「請保持冷靜，叫在這裡的親友都過來，我們到另一個房間談。」

員警帶我們走下階梯來到更衣間，那位藍眼員警跟一名女警從另一扇門近來。我聽見他們口中說著「麥當勞」還有「射擊」等詞，還說找到一名年輕的高瘦男子，皮夾裡的身分證名字為楊・勒拉（Can Leyla）。

「這個年輕人在去醫院的路上就喪命了。」男性員警說：「很遺憾。」

「你說什麼？」楊二十一歲的哥哥費里德（Ferid）起身說：「你說我弟嗎？楊怎麼可能死了？」

「很遺憾，你弟弟過世了。」

「他才十四歲。」費里德說：「這怎麼可能？搞錯了吧。」

後來我聽完警方描述才釐清事發經過。一位叫大衛・松博利（David Sonboly）的十八歲德國伊朗混血學生，先朝購物中心對面的麥當勞開槍，包含楊在內總共有五人中彈身亡。接著他在哈瑙爾街（Hanauer Strasse）開火，奪走兩名路人的性命，接著再走到附近的電器行開槍殺了另外一人，最後再過馬路走進購物中心。進入購物中心後他從一樓走到停車場，槍殺了一位民眾後，又朝某輛車連射十七發子彈。傍晚六點多，民眾發現松博利站在立體停車場頂樓，有位男子從附近大樓的某戶公寓中對他咆哮，當時至少有兩位圍觀者用手機錄下全程。警方朝松博利開槍，他則穿越一片雜草繁茂的空地逃到亨克街（Henckystrasse），躲在某棟公寓大樓的樓梯間。他走出公寓時與警方正面對質，他便朝自己的腦袋開槍自盡。

整起事件從開始到落幕經歷了幾個小時[2]，松博利自盡後也已有十人喪生，死者絕大多數介於十四至二十歲間，唯一的例外是一名四十五歲、育有兩子的土耳其婦女。雖然許多死者都是德國公民，但都具有外國血統，例如土耳其、羅馬尼亞、匈牙利或科索沃。另外還有三十六人受傷，其中十人傷勢嚴重。

更衣室裡哭喊聲此起彼落。「天啊，我們該怎麼告訴他父母。」我阿姨哭著說：「他們沒辦法接受的。」我們都在啜泣，我不曉得該怎麼告訴他爸媽，也不知該說些什麼。情況實在難以想像。

警察走到我身邊。「我需要請妳打給他父母，請他們回來這裡，但妳得保持冷靜。我不希望他們在抵達安全的地方前知道這件事。」

我邊哭邊顫抖，但想著：我自己的悲痛不重要，我們必須幫助楊的父母跟哥哥。「我盡量。」我泣不成聲地說。我走上樓，這裡安靜一些，接著撥打哈珊的手機。電話響了兩聲他就接起。

「蘇雅德，怎麼了？」

「哈珊，你在哪裡？」我試圖穩住音調。

---

2 參考資料："Münchener Amokläufer wollte keine weiteren Menschen töten," *Zeit Online*, August 17, 2016, http://www.zeit.de/gesellschaft/zeitgeschehen/2016-08/lka-amoklauf-muenchen-taeter-ende-toetung-selbstmord；"Täter erschoss9 Menschen. Das sind die Opfer des Amoklaufs von München," *Focus Online*, July 23, 2016, http://www.focus.de/politik/deutschland/taeter-erschoss-9-menschen-das-sind-die-opfer-des-amoklaufs-von-muenchen_id_5756199.html.

「在巴士上。我們想去另一間醫院找楊。」

「不要找了，你跟希畢爾可以先回來嗎？警察剛到，他們想跟家屬說話。」

「警察？他們想單獨跟家屬說話嗎？」

我知道自己得謹慎用字，不想讓他們在大街上，在家人不在身旁時知道真相。「沒有，沒有，他們想跟所有家屬宣布事情。」我說謊：「不過他們想等大家都到了再宣布，就不用講兩次。」

我握緊拳頭，鎮定情緒，四隻手指緊緊包住大拇指。某位站在一旁的警察，用手拍拍我的肩。

「好，那我們回去吧。」哈珊說。

在更衣室等待時，我想著哈珊與希畢爾，想著他們即將面對的震撼和痛苦。我不曉得他們走進更衣室時我是否有辦法直視他們。有些楊的堂表兄弟要求在外頭等著，但警察怕楊的父母看見他們紅通通的雙眼跟沾著淚水的臉，建議他們還是不要出去比較好。不過年輕人仍固執己見要到外頭等候。

幾分鐘後，楊的某位表親回到更衣室吼著：「快上來，希畢爾崩潰了，一直尖叫哭喊。她剛才知道楊死了！」

我們全都跑上樓，旁邊站了許多焦躁的民眾，許多人一邊等著至親的消息，一邊看著希畢爾與哈珊。希畢爾倒在地上扯著自己的頭髮。哈珊在一旁來回踱步，口中一遍遍喊著楊的名字。顯然他們倆下車時，有位女性義工對他們說：「我很遺憾。」

「不，不，我兒子沒死！」她不斷喊叫，用手敲著自己的腦袋。哈珊也一直嘶吼，在弟弟的懷中啜泣著：「楊！」希畢爾開始咬自己。「殺了我，」她說：「把我殺了。為什麼會有人要殺死我的乖兒子，他什麼事也沒做。」

哈珊坐在一旁流淚，他試圖摟著希畢爾，但她大吼：「別碰我！把我兒子還我。」她拜託真主讓她用自己的命換回兒子。「拜託，你們是不是在騙我，我兒子沒死。」她說：「不對，不對，我兒子沒死。他們說他會上巴士。」她不斷地哭泣，一遍又一遍喊著他的姓名。

情況就這樣持續了彷彿一世紀之久。接著我聽到站在附近的一對男女也開始哭喊，他們也剛收到家族親友罹難的噩耗。

最後我們還是想辦法順利回到哈珊與希畢爾的公寓，一夥人絕望地看著牆上那張楊的相片。希畢爾不斷哭吼、毆打自己。她似乎想讓自己從這場噩夢中醒來。哈珊走進臥房關上門，不停哭泣。

「蘇雅德，我兒子沒死，對吧？蘇雅德，楊會回來嗎？」希畢爾哭著說：「拜託告訴我你們都在撒謊。蘇雅德，拜託。」

我摟著她。「希畢爾，我希望我們真的是在說謊。」看著不斷哭吼的她，我覺得自己好軟弱無用。這時隔壁也傳來嘶吼聲，那戶人家的陽台離我們只有幾英尺遠。另一對喪子父母也在哭吼哀慟。

「他們是誰？」我問阿姨。

「他們的兒子是瑟陸克・奇里斯（Selçuk Kiliç），楊的好朋友。他們從小一起長大。」楊的家人說楊跟瑟陸克都十五歲，感情好到像兄弟一般。他們兩家都是穆斯林，但楊是什葉派，瑟陸克是遜尼派。這兩戶人家就這樣在沉重的氣氛中度過了幾個小時，替這兩位共享童年的少年致哀。哈珊與希畢爾的公寓擠滿親友。每次門鈴響起時，希畢爾就會問是不是楊回家了。

凌晨五點時，我叫了一輛計程車回飯店，一路上我帶著太陽眼鏡遮住雙眼。我把自己經歷的一切告訴爸媽、姐弟跟編輯。我本來是到慕尼黑作專題報導，現在卻因失去一位家族成員而哭泣。回到飯店房間，我打給那位在警力單位服務的聯絡人，這回他接起電話。

「你有看到我的訊息嗎？」我疲倦沉重地說：「那個少年死了。」

「我實在是非常遺憾。我在半夜才拿到罹難者名單，正要趕去做簡報。」

我將電話緊貼耳旁，避免漏聽一字一句。

「我看到楊・勒拉這個名字的時候非常震驚。」他說。

這時我眼中充滿淚水。「為什麼？你可以告訴我為何他要殺楊嗎？」我輕聲說：「拜託，我需要知道。」

我們約好馬上碰面。掛上電話後我將臉埋在枕頭中大吼、啜泣，因為剛才在照顧哈珊和希畢爾時得克制自己的情緒。

我留在慕尼黑幫忙，每天都到哈珊和希畢爾家中跟親友一起哀悼。幾天後，危機中心的員警來電：「我們已經完成解剖，想安排時間讓家人來跟死者道別。」員警問是否有人想來見楊最後一面，決定他該在何時以及如何下葬。他們邀請一位家族代表到殯儀館，看一看保存在那準備讓家屬瞻仰的遺體。

「他的父母想要準備花嗎？有些家屬會希望死者穿得特別一些。在父母來探望遺體之前，我們都可以幫忙處理這些要求。」他說：「但需要有位代表先來殯儀館。」

哈珊跟希畢爾的兩房公寓中還擠滿親友，而且大家似乎都克制不住情緒。我將警方的話轉達給哈珊時，他求我去看一看楊的遺體。希畢爾表親的室友卡德（Kader）是一名專業醫生，她願意跟我一起去。

我問哈珊是否希望楊穿什麼特別的服飾，他要求讓楊穿上他最愛的足球衣，那套藍黃相間的球衣是費倫巴治體育會足球隊（Fenerbahçe Istanbul）的隊服。我帶著球衣跟卡德開車到殯儀館，中途還停下來買了兩束黃色與藍色的玫瑰花。進到殯儀館裡我們看見一具白色棺材。土耳其裔的殯葬業者說，我們要告訴他希望何時開棺。我一句話也沒說，想著會不會這是一場誤會，躺在裡頭的不是楊。我內心希望棺材裡的死者是其他人。

「妳還好嗎？」卡德問：「沒事吧？」

「我準備好了。」

好吧，裡頭確實是楊。我看著他的臉，還有那冰冷蒼白的肌膚與長睫毛。他的嘴巴和雙眼微張，彷彿還在驚訝之中。「對不起。」我輕聲說。殯葬業者替楊套上一席白色長袍，在脖子的地方躺了一個白色領結，大概是想遮住解剖時的切口。他的雙腳光溜溜地。

我們費力將他抬起，套上那件球衣。他的身體不輕，而且四肢僵硬，但我還是能透著塑膠膜感受他肌膚的觸感。他的身體相當冰冷。上次見他已是六年前的事，如今他長高不少。我們兩家來往不算密切，我對楊的印象還停留在孩童時期，但現在棺木裡的他已是個少年。卡德和我呆呆地站了幾秒鐘，心中渺茫的希望已然消逝，裡頭躺著的不是別人，是楊錯不了。

「天啊，楊，那個人對你做了什麼？」我低語，開始用阿拉伯語祈禱。我想起我曾訪問過一些有家人在戰爭或軍事攻擊中喪生的受訪者。一直以來，我也時常需要採訪喪子失女的父母。我想起在伊拉克喪命的少年安納斯，還有他遭槍擊隔天我到他家造訪的情景。我也記得尼古拉斯·庫利什和我曾在亞歷山大港數著抗爭者的遺體數量。但這次我不是記者，沒有那道保護我內心的牆。其實，我也懷疑自己是否一直以來都能不受外來情緒影響。卡德與我走上公寓階梯，準備告訴哈珊和希畢爾他們的兒子看起來是什麼模樣時，我感到那股為人父母的痛苦在心中流竄。

「我的孩子看起來怎麼樣？」希畢爾問。

我不知該說些什麼。「他看起來很安詳。」卡德回道。殯葬業者說楊的父母跟哥哥費里德應該先單獨見楊一面，請其他家族成員稍等。不過希畢爾跟我還有卡德駕車到殯儀館時，我們中途迷了路。抵達現場後，發現哈珊跟一大群楊的叔叔和表親都已經入內。見到楊的堂表兄弟俯身向他道別、親吻遺體時，希畢爾禁不住放聲哭喊。走到棺木邊，她說：「我是不是個不及格的母親，他才要這麼早離開我？」她邊說邊撫摸楊的肌膚：「我的好兒子，他凍壞了。」她用手順著楊的眉毛，想起楊常抱怨自己的眉型不好看。

看著希畢爾，我心中充滿憤怒與罪惡感。感到憤怒，是因為我們似乎沒有從過去十五年的痛苦中學到教訓。感到罪惡，則是因為我沒有盡到記者的職責，給大眾充分資訊來消弭種族歧視、打擊暴力。我跟其他記者顯然失敗了。這位槍手跟其他我採訪過的極端份子一樣，腦中都充滿仇恨，並建構起一套屬於自己的意識形態，讓思想病態的他們有理由奪走別人的性命。

調查後警方發現大衛．松博利並非伊斯蘭主義者。個性焦慮不安、心思紊亂的他，思想一步步走偏到岔路上。他會選在七月二十二日犯案，是因為五年前的這天，挪威籍右派恐怖份子安德斯．貝林．布雷維克（Anders Behring Breivik）在奧斯陸引爆一顆汽車炸彈，並在鄰近島上的工人青年聯盟（Workers' Youth League）夏令營中，槍殺六十九名營隊成員。跟希特勒同一天生日的大衛，原名其實叫阿里（Ali），到十八歲他才替自己改名。具有德國和伊朗雙國籍的他，父母是在一九九〇年代到德國尋求庇護的難民。在成為槍擊兇手之前，警方就知道他這號人物，因為他是許多小型案件的受害者。他曾被其他小孩圍毆，也曾被偷竊過。他在學校被霸凌，曾接受精神治療，也服用抗憂鬱藥物來應付焦慮和社交恐懼。二〇一五年，松博利在醫院住了兩個月，後來參加一所青少年精神疾病診所的診斷治療。根據警方調查，松博利在麥當勞開槍射殺楊、琵陸克和其他青少年時，整整在店內來回走了五十分鐘。警方認為他應該是在尋找年輕英俊、時髦酷帥，具有外國血統的青少年，因為他自己也曾嚮往成為這樣的少年，但卻達不到目標。

他的父母住在慕尼黑中產階級社區裡，警方在他家中找到關於校園槍擊案的書籍和新聞簡報，其中有一本書名為《狂暴思想：為何學生動手殺人》（*Rampage in the Head: Why Students Kill*）。檢察官也發現房內有德國溫內頓（Winnenden）某間高中的相片，二〇〇九年，十七歲的提姆．克雷茲莫（Tim Kretschmer）在校園裡殺了十五人後自殺。松博利犯案時使用的克洛格（Glock）手槍，則是透過不法途徑從黑市購得[3]。

檢方說松博利多年來飽受精神疾病之苦，但此刻我無法考慮這些。他殺了楊跟琵陸克。這兩名來自不同宗派的少年相處和睦，成功打破什葉與遜尼派之間不合的既定印象。

事後，我在飯店的頂樓餐廳中獨坐，身邊的人群則在享受夕陽。楊的死讓我想起過往恐怖的暴力事件，這些心裡舊傷如今又痛了起來。發生在楊身上的意外，讓我更能體會無論人再怎麼努力生活，生命都有可能突然殞落。我也不斷想著哈珊和希畢爾的這一生。他們因緣分相識，共組家庭，但其中一個孩子的生命卻以這種難以想像的形式被奪走。

兩天後我飛到卡薩布蘭卡跟父母會合。爺爺過去在豪斯地區和通往海尼夫拉

（Khenifra）的路邊都握有田地，這也是我們家首次一起到這一帶走走看看。我也回到位於梅克內斯的奶奶家，看看那扇我小時候坐著向外觀察路人的窗戶。以前我會跟奶奶睡在家裡某個角落的地毯上，也記得曾跟爺爺奶奶坐在門階上，聽爺爺說過去的故事，還有他多後悔自己不識字。他告訴我說故事的人力量很大，他們能解釋世間萬物，能書寫歷史。

爸媽跟我到爺爺奶奶的墳前探望他們，替他們祈禱。若爺爺奶奶看到孫女聽從他們當年的教誨，現在能用筆寫文章，報導這個世界的所有事件，不知道他們會說些什麼？不知道他們現在會給我什麼意見？用那些痛苦、擔心還有我與家人承擔的生命威脅，來換取這些年來的成就與經驗，這樣值得嗎？我的所作所為有替世界帶來任何改變嗎？我好想念奶奶宏亮的笑聲以及療癒、鼓舞他人的天賦，我現在正需好好休息療傷。

我看著爸媽，這對來自什葉派和遜尼派的戀人經歷過風風雨雨，卻沒有什麼艱難能將他們拆散。幾十年前他們就決定，要堅定穩固對彼此的愛，一起對抗仇恨。他們也努力將信念的種子種在我們幾個孩子心中。現在我很清楚他們非常擔心我。他們知道我並沒有把

3 參考資料：Jana Illhardt and Matthias Maus, "David S. hat seine Tat ein Jahr lang geplant," *Der Tagesspiegel*, July 24, 2016, http://www.tagesspiegel.de/politik/wer-war-der-amokschuetze-david-s-hat-seine-tat-ein-jahr-lang-geplant/13918328.html；Lars Langenau, "Ein Täter, 58 Kugeln—der Amoklauf von München," *Süddeutsche Zeitung*, July 24, 2016, http://www.sueddeutsche.de/panorama/amoklauf-in-muenchen-ein-taeter-kugeln-1.3093354.

自己在旅程中的所有經歷說出口。

在這趟旅程中，我也獨自在摩洛哥山上的小飯店度過幾日，想著那些我們努力對抗的仇恨。我出生時，阿拉伯與以色列的衝突正猛烈，伊朗自立伊斯蘭共和國後，中東世界又開始一波新的競爭。在中東地區，許多為和平而戰的人已逝，那些雖然活著但身受重傷的民眾，或許一輩子也無法原諒敵方。他們總說小孩也繼承了父母的仇恨。雖然我的爺爺仍充滿怨懟，但奶奶卻有十足復原能力。我從摩洛哥的爺爺奶奶那裡繼承了希望，以及瞭解他人、瞭解事物的意願。

為什麼他們這麼恨我們？多年來我會在國界之間來來去去，這個問題本身也是動力，如今我耳邊又響起這個疑問。九一一恐攻事件後，我走遍世界尋找答案，希望知識和同理心能讓民眾知道，該怎麼做才能杜絕仇恨與更多殺戮。

不過有些西方國家的民眾不知道，若把自己的標準加諸在他人身上有多危險，彷彿他們的看法才是正確與唯一的正途。這也是伊斯蘭國的論點。同時，在我們居住的民主世界中，秘密拘留中心、折磨囚犯與大規模政府監視也違反我們所謂的核心價值。西方政府並未因這些違法之舉付出代價。像哈立德·馬斯里這種人的力量太微薄，不足以讓美國政府為毀掉他們的人生負責。

民主真的是我們所渴望的嗎？還是我們只是想強行推銷自己偏好的價值觀？例如男女平等、弱勢的生存權、言論自由以及信仰自由。與其探討投票制度的重要性，更該找出一套全球適用的價值與標準。

同時，其他文化與信仰也遲遲未與伊斯蘭教進行溝通和對話，穆斯林之間也必須釐清哪些觀念合乎教條。信仰並未激化信眾，而是信眾將信仰推向極端。我最近到麥加進行小朝[4]，發現女人根本不該蓋住臉龐，男女也無需分開參拜。既然在伊斯蘭教的聖地都沒有這些規定，為何我們會要求婦女蓋住臉、跟男人分處不同空間？投機取巧的人在伊斯蘭教中建立一套自己的意識形態，這實在是一大危機。如果沒人出面澄清信仰的規範和教條，大家都能用自己的方式來隨意詮釋。

一九七九年，也就是我出生的隔年，沙烏地阿拉伯王室允許宗教領袖對自身予取予求，只為讓神職人員同意他們出兵迎戰占領麥加的武裝部隊，並要求這些神職人員同意效忠王室。信仰與宗派之間的衝突讓沙烏地阿拉伯和其他地區的穆斯林怒不可遏。我們這代人則被困在西方世界、阿拉伯國家和亞洲國家領袖的自大與傲慢中。冷戰期間，他們以為只要煽風點火引發「聖戰」，蘇聯就會潰不成軍。但這個如意算盤並未成功。

假如中東國家領導人團結起來，努力讓毫無意義的宗派衝突不要再繼續惡化，中東地

4 麥加大朝（*hajj*，也稱朝覲、正朝）為伊斯蘭教五功之一，有能力的穆斯林一生皆需進行一次，朝聖時間則為伊斯蘭曆的十二月（Dhu l-Hijja）八日至十二日，小朝（*umra*，也稱副朝）則是指在其他時間進行的朝聖儀式。

區的下一個世代就有機會到學校研讀歷史、醫學和數學，而非逃離家園躲避子彈和炸彈，住在街上或難民營裡。這些宗派衝突表面上是打著宗教的名義，背後真正的目的可是備受爭議。

伊朗和沙烏地阿拉伯這兩個國家更得終結彼此間沉默無聲的戰爭，不要再打著空洞的口號和名義讓下一代年輕人走向激進之路。西方政治人物將核子武器賣給伊朗，認為這是一大成就，能扶持伊朗境內的改革者。不過伊朗是個由許多權力分割占據的國家。我在《華盛頓郵報》的同事傑森·雷扎安（Jason Rezaian）就是這個所謂「深層政府」（the deep state）的受害者。儘管伊朗官員聲稱希望跟鄰國和平共處，但他們對阿拉伯國家的干涉早就不是秘密。在敘利亞和伊拉克受伊朗扶持的軍事組織就是最佳例證。

我常問傳教士或伊瑪目，為何要利用宗教來達成自己的政治企圖。許多人告訴我他們相信這是伊斯蘭教所追求的，其他人則說自己知道什麼是對全體穆斯林最好的。絕大多數人辯稱這絕對是先知穆罕默德所樂見的。他們口中議論的是我的某位祖先，為何他們有權決定穆罕默德想要什麼，以及他該如何看待這個世界？

身為德國穆斯林移工的女兒，我身上隨時帶著歧視造成的傷痛，但我還是很感激自己有機會受良好的教育，感謝那些美好的人不斷督促我，鼓勵我不要放棄。但造訪中東國家時，我還是能體會當地的東南亞或菲律賓勞工所受的痛苦；無論他們的雇主是遜尼派、什葉派或信仰其他宗教，這些勞工總是受到惡劣的待遇，幾乎沒有任何權利。換言之，許多阿拉伯國家社會中也具有根深柢固的種族歧視觀念。

蓋達組織和伊斯蘭國等組織之所以會崛起，並不是特定國家或團體的錯，而是許多錯誤交織而成的結果。許多政治領袖只在乎短期的解方，有人認為「敵人的敵人就是我的友軍」，因此讓敘利亞和伊拉克境內的武裝軍事組織數量漸增。但從西方國家介入阿富汗與巴基斯坦的歷史來看，我們應該學到教訓：今日所訓練、給予武器的部隊，明天很有可能就轉過身來反抗你。賦予軍事組織高權，可能會讓我們如今所知的民族國家面臨毀滅。我在不同信仰和文化中成長，相信文明社會的民眾就算價值觀和立場不同，也不會互相起衝突。在這個艱難的世代，總是有人拋出短視近利的解答。他們知道如何玩弄弱勢族群的恐懼和絕望。那些散播仇恨、打壓和平可能的人，其實都在彼此身上獲取益處，這種關係實在矛盾。

這個世界的衝突並非由不同文明與文化而起，而是因為試圖搭建溝通橋樑的人，與思想極端、努力散播仇恨與挑撥離間的人無法達成共識。雖然讓不同意識形態的人理解彼此並不容易，但每個世代還是有人相信這番理念，願意找出不同族群間的共同點。有父母和祖父母讓我知道有哪些事是辦得到的，我實在很幸運。

是誰把規矩加諸在他人身上？這其實不只是穆斯林世界面臨的問題，更是西方世界必須擺脫的困境。如果不願意對別人展現包容，要怎麼期待別人接納自己？只要有人說：「你錯了，我才是對的。」就代表他放棄溝通的空間與可能。這種情況過去時常發生，如今仍持續存在。

多年來，記者工作已讓我成為不同族群間仇視的對象，無論是德國人、我的出生國摩洛哥、伊拉克與巴基斯坦，在穆斯林和基督徒間，我也不受歡迎。在這個時代，民眾都期望記者能展現自己的立場，但這說到底不是我的職責所在。雖然保持中立不容易，但失去聆聽的能力更有害無益。

如果說我這麼多年來學到了什麼，那就是：無論膚色是黑、是棕是白，無論是穆斯林、猶太人、基督徒、什葉派或遜尼派，母親因孩子被謀殺時悲痛的哭泣聲，聽來都是一樣的。

我們最終也都會被埋在同一片土壤中。

致謝

若沒有這麼多人的協助、建議與付出，這本書今天不可能誕生。

凡尼莎・吉沙芮（Vanessa Gezari）和瑪戈特・威廉斯（Margot Williams）給予協助，對這本書有重大的影響和貢獻。她們不僅是我的摯友，也像這個寫作計劃的教母。我對她們致上萬分感謝。

《華盛頓郵報》有許多才華洋溢的編輯，彼得・芬恩（Peter Finn）就是其中一人。在本書寫作、編輯過程中，他提供不少協助。彼得當初帶領還是個新人的我進入美國新聞產業，更是值得信賴的良師益友，對他的感激之情，無法道盡。

同時，我的朋友，也是《紐約時報》前編輯的克莉絲汀・凱伊（Christine Kay）幫我構思這本書，也給予不少靈感和協助。

邁克爾・莫斯（Michal Moss）不僅是優秀的記者，多年來也給我許多扶持。每次拜訪他時，他家人也給我滿滿溫暖。

感謝茱莉・泰特（Julie Tate）、夏綠蒂・威曼（Charlotte Wiemann）和史蒂芬・鮑利（Stefan Pauly）協助調查、查核新聞內容。工作過程中他們總是洋溢熱情，帶來源源不絕的動力。

書中有許多無法公開姓名的重要人物與情報提供者，協助我取得訊息與採訪機會。這群人遍佈五大洲，而且身分背景多元。他們願意分享情報、訴說故事，都是基於對我的信任。若沒有他們的幫忙，我根本無法落筆完成這部作品。

書寫過程中，我收到許多朋友的熱情支持和鼓勵，尤其是安塔耶・厄特與羅伯・厄特（Antja and Robert Ehrt，我的教父母）、萊拉・阿拉維（Laila Alaoui）、魯瓦・巴克（Loulwa Bakr）、史蒂芬・伯克哈特（Steffen Burkhardt）、米歇爾・弗里曼（Michel Friedman）、拉瑪・胡拉尼（Lama Hourani）、亞當・亨特（Adam Hunter）、阿里・易卜拉欣（Ali Ibrahim）、洛妮・伊莎貝（Lonnie Isabel）、雷恩・尼卜林斯（Ryan Nibblins）、克勞蒂亞・蘇厄特（Claudia Sautter）、貝兒貝爾・雪芙（Baerbel Schaefer）、索芮亞、瑟貝提（Soraya Sebti）、與蒂納・修曼（Dina Shoman）。他們全心全意幫忙編輯、聆聽我的意見，更是讓我感到安穩踏實的重要存在。

跟我合寫《永存的納粹》（*The Eternal Nazi*）的好友尼古拉斯・庫利什（Nicholas Kulish），給予許多珍貴的建議和協助。

《華盛頓郵報》的同事和朋友，喬比・渥瑞克（Joby Warrick）、葛雷格・米勒（Greg Miller）和安東尼・法約拉（Anthony Faiola）的建議和編修，讓這本書得以成形。

如果沒有我的雇主《華盛頓郵報》與許多同事、朋友的慷慨相助，我也沒有勇氣撰寫此書。我要特別向馬提・巴隆（Marty Baron）、卡麥隆・巴爾（Cameron Barr）、崔西・葛蘭特（Tracy Grant）還有史考特・威爾森（Scott Wilson）致謝，多虧他們的善意相助，我才能完成此書。我也想感謝邁克爾・賓恩鮑姆（Michael Birnbaum）、威廉・布斯（William Booth）、凱倫・德揚（Karen DeYoung）、湯瑪斯・吉本斯奈夫（Thomas Gibbons-Neff）、亞當・古德曼（Adam Goldman）、安・胡爾（Anne Hull）、大衛・伊格納提斯（David Ignatius）、道格拉斯・傑爾（Doug Jehl）、卡洛・莫瑞羅（Carol Morello）、艾倫・中島（Ellen Nakashima）、米希・雷恩（Missy Ryan）、安東尼・夏迪德（Anthony Shadid）、瑪麗・貝斯・謝里丹（Mary Beth Sheridan）、凱文・蘇利文（Kevin Sullivan）、葛黎夫・魏特（Griff Witte）還有楊家琳（Jia Lynn Yang）。

幾位家族友人和同事這些年來給予幫助和精闢的見解，我也要特別感謝他們：阿布杜拉・艾克汗（Abdulla Alkhan）、希維亞・坎索爾・巴提拉娜（Silvia Console Battilana）、瑞蒙・波納（Raymond Bonner）、馬汀・布斯曼（Martin Bussmann）、戴斯蒙・巴特勒（Desmond Butler）、約翰・克里德森（John Crewdson）、英・費德胡森（Inge Feldhusen）、茱蒂絲・費斯勒（Judith Fessler）、瑪西・古德史坦（Marcie Goldstein）、克里斯提安・漢內爾（Christian Haenel）、邁克爾·漢菲爾德（Michael Hanfeld）、英格博格·漢斯爾（Ingeborg Hensel）、艾慕特·西斯薛（Almut Hielscher）、傑森·艾瑟克森（Jason Isaacson）、亞可夫·卡茲（Yaakov Katz）、維維安·克維克（Vivian Kervick）、雷納特·樂奈特（Renate Lehnert）、穆雷·塔易卜·馬格里阿拉維（Moulay Tayyib Mdghri-Alaoui），還有他的老婆艾依莎（Aisha）跟女兒萊拉（Leila）、蓋伊·雷茲（Guy Raz）、瑪達（Majda）與波利斯·魯格（Boris Ruge）、史蒂芬·索科爾（Steven Sokol）、亞羅斯拉夫·特羅菲穆夫（Yaroslav Trofimov），以及伊凡·瓦奇科夫（Ivan Vatchkov）。感謝安·瑪麗·利賓斯基（Ann Marie Lipinski）與史蒂芬妮·弗里霍夫（Stefanie Friedhoff）在我利用尼曼獎學金（Nieman Fellowship）進修時的大力相助，因為有這份獎學金，我才有機會向安妮·博內斯（Anne Bernays）和佩姬·威廉斯（Paige Williams）等優秀的老師學習寫作。

我的新美國獎學金基金會（New America Foundation fellowship）在報導工作上給我充分的空間，讓我能有段時間心無旁騖地寫作。特別感謝彼得·伯根（Peter Bergen）的幫忙和友誼。

也要感謝約翰霍·普金斯大學（Johns Hopkins University）的高級國際問題研究學院（Advanced International Studies）、哈佛大學（Harvard University）的魏德海中心（Weatherhead Center）與日內瓦安全政策中心（Geneva Center for Security Policy），感謝他們提供我珍貴的文獻與資料。特別感謝卡拉·亞當斯（Carla Adams）、瓦立·納斯爾（Vali Nasr）與卡

爾・凱瑟（Karl Kaiser）三位教授。

感謝德國電視二台艾爾瑪・特維森（Elmar Thevessen）與克勞斯・克雷伯（Klaus Kleber）的協助。

《紐約時報》前任總編輯比爾・凱勒始終給我後援與協助，讓我在美國新聞界有立足之地。

在《紐時》服務時，我有幸能在偵查單位與馬特・博迪（Matt Purdy）等優秀的編輯共事。能跟優秀的同事合作是我的榮幸，更感激他們願意給我精闢的建議，也要向他們致謝：理查・伯恩斯坦（Richard Bernstein）、克里斯・契佛斯（Chris Chivers）、布萊恩・鄧頓（Bryan Denton）、史蒂芬・厄朗格（Steven Erlanger）、卡洛塔・高爾（Carlotta Gall）、麥克・坎伯（Mike Kamber）、馬克・蘭德勒（Mark Landler）、馬克・瑪札提（Mark Mazzetti）、傑哈德・恩（Jehad Nga）、理查・歐貝爾（Richard Oppel）、莫尼卡（Monique）與洛尼・施萊（Lonnie Schlein）、艾瑞克・施密特（Eric Schmitt）、依蘭・西歐利諾（Elaine Sciolino）、艾莉森・斯默爾（Alison Smale）、克雷格・史密斯（Craig Smith）、瑪莉詠・恩德希爾（Marion Underhill）與唐・凡・納塔（Don Van Natta）。

多年來，也多虧許多傑出在地記者的協助和貢獻，讓許多採訪計畫得以順利進行。謝謝法赫爾・艾尤比（Fakhr al Ayoubi）、薩伊・其圖爾（Said Chitour）、賈莫爾・伊斯邁（Jamal Ismail）、瑞亞・卡德里（Ranya Kadri）、里娜・薩伊迪（Leena Saidi）、瑪爾萬・沙達（Marwan Shada）、艾哈邁德・祖黑爾（Ahmad Zouhir），還有那些為避免受生命威脅而不具名的記者。

有些朋友提供住處，讓我在閒暇時間繼續撰寫此書。謝謝阿布德利亞・艾尤尼（Abdelilah al Aouni）、薩米・布克哈里德（Samy Boukhaled）、卡莫爾・博斯克里（Kamal Bouskri）與馬利克・胡賽因（Malek Houssein）。

非常感激我的經紀人加兒・羅斯（Gail Ross）的建議、鼓勵以及對這本書的信心與意見。謝謝羅斯・永（Ross Yoon）作家經紀公司的全體工作人員，感謝他們的後勤協助。

我對亨利・霍爾特出版公司（Henry Holt and Company）的員工同樣感激萬分，像是萊絲莉・布蘭登（Leslie Brandon）、派翠西亞・艾斯曼（Patricia Eisemann）、費歐納・羅文斯坦（Fiona Lowenstein）、戴文・瑪佐尼（Devon Mazzone）、瑪琪・理查（Maggie Richards）與史蒂芬・魯賓（Stephen Rubin）。

我要對才華洋溢的編輯保羅・格洛布（Paul Golob）致上萬分謝意，他在我提案時就看出這本書的潛力。若這本書能在市場上引起共鳴，也都歸功於他強大的構思能力、無人能及的編輯功力與耐心。

最後，我想對媽媽伊達努、爸爸布傑瑪，還有手足法特瑪、哈南與希查姆，表達我的愛，並致上最深的感謝。沒有他們，這本書如今不可能會出版。還有，雖然爺爺奶奶已經不在了，但我永遠也不會忘記他們對我這一生的影響。

人文

我必須獨自赴約——第一線聖戰報導紀實

I Was Told to Come Alone: My Journey Behind the Lines of Jihad

作　　者—蘇雅德・梅科涅特（Souad Mekhennet）
譯　　者—溫澤元
發 行 人—王春申
總 編 輯—李進文
編輯指導—林明昌
主　　編—邱靖絨
校　　對—黃楷君
封面設計—謝佳穎

營業經理—陳英哲
行銷企劃—魏宏量
出版發行—臺灣商務印書館股份有限公司
23141 新北市新店區民權路 108-3 號 5 樓（同門市地址）
電話：(02)8667-3712　傳真：(02)8667-3709
讀者服務專線：0800056196
郵撥：0000165-1
E-mail：ecptw@cptw.com.tw
網路書店網址：www.cptw.com.tw
Facebook：facebook.com.tw/ecptw

局版北市業字第 993 號
初版一刷：2019 年 3 月
定價：新台幣 560 元

法律顧問—何一芃律師事務所

國家圖書館出版品預行編目(CIP)資料

我必須獨自赴約：第一線聖戰報導紀實 / 蘇雅德．梅科涅特 (Souad Mekhennet) 著；溫澤元譯．-- 初版．-- 新北市：臺灣商務，2019.03
面；　公分
譯自：I Was Told to Come Alone: My Journey Behind the Lines of Jihad
ISBN 978-957-05-3193-0（平裝）

1. 伊斯蘭教 2. 恐怖主義 3. 報導文學 4. 中東

735　　　　108000905